安徽省“十三五”规划教材
智慧会计特色专业系列教材

审计学

吴 勇 主编

科学出版社
北 京

内 容 简 介

新一代信息技术的加速突破应用，使得数字经济时代审计工作的社会经济环境、审计执业环境和技术支撑环境等发生了深刻的变化，这必然会引发相应的理念、模式、理论、方法、程序和技术的重大变革，驱动着传统审计模式向智能审计、智慧审计模式的发展演变。本书是智慧会计特色专业系列教材之一，在编写过程中，特别关注新一代信息技术对审计理念与审计模式、审计环境与审计风险、审计理论与审计方法、审计程序和审计技术的系统性影响，旨在实现现有审计理论、方法、程序和技术体系与新一代信息技术的融合发展。

本书适合作为会计、审计、财务等经济管理类专业本科学习教材，以及硕士研究生的研究参考教材，也可为审计、会计等相关专业人员的实务工作提供参考。

图书在版编目（CIP）数据

审计学/吴勇主编. —北京：科学出版社，2021.6

安徽省“十三五”规划教材　智慧会计特色专业系列教材

ISBN 978-7-03-066386-3

Ⅰ. ①审…　Ⅱ. ①吴…　Ⅲ. ①审计学-高等学校-教材　Ⅳ. ①F239.0

中国版本图书馆 CIP 数据核字（2020）第 198968 号

责任编辑：郝　静　陶　璇／责任校对：贾娜娜

责任印制：赵　博／封面设计：无极书装

科学出版社 出版

北京东黄城根北街 16 号

邮政编码：100717

http://www.sciencep.com

北京华宇信诺印刷有限公司印刷

科学出版社发行　各地新华书店经销

*

2021 年 6 月第　一　版　开本：787×1092　1/16

2025 年 1 月第三次印刷　印张：25 1/2

字数：588 000

定价：78.00 元

（如有印装质量问题，我社负责调换）

安徽省“十三五”规划教材
智慧会计特色专业系列教材
编委会

总　　序

智慧会计特色专业系列教材的完成，凝聚着参与编写教材的几十位教师的心血。在新一代信息技术的发展浪潮中，这套教材带着全新时代的印记面世了。在编写这套教材的过程中，我们反复论证，围绕信息时代会计人员的能力架构，进行了多方讨论和比较，最后确定了10本教材的框架体系。

我们编写这套教材的初衷是：突破传统、顺应时代、重构模式、凸显智慧。由于新一代信息技术的发展，学科交叉融合加速，新兴学科不断涌现，前沿领域不断延伸。这催生出一系列新产品、新应用和新模式，极大地改变了生产、消费、投融资的内容和方式，也使传统生产经营方式下的会计、财务、金融等服务行业发生了巨大变化，出现了学科融合的“大会计”范畴，重构了财务会计、管理会计、财务管理、审计与内部控制、投资与理财、金融等诸多学科之间的交融关系。从会计人员的工作实践看，伴随着会计领域全面智能化，财务会计的能力架构发生了根本性的转变。从经济发展的态势看，新市场形态和商业模式不断涌现，对会计人才也提出了更高的要求。为了适应市场环境对会计人才的新要求，与时俱进地改革现有的专业培养模式和课程体系，重构新课程体系迫在眉睫，由此我们决定编写这套教材。

本系列教材的“智慧”特色构架是：“智慧”特色既体现在新一代信息技术的应用上，又体现在会计内涵的转变上。首先，会计基础的重构。在系列教材中，我们重构了两大会计分支体系的基本内容：以财务会计为核心的《基础会计学》和以决策、控制为核心的《管理会计学》，它们体现了吸收最新应用、吐纳传统内容、改进创新体系的特点。其次，会计应用的延展。由于财务决策离不开金融市场，作为现代金融市场的两大支柱：货币市场与资本市场，其相关理论是企业财务决策的着眼点和出发点。由此，我们以“智慧”的视角，结合现代金融市场的特点添加了《货币金融学》《证券投资理论与实务》。《审计学》和《新编资产评估学》既是传统会计专业必修课，又是与信息变迁时代高度关联的课程。资本市场的有效性显现了价格对信息的反应程度，审计重在信息的公正，资产评估重在信息的合理。任何“智慧”的重点都是带有时代特征的，《智慧财务管理》既是偏向提炼关键信息的财务理论，又是偏向财务决策的智能化，这是对财务学和智能信息学的双重创新。最后，会计信息技术的筑底。《商务数据库技术与应用》《商务数据分析》《ERP与企业经营模拟》是新一代信息技术基础知识的构筑以及信息化工具在企业财务信息管理的综合运用，它们以各种手段方法挖掘市场商务数据，重构企业内部控制，合理构架企业经营模式，代表着现代会计专业的培养方向。由此，我们选择了上述10本教材作为智慧会计特色专业系列教材，打造本领域首个安徽省“十三五”规划教材。

处于变化时代的会计专业人才应该是复合型人才，他们有能力进行知识体系的自我完善，利用信息化、智能化手段进行创新与超越，利用交叉知识产生能力突破。

他们是一群商业嗅觉灵敏、市场行为机警、业务财务双通、数据信息运用自如的财务运筹、决策与控制人员。那种会计专业人员只知道记账、算账、做凭证报表的时代，已随着信息化的逐步深入而渐行渐远。智能化社会已经来临，它所展现的会计结构应该是：后台是“智能化”程序，包括记账、算账、做凭证报表等，这些“智能化”程序在大型企业已基本纳入共享服务中心。而站在决策前台的会计人员需要做什么？他们是战略实现的内部构架能手，是服务战略的财务筹划高手，是重要的决策参谋，他们处处体现自己的“智慧”。与此同时，拥有“智慧”的会计才是成功企业不可或缺的。

本系列教材得到安徽省“十三五”规划教材省级质量工程项目（2017ghjc023）立项支持，在申请立项和实施完成的过程中，得到系列教材各位主编：姚禄仕教授、李姚矿教授、余本功教授、王刚教授、潘立生副教授、王建文副教授、吴勇副教授、王晓佳副教授、杨颖副教授和刘军航老师，以及诸多参编老师的鼎力支持。在教材审核出版过程中，科学出版社的各位编辑投入了大量的时间和精力，确保教材品质优良。在此一并向他们表示感谢！

张晨

2019 年 12 月 28 日深夜

前　言

我国已进入全面深化改革的新时代，审计行业所处的法律环境、社会环境和技术环境都发生了重大变化。特别是党的十八大以来，各种法律法规的修改、完善和改革举措相继出台，深刻影响审计的改革进程和执业环境。一方面，注册会计师的审计环境不断发生变化：中国会计准则、审计准则与国际会计准则和审计准则持续全面趋同；内部控制指引出台；会计师事务所组织形式不断创新；风险导向型审计模式被进一步推广；2016年新修订的审计报告准则增加了沟通关键审计事项，着力提高注册会计师审计报告的信息含量和沟通价值。另一方面，随着以人工智能、移动通信、大数据、云计算、物联网、区块链等为代表的新一代信息技术应用于会计与审计工作，“财务机器人”和“审计机器人”的相继出现，引发了审计模式的变革，对审计目标、审计风险、审计证据、审计抽样、内部控制等产生了重要影响，现有的审计理论、方法、程序和技术需要与新一代信息技术融合发展。在本书编写过程中，我们力求做到以下几方面。

（1）前沿性。本书根据国内外审计行业发展的最新态势、相关研究成果、业务实践和准则变化，既阐述审计的基础性理论、方法、程序和技术，也介绍审计发展的历史演进和最新动态，特别关注新一代信息技术对审计的系统性影响，以便更好地把握审计工作的本质规律和变化趋势，充分反映审计工作的规范化、国际化、信息化和智能化。

（2）全面性。本书以注册会计师审计为主，兼顾政府审计和内部审计；详细介绍注册会计师财务报表审计，兼顾注册会计师的其他主要业务。本书既深入阐述了审计的产生与发展、职业道德与审计准则、风险管理、内部控制等，又较为完整地介绍了审计目标、审计程序与方法、审计证据、审计抽样、审计报告及基于业务循环的审计实务，为读者从事各类审计工作奠定了良好基础。

（3）实用性。本书的相关内容紧密结合审计实务，按业务循环并结合报表项目，详细介绍有关业务循环的控制测试和实质性程序［包括实质性测试（也称细节测试）和实质性分析程序］，便于实际操作时参考。同时，本书在每章开篇明确了学习目标，核心知识点附有课后思考题，针对部分前沿性知识点设置了拓展阅读，有助于培养学生追踪学术前沿、分析解决问题和综合性创新思维的能力。

本书内容结构体系可以分为四部分。第一部分论述了审计的产生与发展及其环境变化，重点包括审计的本质、成因及其发展历程，审计职业组织及审计执业环境，包括相关的执业准则体系、职业道德规范和注册会计师法律责任。第二部分为审计理论、方法、程序与技术，阐述了审计过程的诸多重要知识点，重点包括审计目标、审计计划、审计证据与审计工作底稿，审计过程的重要性决策与审计风险评估、重大错报风险评估与应对，内部控制及其评价、审计抽样与审计报告等。第三部分基于业务循环的审计实务，将财务报表审计划分为五大业务循环，详细介绍各业务循环的控制测试及应实施的实质性程序等。第四部分介绍注册会计师的其他主要业务，主要包括财务报表审阅、内部控制审计、预测性财务信息审核及对财务信息执行商定程序等。

为了高质量完成书稿，我们整合多方资源，参阅诸多文献，编写组分工合作，主要参与人员及具体分工如下：第一章和第二章由朱卫东教授执笔；第三章至第七章、第十章、第十一章和第十七章由吴勇副教授执笔；第八章、第九章由张超博士执笔；第十二章至第十六章由胡丹副教授执笔；经多次交叉复核，反复审阅修改，最后由吴勇副教授总纂定稿。本书感谢合肥工业大学管理学院会计系全体同仁的鼎力相助，感谢研究所张晨教授的大力支持，感谢硕士研究生陈慧、曹丹丹、周才力、何长添、方君、余洁、王尚纯、张律信等承担了大量基础性的工作。

由于我们的水平、能力及其他条件的限制，书中难免存在不足，尚祈读者与同仁不吝赐教，以便修改完善。

目　　录

第一章

审计概述

审计作为一种经济监督活动，是社会经济发展到一定阶段的产物。本章将系统论述审计的本质，审计的产生和发展，审计的对象、分类、目标与职能，以及现代信息技术（information technology，IT）对审计的系统性影响，以便更好地理解审计概念的内涵及其产生与发展。

- 了解审计产生的基础及审计的演进历史
- 理解审计的含义、目标、对象及其分类
- 掌握审计的特征、职能、作用
- 深刻理解现代信息技术对审计的系统性影响

第一节　审计的产生与发展

审计是在一定的经济关系下，基于经济监督的需要而产生的。当财产所有者将其财产交付其他人代管或者代为经营时，客观上存在查错防弊、监督他人，以维护财产所有者利益的需要，因而委派或委托另一机构和人员，对他人代管或者代为经营的业绩进行审查和评价，进而在委托代管和委托经营的经济关系下，便产生了审计这项经济监督活动。审计是社会经济发展到一定阶段的产物，它伴随着社会环境的变化经历了多次演变。追溯审计产生的源头、了解审计产生的原因具有重要的意义。

一、审计产生的基础

作为一种经济监督活动，审计是社会经济发展到一定阶段的产物。然而，在社会发展的各个时期，由于生产力发展水平不同和社会经济管理方式不同，审计的广度、深度和形式也各不相同。

（一）受托经济责任关系是审计产生的社会基础

在生产力低下的原始社会，不需要审计；在经济不发达的时候，对于小规模的经营，生产资料的占有者可以亲自管理，也不需要第三方审计；当社会生产力不断提高、社会经济不断发展，生产资料的所有者不能直接管理和经营其所拥有的财富时，就有必要授权或委托他人代为管理和经营，这就导致了生产资料所有权与经营管理权的分离，从而也就产生了委托代理关系引发的受托经济责任，这就为以监督检查为职责的审计诞生奠定了基础，也产生了审计关系。

受托经济责任是指由于委托或受托经营管理经济资源而产生的受托人（即资源财产的经营管理者或下级经营管理者）对委托人（即资源的所有者或上级经营管理者）所承担的责任，它包括按委托人的规定要求经营管理经济资源的责任（简称经管责任）和按特定要求向委托人报告其资源财产经营管理过程及其结果的责任（简称报告责任）两方面。

在受托经济责任关系中，由于委托人和代理人之间的目标不一致，委托人需要对代理人的经营管理活动实施监督，以便确认其是否按照自己的意志经营管理。代理人也需要对日常经营管理活动进行记录和计量，并定期形成报告，以便反映企业受托经济责任的履行情况。由于委托代理双方存在信息不对称，代理人基于自身的信息优势及掌控报告的编制过程，有可能提供虚假的业绩报告，此时需要委托人来执行监督。然而，多个委托人之间可能存在“搭便车”行为，以及委托人由于缺乏足够的时间和精力及必要的知识和能力，就需要委托或授权独立、专业的第三者——审计组织或审计人员，对受托人履行受托经济责任的情况进行监督，由此产生审计。

基于受托经济责任关系的审计三方关系如图 1-1 所示。

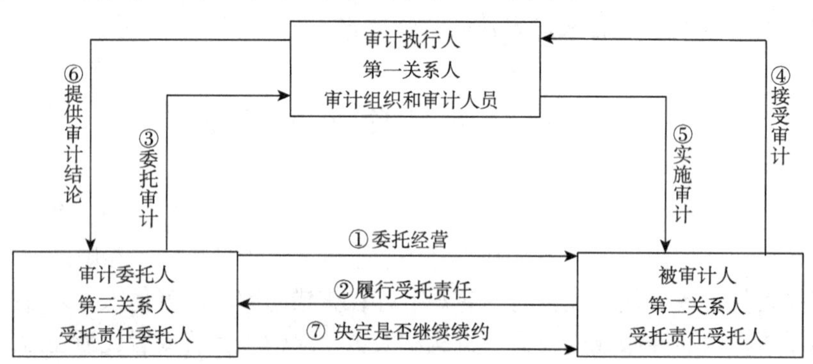

图 1-1　基于受托经济责任关系的审计三方关系

注：委托人和受托人之间是受托经济责任关系；委托人和审计人之间是审计的授权与受权或委托与受托关系；审计人与委托人之间是审计与被审计的关系

受托人将资源财产委托或授权受托人经营管理；受托人接受委托或授权并对委托人承担相应的受托经济责任；委托人授权或委托审计人对受托人进行审计；审计人对受托人经济责任履行情况进行审计；受托人接受审计人的审计；审计人将受托人受托经济责任履行情况以审计报告的形式报告；委托人根据审计报告考核和评价受托人，以确立或解除其经济责任

最早的受托经济责任产生于帝王与主管财富的官吏之间。奴隶主国家疆土的扩大与财富的增多导致统治者分封王族、功臣和贵族到各地做诸侯，这些诸侯受命于国王，管理国王的土地，并向国王缴纳一定的贡赋。这种土地国有制与经营权的分离就是国家授权管理的开始，它使国王与各路诸侯之间不仅存在政治依附关系，也出现了经济责任关系。国王为了考察这些诸侯是否忠于职守、有无营私舞弊行为，就需要设置专门机构，

委派专职人员进行审核检查，这便是官厅审计的雏形。

西方中世纪的庄园主等财产所有者将其资源财产授权给总管、账房或管家进行管理，如此便在他们之间形成了授权与受权管理资源财产的经济责任关系。当庄园主不能亲自监督受托人经济职责履行情况时，就需要委派第三者——审计人员去监督检查受托人在资源财产管理过程中是否存在舞弊、会计账目的真实可靠性及资源财产的安全完整性，这便是早期的内部审计。

股份公司出现后，财产所有权与经营权相分离，企业授权管理的范围更加扩大，股东、债权人为了维护自身的经济利益，公司经营者为了证实自己的能干、忠诚，均需要委托一个独立、专业的第三者——审计人员来对企业的财务状况及有关经济活动进行审计，如此催生了民间审计。

（二）受托经济责任内容的复杂化是审计发展的动力

随着社会经济的发展，受托经济责任的内容也不断丰富、发展和复杂化。从受托经济责任中的经管责任来说，其最初只是一种保管责任，保护受托资源财产的安全完整，旨在保证其行动符合法律。随着企业社会责任（corporate social responsibility，CSR）及环境、社会和治理（environment social governance，ESG）绩效等理念的不断深入，现在受托经济责任还被要求符合道德的、技术的和社会的要求，同时受托人还被要求按照经济性、效率性、效果性、公平性和环保性来使用和管理资源。随着受托经济责任内容的不断丰富和复杂化，审计也由原来的财务收支审计发展到财务收支审计与经济审计、效率审计、效果审计、公平审计、环保审计并重。

（三）社会经济与科技的发展是助推审计发展的驱动力

近年来，随着经济全球化、网络信息技术的发展及商业模式的变革，组织营运活动呈现全球化、资源集中化、流程自动化的特征，使得企业营运风险特征发生重大变化，不再局限于传统的业务风险或财务风险，反而可能隐匿于庞杂且“管理者仍自认为有效”的标准化流程中。传统的审计大多是事后审计而非实时侦测，未能及时侦测到组织内部控制缺陷或隐藏性风险。而且，传统审计基于抽样技术，难以全面侦查例外交易行为的发生。另外，随着对治理环境、风险管理、法律遵循（governance risk compliance，GRC）等议题的持续关注，如何以自动化作业程序提供实时、准确的审计报告，以便迅速、精确地反映企业各类风险事实和状况，如何将传统的事后审计模式提前至实时审计侦测，以便实现近乎实时、持续的监督防范效果，进一步提升审计的效率和价值，基于大数据分析的持续性审计与持续性监控（continuous auditing & continuous monitoring，CA/CM）日益成为会计、审计领域的新兴议题。

伴随着信息科技的快速发展，以及云计算、大数据、物联网、区块链、数据分析与可视化、流程自动化及人工智能（artificial intelligence，AI）等创新技术在会计、审计和财务领域的广泛应用，商业作业流程已进入无纸化与网络交易时代，企业需要应用诸如企业资源计划（enterprise resource planning，ERP）、客户关系管理（customer relationship management，CRM）、供应链管理（supply chain management，SCM）、电子商务（electronic commerce，EC）等不同类型的信息系统完成各项营运活动。信息系统架构多样化与复杂化在提升运营效率的同时，也增加了系统质量管控难度，易造成数据错误，并产生更多舞弊的机会与可能。如何基于企业多个信息系统产生的海量数据，进行相关作业流程的分析与异常现象的发掘，已成为新企业治理时代审计人员必须面对的挑战。审计人员亟须使用新的理论方法和技术架构，应对持续自动生成的大量即时可访问数据的挑战，唯有通过持续性审计与持续性监控有效结合，才能持续侦测企业流程作业的相关变化，提升审计活动效率与价值。

二、审计产生的动因

审计作为一门独立的学科，它反映了特定的社会需要，是社会经济发展到一定阶段的产物。在经济社会逐步发展的过程中，财富的所有者和经营者之间的关系日益复杂化，财富的所有权和经营权逐渐分离，衍生出财产经营管理的委托和受托关系。委托人将财产经营权转移给受托人，从而形成两者在权利、义务等方面的契约关系。但是，委托人和受托人的目标不完全一致、信息不对称，需要对代理人的经营管理行为和受托经济责任履行情况进行监督审查，从而激发了对审计的需求。

依据经济学理论分析，审计产生的动因理论包括信息理论、监督理论、代理理论、保险理论、冲突理论等。

（一）信息理论

审计的信息理论将审计视为一种意在降低信息风险的活动。该理论认为，审计产生的主要原因是存在降低信息风险的需求。审计的结果可以使信息更加可靠，减少企业管理层和投资者之间潜在的信息不对称，使市场更具效率。审计的本质在于增进财务信息的价值，提高财务信息对信息使用者决策的正确程度。审计具有改善财务信息质量、通过信号传递有效地配置财务资源的作用。基于此，信息理论又分为信号传递理论和信息系统理论。

信号传递理论是信息不对称的基础理论，是信息学的重要组成部分。由于社会分工的细化，以及企业所有权与经营权的分离，委托人和代理人掌握不同的信息，产生信息不对称，从而影响参与者的决策与交易，引发逆向选择问题。逆向选择是由于人们对卖方的信息掌握较少，在交易时持怀疑态度而只愿意出低价购买的现象。解决逆向选择问题的重要手段是信号传递，即有信息的一方向无信息的一方披露私人信息的行为。就审计而言，企业选择具有公信力的会计师事务所出具的审计报告来传递关于企业价值的有利信号，降低未来盈利的不确定性。因此，审计具有信号传递功能，能够有效地向市场传递企业的信息，能够帮助投资者更好地了解企业，降低报告使用者的信息不对称程度，提高投资者对财务报告的信任程度，缓解逆向选择问题。

信息系统理论是随着会计信息决策有用观的出现而得以推行的，该理论假定，投资者和债权人等所做的各类决策广泛依赖于财务信息，如何提高财务信息的可靠性和决策有用性至关重要，而审计的本质在于提高信息的可信性和决策有用性。

（二）监督理论

根据委托代理理论，委托人和代理人之间的受托经济责任虽然由契约关系来维系，但委托人和代理人之间不可避免地存在一定的利益冲突，且签订的契约是不完全契约，契约条款的实施需要外部独立第三方的监督，如此便产生了对独立审计的需求。代理人在履行受托责任时，由于其具有信息优势，也掌控着实际的管理决策和控制权，可能会追求个人利益的最大化，产生诸如在职消费、偏离价值最大化的投资决策等，造成资源的浪费，间接导致委托人成本增加。委托人为了减少代理人的机会主义行为会建立一种监督机制，也就是审计。委托人通过审计来确定代理人的行为是否与其利益保持一致。

（三）代理理论

代理理论认为，现代企业所有权与经营权分离引发委托代理问题，企业中的股东与债权人、管理层之间就存在该种委托代理关系，为了减少代理关系下的代理成本，委托代理双方会签订一系列契约，管理层为说明受托责任的履行情况，就需要提供反映契约条款实施情况的重要财务信息，由于代理双方的目标不一致、信息不对称，处于信息劣势一方的委托人需要证实企业管理层提供财务信息的真实性,此时每个委托人都去检查，获取可靠信息的成本太高，而且还存在“搭便车”问题，而通过聘请具有独立、专业胜任能力和良好声誉的外部审计人员来为全体委托人对企业管理层进行审计可以大大降低这一成本。因此，审计的本质在于降低代理成本，促进股东利益和企业管理人员的利益达到最大化。

（四）保险理论

审计的重要作用是提高信息的质量和可靠度，降低信息中存在的风险，为信息使用者提供保障，而降低信息风险可以有多种机制。上述信息理论和监督理论均是基于信息使用者的需求，认为通过审计的鉴证机制，依靠独立于信息使用者和受托人的第三方，利用其专业知识对企业提供的财务信息进行审计，在实质上可以减少甚至是消除财务信息中的错误和舞弊，降低信息风险。除了寄希望于审计人员从实质上降低财务信息的风险，还可以通过将风险部分或全部转移给保险人的方式来降低信息风险，因此，基于保险理论的视角，审计是通过保险机制来降低信息风险的，这种机制并不注重是否从根本上消除了财务信息中的错误和舞弊，但同样能够起到降低风险的作用。保险理论认为，审计具有保险价值，审计活动中的保险人，即审计人员可以为投资者分担一定的风险。一旦审计失败，审计人员要承担相应的责任，很有可能面临起诉或是给予赔偿，因此，审计对于投资者来说是一种保障制度，分散和转移了信息中存在的风险。

（五）冲突理论

冲突理论认为，审计存在的根本原因就是“人与人之间存在利害冲突”。因为财务报表的提供者和使用者之间、使用者和使用者之间的利益并不一致，他们之间存在实际或潜在的利害冲突，导致财务报表存在不实报道的可能性，财务报表使用者期望外部独立专家对财务报表实施独立、客观、公正的鉴证，发表意见，以合理地保证财务报表不受利害冲突的影响。而审计是协调冲突的活动，审计的本质在于通过独立的合理保证业务来维护各个利益集团的利益。

上述几种理论从不同的视角出发，对审计的本质进行了不同的解读（表 1-1）。总体而言，审计既是降低和分散信息风险的过程，又是经济监督的过程，还是协调利益冲突的过程。

表 1-1 审计产生的动因理论

动因理论	主要观点	对审计本质的认识
信息理论	审计的结果可以使信息更加可靠，减少企业管理层和投资者之间潜在的信息不对称，使市场更具效率	审计的本质在于增进财务信息的价值，提高财务信息对信息使用者决策的正确程度
监督理论	审计是基于受托经济责任关系产生的一种保障和促进受托经济责任全面有效履行的独特监控机制	审计是一项独立的经济监督活动
代理理论	审计是企业中的股东与债权人、管理层之间，为了减少代理关系下的代理成本，监督委托代理双方签订一系列契约条款实施的外部独立第三方	审计在于促进股东利益和企业管理人员的利益达到最大化
保险理论	审计是降低风险的活动，即审计是一个把财务报表使用者的信息风险降低到社会可接受的风险水平之下的过程，甚至认为审计是分担风险的一项服务	审计是风险的分担
冲突理论	审计存在的根本原因就是“人与人之间存在利害冲突”。因为财务报表的提供者和使用者之间、使用者和使用者之间的利益并不一致，这种实际或潜在的利害冲突导致财务报表存在不实报道的可能性，而审计是协调冲突的活动	审计作为一种冲突协调机制，通过独立的合理保证业务来维护各个利益集团的利益

三、中国审计的产生与发展

（一）政府审计

我国政府审计的产生与发展经历了一个漫长的过程，大体可分为六个阶段：西周初期我国政府审计的萌芽与初步形成阶段；秦汉时期我国政府审计的初步发展与确立阶段；隋唐宋时期我国政府审计的日臻完善健全阶段；元明清时期我国政府审计的停滞不前甚至倒退阶段；近现代我国政府审计的缓慢发展阶段和改革开放后我国政府审计的发展振兴阶段。

（1）西周初期我国政府审计的萌芽与初步形成阶段。我国西周国家财计机构分为两个系统：一是地宦大司徒系统，掌管财政收入；二是天宦冢宰系统，掌管财政支出。司徒掌管财政收入、冢宰掌管财政支出、司会掌管财政经济的审核和监督（财政监察制度），《周礼》记载“凡上之用财用，必考于司会”，即凡帝王所用的开支，都要受司会的检查，可见司会的权力很大。《周礼》还记载“以参互考日成，以月要考月成，以岁会考岁成”，即司会每旬、每月、每年都要对下级送上来的报告加以考核，以判断每一个地方官吏每旬、每月、每年编制的报告是否真实、可靠，再由周王据此决定赏罚。我国政府审计的起源基于西周的宰夫。小宰掌管政令，宰夫考核政绩并给予奖惩。《周礼》记载，宰夫“岁终，则令群吏正岁会。月终，则令正月要。旬终，则令正日成，而考其治。治以不时举者，以告而诛之”，即年终、月终、旬终的财计报告先由宰夫命令督促各部门官吏整理上报，宰夫就地稽核，发现违法乱纪者，可越级向天宦冢宰或周王报告，加以处罚。由此可见，宰夫是独立于财计部门之外的官职，其设立标志着我国政府审计的产生。

（2）秦汉时期我国政府审计的初步发展与确立阶段。该阶段主要表现在三个方面。一是初步形成了统一的审计模式。秦汉时期是我国封建社会的建立和成长时期，社会经济的发展促进秦汉时期逐渐形成全国审计机构与监察机构相结合、经济法制与审计监督制度相统一的审计模式。秦朝，中央设“三公”“九卿”辅佐政务。御史大夫为“三公”之一，执掌弹劾、纠察之权，专司监察全国的民政、财政及财物审计事项，并协助丞相处理政事。汉承秦制，西汉初中央仍设“三公”“九卿”，仍由御史大夫领掌监督审计大权。二是“上计”制度日趋完善。“上计”就是由各郡县自下而上定期呈报财计报告，皇帝亲自参加听取和审核，以决定赏罚的制度。这种制度始于周朝，至秦汉时期日趋完善。三是审计地位提高，职权扩大。御史制度是秦汉时期审计建制的重要组成部分，由御史大夫自上而下进行的御史监察制度和由诸郡县自下而上进行的“上计”制度，形成一个上下贯通的中央控制全国的监察系统。但在秦汉官制中，并无专司审计职责的官员和机构，因此，秦汉时期审计制度虽已确立，但仍属初步发展阶段。

（3）隋唐宋时期我国政府审计的日臻完善健全阶段。隋唐至宋代，中央集权不断加强，官僚系统进一步完善，审计制度也日臻健全。隋代开创一代新制，设置比部，隶属于都官或刑部，掌管国家财计监督，行使审计职权。唐代改设三省六部，六部之中，刑部掌天下律令、刑法、徒隶等政令，比部仍隶属于刑部，凡国家财计，不论军政内外，无不加以钩稽，无不加以查核审理。比部审计之权通达国家财经各领域，而且一直下伸到州、县。由此可见，唐代的比部审查范围极广、项目众多，而且具有很强的独立性和较高的权威性。宋代审计一度并无发展。元丰改制后，财计官制复唐之旧，审计之权重归刑部之下的比部执掌，审计机构重获生机。此外，宋代还专门设置审计司，隶属于太府寺。北宋时又曾将这个机构改称为审计院。宋代审计司（院）的建立，是我国审计的正式命名，从此，“审计” 一词便成为财政监督的专用名词，对后世中外审计建制具有深远的影响。

（4）元明清时期我国政府审计的停滞不前甚至倒退阶段。元代取消比部，户部兼管财计报告的审核，独立的审计机构消亡。明初设比部，不久即取消，洪武十五年设置都察院，以左右都御史为长官，审查中央财计。清承明制，设置都察院，“对君主进行规谏，对政务进行评价，对大小官吏进行纠弹”，成为最高的监察、监督、弹劾和建议机关。虽然明清时期的都察院制度有所加强，但其行使审计职能具有一揽子性质。由于取消了比部这样的独立审计组织，其财计监督和政府审计职能严重削弱，与唐代行使司法审计监督职能的比部相比，后退了一大步。

（5）近现代我国政府审计的缓慢发展阶段。辛亥革命后的审计变革期。辛亥革命结束了清王朝的封建统治，成立了中华民国。1912 年，中华民国政府在国务院下设审计处，1914 年北洋政府将其改为审计院，同年颁布了审计法。国民党政府也曾于 1928 年颁布审计法和实施细则，于 1929 年颁布审计组织法，审计法规日趋完善。新民主主义革命时期，中国共产党在革命组织和革命政权中建立了审计制度，如成立了中华苏维埃共和国审计委员会、陕甘宁边区政府审计处等。中华人民共和国成立以后，我国实行计划经济模式，国家没有设置独立的审计机构，通过不定期的会计检查来对企业的财税监督和货币进行管理。

（6）改革开放后我国政府审计的发展振兴阶段。党的十一届三中全会以来，党和政府把工作重点转移到经济建设上来，并制定了一系列的方针政策。为适应这种需要，1982年12月《中华人民共和国宪法》规定建立审计监督制度，1983年9月我国政府审计的最高机关——审计署成立，并在县以上各级人民政府设置各级审计机关。1985年8月，我国发布了《国务院关于审计工作的暂行规定》，1988年11月颁布了《中华人民共和国审计条例》。1995年1月1日《中华人民共和国审计法》（简称《审计法》）的实施，从法律上进一步确立了政府审计的地位，为其进一步发展奠定了良好基础。1997年《中华人民共和国审计法实施条例》颁布，2006年6月1日起，修正后的《审计法》正式施行，2010年《中华人民共和国审计法实施条例》修订。2014年，党的十八届四中全会明确将审计作为"八大监督"体系之一。2014年10月，国务院印发了《国务院关于加强审计工作的意见》，提出发挥审计促进国家重大决策部署落实的保障作用。2018年3月，中央审计委员会的成立在我国现代审计史上具有划时代的意义，是推进国家治理体系和治理能力现代化的一场深刻变革，是推进审计管理体制改革的伟大创举，也是我国审计改革和发展的里程碑。

我国政府审计的发展历程如图1-2所示。

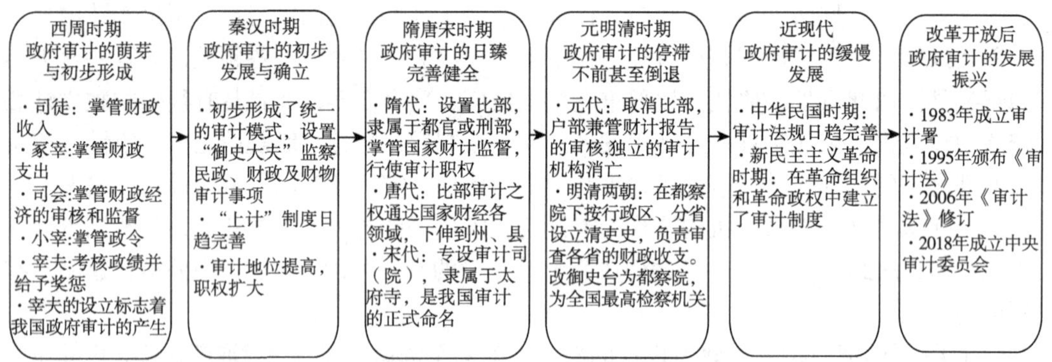

图1-2 我国政府审计的发展历程

（二）民间审计

（1）近代我国民间审计的缓慢发展。近代我国资本主义商业有所发展，民间审计也应运而生。1918年，北洋政府颁发了我国第一部注册会计师法规——《会计师暂行章程》，随着1929年《公司法》的公布及后来《税法》和《破产法》的实施，一些大城市相继成立了会计师事务所，1921年谢霖在北京创办了我国第一家会计师事务所——正则会计师事务所，接受委托人委托办理查账等业务，民间审计得到发展。1925年"全国会计师公会"在上海成立，1933年"全国会计师协会"成立，1933~1947年，我国已拥有注册会计师2 619人。但由于政治不稳定，经济发展缓慢，审计一直没有取得长足的发展。1949年中华人民共和国成立后，相当长一段时间内我国实行的高度计划经济，严重制约了民间审计的发展。

（2）改革开放后我国民间审计的快速发展。我国在 1980 年恢复和重建了注册会计师制度，财政部颁布了《关于成立会计顾问处的暂行规定》。1986 年 7 月，国务院发布了《中华人民共和国注册会计师条例》，标志着我国民间审计的发展进入一个新阶段。1994 年 1 月 1 日《中华人民共和国注册会计师法》的实施，使民间审计步入了法制的轨道，并得到迅猛发展。1995 年《中国注册会计师独立审计准则》颁布。2006 年，财政部发布了 48 项注册会计师审计准则；2010 年，财政部发布了《中国注册会计师审计准则第 1101 号——财务报表审计的目标和一般原则》等 38 项准则及与其配套的 38 项应用指南；2016 年，财政部印发了《中国注册会计师审计准则第 1504 号——在审计报告中沟通关键审计事项》等 12 项中国注册会计师审计准则（新审计报告准则）；2020 年，中国注册会计师协会发布《中国注册会计师职业道德守则（征求意见稿）》和《中国注册会计师协会非执业会员职业道德守则（征求意见稿）》，与国际会计师职业道德守则实质性趋同。

我国民间审计发展的重要历程如表 1-2 所示。

表 1-2　我国民间审计发展的重要历程

时间	重要标志性事件
1918 年	北洋政府农商部颁发了我国第一部注册会计师法规——《会计师暂行章程》
1921 年	谢霖在北京创办了我国第一家会计师事务所　　正则会计师事务所
1925 年	“全国会计师公会”在上海成立
1933 年	“全国会计师协会”成立
1933~1947 年	至 1947 年全国已拥有注册会计师 2 619 人
1980 年	财政部颁布了《关于成立会计顾问处的暂行规定》，标志着我国的注册会计师制度进入恢复重建阶段
1981 年	我国恢复注册会计师审计制度后的第一家会计师事务所——上海会计师事务所成立
1985 年	《中华人民共和国会计法》颁布
1986 年	中华人民共和国第一部注册会计师法规——《中华人民共和国注册会计师条例》发布
1988 年	注册会计师的全国性职业组织——中国注册会计师协会成立，注册会计师制度开始进入全面发展的时代
1994 年	中华人民共和国第一部注册会计师专门法律《中华人民共和国注册会计师法》于 1994 年 1 月 1 日实施，从此我国注册会计师审计得到迅猛发展
1995 年	财政部批准发布了《中国注册会计师独立审计基本准则》，《独立审计具体准则》第 1 号至第 7 号，以及《独立审计实务公告第 1 号——验资》
2006 年	财政部正式发布 39 项企业会计准则和 48 项注册会计师审计准则
2010 年	财政部发布了《中国注册会计师审计准则第 1101 号——财务报表审计的目标和一般原则》等 38 项准则及与其配套的 38 项应用指南
2016 年	财政部印发了《中国注册会计师审计准则第 1504 号——在审计报告中沟通关键审计事项》等 12 项中国注册会计师审计准则（新审计报告准则）
2020 年	中国注册会计师协会发布《中国注册会计师职业道德守则（征求意见稿）》和《中国注册会计师协会非执业会员职业道德守则（征求意见稿）》，与国际会计师职业道德守则实现实质性趋同

（三）内部审计

（1）近现代我国内部审计的缓慢发展。历史上因为我国的商品经济不太发达，内部审计主要是皇室审计和寺院审计。中华人民共和国成立后，因初期实行的是计划经济，内部审计在很长一段时间内发展缓慢。

（2）改革开放后内部审计的快速发展。改革开放之后，为了全面开展审计工作，完善审计监督体系，加强部门、单位内部经济监督和管理，1984 年，政府要求在部门、单位内部成立审计机构，实行内部审计监督，标志着我国内部审计制度初步建立。1985 年 12 月《审计署关于内部审计工作的若干规定》发布，在各级政府审计机关、各级主管部门的积极推动下，内部审计蓬勃发展。2003 年 3 月，审计署颁布了《审计署关于内部审计工作的规定》。至此，我国形成了政府审计、民间审计和内部审计三位一体的审计监督体系，审计制度和审计工作进入振兴时期。

四、西方审计的产生与发展

（一）政府审计

英文的审计（audit）一词源于拉丁文“听”的意思。审计的最初意识形态早在公元前就有所体现，当时已经出现了专门的官员负责对其他官员向国王或皇帝的口头报告进行听证，以确定报告的准确性和真实性，这也是最早的政府审计/国家审计。在西方国家，随着生产力的发展和经济关系的变革，审计也经历了一个漫长的发展过程。从西方审计的历史起源和发展演进来看，政府审计早于民间审计和内部审计。政府审计的发展大概可分为奴隶制度下的政府审计、封建制度下的政府审计和资本主义制度下的政府审计。

（1）奴隶制度下的政府审计。历史文献记载，早在奴隶制度下的古罗马、古埃及和古希腊时代，就出现了对掌管国家财物和赋税的官吏进行审查考核这一具有审计性质的经济监督工作。

（2）封建制度下的政府审计。在历代封建王朝中，也设有审计机构和审计人员，对国家的财政收支进行监督。例如，法国在资产阶级大革命前即设有审计厅，1256 年法国国王路易九世曾下令，命其官吏将收支计算书送到巴黎，接受审计人员的审查。资产阶级大革命后，拿破仑一世时创建的会计法院的任务主要是对联邦政府及政府各部和市镇的会计资料的准确性和合理性进行审核。至今，会计法院仍是法国政府实施事后审计的最高法定机构。在前资本主义社会，基于奴隶主和封建主监督、考核其所属官员的政绩，维护统治阶级利益的需要，出现了审计或类似审计性质的经济监督工作。

（3）资本主义制度下的政府审计。在资本主义时期，随着经济的发展和资产阶级国家政权组织形式的完善，政府审计也有了进一步的发展。现代资本主义国家普遍建立了政府审计制度。资本主义政府审计的形成和发展，与以议会制为核心的资产阶级政权组织形式有着紧密的联系。为了监督政府的财政收支，切实执行财政预算法案，以维护统治阶级的利益，西方国家大多在议会下设有专门的审计机构，由议会或国会授权，对政府及国有企业和非营利组织的财政、财务收支进行独立的审计监督。

西方政府审计的发展历程如图 1-3 所示。

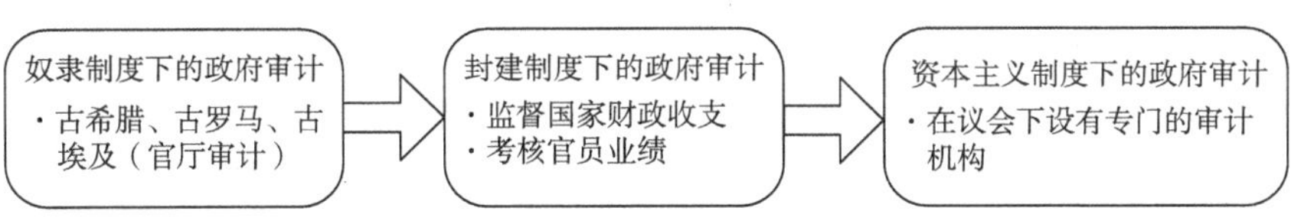

图 1-3 西方政府审计的发展历程

（二）民间审计

在西方由注册会计师进行的民间审计，随着资本主义商品经济的兴起得到迅速发展，其发展大致经历了如下几个阶段：起源于意大利合伙制；形成于以查错防弊详细审计为主的英国式详细审计；发展于以报表抽样审计为主的美国式审计；成熟于跨国审计、现代信息技术的应用及风险导向审计。

（1）起源于意大利合伙制。16 世纪末期，地中海沿岸国家的商品贸易得到发展，出现了为筹集大量资金进行贸易活动的合伙经营方式，即由多人合伙筹资，委托给某些人去经营贸易。这样，财产的所有权和经营权分离，对经营管理者进行监督成为必要，所有者便聘请会计工作者来承担这项工作，17 世纪初期，苏格兰也出现了一批从事该类工作的会计工作者。这是早期处于萌芽状态的民间审计。

（2）形成于以查错防弊详细审计为主的英国式审计。现代意义上的民间审计是伴随 18 世纪初期到 19 世纪中叶产业革命的完成而开始的。产业革命的完成推动了资本主义商品经济的发展，在西方出现了以发行股票筹集资金为特征的股份有限责任公司。股份有限责任公司这一企业组织形式的出现，公司的所有权与经营权相分离，使得对经营管理人员的监督十分必要，现代民间审计制度应运而生。1844 年，英国政府为了保护广大股票持有者的利益，颁布了《公司法》，规定股份有限责任公司必须设监察人，负责审查公司账目。因为当时的监察人一般由股东担任，大多并不熟悉会计业务和审查方法，难以有效监督，所以，1845 年英国政府修订《公司法》时规定，股份有限责任公司可以聘请执业会计师协助办理该项业务。这一规定无疑对民间审计发展起到了推动作用。1853 年，苏格兰的爱丁堡成立了爱丁堡会计师协会，这是世界上第一个执业会计师的专业团体；随后，英国有数家会计师协会相继成立，民间审计队伍迅速扩大。此时审计的职能主要是用详细审计的方法审查会计账簿，审计的目的是保护企业财产。审计人员通过审查会计资料来查错防弊，并考核经营者和工作人员是否忠诚可靠。当时的代表性著作有英国的皮克斯利（F. W. Pixley）所著的 *Auditors：Their Duties and Responsibilities*（《审计人员及其义务和责任》）及英国狄克西（L. R. Dicksee）所著的 *Auditing：A Practical Manual for Auditors*（《审计学——审计人员的实务手册》），由于该阶段以查错防弊为目的的详细审计产生并盛行于英国，故其也被称为英国式审计。

（3）发展于以报表抽样审计为主的美国式审计。19 世纪末期到 20 世纪初期，美国的民间审计得到迅猛发展。1887 年美国会计师公会成立，1916 年改组为美国会计师协会，后来发展为美国注册会计师协会（American Institute of Certified Public Accountants，AICPA），成为世界上最大的民间审计专业团体。初期的美国民间审计多采用英国式的详细审计。进入 20 世纪以后，美国经济有了一定的发展，企业的规模还不大，资金来源主要靠银行提供的短期贷款。银行和债权人最关心的是企业的偿债能力支付能力，因而非常重视资产负债表，要求资产负债表要经过会计师的审查鉴证。该时期审计的职能就是审查资产负债表的真实性和正确性，并提供审计证明。由于资产负债表审计是先在美国实施的，故又称美国式审计。当时的代表性著作有美国的蒙哥马利（R. H. Montgomery）于 1912 年所著的 *Auditing Theory Practice*（《审计理论与实践》）。20 世纪 20 年代以后，随着资本市场的发育成熟，证券交易的业务量和规模都有了较大的发展。由于股份制公司的发展，企业规模扩大所需的大量资金主要是通过证券市场取得的，投资人最关心的是企业的营利能力。为顺应证券市场发展和社会各方面的要求，资产负债表审计已无法满足需要，美国率先进入财务报表审计时代。因此，该阶段的审计职能主要是依据一般公认会计原则（Generally Accepted Accounting Principles，GAAP）对企业财务报表，特别是利润表进行审查和评价，以确定财务报表的真实性和准确性。美国 1933 年颁布的《证券法》规定，在证券交易所上市的所有上市公司的财务报表，都必须进行强制审计，其财务报表必须经注册会计师出具审计报告。由于美国以立法的形式推行企业财务信息公开制度，要求所公开的各种财务报表必须按规定的标准编制，客观上要求与之相适应的审计工作也必须步入规范化、标准化的轨道。为此，西方许多国家的会计职业团体制定和实施了相关会计准则和审计准则。该阶段的代表性著作有佩顿（W. A. Pato）和利特尔顿（A. C. Liteteton）合著并于 1940 年出版的《公司会计准则导论》，以及桑德斯（T. H. Sander）、哈特菲尔德（H. R. Hatield）和莫尔（W. Mor）合著于 1938 年出版的《会计原则的研究报告》。

（4）成熟于跨国审计、现代信息技术的应用及风险导向审计。首先，跨国公司审计大量涌现。第二次世界大战以后，企业的规模越来越大，经济发达国家通过各种渠道推动本国企业向海外拓展，跨国公司数量日益增多，这也带动了注册会计师的业务向世界范围扩展，由此形成国际性会计师事务所，如普华永道会计师事务所、德勤会计师事务所、安永会计师事务所、毕马威会计师事务所等。而且，注册会计师业务范围不断拓展，扩大到代理纳税、代理记账及其他相关管理咨询业务。其次，计算机信息技术广泛应用于审计活动。20 世纪 60 年代以后，信息科学和行为科学也有了新的发展，电子计算机的应用取得了惊人的发展，开发了电子数据处理系统审计和计算机辅助审计技术，在这种情况下，所有的利害关系者都期望取得有利于决策的会计信息和审计信息，该阶段审计的职能主要是收集审计证据，提供审计信息。该阶段的代表性著作有莫兹和夏拉夫合著并于 1961 年出版的《审计哲理》和美国会计学会审计基础概念委员会于 1973 年出版的《基本审计概念说明》。《基本审计概念说明》指出，审计是传达经济信息不可缺少的部分，强调了审计提供审计信息的职能，并把业务范围从主要执行审计职能迅速向管理咨询领域扩展。最后，现代风险导向审计模式。21 世纪初，随着安然公司、世通公司等一批美国公司财务丑闻的揭露及安达信国际会计师事务所的崩塌，美国实施了《萨班斯—奥克斯利法案》，强化了对公司内部控制的要求和对外部注册会计师的监管。为了适应这种形势，国际审计和保证委员会及美国等发达国家的职业会计师组织修改相关的审计准则，推行适合揭露财务报表重大错报的风险导向型审计，审计技术和方法不断完善。

西方民间审计的发展历程如图 1-4 所示。

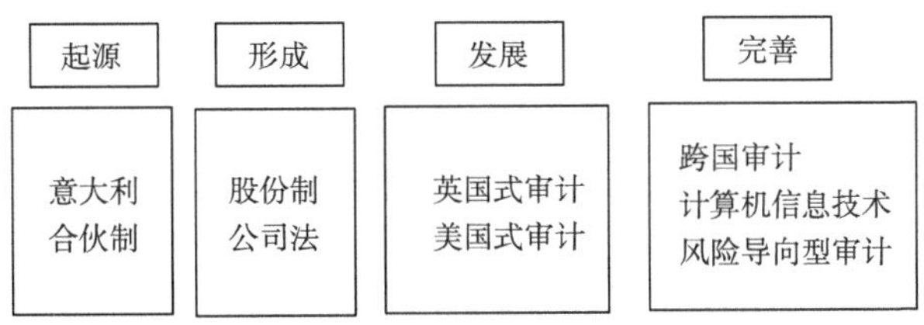

图 1-4　西方民间审计的发展历程

西方民间审计行业发展的主要阶段及其特征如表 1-3 所示。

表 1-3　西方民间审计行业发展的主要阶段及其特征

阶段	详细审计	资产负债表审计	报表审计	现代审计
时间	1844 年至20 世纪初	20 世纪初至 20 世纪 30 年代	20 世纪三四十年代	20 世纪 40 年代后
对象	会计账簿	账簿及资产负债表	全部报表及财务资料	报表审计、咨询服务等
目的	查错防弊	判断公司信用状况	验证财务报表公允性	验证财务报表公允性和查错防弊并重
方法	详细审查	重点审查资产负债表，抽查法	测试内控，广泛采用抽样方法	抽样、内控测试计算机辅助审计
用户	股东	股东及债权人	社会公众	社会公众
特征	注册会计师审计的法律地位得到确认；审计方法是对会计账目进行详细审计	审计方法从详细审计初步转向抽样审计；审计报告使用者由企业股东扩大到债权人；职业组织开始在行业发展中发挥作用	审计范围扩大到控制测试，并广泛采用抽样审计；审计报告使用者为社会公众	风险导向型审计模式；计算机审计和网络审计发展迅速；跨国审计，强化行业监管

（三）内部审计

在西方国家进行内部审计的企业可以追溯到古代和中世纪，它也是因为受托经济责任关系的出现，组织内部需要经济监督而形成的。20 世纪出现了以美国为代表的内部审计模式。例如，美国银行家摩根创立的联合钢铁公司，除钢铁企业外，还拥有石油、煤炭及交通运输等企业，为了加强集中管理，企业内部必须设立独立机构进行监督，这就是近代内部审计产生的根源。

第二节　审计的定义与分类

一、审计的定义

由于审计所处环境的不同，人们对审计的理解也有所不同。随着审计学科的不断完善，人们对审计的不同理解，最终形成了对审计完整的定义，确定了对审计的分类。

（一）审计的内涵界定

审计经历了漫长的演变和发展历程，在人们的实践活动中不断变化，逐渐形成了它的定义。美国会计学会审计基础概念委员会于 1972 年在《基本审计概念说明》中将审计定义为，审计是通过客观地获取和评价有关经济活动与经济事项认定的证据，以查明这些认定与既定的标准之间的符合程度，并将其结果传达给利害关系人的一个系统过程。美国会计学会前会长阿尔文 · A. 阿伦斯（Alvin A. Arens）在其所著 *Auditing and Assurance Services*：*An Integrated Approach*（《审计学：一种整合方法》）一书中指出，审计是由有胜任能力的独立人员对特定的经济实体的可计量信息进行收集和评价证据，以确定和报告这些信息与既定标准的符合程度。

审计定义的代表性观点如表 1-4 所示。

表 1-4　审计定义的代表性观点

机构或权威著作	审计的定义
美国会计学会《基本审计概念说明》	审计是通过客观地获取和评价有关经济活动与经济事项认定的证据，以便证实这些认定与既定标准之间的符合程度，并将其结果传达给利害关系人的一个系统过程，因而，审计的作用在于帮助用户判断信息，即具有验证职能
C. W. 尚德尔《审计理论——评价、调查和判断》	审计是人们为了证实是否遵循某些标准而形成意见和判断的评价过程
阿尔文 · A. 阿伦斯《审计学：一种整合方法》	审计是由有胜任能力的独立人员对特定的经济实体的可计量信息进行收集和评价证据，以确定和报告这些信息与既定标准的符合程度
《美国会计总署审计准则》	审计是专职机构或人员运用专业知识、技能和经验，从客观的角度评估收集的审计证据的充分性、可靠性和相关性，从而给出审计报告及审计结论
中国审计学会	审计是由专职机构和人员，依法对审计单位的财政、财务收支及其有关经济活动的真实性、合法性和效益性进行审查，评价经济责任，用以维护财经法纪，改善经营管理，提高经济效益，促进宏观调控的独立性经济监督活动
审计署法规司《审计法答疑》	审计是独立于被审计单位的机构或人员，对被审计单位的财政、财务收支及其有关经济活动的真实、合法和效益进行检查、评价、鉴证的一种监督活动
中国注册会计师协会	审计是由独立的专职机构或独立的专业人员，以被审计单位在一定时期内的全部或一部分经济活动为对象，进行审核检查、收集和整理证据，确定其实际情况，对照法规和一定标准，以判断经济活动的合规性、合法性、合理性和有效性，以及有关经济资料的真实性和公允性，并出具审查报告或证明书的经济监督、评价和鉴证活动

综上所述，我们给出审计的定义：审计是一项独立的经济监督、评价和鉴证活动。它是由独立的专职机构或人员，接受委托或根据授权，按照法规和一定的标准，运用专门的方法、技术和工具，对被审计单位特定时期的会计记录、财务报表和其他有关资料的公允性、一贯性及其所反映的经济活动的真实性、合法性、合规性和效益性等进行审查，根据审查结果出具报告书，并将结果传递给报告使用的相关方，以监督、鉴证和评价并促进受托经济责任履行的系统过程。

（二）审计概念的核心要素

充分理解审计的本质内涵需要把握如下几个核心要素。

1. 胜任的独立人员

审计活动必须由独立的审计人员实施和开展。这里的独立指审计人员应当不受经济利益和外界压力等因素的干扰，能够客观、公正地发表意见，并如实将结果传递给信息使用者。此外，实施审计工作的审计人员还必须具备专业胜任能力。这要求审计人员掌握足够的专业知识和技能，有丰富的经验，能够在检查相关证据后得出恰当的审计结论。

2. 经济活动和经济事项的认定

经济活动和经济事项的认定，是指被审计单位管理层对其自身的经济活动和经济事项所做出的各项陈述。通常审计定义中涉及的认定是指财务报表的认定。根据我国相关的审计准则，管理层对财务报表各项要素做出的认定可为三类：各类交易与事项的认定、与期末账户余额相关的认定、与列报和披露相关的认定。

3. 认定与既定标准的符合程度

在审计活动中，不论哪种类型的审计，都是对被审计单位各项经济活动、经济事项的认定进行审查，在此基础上就其与某些既定标准的符合程度做出评价并发表审计意见，这就是审计的总体目标。而在具体的审计实务中，审计还有其具体目标。例如，对于财务审计来说，这里的“既定标准”指的就是公认会计准则，即审计人员在进行审计活动时，依据公认会计准则判断财务报表的编制是否符合公认会计准则的规定并对此发表审计意见。

4. 客观的证据

审计定义中涉及的“客观的证据”主要是指审计证据。审计人员的审计过程，其实也是一个实施审计程序和收集审计证据的过程。审计证据就是用来证实或证伪被审计单位管理层做出的认定的证明。有了客观的证据，审计人员才能确定被审计单位管理层的认定和既定标准是否相符，才能形成客观的审计结论、发表客观的审计意见。因此，获取客观的证据是审计实务中非常重要的一个环节。因此，审计人员在收集审计证据时，还要运用各种手段对审计证据加以分析和评价，以确定审计证据的充分性、适当性。

5. 系统过程

阿尔文·A. 阿伦斯认为，审计实质上就是一个系统化的过程。在这个过程中，有明确具体的审计目标，有按照目标合理规划的审计程序，还有结构化的审计方法。在审计实务中，必须先制定明确的审计目标，然后按照目标安排审计计划、制定审计策略，有组织地、科学地收集和评价证据，最终实现审计目标，完成审计工作。

6. 有关使用者

尽管审计能够提高信息的可信度，降低财务信息风险，但其只有在将结果传递给有关使用者时才有价值。这里的“有关使用者”指的是那些需要依据审计结果做出决策的各方，包括被审计单位的投资者、债权人、管理层、社会公众和政府管理部门等。

审计定义中各要素的内在交互关系如图 1-5 所示。

二、审计的特征

（一）独立性

独立性是审计的灵魂，是保证审计工作顺利进行的必要条件。审计具有独立性，才

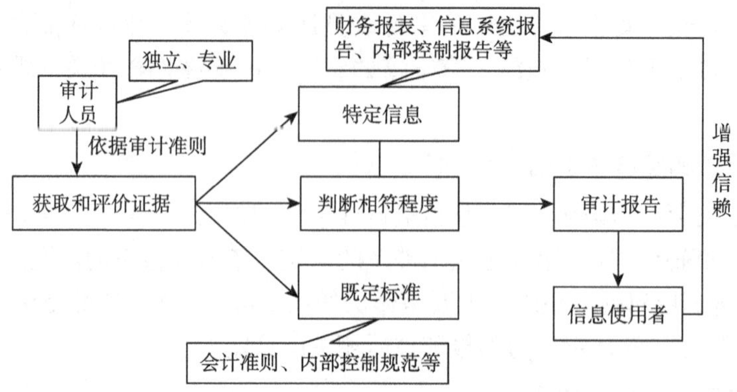

图 1-5 审计定义中各要素的内在交互关系

能保证审计人员依法进行的经济监督、确认和鉴证活动更加客观、公正，得出的审计结论更值得信赖。审计的概念与独立性的概念一体双面，失去独立性的审计便不是真正意义上的审计。不具有独立性的经济监督活动，如财政、银行、税务、市场监督管理等部门所从事的经济监督活动，则不能称为审计。因此，独立性是审计的本质属性，在审计机构的设置和审计工作过程中，必须恪守独立性原则，具体包括以下几方面。

1. 机构独立

为确保审计机构独立地行使审计监督权，对各类事项做出客观、公正的监督、评价和鉴证，充分发挥审计的作用，审计机构应当独立于被审计单位，这样才能更有效地进行经济监督、评价和鉴证。民间审计既独立于审计委托人又独立于被审计人，因此这种独立被称为双向独立。政府审计与公司、非营利组织的内部审计，仅独立于被审计人，因此这种独立被称为单向独立。

2. 经济独立

审计机构或人员从事审计业务活动，必须要有一定的经济收入和经费来源，以保证其生存和发展的需要。经济独立指审计机构或人员的经济来源应由法律法规提供保障，不受被审计单位的制约。即使是民间审计组织，也规定其除了正常的业务收费外，不允许与被审计单位有其他经济往来关系。

3. 精神独立

审计人员执行审计业务，必须按照审计准则、审计对象、审计程序独立进行审计，坚持客观、公正、实事求是的精神，做出公允、合理的评价和结论，不受任何部门、单位和个人的干涉。

美国注册会计师协会指出体现审计独立性的三个方面:一是审计人员工作的自主性，即不受委托人的任何影响；二是精神上的独立性，即审计人员必须公正无私，不带任何偏见；三是审计人员地位的独立性，这种独立性应受到公认，为社会所普遍接受。

（二）权威性

审计机构的权威性是审计监督正常发挥作用的重要保证。审计机构的独立性决定了它的权威性。审计机构或审计人员以独立于企业所有者和经营者的“第三者”身份进行工作，其对公司财务报表进行的经济监督、确认和鉴证，需恪守独立、客观、公正的原则，按照有关法律法规，根据一定的审计准则、程序进行；取得审计人员资格必须通过国家或职业团体规定的严格考试，因而他们具有较高的专业知识，这就保证了其所从事的审计工作具有专业性、科学性。正因如此，审计机构或审计人员的审计报告具有一定的社会权威性，并使经济利益不同的各方乐于接受。各国为了保障审计的这种权威性，分别通过公司法、商法、证券交易法、破产法等，从法律上赋予审计在整个市场经济中的经济监督、经济评价和经济鉴证的职能。一些国际组织为了提高审计的权威性，也通过协调各国的审计准则、标准，使审计成为一项国际性的专业服务，增强各国财务信息的一致性和可比性，以有利于加强国际经济贸易往来，促进国际经济的繁荣。

（三）公正性

与权威性密切相关的是审计的公正性。从某种意义上说，没有公正性也就不存在权威性。审计的公正性反映了审计工作的基本要求。审计人员理应在第三者的立场上进行实事求是的检查，做出不带任何偏见的、符合客观实际的判断，并做出公正的评价和进行公正的处理，以正确地确定或解除被审计人的经济责任。审计机构或审计人员只有保持独立性和公正性，才能取信于审计授权人或审计委托人及社会公众，确立审计权威的形象。

三、审计的分类

审计可以从不同的角度考察，从而形成不同的分类。按主体不同，审计可以分为政府审计（governmental audit）、内部审计（internal audit）和民间审计（civil audit）[注册会计师审计、独立审计、社会审计（social audit）]。按内容和目的不同，审计可以分为财务审计、符合性审计和绩效审计。按财务报表审计的技术方法不同，审计可以分为账表导向审计、内部控制导向审计及风险导向审计。按审计地点的技术方法不同，审计可分为现场审计和联网审计。此外，按审计范围不同，审计可以分为全面审计和局部审计，综合审计和专题审计。按执行地点不同，审计可以分为就地审计和报送审计。按时间不同，审计可以分为事前审计、事中审计和事后审计，定期审计和不定期审计。

（一）按主体分类

审计按主体分类，可分为政府审计、内部审计和民间审计。

（1）政府审计也称国家审计（national audit），是指由国家审计机关执行的审计。国家通过财政与税收形成大量的公共资金、国有资产和国有资源（简称“三资”）。国家又通过法律授权方式将“三资”分配给政府机构、事业单位、国有企业管理和使用。为监督和评价这些管理和使用“三资”的单位履行受托经济责任的情况，国家通过制定审计方面的法律规定，设置政府审计机构，代表国家对其进行审计，以查错防弊和保护“三资”的安全完整，提高“三资”运用的合法性和效益性。政府审计具有强制性，其具体审计内容主要包括政府财政收支审计、政府绩效审计和国有企业财务审计。

（2）内部审计是指由内部审计机构执行的审计。随着单位规模扩大，组织内部管理层次增加，形成了一定数量的相对独立地管理和使用本单位经济资源的内部下属单位，由此在组织内部形成了最高管理层与下属单位管理者之间的受托经济责任关系。于是，最高管理层在本单位内部设置专职内部审计机构和审计人员，授权其对下属单位履行内部受托经济责任而产生的财务收支活动、经营管理活动及其经济效益情况，以及内部控制和风险管理的适当性和有效性等进行审计，内部审计实际上属于内部管理制度的一部分，它主要服务于本单位的最高管理层并向其报告。内部审计的主要目的是查错防弊、促进组织完善治理、改善经营管理、实现经济目标、提高经济效益。

（3）民间审计又称独立审计（independent audit）、注册会计师审计（certified public accountant audit）或社会审计。它是一种由民间审计组织接受委托而实施的审计。民间审计组织通常是经有关部门审核批准成立的社会中介组织，如我国经财政部门审核批准成立的会计师事务所。民间审计组织的主体是注册会计师，因此民间审计也称注册会计师审计。它根据公认会计原则和公认审计准则，对被审计企事业单位的财务报告和会计信息进行客观的评价和鉴证。民间审计的特点是委托审计，民间审计组织只有接受了审计委托人的委托，才能开展审计业务。没有审计委托，就没有民间审计业务。

国家审计、内部审计和民间审计，三者之间既有区别也有联系，具体见表1-5。

表1-5 国家审计、内部审计和民间审计的区别和联系

<table>
<tr><th rowspan="2">审计种类</th><th colspan="3">区别</th><th rowspan="2">联系</th></tr>
<tr><th>工作目标</th><th>工作依据</th><th>工作权限</th></tr>
<tr><td>国家审计</td><td>服务国家和社会，维护经济安全，推动全面深化改革，促进依法治国，推进廉政建设，保障经济社会健康发展</td><td>《中华人民共和国宪法》《审计法》《中华人民共和国审计法实施条例》《国家审计准则》、地方性审计法规和规章等</td><td>由法律法规赋予，并以国家强制力保证实施，被审计单位和其他有关单位应当予以支持和配合</td><td rowspan="3">（1）国家审计与内部审计、民间审计之间存在着法定的监督与被监督关系。根据《审计法》及《中华人民共和国审计法实施条例》的有关规定，依法属于审计机关审计监督对象的单位，其内部审计工作应当接受审计机关的业务指导和监督；民间审计组织审计的单位依法属于审计机关审计监督对象的，审计机关有权对该民间审计组织出具的相关审计报告进行核查；
（2）国家审计应当有效运用内部审计成果，实现国家审计与内部审计优势互补，有效提升审计全覆盖的质量。内部审计和民间审计是实现审计全覆盖的重要力量。内部审计作为单位经济决策科学化、内部管理规范化、风险防控常态化的重要制度设计和自我约束机制，其工作越有效，单位出现违法违规问题和绩效低下问题的可能性就越小，国家审计监督的综合效能也就越高；
（3）审计机关可以按规定向民间审计组织购买审计服务。根据《国务院关于加强审计工作的意见》《国务院办公厅关于政府向社会力量购买服务的指导意见》等，审计机关可以有效利用社会审计力量，除涉密项目外，根据审计项目实施需要，可以向民间审计组织购买审计服务</td></tr>
<tr><td>内部审计</td><td>服务组织自身发展，促进组织完善治理、实现组织发展目标</td><td>内部审计工作规定、内部审计准则等</td><td>由组织内部规章制度确定，审计权限在一定程度上受本组织管理层制约</td></tr>
<tr><td>民间审计</td><td>对财务报表是否在所有重大方面按照适用的财务报告编制基础发表审计意见</td><td>注册会计师法、注册会计师执业准则等</td><td>委托人在协议中承诺或授予的，其权限不具有法定性和强制性</td></tr>
</table>

（二）按内容和目的分类

审计按内容和目的不同，可分为财务审计（financial audit）、符合性审计（compliance audit）、绩效审计（performance audit）等。

（1）财务审计是指针对被审计单位财务收支的真实合法性及其财务报表与其他相关资料的公允性进行的审计。就其目的而言，财务审计通过对被审计单位财务报表与相关资料的审查，验证其正确性和公允性，并发现记录的财务收支活动是否存在问题、是否真实准确、是否合法合规，最终明确被审计单位受托经济责任的履行情况。注册会计师实施的财务报表审计实质上是财务审计，因其突出审查被审计单位财务报表的合法性与公允性。

（2）符合性审计是指针对被审计单位某些财务活动或经营活动是否符合特定标准进行的审计。就其目的而言，符合性审计是通过对被审计单位财务收支活动或经营活动的审查，验证其是否符合特定标准，发现其是否存在问题，最终明确被审计单位受托经济责任的履行情况。特定标准包括多种类型，如国家财经法纪的符合性审计称为财经法纪审计，国家环境保护方面法律法规的符合性审计称为环境审计；本单位内部控制规章制度的符合性审计称为内部控制审计；等等。区块链技术的快速发展为符合性审计提供了一个质量审计跟踪的解决方案。此前，合规性审查需要大量的文档及与之相关的验证步骤，而通过区块链技术实现智能契约，运用条件和算法执行合规性审查，将使该项工作的效率明显高于手工执行。

（3）绩效审计也称为经济效益审计，是指针对被审计单位财务收支及其经营管理活动的经济性、效益性和效果性进行的审计。就其目的而言，绩效审计通过对被审计单位财务收支活动及其经营管理活动的审查，验证其绩效高低，发现影响绩效的问题，分析制约绩效的关键因素，并提出相应的改进建议，帮助被审计单位改善经营管理、提升绩效、提高被审计单位履行受托经济责任的能力和水平。在国外，绩效审计也被称为综合审计（comprehensive audit），包括经济性（economic）审计、效率性（efficiency）审计和效果性（effectiveness）审计（简称“3E”审计）。其中，经济性是指如何以更少的投入实现目标；效率性是指如何以较少的投入产出更多的产品；效果性是指投入的资源是否达到了既定目标及其经济影响。后来，“3E”审计又拓展为“5E”审计，即增加了环保性（environment）审计和公平性（equity）审计。环保性是指经济活动有效利用了自然资源，促进了环境保护；公平性是指资源的分配和再分配公平及其对社会秩序稳定的影响。

财务审计、符合性审计和绩效审计的比较见表 1-6。

表 1-6 财务审计、符合性审计和绩效审计的比较

审计种类	认定的性质	既定标准	审计报告的作用	示例
财务审计	被审计单位的财务报表信息	一般公认会计原则	财务报表是否为公允的意见	上市公司年度财务报表审计
符合性审计	认定或资料是否遵照政策、法令、法律、规定及规章等	管理层的政策、法律、规定或第三者的要求	发现偏差的汇总及对合规程度的保证	财经法纪审计
绩效审计	活动或执行的资料	管理层或法令设立的目标	观察到的效率或效果；改进的建议	经济效益审计

（三）按财务报表审计的技术方法分类

审计按财务报表审计的技术方法，可分为账表导向审计、内部控制导向审计及风险导向审计。

（1）账表导向审计。作为最早的财务报表审计技术和方法，账表导向审计在19世纪中叶到20世纪40年代在英国得到迅速发展。其主要围绕会计凭证、会计账簿和财务报表编制过程进行详细检查，通过对证、账、表上的数字进行审计来判断是否存在舞弊行为和技术性错误，核心目的是揭弊查错、保护企业资产的安全和完整，股东是主要的预期使用者，适用于评价简单的受托经济责任。然而，随着企业规模的日渐增大和审计范围的不断扩大，对被审计单位的账目记录进行详细审查的成本越来越高，围绕账表事项进行详细审查既费时又耗力。随着内部控制理论与实务的发展成熟，以及统计抽样方法日益完善，内部控制导向审计应运而生。

（2）内部控制导向审计。内部控制制度与会计信息质量息息相关。企业的内部控制制度越健全有效，财务报表发生错误和舞弊的可能性就越小，会计信息质量就越高，需要实施审计测试的范围就越小。与账表导向审计相比，内部控制导向审计调整了工作重点，强调对内部控制系统的评价，基于内部控制评价结论来组织开展审计工作，保证了审计质量，降低了审计成本，提高了审计效率。然而，内部控制系统的固有局限性制约了内部控制导向审计的效率和效果，且曾出现的多起财务舞弊事件，使得人们对审计风险给予更多关注，审计模式、技术和方法逐渐步入风险导向审计阶段。

（3）风险导向审计。这种审计技术和方法基于审计人员对企业环境和经营活动全面的风险分析，使用审计风险模型，采取分析程序，制订与客户风险状况相适应的审计计划，以确保审计工作的效率和效果。风险导向审计可以进一步细分为传统风险导向审计和风险导向战略系统审计。

在传统风险导向审计中，审计人员实施审计程序的性质、时间和范围取决于可接受的检查风险（detection risk）。审计人员为了将审计风险控制在会计师事务所确定的可接受的风险水平内，需要了解被审计单位及其环境，评价被审计单位的内部控制，对固有风险和控制风险做出适当评价，从而确定可接受的检查风险并据此设计和实施实质性程序。传统风险导向审计的不足在于固有风险和控制风险在实践中难以被准确区分，并且其采用自下而上的审计思路容易造成审计资源的浪费。因此，传统风险导向审计模式逐渐向风险导向战略系统审计模式过渡。

风险导向战略系统审计采取类似的审计程序，基于审计风险模型的风险评估结果分配审计资源。其与传统风险导向审计的不同之处主要在于：首先，风险导向战略系统审计能从宏观上把握审计面临的风险，更注重对被审计单位经营战略的分析；其次，风险导向战略系统审计更注重运用分析程序来识别可能存在的重大错报风险（material misstatement risk）；再次，在评价内部控制有效性时，风险导向战略系统审计更注重对例外项目的详细审计，而减少对接近预期值的账户余额进行的测试；最后，风险导向战略系统审计所指的审计证据不仅包含传统风险导向审计中实施控制测试和实质性程序获得的证据，还包括对企业及其环境进行了解而获取的证据。因此，与传统风险导向审计相比，风险导向战略系统审计的视角更为广阔，更注重对被审计单位的战略、经营及风险的分析。

（四）按审计地点的技术方法分类

审计按审计地点的技术方法分类，可分为现场审计和联网审计。

（1）现场审计。现场审计是指自审计组进入被审计单位开始工作至向派出审计组的机构或部门提交审计结果报告期间，对执行审计业务及相关事项进行计划、组织、协调和控制等的一系列活动。在现场审计过程中，审计人员应制定审计总体策略和具体审计计划，在充分调查了解被审计单位及其相关情况的基础上，围绕审计目标，执行控制测试和实质性程序，获取充分、适当的审计证据。

（2）联网审计。联网审计是现代信息和大数据环境下处理和传递方式下迅速发展起来的一种审计监督方式，与现场审计相比具有全面性、时效性，以及审计成本低、效率高和规范性强等方面的优势。联网审计通过网络与被审计单位信息系统进行互联后，可以在远程实现系统测评和数据动态采集分析，并对被审计单位财务收支及相关资料的真实、合法和效益进行实时、远程监督的行为。联网审计不仅大幅降低现场审计成本，还可以通过对审计对象财务数据及相关业务数据和资料的不间断收集、整理和分析，以及信息的在线搜集整理，及时分析和查询企业经营管理过程中的疑点及异常，评价经营管理状况、内部控制状况和风险程度，为现场审计提供线索和资料，为编制审计计划、安排审计资源提供支持，有助于促进审计预警机制建立和实现审计关口前移。

第三节　审计的目标与对象

一、审计目标

审计目标是通过审计活动希望达到的理想境地或状态。审计目标的确定是一种主观见之于客观的行为。一方面，审计总是依存于特定的社会、政治、经济环境并为其服务，因而，审计目标的内容必须反映审计环境的客观需要；另一方面，审计目标本身又是由审计理论工作者结合审计内在功能来确立的。因此，审计目标随着审计环境的变化而变化，随着审计职能的发展而发展，随着主观认识程度的提高而提高。

审计目标是指监督、评价和鉴证审计对象所要达到的目的和要求，是指导审计工作的指南。审计目标可分为总体审计目标和具体审计目标。总体审计目标是审计人员所要达到的目的和要求，具体审计目标是总体审计目标的具体化。审计目标的确定，除受审计对象的制约以外，还主要取决于审计种类、审计职能和审计委托人对审计工作的要求。总体而言，审计目标包括审查和评价审计对象的真实性和公允性、合法性和合规性、合理性和效益性、适当性和有效性。

（一）真实性和公允性

审计目标是审查和评价被审计单位财务报表和其他有关资料的真实性和公允性。审查财务报表和其他有关资料的目的在于评价财务数据和其他经济数据的真实性和公允性，说明其是否如实、恰当地反映了被审计单位的财务收支状况及其结果，以及与其有关的其他经济活动的事实，说明其记录和计算是否准确无误，所有经济业务是否全部入账或记录，从中发现问题、查错防弊，并提出纠正的意见和建议。政府审计和内部审计侧重于审查真实性，民间审计侧重于审查公允性。

（二）合法性和合规性

审计目标是审查和评价被审计单位的财务收支及有关的经营管理活动的合法性和合规性。审查被审计单位的财务收支及其有关的经营管理活动的合法性和合规性的目的在于评价其财务收支及其有关的经营管理活动是否符合国家的法律法规，是否符合会计准则的规定，揭露和查处违法乱纪行为，保护资产的安全完整，保证财务报表的可靠性，正确处理企业所有者、经营管理者、员工之间的经济利益关系，确保被审计单位经济活动健康、和谐地发展。

（三）合理性和效益性

审计目标是审查和评价被审计单位的财务收支和有关的经营管理活动的合理性和效益性。审查被审计单位财务收支及其有关的经营管理活动的合理性的目的在于评价被审计单位的经济活动是否正常，是否符合事物发展的常理，是否符合企业经营管理的规律和发展趋势。审查被审计单位财务收支及其有关的经营管理活动的效益性的目的在于评价被审计单位的供、产、销等各项经营活动和人、财、物等资源利用是否经济、是否讲究效率，经营目标、决策、计划方案是否可行、是否讲求效果，经济活动有无经济效益，并找出其原因和薄弱环节，提出建设性的意见，促使其改善经营管理，提高经济效益。

（四）适当性和有效性

审计目标是审查和评价内部控制设计的适当性，审查和评价为实现控制目标所必需的内部控制要素是否都存在并且设计恰当，从而判断其中是否存在设计缺陷、是否缺少为实现控制目标所必需的控制。审查和评价内部控制运行的有效性，就是审查和评价设定的内部控制系统是否按照规定程序得到正确执行，是否存在设计完好的控制未按设计意图运行，或执行者没有获得必要授权或缺乏胜任能力。

二、审计对象

审计对象是指审计监督的客体，即审计监督的内容和范围的概括。正确认识审计对象，有利于对审计概念的正确理解、审计方法的正确运用和审计职能的进一步发挥。

描述审计对象，必须明确与审计对象有关的基本问题：一是审计的主体，审计的主体是指审计机构和审计人员，即实施审计监督的执行者；二是审计的范围，审计的范围是指审计监督客体的外延，它是审计对象的组成部分，具体而言就是被审计单位；三是审计的主要内容，审计的主要内容构成审计对象的内涵，即财务收支及其有关的经营管理活动；四是审计所依据的信息来源，审计所依据的信息是指形成审计证据的各种文字、数据及电子计算机存储的信息等。

综上所述，审计对象可以概括为被审计单位的财务收支及其有关的经营管理活动，被审计单位的财务报表和其他有关资料。具体地说，审计对象包括下列两个方面的内容。

（一）被审计单位的财务收支及其有关的经营管理活动

不论是传统账表导向审计还是现代风险导向审计，不论是政府审计还是民间审计、内部审计，都要求以被审计单位客观存在的财务收支、内部控制及其有关的经营管理活动为审计对象，对其是否真实、合法与有效进行审查和评价，以便对其所负受托经济责任是否认真履行进行确定或解除。根据《中华人民共和国宪法》，政府审计的对象为国务院各部门和地方各级政府及其各部门的财政收支、国有金融机构和企事业单位的财务收支。内部审计的对象为本部门、本单位的财务收支及其他有关的经济活动。民间审计的对象为委托人指定的被审计单位的财务收支及其有关的经营管理活动。

（二）被审计单位的财务报表和其他有关资料

被审计单位的财务收支及其有关的经营管理活动需要通过财务报表、内部控制和其他有关资料等信息载体反映出来。因此，审计对象还包括记载和反映被审计单位财务收支、提供财务信息载体的会计凭证、账簿、财务报表等会计资料，以及有关计划、预算、经济合同等其他资料。作为被审计单位的有关的经营管理活动信息的载体，除上述会计资料、计划统计等资料外，还有经营目标、预测及决策方案、经济活动分析资料、技术资料等其他资料，电子计算机存储的信息、存储在云上的信息等信息载体，这些都构成审计的具体对象。

综上所述，审计对象是指被审计单位的财务收支、内部控制及其有关的经营管理活动，以及作为这些有关的经营管理活动信息载体的财务报表和其他有关资料。因此，财务报表和其他有关资料是审计对象的现象，其反映的被审计单位的财务收支、内部控制及其有关的经营管理活动才是审计对象的本质。

第四节 审计的职能与作用

审计职能是审计自身所具有的内在功能。审计职能不是一成不变的，它随着外部社会、经济、技术等环境的变化而不断发展变化。

一、审计职能

我国审计界对审计职能的观点主要有两种：一种是“单一职能论”；另一种是“多种职能论”。持“单一职能论”者认为，无论是政府审计、社会审计还是内部审计，它们都只有一项职能，就是经济监督。持“多种职能论”者认为，审计除经济监督这一基本职能外，还具有经济鉴证、经济评价等职能。

（一）经济监督职能

经济监督是指监察和督促被审计单位的经济活动按照既定的标准运行，监察和督促有关经济责任者忠实地履行经济责任，同时借以揭露违法违纪、稽查损失浪费、查明错误和舞弊、判断管理缺陷和追究经济责任等。从审计产生发展的历史来看，审计是一种独立的经济监督活动，履行着经济监督的职能。古代封建王朝的官厅审计，为维护王朝的统治和利益，代理皇家专司财经监督的职责。而民间审计组织，也是通过对被审计单位财务收支的公允性和合法性的审查来实施经济监督。内部审计同样要对本单位的经济活动进行检查，依照法规或者内部标准加以评价和衡量，明辨是非，揭发违法违纪和不经济的行为，追究受托经济责任，这些都是其执行经济监督职能的具体体现。

经济监督职能作为审计基本的首要职能，通过审计监督可以严肃财经纪律，维护国家和人民的利益，提高经济效益，强化宏观管控。

（二）经济鉴证职能

经济鉴证职能是指审计机构和审计人员对被审计单位的财务报表及有关经济资料所反映的财务收支和有关经济活动的公允性、合法性的审核检查，确定其可信赖的程度，并做出书面报告，以取得审计委托人或者其他有关方面信任的一种职能。随着审计的不断发展，经济鉴证职能日益受到人们重视，西方不少国家的法律明文规定，企业的财务报表必须经过审计人员鉴证之后，才能获得社会的承认；在我国，上市公司的财务报表也必须经社会审计人员鉴证后，才具有法律效力。

经济鉴证职能包括鉴定和证明两个方面。例如，会计师事务所接受中外合资经营企业的委托，对其投入资本验资，对其年度财务报表进行审查，或对其合并、解散事项进行审核，然后出具验资报告、查账报告和清算报告等，均属于审计执行经济鉴证职能。又如，政府审计机关对领导干部进行经济责任审计、对国际组织的援助项目和世界银行贷款项目的审计等也都属于经济鉴证职能的范围。

（三）经济评价职能

经济评价职能是指审计机构和审计人员对被审计单位的经济资料及经济活动进行审查，并依据一定的标准对查明的事实进行分析和判断，肯定成绩，指出问题，总结经验，寻求改善管理，提高效率、效益的途径。经济评价职能包括评定和建议两个方面。例如，审计人员通过审核检查，评定被审计单位的经营决策、计划、方案是否切实可行、是否科学先进、是否贯彻执行，评定被审计单位内部控制制度是否恰当、有效，评定被审计单位各项会计资料及其他经济资料是否真实、可靠，评定被审计单位各项资源的使用是否合理、有效等，并根据评定的结果，提出改善经营管理的建议。

从某种意义上而言，经济评价过程，同时也是肯定成绩和发现问题的过程，它是审计机构和审计人员从经济评价出发，根据存在问题提出改进经济工作、提高效率的办法和途径，这是现代审计对传统审计在职能上的拓展和深化，经济效益审计是最能体现审计的经济评价职能的一种审计。

除了上述审计的三大职能外，在审计职能的研究过程中，也有人提出审计还具有服务、管理、咨询等方面的职能。在经济生活日趋复杂、社会日益进步、科技飞速发展的今天，审计职能必然会不断拓展。

二、审计作用

审计作用是审计机构和审计人员在发挥审计职能、达成审计目标过程中所产生的社会效果。总结古今中外的审计实践，审计作用主要有制约性作用和促进性作用。

（一）制约性作用

审计的制约性作用主要表现如下：审计机构和审计人员通过审核和检查，对被审计单位的财务收支及其有关的经营管理活动进行监督和鉴证，揭露贪污舞弊、弄虚作假等违法乱纪、严重损失浪费及不经济行为，依法提请追究相关单位和人员的责任，从而查错防弊，保证党和国家的方针、政策、法律、法规、计划和预算的贯彻实施，维护财经纪律和各项规章制度，保证会计资料及其他资料的真实、可靠，保护国家财产的安全和完整，维护社会主义市场经济秩序，巩固社会主义民主法制。

（二）促进性作用

审计机构和审计人员通过审核和检查，对被审计单位的财务收支和有关的经营管理活动进行评价，既指出其合理方面和潜力所在，以便继续推广、深挖潜力，又指出其不合理的方面，并提出建议，以便纠正改进，促进其加强经营管理，不断提高经济效益和社会效益。

第五节 现代信息技术对审计的系统性影响

随着信息化技术的快速发展，移动互联、大数据、云计算、人工智能等新技术给审计监督和管理带来了机遇和挑战，审计信息化势在必行。审计信息化不仅仅是审计技术和方法的变革，还是信息技术与审计业务的有机融合，更是一种审计思维的全面转变。

无论是从国家对创新审计提出的要求，还是企业自身发展需求来看，都对新技术环境下的审计提出了更高的要求。从国家层面看，要求审计机构建立大数据审计工作模式，提高审计能力、质量和效率，拓展审计监督的广度和深度。同时，业界对建立数据定期报送制度、国家审计数据系统和数字化审计平台的需求也越来越急迫。从企业发展角度看，其对数据量大、范围广、颗粒度细、实时性高等的要求与日俱增。近年来，我国互联网与各行业的深度融合为转型升级提供了重要的基础平台和机遇。大数据、云计算、区块链、人工智能等信息技术的发展与应用，对注册会计师提供审计业务模式、管理和思维也产生较大甚至是颠覆性影响。

一、信息技术环境下审计业务模式的变革

审计业务模式是实现审计目标所采取的审计作业方式和方法的总称，包括如何获得审计证据，如何进行审计分析和查询，审计人员从何处入手、如何入手、何时入手等具体审计作业步骤。信息技术环境下审计业务模式变革是指不同发展阶段的信息技术对审计作业过程和审计技术方法的影响，主要包括审计数据采集、审计数据分析、审计数据管理等重要步骤的实现。不同信息技术环境下的审计业务流程实现方式有较大差异。

信息技术环境下，审计业务模式经历了如下几个发展阶段：①现场作业审计模式。金审工程（是审计信息化建设项目的简称）一期主要推广了以审计软件为代表的现场作业审计模式，即现场采集和分析被审计单位数据的计算机辅助审计方式，该模式在实务界已经得到普遍推广。②联网审计模式。金审工程二期主要推广了联网审计模式，通过互联网获取被审计单位的经营管理数据，实时或准实时监督被审计单位的经营合规性，这种模式在政府审计的社保、财政、税收等领域发挥了重要作用，帮助实现了从传统事后审计向实时审计的转变。③数字化审计平台模式。前期金审工程的实施已经积累了大量数据，金审工程三期的重点就是数据中心的全方位立体化建设。审计署在 2007 年发布的《审计署关于印发国家审计数据中心基本规划——计算机审计实务公告第 5 号》中提到“建设国家审计数据中心和省级地方分中心”，随后的《审计署关于印发国家审计数据中心系统规划——计算机审计实务公告第 24 号的通知》《审计署关于印发国家审计数据中心数据库建设规范——计算机审计实务公告第 32 号的通知》《审计署关于印发特派办审计数据综合利用指南——计算机审计实务公告第 47 号的通知》又分别详细说明了审计数据中心的功能、数据中心数据库建设规范和数据综合利用工作规范。当前各省（区、市）审计机关大力推行的数字化审计平台就是结合数据存储和数据应用的数据中心。该模式可视为联网审计之后、云审计模式之前的一种过渡性审计业务模式，我们可称之为数字化审计平台模式。该模式以省（区、市）或市为依托，整合多行业审计数据，将之统一纳入平台管理，实现了数据集中存储，同时构建了跨地区、跨行业、跨部门、跨年度的审计方法体系。数字化审计平台适应了行业数据集中的要求，符合云计算方向。④云计算审计模式。随着云计算技术的成熟，国家应将各省（区、市）、市、县所存储的数据通过云平台集中管理，最终实现云计算环境下的大数据审计模式。这四种模式所呈现出的信息技术特征、关键审计作业流程及数据集中程度可总结为图 1-6。

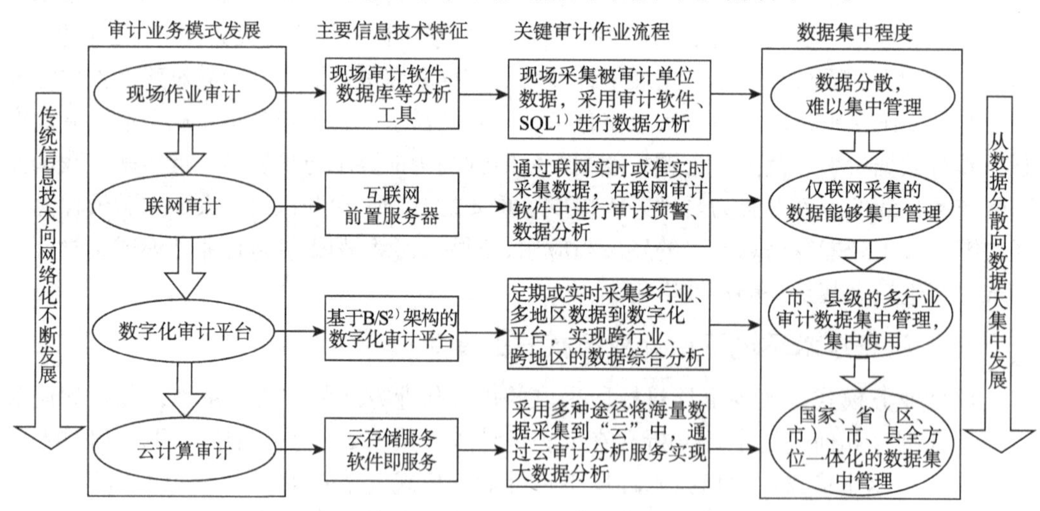

图 1-6 信息技术环境下的审计业务模式发展过程

1）SQL：structured query language，结构化查询语；2）B/S：browser/server，浏览器/服务器

上述四种审计业务模式的业务流程特征可简要总结如下：①从数据采集来看，从现场作业审计模式的现场采集、联网审计模式的实时或准实时采集再到数字化审计平台的多行业数据采集，采集范围不断扩大，实时性不断增强；②从数据分析来看，从现场审计软件的单独分析到联网审计软件的行业实时监控，再到数字化审计平台的跨行业、跨地区分析，数据分析广度、深度不断加强；③从数据集中程度看，现场作业审计的数据分散在审计人员电脑中，联网审计的数据集中在联网服务器中，数字化审计平台实现了跨行业、跨地区的数据集中，数据集中程度不断提高。最终，云计算技术不断成熟，它支持数据复杂、异构化的海量数据采集和大数据分析，数据在“云”中集中管理。云服务与审计业务结合，具备完整的数据采集、数据交换、数据分析、数据管理等功能，这些功能完全部署在“云”中，各审计机关不再需要单独自建、更新和升级技术环境。审计人员采用云服务分析功能所形成的审计方法、审计成果，又会成为审计“云”中重要的资源。因此，完整的云计算环境下审计业务架构如图 1-7 所示。

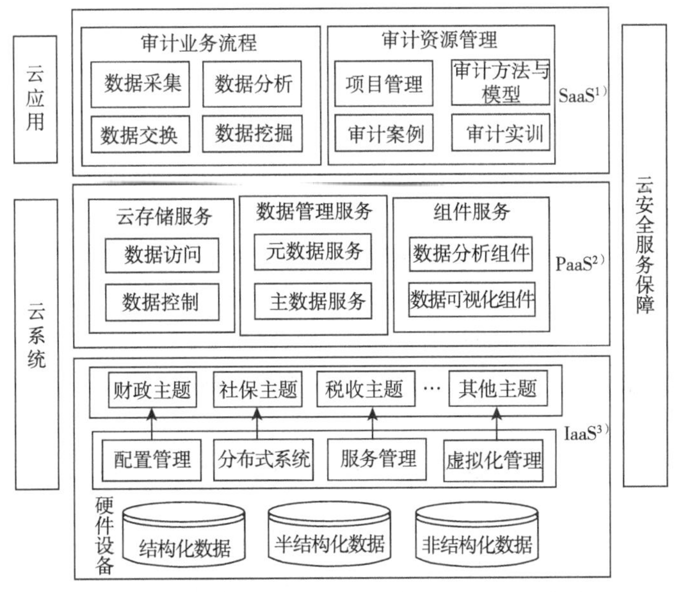

图 1-7　完整的云计算环境下的审计业务完整架构

1）SaaS：software-as-a-service，软件即服务；2）PaaS：platform-as-a-service，平台即服务；3）IaaS：infrastructure as a service，基础设施即服务

二、信息化环境下审计面临的挑战

信息技术在会计核算和财务报告中的运用，把注册会计师带入一个全新的、充满挑战的信息化环境中。在这个环境中，注册会计师面对的是功能复杂、高度集成的大型信息系统（系统集群），以及系统生成、处理、记录和报告的海量电子数据，甚至还有完全不同于传统形式的舞弊手法。如果作为审计工作对象的财务会计信息和报告是由企业财务报告相关信息系统作为载体形成的，那么注册会计师在了解业务流程和内部控制、识别和评估审计风险、确定审计风险的应对和审计范围、制订整体审计计划、执行审计程序及收集审计证据等方面将面临来自信息化环境的众多挑战，主要体

现在以下方面。

1. 改变了业务流程和内部控制的运行方式

传统环境下，业务流程的开展和内部控制的运行主要依赖人工处理。信息化环境下，特别是随着机器人流程自动化（robotic process automation，RPA）技术，业务流程中大量程序性、重复性工作可以由信息系统自动完成，相当部分的内部控制环节也由信息系统自动执行，或者通过人工与信息系统相结合的方式执行，信息系统封装了业务处理过程，传统人工环境下的很多审计线索也将不复存在。而信息系统的运用本身是一把双刃剑，在提升审计效率和效果的同时，也产生了新的风险。例如，注册会计师在执行财务报表审计时，需要充分识别并评估与会计核算和财务报告编制相关的信息技术运用相伴而生的风险，如程序逻辑的错误、权限的不当授予等，因此，注册会计师在确定审计范围时，就需要进一步考虑企业信息系统的架构、信息系统的业务处理逻辑及不同信息系统之间的数据流向等。在进行控制测试的时候，就需要对包含在信息系统中的相关自动控制进行测试。

2. 改变了审计环境

一方面，海量大数据改变了审计的数据环境。随着数据采集和存储技术的发展，诸如银行函证分析程序、日记账分录测试等审计程序，可能不再需要由当地项目组现场执行。借助于社会媒体、微博、工商部门、税务部门和财经数据库等数据资源平台，能够获取文本、音频、视频等多种类型海量数据。传统的审计方式难以覆盖大量的数据，影响审计结论的可信度，而且对于不同来源的数据也缺乏深刻的洞察力。将大数据分析技术应用于审计过程，审计人员通过对审计客户所在行业、业务流程和业务逻辑的充分分析，创建基于大数据分析的审计模型应用于审计细节测试，从海量数据中挖掘业务财务数据之间的多种逻辑关系，并结合这些逻辑关系利用数据分析工具识别其中偏离正常商业逻辑的一些交易，锁定高风险的审计样本执行进一步的细节测试，有助于注册会计师评估风险、识别舞弊，全面提高审计效率和质量。而且，审计不仅要关注历史，更需要前瞻性地做出预测，现代企业对审计价值的预期不应仅限于一份审计报告，更应该体现在通过审计过程中对行业和企业业务流程的理解、风险的识别、业务的掌握等，为企业的经营及风险管理提供有价值的增值建议。审计人员基于数据分析结果的解读和建议，无疑将助力企业管理层持续优化和改善其业务和产品。但是，海量大数据也会引发数据安全和泄密的风险，触发对大数据治理的需求。

另一方面，区块链改变了审计的执业环境。区块链技术彻底改变了簿记方式，复式记账法可能因此被淘汰。债务人和债权人之间的交易记录将同时记录在区块链网络和其私人账户上。因此，审计人员将能够完全依靠在区块链中保存的记录来完成审计工作，这可以消除独立审计可能产生的任何利益冲突。传统审计模式下，验证经济业务交易的真实性是财务报表审计不可或缺的工作，也耗费了审计人员大量的时间和精力。区块链具有去中心化、不可篡改性等特征，区块链上接受的每一笔交易，对于财务报表的认定（如交易的发生）可能构成充分、适当的审计证据，似乎无须第三方进行鉴证。使用区块链技术进行的交易将大大减少验证和确认账户余额所需的时间。因此，区块链技术将减少审计人员进行测试的大部分工作量，如此使得注册会计师可以将更多时间和精力投入高风险或可能舞弊的领域。

3. 改变了审计人员的知识结构需求

信息技术的广泛运用，对注册会计师的知识结构提出了新的要求。注册会计师不仅要具备丰富的会计、审计、经济、管理、法律方面的知识和技能，还必须对信息技术有所掌握和了解，熟悉系统的架构、信息处理的基本逻辑、系统运行的原理，以及信息技术的运用和信息系统的风险与控制。因此，审计更加需要复合型人才。注册会计师在优化自身知识结构体系的同时，还应引入相关技术专业人员组建审计团队，在审计全过程中系统整合各方资源，以确保审计过程的有效性和审计质量。

拓展阅读：德勤财务机器人对会计和审计的影响

人工智能是使机器能够胜任一些通常需要人类智能才能完成的工作，它的发展几乎已经涵盖了人类认知与行为的各个方面。2017 年 5 月，德勤会计师事务所推出财务机器人。德勤会计师事务所的财务机器人是人工智能技术在财务数字化领域的初级应用，是基于机器人流程自动化技术的实现。机器人流程自动化旨在利用智能软件来替代原本由人工执行的重复性任务和工作流程，使原先那些耗时、操作规范化、重复性强的手工作业，以更低成本和更快的速度实现自动化。借助软件机器人，机器人流程自动化解决方案能够全天候不间断地确保大量耗时业务流程的自动化管理及执行。机器人流程自动化可以通过预先设定的程序与现有用户系统进行交互并完成预期的任务，能够在企业流程的效率、准确性、可靠性等方面带来诸多直接的好处。机器人流程自动化的应用场景从早期的财务税务领域，不断地向其他业务领域扩展，包括人力资源管理、信息系统运维、供应链管理、客服中心、法务、内审等。

传统的会计和审计过程面临如下困境：财务流程中有高度重复的手工操作，耗费大量的人力和时间；跨岗位的实务操作需要协同处理，沟通成本高且效率低下；手工处理存在较高错误率，且获取的数据准确性低；人工处理与财务相关的事务，无法快速响应业务变化的拓展；受困于时间和人力，某些合规和审计工作通过抽样的方式进行，无法实现 100%全覆盖。机器人流程自动化技术的出现对审计过程产生的影响不容小觑，它帮助审计人员更好、更快地解决审计相关的基础问题，让审计流程更加快捷、顺畅。但机器人流程自动化技术的出现也对审计人员有了更高的要求，不仅要求审计人员掌握与审计相关的知识，同时也需要审计人员深入了解与信息技术–机器人流程自动化技术相关的知识，以帮助审计人员更好地开展审计工作。

财务机器人能做什么？

（1）可替代财务流程中的手工操作（特别是高重复的手工操作）。

（2）管理和监控各自动化财务流程。

（3）录入信息，合并数据，汇总统计。

（4）根据既定业务逻辑进行判断。

（5）识别财务流程中的优化点。

（6）部分合规和审计工作将有可能实现“全查”而非“抽查”。

（7）机器人精准度高于人工，7×24 小时不间断工作。

（8）机器人完成任务的每个步骤可被监控和记录，从而可作为审计证据以满足合规要求。

（9）机器人流程自动化技术的投资回收期短，可在现有系统基础上进行低成本集成。

目前，在财务领域商用的机器人技术着重模仿人类的财务操作和判断，同时在业务收入预测、风险控制和管理、反舞弊分析、税务优化等方面也有很大的应用空间。未来，大量重复、可标准化、流程化的核算、记账等工作将完全被更精准、快速的人工智能取代。

对于基层财务来说，“会计机器人”是竞争者，但是对于高级财务人才来说，财务机器人反而可以成为好帮手。利用财务机器人分析得到的数据结果，我们可以更好地进行规划、预算及管理控制，进而做出决策，简直就是如虎添翼。因此，加快财务人员的升级转型，是一个职业发展的必然趋势。不想被时代淘汰的财务人员更应该从现在起转变思想，抓紧学习。作为顺应时代的财务人员，我们要告别账房式的财务先生，努力成为战略性的财务人才。财务人员不仅要成为企业发展的见证者，更要成为企业价值的创造者。

案 例 思 考

1. 基于人工智能和机器人流程自动化技术的财务、审计机器人的出现，会对财务和审计工作产生何种影响?

2. 新一代信息技术环境下，会计人员和审计人员如何积极应对?

本 章 小 结

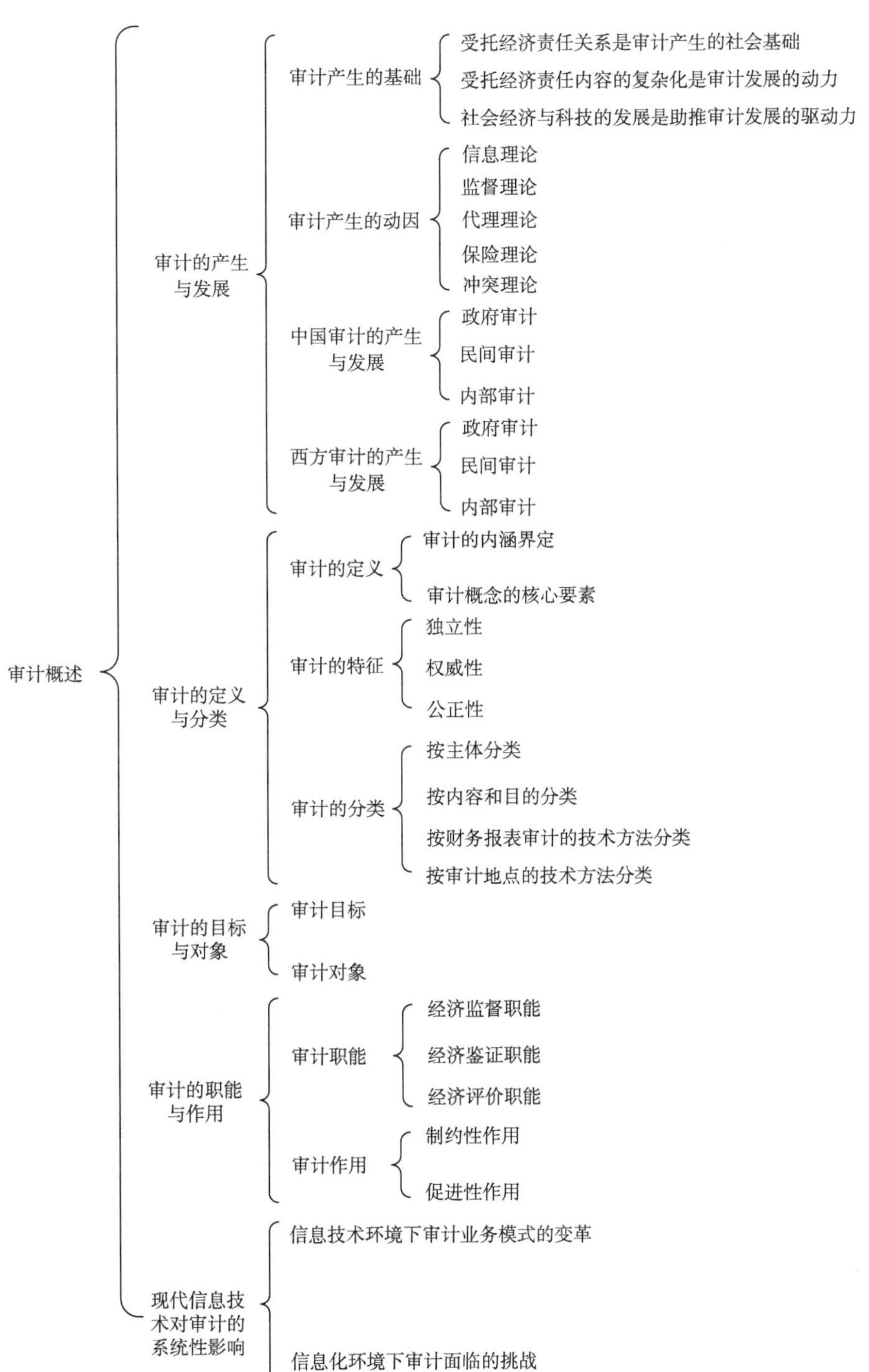
审计概述
审计的产生与发展
审计产生的基础
受托经济责任关系是审计产生的社会基础
受托经济责任内容的复杂化是审计发展的动力
社会经济与科技的发展是助推审计发展的驱动力
审计产生的动因
信息理论
监督理论
代理理论
保险理论
冲突理论
中国审计的产生与发展
政府审计
民间审计
内部审计
西方审计的产生与发展
政府审计
民间审计
内部审计
审计的定义与分类
审计的定义
审计的内涵界定
审计概念的核心要素
审计的特征
独立性
权威性
公正性
审计的分类
按主体分类
按内容和目的分类
按财务报表审计的技术方法分类
按审计地点的技术方法分类
审计的目标与对象
审计目标
审计对象
审计的职能与作用
审计职能
经济监督职能
经济鉴证职能
经济评价职能
审计作用
制约性作用
促进性作用
现代信息技术对审计的系统性影响
信息技术环境下审计业务模式的变革
信息化环境下审计面临的挑战

复习思考题

1. 简述审计产生的理论成因。
2. 简述我国和西方审计发展的重要历程。
3. 如何理解审计的定义?
4. 审计目标是什么?
5. 审计有哪些类型?
6. 审计有哪些职能?
7. 请阐述新一代信息技术对审计的系统性影响。

第二章

中国审计的组织形式

根据《中华人民共和国宪法》《审计法》《中华人民共和国注册会计师法》的规定，我国组建的审计组织形式，主要有政府审计机关、内部审计机构及民间审计组织，本章重点讲解政府审计、内部审计和民间审计的相关内容。

学习目标

- 了解政府审计、内部审计和民间审计的内涵、特征及其权责范围
- 理解民间审计的组织形式
- 掌握民间审计的职责

第一节　政府审计机关

一、政府审计机关及其人员

（一）政府（国家）审计机关的模式

政府（国家）审计机关是代表国有资源所有者依法行使审计监督权的行政机关，它具有国家法律赋予的独立性和权威性。政府（国家）审计机关不仅是最早的审计组织形式，也是现代各国审计机构体系中最重要的组成部分。由于世界各国的文化传统和政治体制不同，190 多个国家或地区的最高审计机关的隶属关系和地位也有很大差别，其主要类型有以下四种。

1. 立法型模式

立法型模式的最高审计机关隶属于立法机关，依照国家法律赋予的权力行使审计监督权，一般直接对议会或国会负责，并向议会或国会报告工作。目前，世界上大多数国家的最高审计机关属于立法型审计机关。英国是该类型审计制度的先驱，其最高审计机关——国家审计署（National Audit Office，NAO）隶属于议会。此外，奥地利审计院直接隶属于国民议会，每年向国民议会提交工作报告；加拿大审计长每年向众议院报告审计长公署工作中重要的应提请众议院注意的任何事项；美国政府受托责任审计总署

（Government Accountability Office，GAO）隶属于国会，不受任何行政干涉，独立行使审计监督权。立法型审计机关地位高、独立性强、权威性大，不受行政当局的控制和干预，是一种较为理想的政府审计机关设置模式。

2. 司法型模式

司法型模式的最高审计机关隶属于司法部门，一般以审计法院的形式存在，拥有很强的司法权，有些国家的审计官员享有较高的地位，从而强化了政府审计职能。法国是该类型审计制度的起源国家，其审计法院拥有审判权，直接向两院报告审查结果。此外，意大利审计法院对公共财物案件和法律规定的其他案件拥有裁判权。西班牙审计法院拥有自己的司法权。司法型审计机关可以直接行使司法权力，具有司法地位，具有较高的权威性。

3. 行政型模式

行政型模式的最高审计机关隶属于政府行政部门，其是政府的一个职能部门，根据政府赋予的权限，对政府所属各级、各部门、各单位的财政财务收支活动进行审计。它们对政府负责，保证政府财经政策、法令、计划、预算的正常实施。例如，沙特阿拉伯王国审计总局是对首相负责的独立机构，年度工作报告呈递国王；泰国审计长公署向内阁总理呈报；瑞典审计局认为如有必要报告有关情况，则应首先向负责部门或有关机构报告，如认为无此必要，可直接向政府报告；中华人民共和国审计署隶属于国务院。行政型审计机关依据政府法规进行审计工作，其独立性相对较低。

4. 独立型模式

独立型模式的最高审计机关独立于立法权、司法权和行政权之外，这样可以确保政府审计不带政治偏向，公正地行使审计监督职能。例如，日本会计检察院不属于议会，相对于内阁又具有独立地位，当认为其检查报告需要向国会申诉时，可由检察官出席国会或出具书面说明。德国联邦审计院是联邦机构，是独立的财政监督机构，只受法律约束，其法定职能是协助联邦议院、联邦参议院和联邦政府做出决议。一般该类审计机关只受法律约束，而不受政府机关的直接干预。

（二）政府审计的特征

政府审计是由审计机关依法对公共资金、国有资产和国有资源管理、分配、使用的真实、合法、效益，以及领导干部履行经济责任及自然资源资产和生态保护责任情况所进行的独立监督活动。

（1）审计监督的强制性。政府审计代表国家执行国家的财政经济监督职能，被审计单位和有关人员必须积极配合审计机关的工作；审计机关做出的审计结论和决定，被审计单位和有关人员必须执行；审计结论和决定涉及其他有关单位的，有关单位应当协助执行。审计机关对违规行为可在法定的职权范围内，做出有法律效力的审计决定。

（2）审计范围的广泛性。政府审计的范围极其广泛，财政审计、金融审计、国有企业财务收支审计、行政事业单位财务收支审计、固定资产投资审计、外国援助贷款项目审计和各种社会保障基金审计等均是政府审计的范围。

（3）审计独立性的单向性。审计机关不参与被审计单位的经济活动，与被审计单位没有任何经济利害关系，所处地位比较客观、公正，具有职能上的独立。政府审计的独立性表现为独立于被审计单位的单向独立，有别于民间审计中审计机构和审计人员既独立于审计委托人又独立于审计对象的双向独立。

（三）中国政府（国家）审计机关

我国政府（国家）审计机关属于行政型模式。最高政府（国家）审计机关——审计署隶属于国务院，受国务院总理领导，是代表国家依法行使审计监督权的行政机关，具有《中华人民共和国宪法》赋予的独立性和权威性。1982 年 12 月公布的《中华人民共和国宪法》第九十一条规定："国务院设立审计机关，对国务院各部门和地方各级政府的财政收支，对国家的财政金融机构和企事业组织的财务收支，进行审计监督。审计机关在国务院总理领导下，依照法律规定独立行使审计监督权，不受其他行政机关、社会团体和个人的干涉。"1983 年 9 月 15 日，审计署正式成立，标志着我国国家审计制度的正式恢复。

为加强党中央对审计工作的领导，构建集中统一、全面覆盖、权威高效的审计监督体系，更好地发挥审计监督作用，我国于 2018 年 3 月组建了中国共产党中央审计委员会，作为党中央决策议事协调机构。其主要职责如下：研究提出并组织实施在审计领域坚持党的领导、加强党的建设方针政策，审议审计监督重大政策和改革方案，审议年度中央预算执行和其他财政支出情况审计报告，审议决策审计监督其他重大事项，等等。目前，中国共产党中央审计委员会设主任一名、副主任两名，办公室设在审计署。

目前，我国政府（国家）审计机关共分四级：审计署；省级审计机关，即各省、自治区、直辖市审计（厅）局；地市级审计机关，省辖市、自治州、盟、行政公署（省人民政府派出机关）审计局；县区级审级机关，即县、旗、县（市）级审计局。后三级统称地方审计机关。此外，中国人民解放军系统也设置了审计机关。

我国政府（国家）审计机关实行"统一领导、分级负责"的管理体制。审计署是国家最高审计机关，在国务院总理领导下，组织领导全国的审计工作，对国务院负责并报告工作。它负责对国务院所属各部门、经济实体、金融机构，各省、自治区、直辖市、经济计划单列城市，以及接受中央财政拨款单位的财政财务收支进行审计，检查和督促这些行业改进管理，提高整个行业的经济效益；对财政经济活动中的重要问题进行专题审计调查，从宏观经济角度进行研究，向政府和有关部门提出改进宏观调控的建议；对省级审计机关审计的事项进行抽查和对被审计单位提出的申诉进行复审。

我国地方审计机关实行"双重领导"体制，即地方审计机关分别在本级人民政府行政首长和上一级审计机关的双重领导下，组织和领导本行政区的审计工作，负责对本级政府所属单位和下一级政府的财政财务收支进行审计。地方审计机关的审计业务以上级审计机关领导为主，并接受上级审计机关部署的审计任务；审计工作情况及重要审计结论和决定，在报告本级政府的同时，要向上一级审计机关报告。地方审计机关的行政领导以本级人民政府领导为主，但为了保障地方审计机关依法独立行使职权，地方政府任免审计机关正职必须事先征得上一级审计机关党组同意，任免审计机关副职必须事先征求上一级审计机关党组的意见。

审计机关根据工作需要，可以在重点地区、部门设立派出机构，进行审计监督。例如，审计署向重点地区、城市和计划单列市派出代表人员，在该地区、城市和计划单列市组成审计署特派员办事处，代表审计署执行审计业务，解决某些地方审计机关难以解决的审计项目。又如，审计署派驻深圳市的机构称为“审计署驻深圳市特派员办事处”，其负责人为“审计特派员”。审计特派员办事处根据审计署的授权，开展审计监督工作，直接对审计署负责并报告工作。省级审计机关也可根据需要向重点部门和地区派出审计机构。

（四）中国国家审计人员

国家审计人员是指审计机关中接受国家授权，依法行使审计监督权，从事审计工作的人员，即审计“公务员”。国家审计人员以审计机关的名义，代表国家行使审计监督权。国家审计人员包括各级审计机关的领导人员和担任非领导职务的一般工作人员。

审计长是审计署的行政首长，根据国务院总理提名，全国人民代表大会常务委员会决定，由国家主席任命。审计长是国务院组成人员，每届任期五年，可以连任。副审计长的任免由国务院决定，协助审计长的工作，并对审计长负责。

根据《中华人民共和国地方各级人民代表大会和地方各级人民政府组织法》，审计厅（局）长由本级人民代表大会常务委员会决定任免。审计厅（局）长是本级人民政府组成人员。《审计法》第十五条规定：“审计机关负责人依照法定程序任免。审计机关负责人没有违法失职或者其他不符合任职条件的情况的，不得随意撤换。地方各级审计机关负责人的任免，应当事先征求上一级审计机关的意见。”地方政府任免审计机关正职须事先征得上一级审计机关党组同意，任免审计机关副职须事先征求上一级审计机关党组的意见。

除上述主要负责人以外的其他审计人员，由有关部门依据《国家公务员暂行条例》和其他法律规定的干部管理权限决定任免。

国家审计人员虽属于国家公务员，但他们也可以考取并评聘专业技术职称。其职称一般分为四种，即正高级审计师、高级审计师、审计师和助理审计师。国家审计人员应当具备从事审计工作所需的专业胜任能力。我国将推进审计职业化建设。

二、政府审计机关的主要职责

政府审计机关是依照《中华人民共和国宪法》规定建立的，实行的是法定审计，承担着繁重的审计任务，为此，在《审计法》中，明确规定了其职责和权限。

政府审计机关应按有关法律法规规定的审计客体的范围，对各单位的下列事项进行审计监督。

（1）审计机关对本级各部门（含直属单位）和下级政府的预算执行情况和决算及其他财政收支情况进行审计监督。

（2）审计署在国务院总理的领导下，对中央预算执行情况和其他财政收支情况进行审计监督，向国务院总理提出审计结果报告。各级地方审计机关分别在省长、自治区主席、市长、州长、县长、区长和上一级审计机关的领导下，对本级预算执行情况和其他财政收支情况进行审计监督，向本级人民政府和上一级审计机关提出审计结果报告。

（3）审计署对中央银行的财务收支进行审计监督。审计机关对国有金融机构的资产、负债、损益进行审计监督。

（4）审计机关对国家的事业组织及使用财政资金的其他事业组织的财务收支进行审计监督。

（5）审计机关对国有企业的资产、负债、损益进行审计监督。

（6）对国有资产占控股地位或者占主导地位的金融机构的审计监督，由国务院规定。

（7）审计机关对政府投资和以政府投资为主的建设项目的预算执行情况和决算进行审计监督。

（8）审计机关对政府部门管理的和其他单位受政府委托管理的社会保障基金、社会捐赠资金及其他有关基金、资金的财务收支进行审计监督。

（9）审计机关对国际组织和外国政府援助、贷款项目的财务收支进行审计监督。

（10）审计机关按照国家有关规定，对国家机关和依法属于审计机关监督对象的其他单位的主要负责人，在任职期间由本地区、本部门或者本单位的财政收支、财务收支，以及有关经济活动应负经济责任的履行情况进行审计监督。

（11）除《审计法》规定的审计事项外，审计机关对其他法律、行政法规规定的应当由审计机关进行审计的事项，依照《审计法》和有关法律、行政法规的规定进行审计监督。

（12）审计机关有权对与国家财政收支有关的特定事项，向有关地方、部门、单位进行专项审计调查，并向本级人民政府和上一级审计机关报告审计调查结果。

（13）审计机关根据被审计单位的财政、财务隶属关系或者国有资产监督管理关系，确定审计管辖范围。

（14）依法属于审计机关审计监督对象的单位，应当按照国家有关规定建立健全内部审计制度，其内部审计工作应当接受审计机关的业务指导和监督。

（15）社会审计机构审计的单位依法属于审计机关监督对象的，审计机关按照国务院的规定，有权对该社会审计机构出具的相关审计报告进行核查。

三、最高审计机关国际组织

截至2016年底，世界上已有210多个国家和地区设置了适应各自国情的政府审计机关，有197个国家和地区的政府审计机关加入了国际性的审计组织——最高审计机关国际组织。

最高审计机关国际组织是联合国经济及社会理事会下属的一个由联合国成员国的最高审计机关组成的非政府间的永久性国际审计组织。该组织是经过长期筹备才建立的，其由一些国家的政府审计机关发起，先后于1953年、1956年、1959年、1962年和1965年，在哈瓦那、布鲁塞尔、里约热内卢、维也纳和耶路撒冷等地召开会议，筹建政府审计机关的国际组织。1968年，一些国家的政府审计机关在东京举行大会，制定了组织章程，通过了《东京宣言》，正式宣布最高审计机关国际组织成立。

最高审计机关国际组织规定联合国组织及其任何一个专门机构中的所有成员的最高审计机关均可参加，但各成员政府对最高审计机关国际组织不承担任何义务。该组织的宗旨是互相介绍情况，交流经验，推动和促进各成员最高审计组织更好地完成审计工作。该组织每三年召开一次代表大会，各成员可将有关问题、意见和建议提交大会讨论。经国务院批准，我国于 1982 年派代表参加了该组织在马尼拉召开的第十一届代表大会，并于 1983 年在审计署成立后正式加入了该组织。审计署加入这一国际组织，有利于与外国审计机关交流经验、互通信息，有利于借鉴国外审计理论和方法，加速我国审计事业的发展。2013 年 10 月，最高审计机关国际组织在北京召开第二十一届代表大会，通过了《北京宣言》。

最高审计机关国际组织设有代表大会、理事会、秘书处等机构。总部设在奥地利首都维也纳。该组织的机关刊物是《国际政府审计杂志》，创刊于 1974 年 1 月，由美国、加拿大和委内瑞拉三国合办，编辑部设在美国华盛顿特区，以英文、法文、西班牙文、德文、阿拉伯文五种文字向世界各国出版发行。

最高审计机关国际组织目前主要有九个专业委员会和三个工作小组。九个专业委员会包括：①审计准则委员会；②会计准则委员会；③内部控制准则委员会；④数据处理委员会；⑤公共债务委员会；⑥计算机审计委员会；⑦财务与管理委员会；⑧知识分享委员会；⑨能力建设委员会。三个工作小组包括：①环境审计工作小组；②项目评估工作小组；③民营化工作小组。

最高审计机关国际组织目前拥有七个区域组织：①最高审计机关拉丁美洲和加勒比海组织；②最高审计机关非洲组织；③最高审计机关阿拉伯组织；④最高审计机关亚洲组织；⑤最高审计机关南太平洋联盟；⑥最高审计机关加勒比海组织；⑦最高审计机关欧洲组织。

第二节　内部审计机构

一、内部审计机构及其特征

内部审计是指由部门或单位内部相对独立的审计机构和审计人员对本部门或本单位的财政财务收支、经营管理活动及其经济效益进行审核和评价，查明其真实性、正确性、合法性、合规性和有效性，提出意见和建议的一种专门活动。其主要目的是通过审计加强风险管理、健全内部控制系统、查错防弊、改善经营管理和提高经济效益。

（一）内部审计组织

我国的内部审计机构是根据审计法规和其他财经法规的规定设置的，主要包括部门内部审计机构和单位内部审计机构。

（1）部门内部审计机构。国务院和县级以上地方各级人民政府各部门，应当建立内部审计监督制度，根据审计业务需要，分别设立审计机构并配备审计人员，在本部门主要负责人的领导下，负责本部门和所属单位的财务收支及其经济效益的审计。

（2）单位内部审计机构。大中型企事业单位应当建立内部审计监督制度，设立审计机构，在本单位董事会下设的审计委员会或本单位主要负责人的领导下，负责本单位的财务收支及其经济效益的审计。内部审计机构在董事会下设的审计委员会或本单位主要负责人领导下开展内部审计工作。审计业务少的单位和小型企事业单位，可设置专职的内部审计人员，而不设独立的内部审计机构。

不管是部门内部审计机构还是单位内部审计机构，都有其专职业务，其性质和会计检查并不相同，因此必须单独设立，并受董事会下设的审计委员会或本单位主要负责人的领导。内部审计机构不应设在财会部门之内受财会负责人的领导，因为这样设置机构难以有效开展内部审计工作。

（二）内部审计的特征

我国内部审计的特征，有些与西方企业的内部审计基本相似，有些则是社会主义市场经济体制下特有的。我国内部审计一般具有如下特征。

（1）服务上的内向性。内部审计是为加强内部经济管理和控制服务的，内部审计人员是部门、单位领导在经济管理和经济监督方面的参谋和助手。服务上的内向性是国内外内部审计共同的基本特征。无论是西方企业的内部审计还是我国企业的内部审计，其主要职责都是代表董事会或主要负责人监督企业及其各部门贯彻管理层的意图，维护本单位的利益，为实现企业目标服务的。

（2）审查范围的广泛性。内部审计是作为部门、单位领导在经济管理和经济监督方面的参谋和助手来进行的，其审计报告不具有法律效力。它既可进行内部财务审计、经济责任审计和经济效益审计，又可对下属单位进行财经法纪审计；既有制约作用，又有促进作用。而且，内部审计一般都能满足管理层的要求，管理层要求审查什么，内部审计人员就审查什么。与外部审计相比，这种业务范围的广泛性，是国内外内部审计的共同特征。

（3）作用的稳定性。随着经济的发展，西方的内部审计已冲破只起制约作用的范围，扩展到改善经营管理和提高风险控制水平等的促进作用方面。我国内部审计也如此，一方面，它必须以法律为准绳，履行财务审计的监督职能，发挥审计的制约作用；另一方面，它还要履行经济责任审计和经济效益审计的评价职能，促使部门或单位改善经营管理，增强风险控制能力，提高经济效益，充分发挥审计的促进作用。我国内部审计的制约性和促进性两项作用，在相当长的时间内会同时存在。因此，审计作用的稳定性又是国内外内部审计的共同特征。

（4）微观监督与宏观监督的统一性。我国内部审计代表部门、单位的管理层执行审计监督，防止错误和舞弊，为加强内部管理服务，这是微观监督的性质，也是内部审计的主要工作内容。同时，内部审计从国家利益出发，对本部门、本单位是否遵守国家的政策、法律、法令和规章制度进行审查，又具有宏观监督的性质。因此，微观监督与宏观监督的统一，是我国内部审计的独有特征。

二、内部审计机构的职责

我国的部门和单位内部审计机构是依据审计法规和其他财经法规建立的，为了便于其行使审计监督权，在法规中对其职责权限也做了明确规定。

内部审计机构按照本单位董事会下设的审计委员会或者主要负责人的要求，履行下列职责。

（1）对本单位及所属单位（含占控股地位或者主导地位的单位，下同）的财政收支、财务收支及其有关的经济活动进行审计。

（2）对本单位及所属单位预算内、预算外资金的管理和使用情况进行审计。

（3）对本单位内设机构及所属单位领导人员的任期经济责任进行审计。

（4）对本单位及所属单位固定资产投资项目进行审计。

（5）对本单位及所属单位内部控制系统的健全性和有效性及风险管理进行审计。

（6）对本单位及所属单位经济管理和效益情况进行审计。

（7）法律法规规定及本单位主要负责人或者权力机构要求办理的其他审计事项。

单位董事会或者主要负责人应当负责制定相应规定，确保内部审计机构具有履行职责所必需的权限，单位董事会或者主要负责人在管理权限范围内，授予内部审计机构必要的处理、处罚权。

（1）被审计单位不配合内部审计工作、拒绝审计或者提供资料、提供虚假资料、拒不执行审计结论或者报复陷害内部审计人员的，单位董事会或者主要负责人应当及时予以处理；构成犯罪的，移交司法机关追究刑事责任。

（2）被审计单位无正当理由拒不执行审计结论的，内部审计机构应当责令其限期改正；拒不改正的，报请本单位董事会或主要负责人依照有关规定予以处理。

（3）对被审计单位违反财经法规、造成严重损失浪费行为负有直接责任的主管人员和其他直接责任人员，构成犯罪的，依法追究刑事责任；不构成犯罪的，依照有关规定予以处理。

（4）报复陷害内部审计人员，构成犯罪的，依法追究刑事责任；不构成犯罪的，依照有关规定予以处理。

三、国际内部审计机构

国际内部审计师协会（Institute of Internal Auditors，IIA）在联合国经济和社会开发署享有顾问地位，是最高审计机关国际组织的常任观察员，是国际政府财政管理委员会、国际会计师联合会的团体会员。IIA 自 1974 年起在全球指定地点举行注册内部审计师资格考试，对考试合格者颁发注册内部审计师证书，授予“注册内部审计师”称号。CIA 是国际注册内部审计师（certified internal auditor）的英文简称，它不仅是国际内部审计领域专家的标志，也是目前国际审计界唯一公认的职业资格。1998 年，中国内部审计协会与 IIA 签订协议，将 IIA 在国际上举办的国际注册内部审计师考试引入中国。

IIA 的机构主要有理事会、执行委员会、国际委员部和总部，总部设在美国佛罗里达州。

第三节　民间审计组织

一、民间审计组织及其人员

民间审计是商品经济发展到一定阶段的必然产物。只要商品经济发展到一定阶段，企业中存在所有权与经营权分离，存在不同利益的集团和阶层，民间审计就有存在和发展的必要。我国民间审计的振兴，始于1980年注册会计师制度的恢复和重建。在我国，民间审计组织是指会计师事务所，民间审计人员是指注册会计师。目前，无论从会计师事务所的数量上看，还是从注册会计师的数量上看，我国民间审计都得到飞速的发展。

（一）会计师事务所

会计师事务所是指经国家批准、注册登记，依法独立承办审计业务和会计咨询业务的单位。会计师事务所由注册会计师组成，是其承办法定业务的工作机构。它不是国家机关的职能部门，经济上也不依赖国家或其他任何单位。

会计师事务所实行自收自支，独立核算，依法纳税，具有法人资格。但合伙设立和特殊普通合伙设立的会计师事务所不具有法人资格。注册会计师必须加入会计师事务所才能承办业务。按规定，成立会计师事务所应报经财政部或省级财政厅（局）审查批准，并向当地市场监督管理机关办理登记，领取营业执照后，方能开业。注册会计师和会计师事务所属的行业管理机关，在全国为财政部，在各地区为省、自治区、直辖市财政厅（局）。注册会计师职业实行行业自律，成立了行业组织。全国性的注册会计师行业组织为中国注册会计师协会。

（二）注册会计师

在我国，取得执业注册会计师资格主要通过考试和考核实际工作经验年限两方面确定。

根据《中华人民共和国注册会计师法》及《注册会计师全国统一考试办法》的规定，具有下列条件之一的中国公民，可报名参加考试：①高等专科以上学历；②会计或者相关专业（指审计、统计、经济）中级以上专业技术职称。

目前，注册会计师资格考试分为两个阶段：第一阶段为专业考试，考试科目有“会计”“审计”“财务成本管理”“经济法”“税法”“公司战略与风险管理”；第二阶段为综合考试。专业考试和综合考试每年进行一次。专业考试部分科目合格者，取得由全国注册会计师考试委员会统一印制的单科合格证明，其合格成绩在取得单科成绩合格凭证后的5年内有效。专业考试全科合格成绩，长期有效。专业考试全科合格者，可以参加综合考试。综合考试合格者，取得由全国注册会计师考试委员会统一印制的全科合格证书。取得全科合格证书者，可申请成为中国注册会计师协会非执业会员；具有两年以上实际工作经验，可申请注册成为执业注册会计师。

在我国，注册会计师考试合格者只取得成为注册会计师的资格，只有加入会计师事务所，从事审计业务工作两年以上的，并具备相应的业务能力，才能准予注册成为执业注册会计师。因此，经注册会计师考试合格的人员，应由其申请加入的会计师事务所报财政部或省级财政厅（局）批准注册。经批准注册的注册会计师，由财政部统一制发注册会计师证书。

（三）中国注册会计师协会

中国注册会计师协会是在财政部领导下,经政府批准成立的注册会计师的职业组织，成立于 1988 年。一方面，它对会计师事务所和注册会计师进行自我教育和自我管理；另一方面，它又是联系政府机关和会计师事务所、注册会计师的桥梁与纽带。中国注册会计师协会作为一个独立的社会团体，对外发展与外国和国际会计职业组织之间的相互交往，为我国注册会计师步入国际舞台发挥作用；对内拟订会计师事务所管理制度和注册会计师专业标准，组织注册会计师业务培训和考试等方面的工作。

中国注册会计师协会的宗旨：以经济建设为中心，坚持四项基本原则，坚持改革开放，引导注册会计师在工作中正确执行国家的法律法规，不断完善注册会计师队伍的自身建设，维护合法的职业权益，交流工作经验，沟通业务信息，增进国内外交往，促进注册会计师事业的发展，为建设社会主义服务。

中国注册会计师协会的最高权力机构是全国会员代表大会，凡重大事项，必须经会员代表大会讨论决定。中国注册会计师协会执行机构为理事会，理事会由全国会员代表大会选举出的若干名理事组成。中国注册会计师协会的常设办事机构由秘书长、副秘书长若干人并配备必要数量的专职人员组成。

2019 年第一季度，中国注册会计师协会净增个人会员 5 502 人。其中，新入会登记的非执业会员 4 811 人，注册会计师转为非执业会员 458 人，取消登记（转为执业会员）389 人，取消资格 10 人；非执业会员总计比 2018 年第四季度末净增加 4 870 人；全国注册会计师新批准 1 325 人，撤销、注销 693 人；注册会计师（执业会员）比 2018 年第四季度末净增加 632 人。截至 2020 年 12 月 31 日，中国注册会计师协会个人会员总数达到 28 万余人，其中注册会计师（执业会员）11 万余人，非执业会员 17 万余人。单位会员（会计师事务所及其分所）9 800 余家（含分所 1 200 余家）。

二、注册会计师业务范围

注册会计师的业务范围十分广泛，涉及经济生活的各个方面。

（一）保证业务

美国注册会计师协会的审计保证业务特别委员会将保证业务定义为“为企业或个体决策者提供的能改进信息质量或内容的那种独立专业业务的总称”。鉴证业务是注册会计师对鉴证对象提出结论，以增强除责任方之外的预期使用者对鉴证对象信息信任程度的业务。因此，究其本质而言，鉴证业务是保证业务的核心。

1. 鉴证业务

鉴证业务是指注册会计师对某一主体负责编制的书面认定资料的可靠性进行查证。注册会计师查证后，要签发一份书面报告，以反映鉴证结果。近年来，社会日益认同注册会计师的专业知识、技能和经验，对各种鉴证业务的需求日益增加。鉴证业务可进一步分为以下四种。

（1）审计业务。审计业务是通过取得和评价某一会计主体历史财务报表的证据，以便对该会计主体管理层在这些财务报表中所做的认定是否按照会计准则公允地发表审计意见。注册会计师从事的主要审计业务是财务报表审计。注册会计师根据审计准则的要求，完成必要的审计程序，取得相应的审计证据后，应编制和出具审计报告。审计报告主要表述注册会计师的审计意见，具有法定证明效力。注册会计师及其所在的会计师事务所对其出具的审计报告承担相应的法律责任。

（2）审阅业务。审阅业务是指注册会计师对某一会计主体所做的认定是否符合既定标准或惯例进行查证，并发表意见。这类业务有：①审查未来财务信息（如财务预测或计划）所依据的假设是否合理，未来财务信息是否根据这种假设编制，未来财务信息与历史财务信息的基础是否一致；②审查确定某一会计主体的内部控制系统是否科学、是否符合政府或会计主体管理层所建立的标准等。一般来说，审阅的范围通常比审计要小，审阅实施的程序比审计要少。

（3）复核业务。复核业务主要涉及复核某一财务报表、比较分析财务信息等业务。复核业务的范围又比审计和审阅的范围要小。复核的目的是为认定的可靠性提供“消极保证”，这与审计所提供的“积极保证”恰好相反。因此，复核人员复核财务报表后，在所提出的意见中，不是说“财务报表按照会计准则公允地……”，而是提出复核人员“没有发现财务报表不符合会计准则公允地……”，一般情况下，对非公开上市公司的财务报表，为了特定目的需要，可以进行复核。

（4）其他鉴证业务。其他鉴证业务包括注册会计师执行历史财务信息审计或审阅以外的鉴证业务、预测性财务信息的审核业务等。其他鉴证业务的保证程度分为合理保证和有限保证。有限保证的其他鉴证业务的风险水平高于合理保证的其他鉴证业务的风险水平。

2. 其他保证业务

信息技术的发展与创新，特别是互联网技术的发展，使得注册会计师的工作对象有了较大的变化，因此，美国注册会计师协会强调今后的保证业务不限于财务报表和传统报告，并提出其认为有推广潜在新业务系列可能性的几个领域：电子商务保证、保健效果评估、经营主体绩效评估、信息系统质量评估、综合风险估量、养老工作保证等。

（二）咨询业务

1. 管理咨询业务

管理咨询业务是指注册会计师为客户提供管理建议与技术协助，以帮助客户改善其能力和合理利用资源，并实现其预定的目标。在执行管理咨询业务时，注册会计师扮演的是一个公司外部专家或顾问的角色。因此，注册会计师不能替代董事会和经理层做出任何管理决策。在规模较大的会计师事务所内，都设立单独的管理咨询部门从事管理咨询业务。目前，管理咨询业务获得的收入，已成为很多会计师事务所总收入中重要且日益增长的部分。为指导注册会计师执行管理咨询业务，不少国家的注册会计师职业团体制定了从事管理咨询业务的准则或说明书。

第二次世界大战后，许多会计师事务所的注册会计师提供除审计业务之外更多的专业服务。同时，20世纪出现了以泰罗为代表的较为成熟的科学管理理论。这一理论给公司管理的各个方面以极大的影响，更新了许多进入新兴会计行业的年轻人的思想和观点。自然，注册会计师更容易接受科学管理的召唤。对他们来说，注册会计师业务不仅包括传统的服务项目，而且包括许多科学管理范畴内的服务。当时，就有很多会计师事务所试行这种范围广泛的服务方式。第二次世界大战以后，具有美国特色的超越会计、审计业务的管理咨询服务被越来越广泛地接受。

管理咨询业务的兴起和发展，为注册会计师行业向纵深发展提供了广阔而美好的前景。时至今日，国际会计师事务所从事的咨询业务有了长足的发展，业务种类繁多，而且逐步细化。但是，21世纪初，随着美国上市公司会计丑闻的不断爆发，美国通过法案对会计师事务所从事管理咨询业务做出限制，规定从事上市公司财务报表审计业务的会计师事务所不能同时为该上市公司提供管理咨询服务。

2. 税务咨询业务

各国政府为了实现其职能，通过了很多税收法规，复杂繁多的税收法规使注册会计师和其他税务专家的咨询业务必不可少。纳税人，特别是作为公司的法人纳税人，不仅要依法纳税，认真履行纳税义务，而且应充分享受纳税人的权利，关心自己的纳税负担是否合理、合法，能否享受本国及外国的税收优惠政策，考虑税收筹划，为提高公司的利润水平服务。

很多国家都明确规定，注册会计师可以从事税务咨询业务。税务咨询是注册会计师的重要业务之一，也是会计师事务所的主要业务收入来源之一。

3. 会计咨询业务

会计咨询业务是各国中小会计师事务所的主要业务，主要包括代理记账、编制财务报表、工资单处理等。

近年来，法务会计业务成为会计师事务所的重要业务。企业财务舞弊已成为世界各国企业界的一种公害，因此，借助注册会计师的专业能力来减少公司财务舞弊现象的发生，也成为市场经济中的热点问题。同时，由于市场经济本质上就是法治经济，加上会计天生具有的经济后果性，会计解释上的法律争端也成为法律界一个令人头痛的问题。迎合这种市场需要，注册会计师为此创立了法务会计，提供法务会计服务业务。

4. 其他咨询业务

注册会计师提供的咨询业务很多，除上述业务外，还包括以下业务。

（1）商定程序服务。对财务信息执行商定程序的目标是注册会计师对特定财务数据、单一财务报表或整套财务报表等财务信息执行与特定主体商定的具有审计性质的程序，并就执行的商定程序及其结果出具报告。注册会计师执行商定程序业务，仅报告执行的商定程序及其结果，并不提出鉴证结论。

（2）其他服务业务。其他服务业务主要包括个人理财服务、诉讼支持服务（专家证人）等。为了更好地提供个人理财和诉讼支持服务，有些国家新设了相关的资格证书。

按照保证水平（level of Assurance）的不同，鉴证业务在出具的报告中可以提供合理保证（高保证水平）和有限保证（中等保证水平）。鉴证业务具体包括审计业务、审阅业务、复核业务和其他鉴证业务等，其中审计业务提供合理保证，审阅业务提供有限保证。注册会计师提供的咨询业务包括管理咨询、税务咨询、会计咨询及其他咨询等。保证业务与咨询业务的关系如图 2-1 所示。

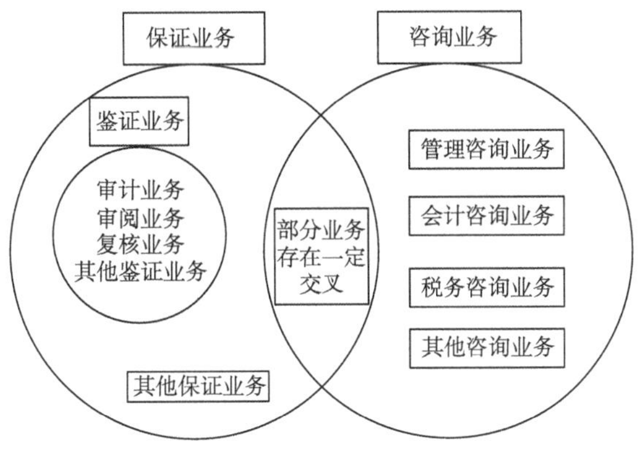

图 2-1　保证业务与咨询业务的关系

拓展阅读：会计师事务所鉴证业务与管理咨询业务的关系

2001 年，美国安然公司、世通公司的财务舞弊案严重损害了资本市场和投资者信心。2001 年 2 月离职的美国证券交易委员会前主席列维特在其任期内欲拿“五大”会计师事务所开刀，于 2000 年要求其分离咨询业务。他认为，致力于拓展利润丰厚的咨询业务使会计师事务所疏于其主营的上市公司审计，导致上市公司的财务报表质量下降。他建议，禁止会计师事务所向客户提供包括设置财务信息系统、内部审计、薪酬系统设计等在内的一系列顾问服务。同时，会计师事务所应公开披露其审计对象支付的费用。为此，美国证券交易委员会做出裁决，规定会计师事务所不得同时向客户提供审计服务和咨询服务。“五大”会计师事务所联名上书国会，广泛游说反对上述限制。经过长时间的“讨价还价”，它们有条件地接受了列维特的新规定。但“五大”会计师事务所与美国证券交易委员会之间的争斗仍在继续。

关于会计师事务所提供管理咨询业务对其审计业务及审计质量可能产生的影响，理论界和实务界的观点不一。

观点 1：开展管理咨询业务将使得会计师事务所与客户间存在审计以外的经济利益纠纷，从而影响审计独立性，应禁止会计师事务所开展管理咨询业务。

观点 2：不应该禁止会计师事务所开展管理咨询业务。其理由如下：①审计业务对会计师事务所来说在客观上存在风险，但其收入有限，管理咨询业务的开展可以在一定程度化解审计业务中的风险，尤其是为审计失败提供一定的赔偿资金来源；②管理咨询业务的开展有利于会计师事务所更深入地了解客户的管理经营情况，从而帮助注册会计师更清楚地认识客户，在审计业务中寻找出客户的错误和舞弊。

二、会计师事务所组织形式

会计师事务所是注册会计师依法承办业务的组织。综观注册会计师行业在各国的发展，会计师事务所主要有独资、普通合伙、有限责任公司、有限责任合伙等组织形式。我国会计师事务所有普通合伙、有限责任公司和特殊普通合伙等组织形式。

（一）独资会计师事务所

独资会计师事务所由具有注册会计师执业资格的个人独立开业，承担无限责任。它的优点是，对执业人员的需求不多，容易设立，执业灵活，能够在代理记账、代理纳税等方面很好地满足小型企业对注册会计师服务的需求，虽承担无限责任，但实际发生风险的程度相对较低。它的缺点是，无力承担大中型企业的鉴证业务和咨询业务，缺乏发展后劲。

（二）普通合伙会计师事务所

普通合伙会计师事务所是由两名或两名以上注册会计师组成的合伙组织，合伙人以各自的财产对会计师事务所的债务承担无限连带责任。它的优点是，在风险牵制和共同利益的驱动下，促使会计师事务所强化专业发展，扩大规模，提高规避风险的能力。它的缺点是，建立一个跨地区、跨国界的大型会计师事务所要经历一个漫长的过程。同时，任何一名合伙人执业中的错误和舞弊行为，都可能给整个会计师事务所带来灭顶之灾。

（三）有限责任公司会计师事务所

有限责任公司会计师事务所是由注册会计师认购会计师事务所股份，并以其所认购股份对会计师事务所承担有限责任。会计师事务所以其全部资产对其债务承担有限责任。它的优点是，可以通过公司制形式迅速聚集一批注册会计师，建立规模较大的会计师事务所，承办大中型企业的鉴证和咨询业务。它的缺点是，降低了风险责任对执业行为的高度制约，弱化了注册会计师的个人责任。

（四）有限责任合伙会计师事务所

有限责任合伙会计师事务所是会计师事务所以全部资产对其债务承担有限责任，各合伙人对个人执业行为承担无限责任。它的最大特点在于，既融入了普通合伙会计师事务所和有限责任公司会计师事务所的优点，又摒弃了它们的不足。这种组织形式是为顺应经济发展对注册会计师行业的要求，于 20 世纪 90 年代初期兴起的。到 1995 年底，原“六大”国际会计师事务所在美国的执业机构已完成了向有限责任合伙会计师事务所的转型，在其他国家和地区的执业机构的转型也基本完成。同时，在它们的主导下，许多国家和地区的大中型会计师事务所也陆续开始转型。有限责任合伙会计师事务所已成为当前的发展趋势。

（五）特殊普通合伙会计师事务所

我国现行的特殊普通合伙会计师事务所，在性质上相当于西方国家的有限责任合伙会计师事务所。2010 年 7 月，财政部、国家工商行政管理总局[①]联合发布了《财政部 工商总局关于推动大中型会计师事务所采用特殊普通合伙组织形式的暂行规定》。该暂行规定指出：“采用特殊普通合伙组织形式的会计师事务所，一个合伙人或者数个合伙人在执业活动中因故意或者重大过失造成合伙企业债务的，应当承担无限责任或者无限连带责任，其他合伙人以其在合伙企业中的财产份额为限承担责任。合伙人在执业活动中非因故意或者非重大过失造成的合伙企业债务以及合伙企业的其他债务，由全体合伙人承担无限连带责任。”

本 章 小 结

- 中国审计的组织形式
  - 政府审计机关
    - 政府审计机关及其人员
      - 政府（国家）审计机关的模式
      - 政府审计的特征
      - 中国政府（国家）审计机关
      - 中国国家审计人员
    - 政府审计机关的主要职责
    - 最高审计机关国际组织
  - 内部审计机构
    - 内部审计机构及其特征
      - 内部审计组织
      - 内部审计的特征
    - 内部审计机构的职责
    - 国际内部审计机构
  - 民间审计组织
    - 民间审计组织及其人员
      - 会计师事务所
      - 注册会计师
      - 中国注册会计师协会
    - 注册会计师业务范围
      - 保证业务
      - 咨询业务
    - 会计师事务所组织形式
      - 独资会计师事务所
      - 普通合伙会计师事务所
      - 有限责任公司会计师事务所
      - 有限责任合伙会计师事务所
      - 特殊普通合伙会计师事务所

① 现国家市场监督管理总局。

复习思考题

1. 世界上政府（国家）审计机关的主要类型及其主要特征有哪些？
2. 我国政府（国家）审计机关有哪些方面的职责与权限？
3. 我国内部审计机构的主要模式有哪些？不同模式下其独立性如何？
4. 我国注册会计师事务所有哪些类型？其设立的基本条件是什么？
5. 我国政府审计、内部审计和民间审计之间的关系是什么？

第三章

审计职业规范与审计人员法律责任

审计职业规范是为了保证审计质量，保证审计人员较好地履行自己的职责，保证审计职业在社会民众中树立起良好的职业形象，而建立起的一套从事审计活动所必须遵循的行为标准。

学习目标

- 了解审计准则体系的结构和内容
- 理解中国和国外审计准则的含义
- 掌握质量管理准则的具体内容
- 理解审计人员职业道德和业务能力要求
- 掌握注册会计师的法律责任

第一节　审 计 准 则

审计准则是指明文规定的各种有关审计的法律、法规及准则，既包括国家对审计机构、审计业务方面的法律规定，也包括审计机构本身执行审计业务应遵循的各种准则、规则。

一、审计准则的含义

审计准则是指由政府审计部门或会计师职业团体制定的，用以规定审计人员应有的素质和专业资格、规范和指导审计人员执业行为、衡量和评价审计工作质量的权威性标准。审计准则是专业审计人员在实施审计工作时，必须恪守的最高行为准则，是审计工作质量的权威性判断标准。根据审计职业规范对象的不同，审计准则可分为独立审计准则、政府审计准则和内部审计准则三类。审计准则包括以下含义。

（1）审计准则是制约审计人员的行为准则。审计人员在工作过程中，围绕审计任务，在选择和确定审计程序时，应明确哪些是可以做的，哪些是不能做的；哪些是应该加强和深入去做的，哪些是可以只做了解的。审计准则起到衡量标准的作用。

（2）审计准则既对审计人员的素质提出要求，也对社会提供审计工作质量保证。

一般的审计准则无不对审计人员的业务技能和职业道德提出一个较高的标准，而且把独立性视为审计工作的灵魂。这对树立审计人员在社会上的公正、正直、客观的形象有重要作用，有利于社会信任审计工作的质量。

（3）审计准则是通过审计人员执行审计程序体现出来的。一般的审计准则都对审计人员的专业知识、业务能力、工作行为和应该实施的审计程序提出严格要求。

（4）审计准则是审计人员签署最终审计意见时的客观保证。一般来说，审计人员在形成审计意见之后，会主动地与被审计单位交换意见，然后才签发自己的审计报告，其目的是希望较快地完成审计任务。但是，如果双方发生意见分歧，审计准则就为审计人员坚持自己的意见提供了客观上的保证。

二、审计准则的作用

实施审计准则使审计人员在从事审计工作时有了规范和指南，便于考核审计工作质量，推动审计职业的发展。审计准则的主要作用包括以下几方面。

（1）实施审计准则可以赢得社会公众的信任。注册会计师在财务报表审计报告中，一般均要写明“我们的审计工作是根据审计准则的要求进行的”，这也就是向委托单位的股东、债权人和其他利益相关者等有关方面表明，审计工作已达到了规定的质量标准，审计结论是可以充分信赖的，以取信于社会。

（2）实施审计准则可以提高审计工作质量。审计准则中一般都规定了审计人员的任职条件及其在工作中应保持的态度、审计工作的基本程序和方法，以及审计报告的撰写方式和要求等，这就可以促使审计人员谨慎工作，依照审计准则办事，有助于提高审计工作质量。

（3）实施审计准则可以维护审计组织和人员的合法权益。审计准则规定了审计人员的工作范围，审计人员只要按照审计准则的要求办理，就算是尽到了职责。当审计委托人与审计组织对审计意见发生纠纷，审计人员受到不公正的指责和控告时，审计人员即可运用审计准则维护自己的合法权益。

（4）实施审计准则可以促进国际审计经验交流。审计准则是审计实践经验的总结和升华，已成为审计理论的一个重要部分。审计准则的实施和发展，促进了审计理论水平的提高。各国审计准则的协调，有利于开展国际审计经验交流。特别是国际审计准则的制定和协调工作，对各国审计经验和学术交流都起到了重要的推动作用。

第二节　审计准则的结构

从现行的世界各国的审计准则来看，其内容大体上包括一般准则、工作准则和报告准则三个部分。有些国家和国际组织所指定的审计准则虽然章节和标题不一，但其主要内容基本涵盖上述三个部分。西方国家民间审计的审计准则大多是以美国的审计准则为蓝本加以补充、修正而成的；民间审计国际组织和地区组织制定的审计准则，以国际会计师联合会的国际审计实务委员会制定的《国际审计准则》最具有代表性，这里重点介绍美国的民间审计准则和国际审计准则。

一、美国的民间审计准则

美国的民间审计准则称为《一般公认审计准则》，其从 1947 年就开始研究和制定，主要适用于民间审计从事的财务报表审计。该准则除为美国民间审计所遵循外，对民间审计领域以外的各种审计，对其他国家乃至国际审计准则的建立，都产生了巨大的影响。

早在 1947 年 10 月，美国注册会计师协会就提出了《审计准则试行方案》。该方案明确指出审计准则与审计程序的区别。审计程序是必须执行的，即必须实施的行为，而审计准则仅是关于实施行为质量的衡量尺度，以及运用审计程序必须达到的目标。《一般公认审计准则》在 1954 年进行了修订补充，形成了三部分，共 10 条。这 10 条一般公认审计准则一直沿用至今。《一般公认审计准则》的第一部分为一般准则，共 3 条，主要对人员提出要求；第二部分为工作准则，共 3 条，主要是指出实施审计行为的准则；第三部分为报告准则，共 4 条，主要是对审计报告提出要求。

《一般公认审计准则》的内容如下所示。

1. 一般准则

（1）审计应由经过充分技术培训并精通审计实务的人员担任。

（2）审计人员在执行工作时，必须保持独立的意志和态度。

（3）在执行审计工作和撰写审计报告时，应保持职业人员应有的严谨态度。

2. 工作准则

（1）审计工作必须妥善地进行计划安排，如有助理人员，必须加以监督和指导。

（2）应适当地研究和评价现行的内部控制系统，以确定可以信赖的程度，并以此作为决定审计程序和测试范围的依据。

（3）运用检查、观察、查询、函证等方法，以获取充分而确切的证据，作为对所审计的财务报表发表意见的合理根据。

3. 报告准则

（1）审计报告应说明财务报表是否按照一般公认的会计准则编制。

（2）审计报告应说明本期所使用的会计政策是否与上期一致。

（3）除非报告中另有说明，财务报表中所提供的资料应被视为合理和充分的。

（4）审计报告应就整个财务报表发表意见，或断然表明不能发表意见。如属后者，应说明理由。在任何情况下，财务报表一经审计人员签署，即应在报告中明确表示审计的性质与其所负责任的程度。

美国注册会计师协会根据《一般公认审计准则》的框架，至今已发布 100 多个具体审计准则。

二、国际审计准则

第二次世界大战以后，国际经济进入一个新的发展阶段。国际商品、资金、技术、知识、劳动力、信息的交流，达到了前所未有的规模。各国在经济上相互依存、相互促进的关系日益明显。经济关系的国际化使得民间审计走出国界，参与国际市场竞争。为了使审计报告和被审计的财务报表能够取得各有关国家社会公众的信任，就需要协调审计准则和实务，消除各国审计准则和实务中的分歧，因此需要一套适用于各国的审计准则。为了适应这种新形势的需要，协调各国审计组织并组织处理国际审计问题，一些国际性组织开始着手研究制定国际审计准则，目前已取得的主要成果是国际审计准则。

国际审计准则为国际会计师联合会（International Federation of Accountants，IFAC）所颁布。国际会计师联合会是世界上的主要民间审计组织，成立于 1977 年 10 月 7 日，代表澳大利亚、加拿大、法国、日本、墨西哥、荷兰、菲律宾、爱尔兰等 49 个国家的 63 个职业审计团体。国际会计师联合会下设国际审计实务委员会［现改为国际审计与鉴证准则理事会（International Auditing and Assurance Standards Board，IAASB）］，代表国际会计师联合会的理事会负责拟订并颁布国际审计准则。自 1980 年 6 月开始至今，国际会计师联合会已先后颁布了数十项国际审计准则文件。这些文件可分为一般准则、工作准则和报告准则三个部分。

1. 一般准则

一般准则是关于审计人员资格条件和执业行为的准则，主要包括以下几方面的内容。

（1）对审计人员应具备的技术条件所做的规定。其包括：专业知识——审计人员从事审计工作必须具备的学历和职业培训；实践经验——要求具有一定年限的工作经验并通过专门考试；工作能力——审计人员应具备的分析、判断和表达能力。

（2）对审计人员应具备的身份条件所做的规定。其主要是要求审计人员必须具备超然、独立的立场，在陈述与表达意见时持公正态度，等等。

（3）对审计人员应具备的职业道德条件所做的规定。

2. 工作准则

工作准则是审计人员在执行财务报表审计过程中应遵守的准则，主要包括以下几方面的内容。

（1）对规划审计计划所做的规定。其包括：审计计划的可行性研究；审计的工作程序；审计的人员与工作分工；等等。

（2）对确立审计范围所做的规定。其包括：审计财务报表；了解被审计单位的环境；了解、研究内部控制系统，确定扩大、深入检查或采用其他审计方法的时间和范围；等等。

（3）对获取审计证据所做的规定。其包括：采用各种有效的方法以获取充分适当的证据；充分考虑审计对象的重要性、风险程度及其他影响因素，为审计财务报表和提出公正的审计意见提供合理的依据；等等。

（4）对实施审计行为所做的规定。其包括：执行审计的必要条件和手续；实际执行的审计业务；等等。

在国际审计准则中，有关工作准则的说明和解释占了相当大的比例。工作准则涉及面广，执行起来弹性较大，因而往往需要根据不同的情况加以判断。

3. 报告准则

报告准则是审计人员编制审计报告、选择表达方式和记载必要事项的准则，主要包括以下几方面的内容。

（1）对审计报告应记载事项的规定。

（2）对发表审计意见的规定。

（3）对补充记载事项的规定。

（4）对审计报告报送对象及报送时间的规定。

国际审计准则任何时候都可以应用于民间审计的审计进程中。这就是说，在对任何单位的财务会计资料进行审计时，不论该单位是否以营利为目的，不论其规模大小，也不论其法定组织形式，凡进行的审计是以发表审计意见为目的的，均适合使用国际审计准则。在适当的情况下，国际审计准则也可应用于审计人员的其他有关活动。

21 世纪初，一系列上市公司财务欺诈案出现，致使投资者遭受重大损失，严重动摇了社会公众对民间审计组织和审计人员的信任。因此，世界银行及其他国际组织极力促使国际会计师联合会更加积极地关注公共利益问题，扮演监管角色，国际会计师联合会对此给予了积极的回应。2002 年 3 月，国际会计师联合会将国际审计实务委员会改组为国际审计与鉴证准则理事会。国际审计与鉴证准则理事会的目标主要包括：针对财务报表制定审计准则和指南，使其能够在世界范围内被注册会计师、政府、证券监管者等接受，从而加强公众对全球审计职业的信心；针对财务信息和非财务信息制定鉴证准则；发布关于审计和鉴证业务的其他文告，促使公众了解注册会计师的作用和责任。

国际审计与鉴证准则理事会已将审计纳入鉴证业务，将注册会计师的业务分为鉴证业务和相关服务。鉴证业务的对象主要包括财务报表和财务信息、非财务信息、系统与过程、行为等。针对财务报表的鉴证业务，有财务报表审计和审阅业务；针对财务信息的鉴证业务，有财务信息审阅和复核业务。上述业务提供的保证程度有所不同，审计提供的保证程度最高。相关服务针对的对象是财务信息，包括商定程序及信息编制业务，两者不提供鉴证意见。为了重新树立社会公众对注册会计师行业的信心，降低审计风险，提高审计质量，国际审计与鉴证准则理事会修订和起草了一系列审计准则。

第三节　中国注册会计师执业准则体系

中国注册会计师执业准则作为规范注册会计师执行业务的权威性标准，对提高注册会计师的执业质量，降低执业风险，维护社会公众利益具有重要的作用。中国注册会计师执业准则体系的建立经历了四个阶段。

一、中国注册会计师执业准则体系的建立历程

（一）制定执业规则阶段：1991~1993 年

中国注册会计师协会成立后，非常重视执业规则的建设。1991~1993 年，中国注册会计师协会先后发布了《注册会计师检查验证会计报表规则（试行）》等 7 个执业规则。这些执业规则对我国注册会计师行业走向正规化、法治化和专业化起到了积极作用。

（二）建立审计准则体系阶段：1994~2005 年

1993 年 10 月 31 日，第八届全国人民代表大会常务委员会第四次会议通过《中华人民共和国注册会计师法》，规定中国注册会计师协会依法拟订执业准则、规则，报国务院财政部门批准后施行。经财政部批准同意，中国注册会计师协会自 1994 年 5 月开始起草独立审计准则。

到 2005 年，中国注册会计师协会先后制定了 6 批独立审计准则，包括 1 个独立审计准则序言、1 个独立审计基本准则、28 个独立审计具体准则和 10 个独立审计实务公告、5 个执业规范指南，此外，还包括 3 个相关基本准则（职业道德基本准则、质量控制基本准则和后续教育基本准则），共计 48 个项目。

（三）与国际审计与鉴证准则趋同阶段：2006~2011 年

为完善中国注册会计师执业准则体系，加速实现与国际审计与鉴证准则趋同，中国注册会计师协会遵循科学、民主、公开的准则制定程序，拟订了《中国注册会计师鉴证业务基本准则》等 22 项准则，并对《中国注册会计师审计准则第 1142 号——财务报表审计中对法律法规的考虑》等 26 项已颁布的准则进行了必要的修订和完善，并于 2006 年 2 月 15 日由财政部发布。这 48 个准则项目已自 2007 年 1 月 1 日起在所有会计师事务所施行。这些准则的发布标志着我国已建立起一套适应社会主义市场经济发展要求，顺应国际趋同大势的中国注册会计师执业准则体系。

（四）与国际审计与鉴证准则全面趋同阶段：2012 年开始

中国注册会计师执业准则体系自 2007 年正式实施以来，总体运行情况良好。但由于审计环境也在不断发生重大变化，注册会计师审计实务面临一些新问题和新困难。同时，中国注册会计师执业准则也需要和国际准则实行持续全面趋同。中国注册会计师协会 2009 年开始着手研究并启动我国审计准则的修订工作。2010 年 11 月 1 日，由财政部发布了修订后的 38 项《中国注册会计师执业准则》，并自 2012 年 1 月 1 日起施行。

为了提高注册会计师审计报告的信息含量，满足资本市场改革与发展对高质量会计信息的需求，保持中国审计准则与国际准则的持续全面趋同，2016 年 12 月 23 日财政部发布了《中国注册会计师审计准则第 1504 号——在审计报告中沟通关键审计事项》等 12 项准则。对于 A+H 股公司出具的审计报告，应于 2017 年 1 月 1 日起执行该批准则；对于股票在上海证券交易所和深圳证券交易所交易的上市公司其财务报表审计业务，应于 2018 年 1 月 1 日起执行该批准则；对于股票在全国中小企业股份转让系统公开转让的非上市公众公司（新三板公司）中的创新层挂牌公司、面向公众投资者公开发行债券的

公司财务报表审计业务，应于 2018 年 1 月 1 日起执行该批准则。

在审计与鉴证准则的内容上，中国审计与鉴证准则体系充分采用了国际审计与鉴证准则所有的基本原则和核心程序，在审计的目标与原则、风险的评估与应对、审计证据的获取和分析、审计结论的形成和报告，以及注册会计师执业责任的设定等所有重大方面，均与国际审计与鉴证准则保持一致。

二、中国注册会计师执业准则体系结构

中国注册会计师执业准则体系包括中国注册会计师鉴证业务基本准则、中国注册会计师相关服务准则和质量管理相关准则。鉴证业务准则由鉴证业务基本准则统领，根据鉴证业务提供的保证程度和鉴证对象的不同，分为中国注册会计师审计准则、中国注册会计师审阅准则、中国注册会计师其他鉴证业务准则。其中，审计准则是整个执业准则体系的核心；相关服务准则用以规范注册会计师执行代编财务信息、执行商定程序、管理咨询等其他服务；质量管理相关准则用以规范会计师事务所在执行各类业务时应当遵守的质量管理政策和程序，是对会计师事务所质量管理提出的具体要求。

（一）鉴证业务准则

1. 审计准则

审计准则用以规范注册会计师执行历史财务信息（主要是财务报表）的审计业务，要求注册会计师综合使用审计方法，对财务报表是否不存在重大错报、漏报提供合理保证。审计准则是中国注册会计师执业准则体系的核心内容。

2. 审阅准则

审阅准则用以规范注册会计师执行历史财务信息（主要是财务报表）的审阅业务，要求注册会计师主要使用询问和分析程序，对审阅后的财务报表提供有限保证。注册会计师应当主要通过询问和分析程序获取充分、适当的证据作为得出审阅结论的基础。

3. 其他鉴证业务准则

其他鉴证业务准则用以规范注册会计师执行除历史财务信息审计和审阅以外的非历史财务信息的鉴证业务。

1）历史财务信息审计和审阅以外的鉴证业务

其他鉴证业务的保证程度分为合理保证和有限保证。合理保证的其他鉴证业务的目标是注册会计师将鉴证业务风险降至该业务环境下可接受的低水平，以此作为采用积极方式提出结论的基础。有限保证的其他鉴证业务的目标是注册会计师将鉴证业务风险降至该业务环境下可接受的水平，以此作为采用消极方式提出结论的基础。有限保证的其他鉴证业务的风险水平高于合理保证的其他鉴证业务的风险水平。

其他鉴证业务准则针对这一部分规定的内容主要包括：会计师事务所承接或保持其他鉴证业务应当符合的条件；计划其他鉴证业务工作时应当考虑的主要因素；适当的鉴证对象、评估标准应当具备的条件；应当考虑利用专家工作的情况；获取证据、考虑期后事项、形成工作记录、编制鉴证报告方面的相关内容。

2）预测性财务信息的审核

预测性财务信息是指被审核单位依据对未来可能发生的事项或采取的行动的假设而编制的财务信息。预测性财务信息可以表现为预测、规划或两者的结合，可能包括财务报表整体或财务报表的一项或多项要素。预测是指管理层在最佳估计假设的基础上编制的预测性财务信息。最佳估计假设是指截至编制预测性财务信息日，管理层对预期未来发生的事项和采取的行动做出的假设。

（二）相关服务准则

相关服务准则用以规范注册会计师代编财务信息、执行商定程序、管理咨询、税务咨询和其他服务。由于业务性质属于代理和咨询服务，注册会计师不提供任何程度的保证。

1. 对财务信息执行商定程序

对财务信息执行商定程序是指注册会计师对特定财务数据、单一财务报表或整套财务报表等财务信息执行与特定主体商定的具有审计性质的程序，并就执行的商定程序及其结果出具报告。该部分所称特定主体是指委托人和业务约定书中指明的报告致送对象。

注册会计师执行商定程序业务仅报告执行的商定程序及其结果，并不提出鉴证结论。报告使用者自行对注册会计师执行的商定程序及其结果做出评价，并根据注册会计师的工作得出自己的结论。注册会计师执行商定程序业务，应当遵守相关职业道德规范，恪守客观、公正的原则，保持专业胜任能力和应有的关注，并对执业过程中获知的信息保密。

对财务信息执行商定程序时，注册会计师应当：与特定主体进行沟通，确保其已经清楚理解拟执行的商定程序和业务约定条款；合理制定工作计划以有效执行商定程序业务；将执行商定程序时获取的证据作为出具报告的基础。商定程序业务报告应当详细说明业务的目的和商定的程序以便使用者了解所执行工作的性质和范围。

2. 代编财务信息

代编业务的目标是注册会计师运用会计而非审计的专业知识和技能，代客户编制一套完整或非完整的财务报表，或代为收集、分类和汇总其他财务信息。注册会计师执行代编业务，应当遵守相关职业道德规范，恪守客观、公正的原则，保持专业胜任能力和应有的关注，并对执业过程中获知的信息保密。

（三）会计师事务所质量管理准则

质量管理准则是注册会计师事务所在执行各类业务时应当遵守的质量管理政策和程序，是对会计师事务所质量管理提出的制度性要求。

中国注册会计师执业准则体系如图 3-1 所示。

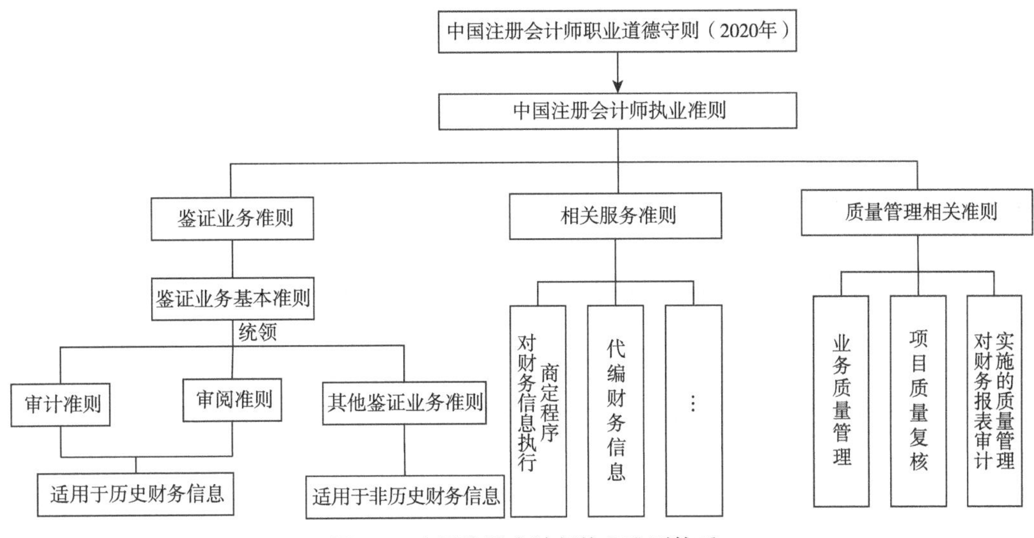

图 3-1 中国注册会计师执业准则体系

目前，中国注册会计师执业准则体系共包括 52 项准则，具体构成如下。

（1）《中国注册会计师鉴证业务基本准则》（1 项）。

（2）《中国注册会计师审计准则》第 1101~第 1633 号（45 项，见附录）。

（3）《中国注册会计师审阅准则第 2101 号——财务报表审阅》（1 项）。

（4）《中国注册会计师其他鉴证业务准则第 3101 号——历史财务信息审计或审阅以外的鉴证业务》《中国注册会计师其他鉴证业务准则第 3111 号——预测性财务信息的审核》（2 项）。

（5）《中国注册会计师相关服务准则第 4101 号——对财务信息执行商定程序》《中国注册会计师相关服务准则第 4111 号——代编财务信息》（2 项）。

（6）《会计师事务所质量管理准则第 5101 号——业务质量管理》（1 项）。

在中国注册会计师执业准则体系中，准则编号由 4 位数组成。其中，千位数代表不同类别的准则："1"代表审计准则；"2"代表审阅准则；"3"代表其他鉴证业务准则；"4"代表相关服务准则；"5"代表质量管理准则。百位数代表某一类别准则中的大类。以审计准则为例，我们将审计准则分为 6 大类，分别用 1~6 表示："1"代表一般原则与责任；"2"代表风险评估与应对；"3"代表审计证据；"4"代表利用其他主体的工作；"5"代表审计结论与报告；"6"代表特殊领域审计。十位数代表大类中的小类，个位数代表小类中的顺序号。例如，第 1311 号，千位数的"1"表示审计准则，百位数的"3"表示审计证据大类，十位数的"1"表示获取审计证据的某一小类，个位数的"1"表示某类审计程序的序号。

第四节 会计师事务所质量管理准则

健全、完善的质量管理制度是保证会计师事务所及其人员遵守法律法规的规定、中国注册会计师职业道德规范及中国注册会计师执业准则的基础。为了回应社会各界对审计质量的关切，指导会计师事务所建立健全质量管理体系，提高会计师事务所质量管理能力，提升审计质量，防范审计风险，财政部于2020年11月19日印发《会计师事务所质量管理准则第5101号——业务质量管理》等三项中国注册会计师执业准则（以下统称质量管理相关准则）。其中，《会计师事务所质量管理准则第5101号——业务质量管理》规范整个会计师事务所层面如何管理业务质量。该准则要求会计师事务所采用风险导向的质量管理新方法，运用内部控制理论，建立健全并有效运行会计师事务所统一的质量管理体系，并详细规定了该体系的具体内容和会计师事务所领导层等相关人员的具体职责。由不参与项目执行的合伙人对重要项目进行独立复核，是会计师事务所质量管理的一种强有力措施，这种独立复核被称为项目质量复核。《会计师事务所质量管理准则第5102号——项目质量复核》对其进行详细规范。项目质量复核准则明确了项目质量复核的目标和定位，针对项目质量复核人员的专业技能、权威性、客观性等方面提出了更高的要求，同时还对项目质量复核人员的具体复核工作和工作底稿要求做出了细化的规定。《中国注册会计师审计准则第1121号——对财务报表审计实施的质量管理》规范了在项目组层面如何管理财务报表审计项目质量。该准则着重强化和细化了项目合伙人在审计业务质量管理方面的责任，要求项目合伙人应当充分参与整个审计过程，并对其指导、监督和复核项目组成员的工作做出细化规定。

为确保质量管理相关准则能够平稳顺利实施，中国注册会计师协会采取分批分步骤实施的方案，即从事证券服务业务的会计师事务所，应当自2023年1月1日起建立完成适合本会计师事务所的质量管理体系并开始运行，自运行一年之内开始对该体系运行情况进行评价；不从事证券服务业务的会计师事务所，可以将上述实施日期推迟一年，即自2024年1月1日起建立完成适合本会计师事务所的质量管理体系并开始运行，自运行一年之内开始对该体系运行情况进行评价。

一、审计质量管理准则的含义

审计质量通常指审计工作的规范程度和审计结果的总体质量，它包括审计工作质量和审计结果质量两个方面。其中，审计工作质量是审计结果质量的保证，没有审计工作质量的保证，审计结果质量就无从谈起，而审计结果质量又是审计工作质量的综合反映，是审计全过程工作质量的集中体现。

审计质量管理是指进行审计工作时保持审计质量规定性的一种方式。审计质量管理措施是指为实现审计目标、规范审计行为而建立的一系列规章制度和相应的技术方法等，它是对审计实施过程的一种行为控制。

审计质量管理准则是指会计师事务所为了确保审计质量符合审计准则的要求而建立和实施的控制政策和程序的总称。

二、会计师事务所的业务质量管理

为了规范会计师事务所设计、实施和运行有关财务报表审计业务、财务报表审阅业务、其他鉴证业务及相关服务业务的质量管理体系，财政部制定了《会计师事务所质量管理准则第 5101 号——业务质量管理》，以合理保证会计师事务所及其人员按照法律法规和职业准则的规定履行职责，并根据这些规定执行业务；以合理保证会计师事务所和项目合伙人出具适合具体情况的业务报告。会计师事务所质量管理体系包括下列八个组成要素：①会计师事务所的风险评估程序；②治理和领导层；③相关职业道德要求；④客户关系和具体业务的接受与保持；⑤业务执行；⑥资源；⑦信息与沟通；⑧监控和整改程序。质量管理体系各组成要素应当有效衔接、互相支撑、协同运行，以保障会计师事务所能够积极有效地实施质量管理。

（一）会计师事务所的风险评估程序

会计师事务所应当设计和实施风险评估程序，以设定质量目标，识别和评估质量风险，并设计和采取应对措施以应对质量风险。会计师事务所应当设定《会计师事务所质量管理准则第 5101 号——业务质量管理》明确规定的质量目标，以及会计师事务所认为对实现其质量管理体系的目标而言必要的其他质量目标。在识别和评估质量风险时，会计师事务所应当了解可能对实现质量目标产生不利影响的事项或情况，包括相关人员的作为或不作为，以及会计师事务所业务的性质和具体情况。会计师事务所应当设计并采取应对措施，以应对质量风险。

（二）治理和领导层

治理和领导层应当为质量管理体系的设计、实施和运行营造良好的环境，为该体系提供支持。会计师事务所应当建立健全质量管理领导框架，明确责任，并确保其切实有效地发挥作用。会计师事务所领导层成员应当以身作则、率先垂范，带头遵守质量管理体系中的各项政策和程序，不得干扰项目组按照执业准则的要求执行业务、做出职业判断。会计师事务所应当加强对合伙人晋升、培训、考核、分配、转入、退出的管理，体现以质量为导向的文化，确保合伙人能够按照质量管理体系的要求，切实履行其在质量管理方面的责任，防范业务风险。会计师事务所应当加强对其员工（包括外部转入人员）晋升合伙人的管理，综合考虑拟晋升人员的执业理念、职业价值观、职业道德、专业胜任能力和执业诚信记录，建立以质量为导向的晋升机制，不得以承接和执行业务的收入或利润作为晋升合伙人的首要指标。会计师事务所应当针对合伙人晋升建立和实施质量一票否决制度。会计师事务所应当在全所范围内统一进行合伙人考核和收益分配。会计师事务所对合伙人的考核和收益分配，应当综合考虑合伙人的执业质量、管理能力、经营业绩、社会声誉等指标，不得以承接和执行业务的收入或利润作为首要指标，不得直接或变相以分所、部门、合伙人所在团队作为利润中心进行收益分配。

（三）相关职业道德要求

针对相关人员按照相关职业道德要求（包括独立性要求）履行职责，会计师事务所应当设定下列质量目标：①会计师事务所及其人员充分了解规范会计师事务所及其业务的职业道德要求，并严格按照这些职业道德要求履行职责；②受职业道德要求约束的其他组织或人员，包括网络、网络事务所、网络或网络事务所中的人员、服务提供商，充分了解与其相关的职业道德要求，并严格按照这些职业道德要求履行职责。会计师事务所应当按照相关职业道德要求，建立并完善与公众利益实体审计业务有关的关键审计合伙人轮换机制，明确轮换要求，确保做到实质性轮换，防止流于形式。会计师事务所应当完善利益分配机制，保证全所的人力资源和客户资源实现一体化统筹管理，避免某合伙人或项目组的利益与特定客户长期直接挂钩，影响独立性。会计师事务所应当定期评价利益分配机制的设计和执行情况。针对公众利益实体审计业务，会计师事务所应当对关键审计合伙人的轮换情况进行实时监控，通过建立关键审计合伙人服务年限清单等方式，管理关键审计合伙人相关信息，每年对轮换情况实施复核，并在全所范围内统一进行轮换。

（四）客户关系和具体业务的接受与保持

接受与保持客户关系和具体业务是注册会计师开展业务活动的第一个环节，也是防范业务风险的重要环节。针对客户关系和具体业务的接受与保持，会计师事务所应当设定下列质量目标：①会计师事务所就是否接受或保持某项客户关系或具体业务所做出的判断是适当的，充分考虑了下列方面，即会计师事务所是否针对业务的性质和具体情况及客户（包括客户的管理层和治理层）的诚信和道德价值观获取了足以支持上述判断的充分信息；会计师事务所是否具备按照适用的法律法规和职业准则的规定执行业务的能力。②会计师事务所在财务和运营方面对优先事项的安排，并不会导致对是否接受或保持客户关系或具体业务做出不恰当的判断。会计师事务所应当在客户关系和具体业务的接受与保持方面树立风险意识，确保项目风险评估真实、到位。对于在客户关系和具体业务的接受与保持方面具有较高风险的客户，会计师事务所应当设计和实施专门的质量管理程序，如加强与前任注册会计师的沟通、与相关监管机构沟通、访谈拟承接客户以了解有关情况、加强内部质量复核等。对于从其他会计师事务所转入人员带来的客户，会计师事务所应当严格执行与客户关系和具体业务的接受与保持相关的程序，审慎承接新客户。

（五）业务执行

业务执行是指会计师事务所委派项目组按照执业准则和适用的法律法规的规定执行业务，使会计师事务所和项目合伙人能够出具适合具体情况的报告。针对业务执行，会计师事务所应当设定下列质量目标：①项目组了解并履行其与所执行业务相关的责任，包括项目合伙人对项目管理和项目质量承担总体责任，并充分、适当地参与项目全过程；②基于项目的性质和具体情况、向项目组分配的资源及项目组可获得的资源，对项目组进行的指导和监督及对项目组已执行的工作进行的复核是恰当的，并且由经验较为丰富的项目组成员对经验较为缺乏的项目组成员的工作进行指导、监督和复核；③项目组恰当运用职业判断并保持职业怀疑（如适用）；④对困难或有争议的事项进行了咨询，并已按照达成的一致意见执行；⑤项目组内部、项目组与项目质量复核人员之间（如适用），以及项目组与会计师事务所内负责执行质量管理体系相关活动的人员之间存在的意见分歧，能够得到会计师事务所的关注并予以解决；⑥业务工作底稿能够在业务报告日之后及时得到整理，并得到妥善的保存和维护，以遵守法律法规、相关职业道德要求和其他职业准则的规定，并满足会计师事务所自身的需要。会计师事务所应当制定政策和程序，在全所范围内统一委派具有足够专业胜任能力、时间，并且无不良执业诚信记录的项目合伙人执行业务。业务执行对业务质量有直接的重大影响，是业务质量控制的关键环节，因此，会计师事务所应当要求项目合伙人负责组织对业务执行实施指导、监督与复核。

（六）资源

会计师事务所应当设定一系列质量目标，以及时且适当地获取、开发、利用、维护和分配资源，支持质量管理体系的设计、实施和运行，这些质量目标包括：①会计师事务所招聘、培养和留住在具备胜任能力的人员；②会计师事务所人员通过其行为展示出对质量的重视，不断培养和保持适当的胜任能力以履行其职责；③当会计师事务所在质量管理体系的运行方面缺乏充分、适当的人员时，能够从外部（如网络、网络事务所或服务提供商）获取必要的人力资源支持；④会计师事务所为每项业务分派具有适当胜任能力的项目合伙人和其他项目组成员，并保证其有充足的时间持续高质量地执行业务；⑤会计师事务所分派具有适当胜任能力的人员执行质量管理体系内的各项活动，并保证其有充足的时间执行这些活动；⑥会计师事务所获取、开发、维护、利用适当的技术资源，以支持质量管理体系的运行和业务的执行；⑦会计师事务所获取、开发、维护、利用适当的知识资源，为质量管理体系的运行和高质量业务的持续执行提供支持，并且这些知识资源符合相关法律法规（如适用）和执业准则的规定。会计师事务所应当投入足够资源打造一支专业性强、经验丰富、运作规范的质量管理体系团队，以维持质量管理体系的日常运行。会计师事务所应当建立与专业技术支持相关的政策和程序，配备具备相应专业胜任能力、时间和权威性的技术支持人员，确保相关业务能够获得必要的专业技术支持。

（七）信息与沟通

针对获取、生成和利用与质量管理体系有关的信息，应及时在会计师事务所内部或与外部各方沟通，会计师事务所应当设定下列质量目标，以支持质量管理体系的设计、实施和运行：①会计师事务所的信息系统能够识别、获取、处理和维护来自内部或外部的相关、可靠的信息，为质量管理体系提供支持；②会计师事务所的文化认同，并强化会计师事务所人员与会计师事务所之间，以及这些人员彼此之间交换信息的责任；③会计师事务所内部及各项目组之间能够交换相关、可靠的信息；④会计师事务所向外部各方传递相关、可靠的信息。

会计师事务所应当制定与下列方面相关的政策和程序：①会计师事务所在执行上市实体财务报表审计业务时，应当与治理层沟通质量管理体系是如何为持续高质量地执行业务提供支撑的；②会计师事务所在何种情况下向外部各方沟通与质量管理体系相关的信息是适当的。

（八）监控和整改程序

会计师事务所应当建立在全所范围内统一的监控和整改程序，并开展实质性监控，以实现下列质量目标：①就质量管理体系的设计、实施和运行情况提供相关、可靠、及时的信息；②采取适当的行动以应对识别出的质量管理体系的缺陷，以使该缺陷能够及时得到整改。

会计师事务所应当设计和实施监控活动，包括定期和持续的监控活动，为识别质量管理体系的缺陷奠定基础。会计师事务所的监控活动应当包括对已完成项目的检查，并应当确定选择哪些项目和哪些项目合伙人进行检查。

会计师事务所应当制定下列政策和程序：①要求执行监控活动的人员具备有效执行监控活动所必需的胜任能力、时间和权威性；②要求执行监控活动的人员具备客观性，这些政策和程序应当禁止项目组成员或项目质量复核人员参与对该项目的任何检查。

会计师事务所应当评价发现的情况，以确定是否存在缺陷，包括监控和整改程序中的缺陷。会计师事务所应当根据对根本原因的调查结果，设计和采取整改措施，以应对识别出的缺陷。会计师事务所应当就监控的实施情况，发现的缺陷，以及评价、补救和改进措施、问责等形成监控报告。存在缺陷的，应当及时修订完善质量管理体系。

三、现代信息技术对会计师事务所质量控制的影响①

大数据、云计算、区块链和人工智能等信息技术的发展与应用，对注册会计师提供的审计服务业务模式、管理模式和思维模式也产生较大甚至是颠覆式影响。注册会计师需要更新的思维，提高智能化审计水平，提供个性化、满足用户需要的审计服务及增值服务。注册会计师业务模式的变化，将影响会计师事务所的组织结构、信息化建设模式等，进而影响会计师事务所的质量控制。

（一）对会计师事务所组织结构的影响

从信息的角度看，注册会计师审计服务过程是收集信息、处理信息、提供新的信息（报告）的过程。在新的业务模式下，会计师事务所组织结构围绕业务发展、质量控制两个中心设置组织架构，部门及职责将会按照业务发展战略和管理需求进行重新调整。信息技术应用将会使会计师事务所管理需求发生变化。

一方面，数据治理需求增加。数字经济的发展、信息技术的应用及传统业务模式的改变，数据量将呈摩尔定律式增加，通过数据挖掘，可以获得精准潜在客户信息，发现未来客户的业务需求，为业务发展方向提供参考；通过数据挖掘，可以为客户提供增值服务，还可以在审计作业过程中降低风险，提高审计效率。因此，数据将成为会计师事务所的核心资产，数据治理水平将直接影响会计师事务所的管理水平，影响到为客户提供服务的能力。提高数据治理水平将是提高审计效率、降低审计风险的主要途径。数据管理和数据挖掘贯穿审计业务方方面面乃至审计作业全过程。如何采集需要的数据，如何管理好不同来源的数据，利用何种方式和路径挖掘数据的潜在价值，为管理决策服务，同时为审计作业提供支撑，会计师事务所在调整组织架构时应予以充分考虑。

另一方面，信息安全管理需求变化。古往今来，很多技术都是“双刃剑”，既可以造福社会、造福人民，也可以被一些人利用来损害社会公共利益和公众利益。应用信息

① 冯淑香. 信息化为会计师事务所带来三大改变[N]. 中国会计报，2019-07-12.

技术对审计业务模式、作业方式的改变，为保证客户数据与会计师事务所数据安全带来巨大挑战。如果客户信息和经济数据泄露，对客户的生存和发展无疑是致命打击。客户信息是否安全关系到会计师事务所的声誉，有时甚至需要承担法律责任。因此，会计师事务所在组织结构设计时应考虑实现上述信息安全管理的需求。

（二）对信息化建设模式的影响

信息化发展还将对会计师事务所总体架构设计、信息化建设模式等产生影响。

一是会计师事务所进行总体架构设计时，应以满足业务发展和管理需求为核心。会计师事务所信息技术是一种技术工具，也是一种手段，为管理一体化提供技术上的支撑，也为高效率、低风险的审计业务执行提供技术保障。信息技术利用的核心是为业务服务，通过为业务服务达到为企业带来价值的目标。信息化包含了信息技术本身，也包含了信息化对产业产生的影响。因此，对信息化建设进行总体架构设计时，除了考虑技术因素，更应该完全融入会计师事务所管理、业务需求，使之与会计师事务所管理需求、业务模式相匹配。

二是会计师事务所信息化选择建设模式的考虑。会计师事务所在规划信息化建设时，面临的是选择自己建设、自己运用、自己管理、自己维护模式，还是选择购买市场化租赁服务模式，或是混合模式。信息化先是由政府部门牵头，带动社会信息化。政府信息化建设定位于为政府内部治理、自己运用、自己维护等目标和需求，企业信息化也受政府信息化模式影响，选择自己建设机房、购置硬件和软件、自己建立数据中心、自己运用、自己维护的模式。

目前，电子商务及“互联网+”的发展，导致信息化建设模式发生了较大变化。尤其是“阿里云”“微软云”等云计算平台的出现，使会计师事务所可以通过互联网按需租赁方式获取顶级大企业具有的计算能力，可以按需获取硬件、软件、网络和安全等审计信息化资源。因此，会计师事务所在信息化建设设计总体架构时，应根据业务目标、数据治理、信息安全等管理需求，考虑信息技术研发、建设能力及拟投入预算等选择具体模式。

第五节　注册会计师职业道德规范

审计职业道德是在道德层面对审计从业人员从事审计工作提出的基本要求，也是审计从业人员应当遵守的职业行为规范之一。注册会计师职业道德是注册会计师职业品德、职业纪律、专业胜任能力及职业责任的总称。

一、美国注册会计师职业道德规范

美国注册会计师职业道德规范由美国注册会计师协会下属的职业道德部负责制定，在结构上分为四个层次，即职业道德原则、行为守则、行为守则解释和道德裁决（图 3-2）。

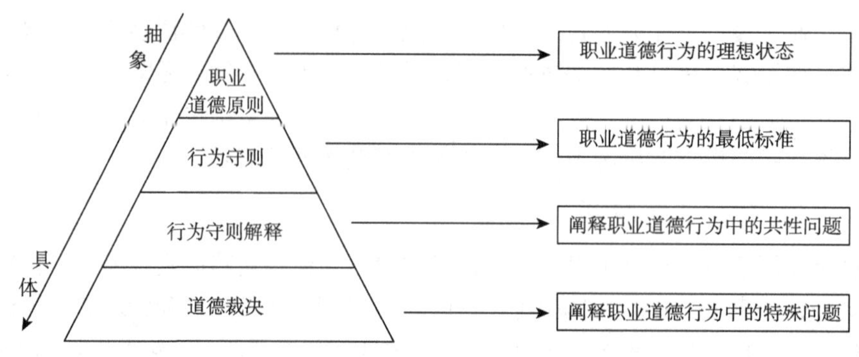

图 3-2 美国注册会计师职业道德规范框架

（一）职业道德原则

职业道德原则是职业人员行为的理想状态，是注册会计师应努力达到的目标，它不具有强制性，但为第二层次的行为守则提供了基本的概念标准，具体内容如下。

（1）责任。注册会计师必须在执业活动中做出专业判断与道德判断，以履行作为专业人员的职业责任。

（2）公众利益。注册会计师的所有行为都应为公众利益服务，应当做到不辜负公众的信任，并具备职业奉献精神。

（3）正直。注册会计师应在其执业活动中保持最高标准的正直态度。

（4）客观与独立。注册会计师在执业的过程中必须保持客观，避免一切可能的利益冲突。在提供审计和其他鉴证服务时，注册会计师既要保持形式上的独立，也要保持实质上的独立。

（5）应有的职业谨慎。注册会计师必须遵循专业技术准则和职业道德准则，必须提高自身的胜任能力以提高专业服务的质量，并尽自己最大的能力履行职业责任。

（6）服务的范围与性质。注册会计师在决定服务的范围与性质时，必须遵循职业道德行为准则的要求。

（二）行为守则

行为守则是注册会计师职业道德规范的核心部分，也是职业道德概念的具体化，它规定了注册会计师职业道德的最低标准，具有强制性。因此，该部分的条文在措辞方面更加严谨，用语也更加规范。在美国，很多执业人员在谈到职业道德规范时往往指的就是行为守则这一部分。行为守则与职业道德原则的区别在于：职业道德原则是在理想状态下执业人员追求的崇高目标，而行为守则是执业人员必须达到的最低标准。注册会计师的实际道德行为将处于这两个标准的范围内，如果低于行为守则，注册会计师的行为将被认为违背了职业道德，会受到相应的处罚。

（三）行为守则解释

虽然行为守则的用词已经相当规范，但注册会计师在理解行为守则时仍旧会出现不同程度的偏差，经常出现注册会计师对某一具体守则提出问题的情况，因此，美国注册会计师协会职业道德部成立了一个委员会，由其对行为守则做出解释，因而产生了行为守则解释。行为守则解释规定的是行为守则的范围和适用性，是对行为守则的具体说明，它不具备强制性，但注册会计师必须根据这些条款来修正自己的行为，需要的话还应在纪律检查听证会上证明背离解释的正当理由。

（四）道德裁决

道德裁决是美国注册会计师协会职业道德部执行委员会根据一些具体情况做出的解释，即行为守则及其解释在具体情况和案件中的应用，相对于行为守则解释，它更为具体详尽。道德裁决中涉及的部分问题可能不具有普遍意义，因此不具备强制性，但注册会计师必须根据其中的解释来修正自己的行为。

二、中国注册会计师职业道德规范

注册会计师行业的持续、健康发展，离不开高水准的职业道德规范。职业道德规范对于注册会计师行业维护公众利益、推进诚信建设益、促进职业化发展有着至关重要的作用。2009 年 10 月，中国注册会计师协会制定发布了《中国注册会计师职业道德守则（2009）》。随着注册会计师行业的不断发展，一些新职业道德问题涌现，迫切需要在职业道德守则中做出相应规范。同时，国际守则建设也取得了一系列新的成果。为顺应经济社会发展对注册会计师诚信和职业道德水平提出的新要求，同时吸收借鉴国际守则的最新成果，保持与国际守则的持续动态趋同，2020 年 12 月 17 日，中国注册会计师协会印发了《中国注册会计师职业道德守则（2020）》，对《中国注册会计师职业道德守则（2009）》进行了全面修订。《中国注册会计师职业道德守则（2020）》包括五项守则。其中，《中国注册会计师职业道德守则第 1 号——职业道德基本原则》，主要用于规范注册会计师应当遵循的职业道德基本原则，为注册会计师的行为确立道德标准；《中国注册会计师职业道德守则第 2 号——职业道德概念框架》，主要用于规范职业道德概念框架，即解决职业道德问题的思路和方法；《中国注册会计师职业道德守则第 3 号——提供专业服务的具体要求》，主要用于规范注册会计师在提供专业服务的过程中可能遇到的除独立性以外的某些具体情形，并针对在这些情形下如何运用职业道德概念框架解决职业道德问题做出具体规定；《中国注册会计师职业道德守则第 4 号——审计和审阅业务对独立性的要求》，主要用于规范注册会计师在从事审计和审阅业务时与独立性相关的要求；《中国注册会计师职业道德守则第 5 号——其他鉴证业务对独立性的要求》，主要用于规范注册会计师在从事审计和审阅以外的其他鉴证业务时与独立性相关的要求。

（一）职业道德基本原则

注册会计师在实现执业目标时必须遵守一些基本的原则。《中国注册会计师职业道德守则第 1 号——职业道德基本原则》规定，注册会计师应当遵循下列职业道德基本原则：诚信、客观公正、独立性、专业胜任能力和勤勉尽责、保密、良好的职业行为。

1. 诚信

诚信原则要求注册会计师在所有的职业活动中，应当保持正直和诚实守信。例如，在财务报表审计中，当注册会计师认为被审计单位财务报表存在重大虚假或误导性陈述或遗漏重要信息时，就不应该为其出具无保留意见的审计报告，即不能发表意见声称被审计单位的财务报表合法公允，否则就违反了诚信原则。

2. 客观公正

客观公正原则要求注册会计师应当实事求是、公正处事，不得由于偏见、利益冲突或他人的不当影响而损害自己的职业判断。如果存在对职业判断产生过度不当影响的情形，注册会计师不得从事与之相关的职业活动。

3. 独立性

独立是注册会计师执行鉴证业务（审计、审阅和其他鉴证业务）的灵魂，是客观公正的基础，是职业道德的精髓。独立原则要求注册会计师执行审计和审阅业务及其他鉴证业务时，应当与客户保持实质上的独立和形式上的独立，不得因任何利害关系影响其客观性。会计师事务所在承接审计和审阅业务及其他鉴证业务时，应当从会计师事务所整体层面和具体业务层面采取措施，以保持会计师事务所和项目团队的独立性。

（1）实质上的独立。这是一种内心状态，使得注册会计师在提出结论时不受损害职业判断的因素影响，诚信行事，遵循客观和公正原则，保持职业怀疑态度。

（2）形式上的独立。这是一种外在表现，使得一个理性且掌握充分信息的第三方，在权衡所有相关事实和情况后，认为注册会计师没有损害诚信原则、客观和公正原则或职业怀疑态度。

随着新一代信息技术的快速发展，注册会计师行业要保持客观独立，在新技术面前会面临一些挑战，因为注册会计师进行沟通的对象不一定是人类，有可能是具有自我学习能力的机器，或者是其他的人工智能设备，因此独立性的内涵、特征也将会发生相应的变化。

4. 专业胜任能力和勤勉尽责

专业胜任能力要求注册会计师获取并保持应有的专业知识和技能，确保为客户提供具有专业水准的服务。注册会计师应当通过教育、培训和执业实践获取和保持专业胜任能力。注册会计师应当持续了解并掌握当前法律、技术和实务的发展变化，将专业知识和技能始终保持在应有的水平，特别是当前随着大数据、区块链、人工智能等新一代信息技术在会计、财务与审计领域的深度应用，需要注册会计师关注相关技术的发展应用。在运用专业知识和技能时，注册会计师应当合理运用职业判断。勤勉尽责要求注册会计师遵守职业准则的要求并保持应有的职业怀疑，认真、全面、及时地完成工作任务。注册会计师应当采取适当措施，确保在其授权下从事专业服务的人员得到应有的培训和督导。对于如何在信息化时代保持职业怀疑能力，也是亟须研究探索的，毕竟在信息化时代，很多数据挖掘和分析工作是由机器完成的，审计人员没办法检查机器得出结论背后的逻辑、推理分析等中间过程。

5. 保密

注册会计师应当对执业活动中获知的客户及所在会计师事务所的涉密信息予以保

密，不得利用因职业关系而获知的涉密信息为自己或第三方牟取利益，也不得在职业关系结束后利用或披露因该职业关系获知的涉密信息。随着颠覆性技术的出现，保密的内容会发生一些变化。例如，注册会计师需要为客户保密的内容也包括数字化的内容，故要关注数据和网络的安全等。

6. 良好的职业行为

注册会计师应当遵循相关法律法规，爱岗敬业，避免发生任何损害职业声誉的行为。注册会计师在向公众传递信息及推介自己和工作时，应当客观、真实、得体，不得损害职业形象。

（二）职业道德概念框架

职业道德概念框架是指解决职业道德问题的思路和方法，用以指导注册会计师遵循职业道德基本原则。其具体内容包括识别对职业道德基本原则的不利影响、评价不利影响的严重程度，以及必要时采取防范措施消除不利影响将其降低至可接受的水平。

在运用职业道德概念框架时，注册会计师应当运用职业判断。如果发现存在可能违反职业道德基本原则的情形，注册会计师应当评价其对职业道德基本原则的不利影响。在评价不利影响的严重程度时，注册会计师应当从性质和数量两个方面予以考虑。如果认为对职业道德基本原则的不利影响超出可接受的水平，注册会计师应当确定是否能够采取防范措施消除不利影响或将其降低至可接受的水平。

1. 对遵循职业道德基本原则产生不利影响的因素

注册会计师对职业道德基本原则的遵循可能受到多种因素的不利影响，不利影响的性质和严重程度随注册会计师提供服务类型的不同而不同。可能对职业道德基本原则产生不利影响的因素包括自身利益、自我评价、过度推介、密切关系和外在压力。

（1）自身利益导致的不利影响。如果经济利益或其他利益对注册会计师的职业判断或行为产生不当影响，将产生自身利益导致的不利影响。

（2）自我评价导致的不利影响。如果注册会计师对其以前的判断或服务结果做出不恰当的评价，并且将据此形成的判断作为当前服务的组成部分，将产生自我评价导致的不利影响。

（3）过度推介导致的不利影响。如果注册会计师过度推介客户或工作单位的某种立场或意见将损害客观性，从而产生过度推介导致的不利影响。

（4）密切关系导致的不利影响。如果注册会计师与客户或工作单位存在长期或亲密的关系而过于倾向其利益或认可其工作，将产生密切关系导致的不利影响。

（5）外在压力导致的不利影响。如果注册会计师受到实际的压力或感受到压力而无法客观执行业务，将产生外在压力导致的不利影响。

对遵循职业道德基本原则的不利影响因素及示例见表 3-1。

表 3-1 对遵循职业道德基本原则的不利影响因素及示例

不利影响因素	可能产生不利影响的具体情形示例
自身利益	（1）与鉴证客户存在专业服务收费以外的直接经济利益或重大间接经济利益 （2）收费主要来源于某一鉴证客户 （3）过分担心失去某项业务 （4）与鉴证客户存在密切的经营关系 （5）对鉴证业务采取或有收费的方式 （6）可能与鉴证客户发生雇佣关系
自我评价	（1）会计师事务所在对客户提供财务系统的设计或操作服务后，又对系统的运行有效性出具鉴证报告 （2）为鉴证客户编制属于鉴证业务对象的数据或其他记录 （3）鉴证业务项目组成员担任或最近曾经担任客户的董事或高级管理人员 （4）鉴证业务项目组成员目前或最近曾受雇于客户，并且所处职位能够对鉴证对象施加重大影响 （5）会计师事务所为鉴证客户提供直接影响鉴证业务对象信息的其他服务
过度推介	（1）会计师事务所推介审计客户的股份 （2）在审计客户与第三方发生诉讼或纠纷时，注册会计师担任该客户的辩护人
密切关系	（1）与鉴证小组成员关系密切的家庭成员是鉴证客户的董事、经理、其他关键管理人员或能够对鉴证业务产生直接重大影响的员工 （2）鉴证客户的董事、经理、其他关键管理人员或能够对鉴证业务产生直接重大影响的员工是会计师事务所的前高级管理人员 （3）会计师事务所的高级管理人员或签字注册会计师与鉴证客户长期交往 （4）接受鉴证客户或其董事、经理、其他关键管理人员或能够对鉴证业务产生直接重大影响的员工的贵重礼品或超出社会礼仪的款待
外在压力	（1）在重大会计、审计等问题上与鉴证客户存在意见分歧而受到解聘威胁 （2）审计客户表示，如果会计师事务所不同意对某项交易的会计处理，则不再委托其承办协议中的非鉴证业务 （3）受到有关单位或个人不恰当的干预 （4）受到鉴证客户降低收费的压力而不恰当地缩小工作范围 （5）由于客户员工对所讨论的事项更具专长，注册会计师面临服从其判断的压力

2. 应对不利影响的防范措施

应对不利影响的防范措施包括两类：一是法律法规和职业规范规定的防范措施；二是在具体工作中采取的防范措施。其中，法律法规和职业规范规定的防范措施主要包括：取得注册会计师资格必需的教育、培训和经验要求；持续的职业发展要求；公司治理方面的规定；执业准则和职业道德规范的要求；监管机构或注册会计师协会的监控和惩戒程序，以及由依法授权的第三方对注册会计师编制的业务报告、申报资料或其他信息进行的外部复核。为应对不利影响，在具体工作中采取的防范措施又可分为会计师事务所层面的防范措施和具体业务层面的防范措施。

1）会计师事务所层面的防范措施

（1）领导层强调遵循职业道德基本原则的重要性及强调鉴证业务项目组成员应当维护公众利益。

（2）制定有关政策和程序，实施项目质量控制，监督业务质量：识别对职业道德基本原则的不利影响，评价不利影响的严重程度，采取防范措施消除不利影响或将其降低至可接受的水平；保证遵循职业道德基本原则；识别会计师事务所或项目组成员与客户之间的利益或关系；监控对某一客户收费的依赖程度；防止项目组以外的人员对业务结果施加不当影响；鼓励员工就遵循职业道德基本原则方面的问题与领导层沟通。

（3）向鉴证客户提供非鉴证服务时，指派鉴证业务项目组以外的其他合伙人和项目组，并确保鉴证业务项目组和非鉴证业务项目组分别向各自的业务主管报告工作。

（4）及时向所有合伙人和专业人员传达会计师事务所的政策和程序及其变化情况，并就这些政策和程序进行适当的培训；向合伙人和专业人员提供鉴证客户及其关联实体的名单，并要求合伙人和专业人员与之保持独立。

（5）指定高级管理人员负责监督质量控制系统是否有效运行。

（6）建立惩戒机制，保障相关政策和程序得到遵守。

2）具体业务层面的防范措施

（1）对已执行的非鉴证业务，由未参与该业务的注册会计师进行复核，或在必要时提供建议。

（2）对已执行的鉴证业务，由鉴证业务项目组以外的注册会计师进行复核，或在必要时提供建议。

（3）向客户审计委员会、监管机构或注册会计师协会咨询。

（4）与客户治理层讨论有关的职业道德问题。

（5）向客户治理层说明提供服务的性质和收费的范围。

（6）由其他会计师事务所执行或重新执行部分业务。

（7）轮换鉴证业务项目组合伙人和高级员工。

3. 职业道德冲突的解决

在遵循职业道德基本原则时，注册会计师应当解决遇到的职业道德冲突问题，在解决职业道德冲突问题时，注册会计师应当考虑下列因素：与职业道德冲突问题有关的事实、涉及的职业道德问题、职业道德冲突问题涉及的职业道德基本原则、会计师事务所制定的解决职业道德冲突问题的程序及可供选择的措施。

在考虑上述因素并权衡了可供选择措施的后果后，注册会计师应当确定适当的措施，如果职业道德冲突问题仍无法解决，注册会计师应当考虑向会计师事务所内部的适当人员咨询。如果与所在会计师事务所或外部单位存在职业道德冲突，注册会计师应当确定是否与会计师事务所领导层或外部单位治理层讨论。注册会计师应当考虑记录涉及的职业道德冲突问题、解决问题的过程及做出的相关决策。如果某项重大职业道德冲突问题未能解决，注册会计师可以考虑向注册会计师协会或法律顾问咨询。如果所有可能采取的措施都无法解决职业道德冲突问题，注册会计师不得再与产生职业道德冲突问题的事项发生牵连。在这种情况下，注册会计师应当确定是否退出项目组或不再承担相关任务，或者向会计师事务所提出辞职。

注册会计师解决职业道德冲突的分析框架如图 3-3 所示。

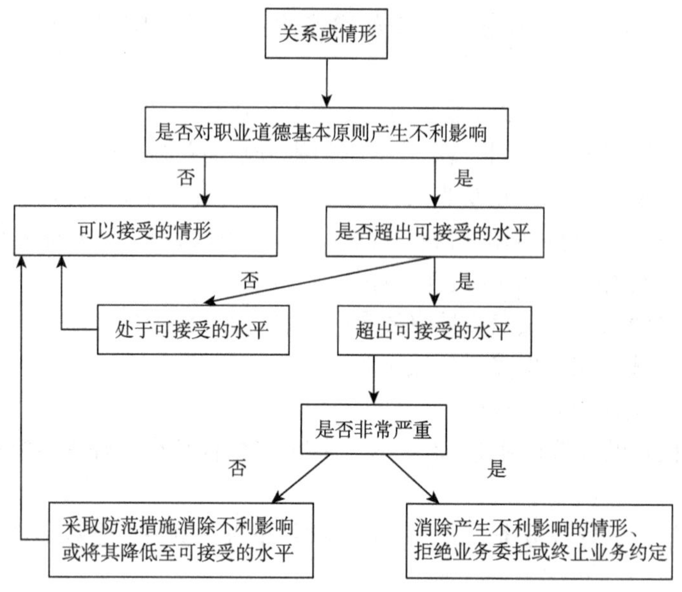

图 3-3 注册会计师解决职业道德冲突的分析框架

案 例 分 析

上市公司 ABC 公司是 XYZ 会计师事务所常年审计客户。X 注册会计师担任 2018 年度财务报表审计项目合伙人。在 2018 年度财务报表审计过程中遇到以下情形(表3-2)。

表 3-2 对职业道德的遵循产生不利影响的常见情形及相应的防范措施举例

序号	情形	不利影响类型	防范措施
1	ABC 公司由于订单减少，大部分生产设备处于闲置状态，存在重大减值迹象。2018 年 12 月 1 日，XYZ 会计师事务所接受 ABC 公司委托对其固定资产进行评估，作为 ABC 公司管理层计提固定资产减值准备的依据	自我评价：因评估结果对作为公众利益实体的审计客户的财务报表影响重大，提供评估服务将因自我评价产生重大不利影响	无法防范措施：该会计师事务所不得提供该评估服务
2	审计项目组成员 W 为新员工，其妻子曾担任 ABC 公司财务经理，于 2018 年 6 月离职	密切关系：审计组成员的主要近亲属所处职位对客户审计期间的财务报表具有重大影响	将成员 W 调离审计项目组
3	Y 注册会计师自 2011 年起一直担任该项目现场负责人	密切关系：与审计客户长期存在业务关系	轮换项目合伙人
4	XYZ 会计师事务所拟在 2018 年初为 ABC 公司担任法律诉讼的第一辩护人。该法律诉讼所涉金额对其财务报表无重大影响	过度推介与自我评价：为审计客户担任诉讼辩护人	由审计项目组以外的专业人员提供该诉讼服务
5	ABC 公司新收购互联网金融业务，由互联网金融领域杰出人物担任部门经理。审计项目组人员均不熟悉互联网金融业务	外在压力：审计客户员工对互联网金融更具专长，注册会计师面临服从其判断压力	向项目组委派胜任的专业人员；聘请互联网金融专家
6	审计项目组成员 V 于 2018 年 5 月 1 日前曾经在 ABC 公司信息部工作，且参与了其信息技术系统的设计	自我评价与自身利益：审计项目组成员最近曾任审计客户特定岗位的员工	将成员 V 调离审计项目组

第六节　注册会计师的法律责任

为保证执业质量，几乎每一个国家都为其专业性的职业制定了相关的法律责任条款以强调专业人员的法律责任。审计作为一种具有权威性的社会活动，更是承担着越来越重大的法律责任。因此，建立与完善相关的法律制度是对审计行业有效监管的前提，也是保证审计质量的重要措施。

一、注册会计师法律责任的概述

（一）注册会计师法律责任的含义

注册会计师的法律责任，是指注册会计师在执业时未能履行合同条款，或者没有保持应有的职业谨慎，或者故意未按执业准则出具报告，出现违约、过失或欺诈，从而导致对审计委托人、客户或其他有利益关系的第三人造成损害，按照有关法律规定而应承担的法律后果。

（二）注册会计师法律责任的成因

注册会计师自身的原因及外部社会环境的原因是导致注册会计师法律责任的两大源头。

1. 源于注册会计师自身的原因

（1）违约。违约是指合同的一方或几方未能履行合同条款规定的义务。对于注册会计师而言,则是指未能按照业务约定书的要求在商定的期间内完成业务委托的违约行为。

（2）过失。过失是指在一定条件下，缺少应具有的合理的谨慎。当过失给他人造成损害时，注册会计师应承担过失责任。过失可以按照程度不同分为普通过失和重大过失。普通过失（也称一般过失）通常是指没有保持职业上应有的合理的谨慎，即在执业时没有完全遵循专业准则的要求。例如，函证证据不充足时，未实施替代审计程序便草率地进行判断。重大过失是指没有保持最低限度的职业谨慎，即在执业过程中根本没有遵循专业准则的基本要求，对业务或事务不加考虑，满不在乎。

可以从审计的“重要性”和“内部控制”这两个概念上来区分普通过失和重大过失。

重要性方面：如果财务报表存在重大错报事项，注册会计师运用常规审计程序通常应予发现，但因疏忽而未能查出来，就很可能在法律诉讼中被解释为重大过失。如果财务报表有多处错报事项，每一处都不算重大，但综合起来对财务报表影响较大，财务报表作为一个整体可能严重失实。这种情况下，法院一般认为注册会计师具有普通过失，而非重大过失，因为常规审计程序发现每处较小错报事项的概率也较小。

内部控制方面：如果被审计单位内部控制不太健全，注册会计师应当调整实质性测试程序的性质、时间安排和范围，这样一般都能合理确信发现由此产生的财务报表重要错报、漏报，否则，就具有重大过失的性质。若被审计单位内部控制非常健全，但职工串通舞弊，导致设计良好的内部控制失效，由于注册会计师查出这种错报事项的可能性相对较小，因而一般会认为注册会计师没有过失或只具有普通过失。

（3）欺诈，又称舞弊，是指使用欺骗手段获取不当或非法利益的故意行为。作案具有不良动机是欺诈的重要特征，这也是欺诈与过失的主要区别之一。对于注册会计师来说，欺诈是为了达到欺骗他人的目的，明知被审计单位的财务报表有重大错报，却加以虚伪的陈述，出具无保留意见的审计报告。

违约、过失与欺诈的对比如表 3-3 所示。

表 3-3 违约、过失与欺诈的对比

责任种类	认定的依据
违约	会计师事务所在商定期间内未按照审计业务约定书履行责任
普通过失	缺乏合理的职业谨慎，没有完全遵循专业准则的要求
重大过失	缺乏最低限度的职业谨慎，完全没有遵循专业准则或没有按专业准则的基本要求执行审计
欺诈	为了达到欺骗他人的目的，明知被审计单位的财务报表有重大错报，却加以虚伪的陈述，出具无保留意见的审计报告

注册会计师过失或欺诈责任的判定流程如图 3-4 所示。

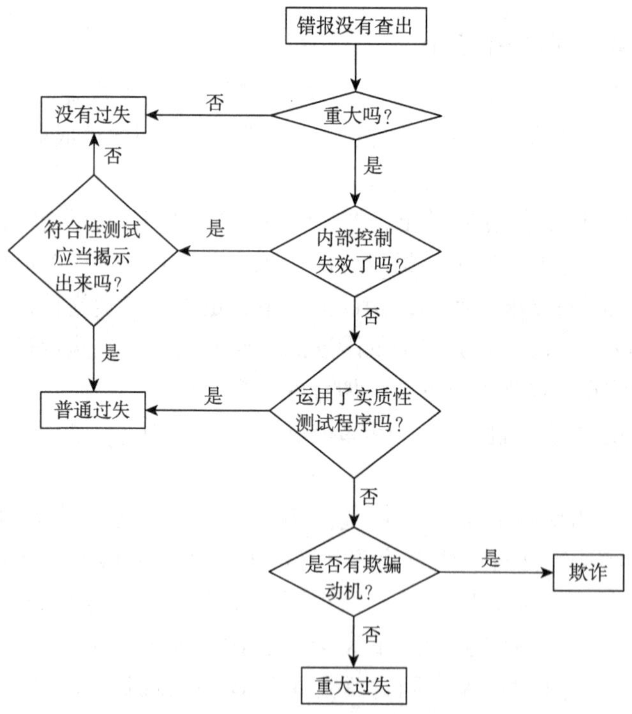

图 3-4 注册会计师过失或欺诈责任的判定流程

2. 源于外部社会环境的原因

随着社会的发展，注册会计师地位日益提升，其承担的法律责任也逐渐增加，这已是世界各国的一种趋势。究其原因，主要有以下几点：第一，公众对政府负有保护投资者利益的责任意识逐渐强化，也越来越注重运用法律手段来解决利益冲突和纠纷；第二，财务信息的使用者对审计人员应承担必要法律责任的意识越来越强；第三，随着经济发展，企业规模不断扩大，企业组织结构也越趋复杂，审计风险越来越大，而审计工作的失误，尤其是造成一定影响的审计失败，使政府和公众希望强化惩戒机制。

二、注册会计师法律责任类型

（一）注册会计师的行政责任

行政责任是行政法律责任的简称，是指行为主体因其行为违反与行政管理相关的法律法规，但尚未构成犯罪，依法应当承担的法律后果。行政责任可以分为行政处分和行政处罚。

行政处分是对国家工作人员及由国家机关委派到企事业单位任职的人员的行政违法行为给予的一种制裁性处理。行政处分的种类包括警告、记过、降级、降职、撤职、开除等。

行政处罚是指国家行政机关及其他依法可以实施行政处罚权的组织，对违反行政法律法规、规章，尚不构成犯罪的公民、法人及其他组织实施的一种制裁行为。根据《中华人民共和国行政处罚法》的规定，行政处罚主要有以下几种：警告、罚款、没收违法所得、没收非法财物、责令停产停业、暂扣或者吊销许可证、暂扣或者吊销执照、行政拘留，以及法律、法规规定的其他行政处罚。实施行政处罚，必须依照法定程序进行。

（二）注册会计师的民事责任

民事责任是指民事主体因违反合同或者不履行其他法律义务，侵害国家集体的财产，侵害他人财产或人身权利，依法应当承担的民事法律后果。这种法律后果是由国家法律规定并以强制力保证执行的。规定民事责任的目的，就是对已经造成的权利损害和财产损失给予恢复和补救。

根据产生责任的原因，民事责任可分为违约责任和侵权责任，其具体形式主要包括以下三种：①违反合同的民事责任，即违约责任；②缔约过失责任；③侵权的民事责任。违反法律规定应承担的民事责任主要有十种：停止侵害，排除妨碍，消除危险，返还财产，恢复原状，修理、重做、更换，赔偿损失，支付违约金，消除影响、恢复名誉，赔礼道歉。

（三）注册会计师的刑事责任

刑事责任是指由于违反国家的法律法规，情节严重，构成刑事犯罪而应承担的法律后果。违反法律规定应承担的刑罚种类包括主刑和附加刑。主刑有管制拘役、有期徒刑、无期徒刑和死刑。附加刑有罚金、剥夺政治权利和没收财产。此外，对于犯罪的外国人，法律规定可以独立适用或者附加适用驱逐出境。

本章小结

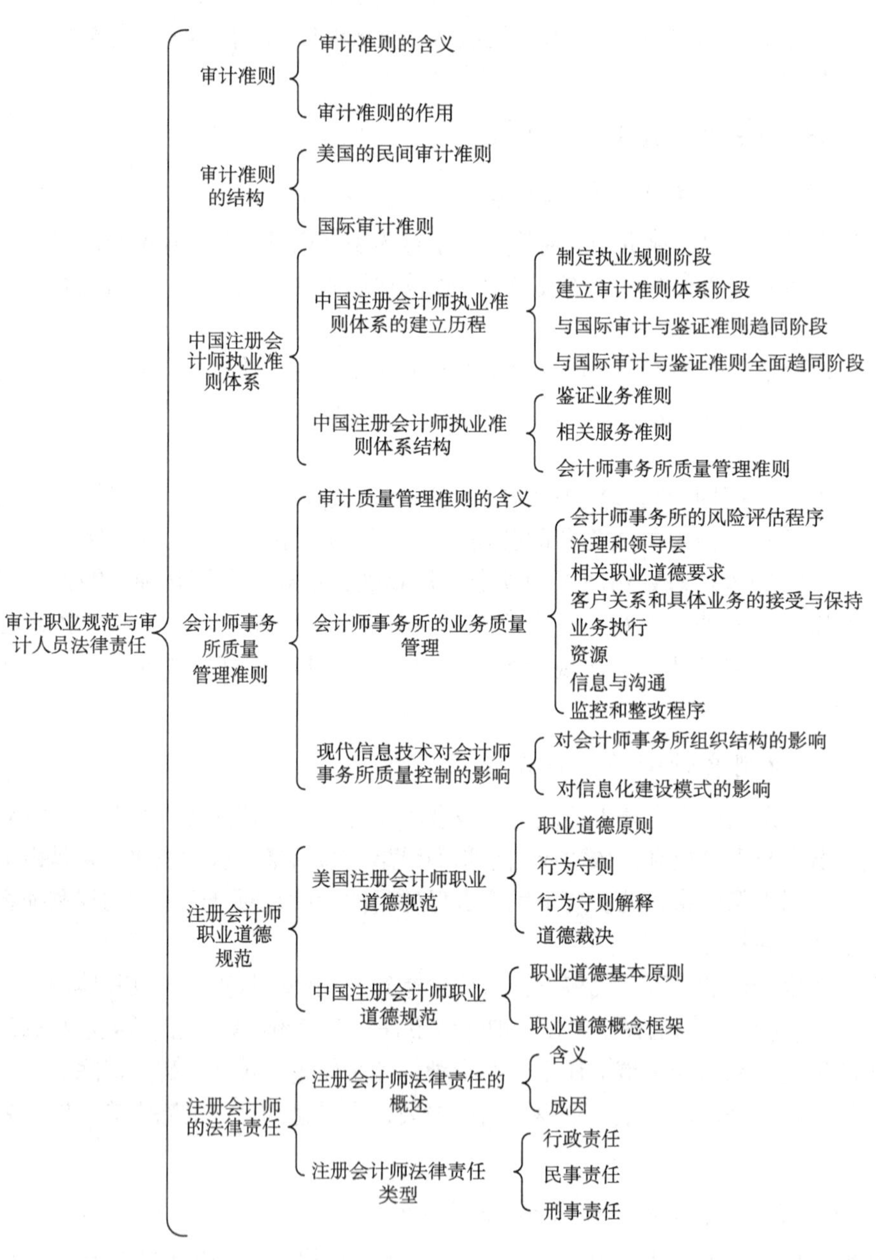

复习思考题

1. 简述中国注册会计师执业准则体系的结构。
2. 简述《中国注册会计师审计准则》的主要内容。
3. 简述会计师事务所质量管理准则的主要内容。
4. 审计职业道德和审计职业道德规范的含义是什么?
5. 美国注册会计师协会职业道德规范的主要内容有哪些?
6. 独立性的基本含义是什么?有哪些影响注册会计师独立性的具体情况?
7. 注册会计师的法律责任有哪些类型?
8. 如何区分过失和欺诈、普通过失和重大过失?
9. 造成注册会计师法律责任的主要原因有哪些?

第四章

审计目标

审计目标是在一定的历史环境下，审计主体通过审计实践活动所期望达到的境地或最终结果。自审计产生以来，审计目标的确定一直受到宏观环境需求的重要影响并随着宏观环境需求的变化而变化。审计目标既反映该时代社会对审计的要求，也反映人们对审计的认识程度。本章在阐述审计目标及其演变过程的基础上，重点介绍管理层认定的含义和内容、财务报表的审计目标及审计目标的实现过程。

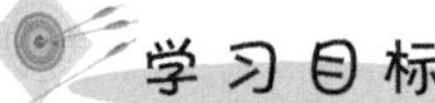

- 了解审计目标及其演变过程
- 理解管理层认定的含义和内容
- 掌握财务报表审计的总体目标和具体审计目标
- 熟悉审计目标的实现过程

第一节　审计目标及其演变过程

一、审计目标的含义

审计目标是在一定的历史环境下，审计主体通过审计实践活动所期望达到的境地或最终结果，它体现了审计的基本职能，是构成审计理论结构的基石，是整个审计系统运行的定向机制，是审计工作的出发点和落脚点。按照审计主体的不同，国家审计、注册会计师审计和内部审计的目标也各不相同。

（一）国家审计的目标

根据《审计法》的规定，我国国家审计的总体目标是监督财政财务收支的真实性、合法性和效益性。真实性着重解决财政财务收支活动是否确实存在，有关资料记录是否客观、全面、准确；合法性着重解决财政财务收支活动是否符合国家法律法规和规章规定，有关资料编报是否符合企业会计准则及有关制度规定；效益性着重解决财政财务收支活动是否经济合理、富有成效。

（二）注册会计师审计的目标

注册会计师审计的主要领域是年度财务报表审计，财务报表审计的目标是提高财务报表预期使用者对财务报表的信赖程度，这一目标可以通过注册会计师对被审计单位财务报表的合法性和公允性发表意见得以实现。合法性是指被审计单位财务报表的编制是否符合适用的财务报告编制基础的规定；公允性是指被审计单位财务报表在所有方面是否公允地反映其财务状况、经营成果和现金流量情况。在我国，适用的财务报告编制基础主要是指企业会计准则。

（三）内部审计的目标

内部审计的目标是通过审查和评价本部门、本单位的财务收支及其有关业务活动的真实性、合法性和有效性，帮助本组织完善治理、增加价值和实现目标。

二、确立审计目标的影响因素

影响审计目标的确立与变更的因素很多，但最重要的因素有以下三个方面。

（一）社会需求的变化

社会需求是社会生产和服务的出发点。审计作为一种服务职业，其目标必然受到社会需求的重要影响。这可以从注册会计师审计产生发展的历史演变得以验证。

在审计萌芽的初期，生产技术比较落后，经济业务比较简单，控制手段比较原始，财产所有者对财产管理者最关心的是其诚实性。因此，审计目标是单纯的查找舞弊行为，审计方法是简单的“听账”、对账和详细查账，几乎毫无例外地要详细验证每笔经济业务。例如，1298年，英国伦敦市曾选举和委任某些政府官员，由市政和司法高级官员组成委员会，对该市的财务管理官员的账目进行审核。审计活动可以使财产管理者更加诚实和可靠。

19世纪末、20世纪初，随着资本主义生产的发展和企业规模的日益扩大，前述的详细审计活动已然跟不上客观经济形势的需要。这一时期美国的资本市场还相当不完善，企业所需资金仍主要依赖于银行的贷款，经过长期实践，申请贷款者发现，报送经独立的审计人员鉴证过的资产负债表比较容易取得银行的贷款，因而，美国便开展了以证明企业偿债能力为主要目标的资产负债表审计，详细审计便为资产负债表审计所取代。

20世纪三四十年代以后，随着整个世界资本市场的迅猛发展，证券市场的涌现及广大投资者对投资收益情况的关心，整个社会的注意力转而集中于收益表上，使其成为审计的主要内容。同时，人们对财务报表提供信息的可靠性也更加重视，从而使审计又发展到以验证财务报表公允性为主要审计目标的财务报表审计阶段。

20世纪中叶以后，资本主义从自由竞争发展到垄断阶段，企业内部的经营管理活动日益加强。为适应企业内部经营管理和决策的需要，现代管理会计与传统财务会计相分离。同时，审计目标也从原来的仅限于验证企业财务报表的公允性，扩展到内部控制、经营决策、职能分工、企业素质、工作效率、经营效益等方面。因此，经营审计、管理审计、绩效审计等便从传统审计中分离出来，评价企业工作的经济性、效益性、效果性成为注册会计师审计工作的主要目标。

从上述审计目标的演变不难看出，社会需求是影响审计目标确立的根本因素。

（二）审计能力的提高

社会对审计需求的不断扩大和对审计工作的过高期望，常常会使审计人员陷入责任诉讼的旋涡之中。任何一门职业所能发挥的作用毕竟都是有限的，审计作为一门职业也不例外。当审计工作的结果不能满足社会对它的期望时，二者之间便会发生矛盾，这是双方在审计目标上的差距。事实上，审计工作自产生以来，便始终在为满足社会需求而努力，但也始终无法完全满足社会需求。这是因为，当旧的社会需求满足了，又会产生新的社会需求，而为了满足新的社会需求，审计人员需要做出更多努力，这需要时间，更需要审计技术、方法及审计理论上的突破。因此，审计能力满足社会需求是相对的，而不是绝对的。

审计能力的有限性决定了审计满足社会需求的有限性，它在审计目标的确立中起着决定性的制约作用。只有当审计具备了满足社会需求的能力时，这种社会需求才能成为审计目标。

（三）社会环境的制约

著名会计学家迈克尔·查特菲尔德（Michael Chatfield）认为，美国和英国的审计发展受到国家法律、法庭判决和会计职业团体三个方面的重要影响。审计目标的确立同样受到这三个方面的影响。

1. 国家法律

国家法律对审计目标的影响可以从英国的《公司法》和美国的《证券法》《证券交易法》中窥见一斑。这些法律的颁布使法定审计成为可能，同时也明确了审计目标。例如，1900 年以前英国的《公司法》，根据当时的社会需求，用法律的形式明确规定公司审计的主要目标是揭露错误和舞弊。到了 1949 年，根据社会经济环境的变化，新修订的《公司法》则明确规定审计人员的报告已不再是为了揭露错误和舞弊，而是对财务报表的质量提出专门意见。从此，审计的主要目标转向对每年提交给股东的财务报表的质量做出评价，而揭露错误和舞弊已成为次要目标。1967 年、1976 年、1980 年和 1985 年相继颁发修订的《公司法》，对审计目标做了更具体的规定。以至于汤姆·李在《公司审计学》一书中认为“现代企业审计师所从事的审计工作具有多种职能。审计师不仅要对企业的主要财务报表提出专门意见，还要审查主要财务报表与董事会报告的一致性（对任何不一致的地方都要进行报告）；如果主要财务报表没有充分表达，则审计师要在审计报告中予以充分表达，在审计意见有保留的情况下，审计师要对红利分配的合理性提出单独报告……”。

美国 1933 年的《证券法》和 1934 年的《证券交易法》及 1977 年的《反国外贿赂法》等对审计目标的确立也有类似的影响。

国家法律根据社会需求对审计目标做出的规定带有强制性，审计人员必须遵守，这在规范审计人员工作行为的审计准则中也必定有所体现。

2. 法庭判决

在英美等国家，法庭的诉讼案例的判决结果及判断原则被看作一种案例法，审计范围和审计责任通过法庭对一系列典型案件的判决而得以明确。例如，英国法庭在 1887 年的里兹地产建筑投资公司对夏巴德案的判决中明确指出，审计人员的职责是检查管理部门，确定管理部门人员编制的资产负债表是否实质上正确，而不仅仅是计算上的正确性。该案的判决明确了两个问题：一是审计人员应对编制的会计记录进行检查；二是只有在认为资产实质性没有问题时才能签发审计报告。这表明审计目标最主要的是检查财务报表反映情况的真实性，即是否有舞弊行为。法律对审计目标的阐述比较抽象，许多具体细节还需要通过法庭的判决来加以明确，并且在许多情况下，法庭的判决要考虑社会需求及审计能力的变化，因而导致法庭的判决随着社会经济环境的变化而变化，审计目标和内容也随之产生相应的变化。

3. 会计职业团体

会计职业团体在审计目标的确立中所发挥的作用可以说是最重要的。20 世纪七八十年代，美国注册会计师协会下属的审计准则委员会制定发布的多项《审计准则说明书》就是很好的例证。例如，审计准则委员会于 1977 年发布的第 16 号《审计准则说明书》“独立的审计师揭露错误和舞弊的责任”（The Independent Auditor’s Responsibilities for the Detection of Irregularities）和第 17 号《审计准则说明书》“客户的非法行为”（Illegal Acts by Clients）。这两项说明书的颁布表明，会计职业团体根据社会的需求，已经将揭露错误和舞弊、客户的非法行为列为审计目标。1988 年，审计准则委员会根据环境的变化又分别颁布第 53 号、第 54 号《审计准则说明书》，以分别取代前述的第 16 号、第 17 号《审计准则说明书》，分别对审计人员揭露错误和舞弊及客户的非法行为做了修订，这一系列《审计准则说明书》的发布对确立审计目标产生了重要的作用。

综上所述，审计目标是不同时期社会需求、审计能力及社会环境的协调统一，它们在审计目标的确立过程中分别起到了不同的作用。

三、审计目标的演变历程

审计目标既反映社会（审计环境）对审计的要求，也反映审计作用于社会（审计环境）的实质内容。审计目标的确立受到审计环境的影响，并随着审计环境的变化而变化。审计目标的演变大致可划分为如下三个阶段。

（1）以查错防弊为主要目标。这一阶段大致从注册会计师审计的产生直到 20 世纪 30 年代。在此阶段，企业主要通过审计来了解管理层履行其职责的情况。因此，“发现舞弊”被公认为注册会计师审计的首要目标。然而，为了保护审计人员的利益，法庭将审计人员发现舞弊的责任限制在合理的范围内，即要求审计人员在其工作中应持有合理谨慎态度，并运用娴熟的技能。在没有疑点的情况下，不要求审计人员发现所有舞弊。但是，如果存在引起怀疑的事项，审计人员必须做进一步的调查。

（2）以验证财务报表的真实公允性为主要目标。这一阶段从 20 世纪 30 年代到 60 年代。随着社会经济环境的变化，企业股权逐步分散，企业管理者的责任范围由原来的只对股东和债权人负责扩大到包括其他诸多利益集团，外部投资者也逐渐以财务报表作为其投资决策的重要依据。由于信息不对称的存在，财务报表使用人无法确认财务报表反映的财务信息的真伪，需要外部审计人员对财务报表进行鉴证。同时，股份制公司的规模和业务量较过去大大扩展，审计人员在客观上也无法对全部经济业务进行逐笔审计。此外，20 世纪 30 年代内部控制理论产生后，审计职业界开始认为，如果能建立完善的内部控制，可以在很大程度上控制舞弊的发生。因此，注册会计师审计不再以查错防弊为主要目标，而是着重对财务报表的真实性与公允性发表意见，以帮助财务报表使用者做出相应决策。

（3）查错防弊和验证财务报表的真实公允性双重目标并重。20 世纪 60 年代以来，涉及企业管理人员欺诈舞弊的案件大量增加，由此给社会公众造成重大损失。社会公众出于保护自身利益的考虑，纷纷要求审计人员将查错防弊作为审计的主要目标。社会公众的强烈要求加之法庭的判决和政府管理机构的压力，都迫使审计职业界重新考虑将查错防弊纳入审计目标。1974 年，美国审计师协会提出科恩（Cohen）报告，认为“绝大部分利用和依靠审计工作的人都将揭露欺诈列为审计的最重要的目标”，“一项审计应予以合理计划，以对财务报表没有受到重大欺诈舞弊的影响提供合理的保证。同时对企业管理层履行企业重要资产的管理责任提供合理的保证”。因而，在这一时期，审计职业界加重了审计人员对舞弊所承担的责任，要求审计人员对引起怀疑的事项持有合理的职业谨慎态度。如果发现舞弊事项，审计人员就有义务对其做进一步调查。

20 世纪 80 年代以来，为缩小公众对审计的期望差距，审计职业界开始对“舞弊责任”采取更加积极的态度。尽管“发现舞弊”作为审计目标尚不明显，各国审计职业界开始接受揭露管理层舞弊的责任，只是在接受的程度上有所区别。1988 年，审计准则委员会发布了第 53 号、第 54 号《审计准则说明书》，将揭露舞弊和非法行为作为审计的主要目标。例如，第 53 号《审计准则说明书》中指出“审计师必须评价舞弊和错误可能引起财务报表严重失实的风险，并依据这种评价设计审计程序，以合理的保证揭露对财务报表有重大影响的舞弊和错误”。第 54 号《审计准则说明书》则对审计师揭露客户非法行为做了阐述。可见，审计师开始承担在常规审计程序中发现、揭露可能存在的对财务报表信息有重大影响的舞弊，包括揭露管理层舞弊的责任。

应当指出的是，20 世纪 80 年代以来，国际上著名的会计师事务所在不同程度上开始采用“风险导向审计”的模式，其审计目标是降低信息风险。

四、注册会计师审计目标的逻辑过程

注册会计师的总体目标是审计工作的起点。为了计划审计工作，收集充分适当的审计证据，注册会计师有必要将总体目标具体化。总体目标的具体化是一个系统的过程，从逻辑上讲，它至少要包括以下步骤，如图 4-1 所示。

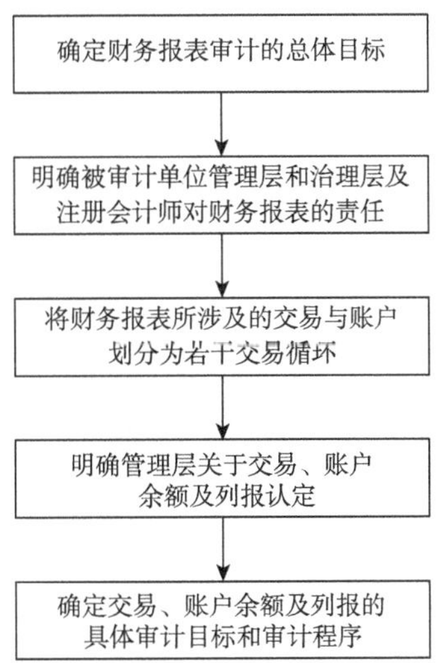

图 4-1　财务报表审计目标的逻辑过程

（1）确定财务报表审计的总体目标。

（2）明确被审计单位管理层和治理层及注册会计师对财务报表的责任。

（3）将财务报表所涉及的交易与账户划分为若干交易循环。

（4）明确管理层关于交易、账户余额及列报认定。

（5）确定交易、账户余额及列报的具体审计目标和审计程序。

第二节　管理层认定

被审计单位委托会计师事务所对单位财务报表进行审计，应当向审计人员提供单位的财务报表，这意味着管理层对财务报表做出了认定，这些认定反映了被审计单位管理层在处理各项经济交易与事项时，遵循会计准则及相关会计法规的范围、程度及其结果。

一、管理层认定的含义

管理层认定是指管理层在财务报表中做出的明确或隐含的表达，注册会计师将其用于考虑可能发生的不同类型的潜在错报。

当管理层声明财务报表已按照适用的财务报告编制基础编制，在所有重大方面做出公允反映时，就意味着管理层对财务报表各组成要素的确认、计量、列报及相关的披露做出了认定。管理层在财务报表上的认定有些是明确表达的，有些则是隐含表达的。

例如，管理层在资产负债表中列报存货及其金额，意味着做出下列明确的认定：①记录的存货是存在的；②存货以恰当的金额包括在财务报表中，与之相关的计价和分摊调整已恰当记录。同时，管理层也做出下列隐含的认定：①所有应当记录的存货均已记录；②记录的存货都由被审计单位所有。

二、管理层认定的内容

审计人员在审计中运用的管理层认定通常可以分为三类：与各类交易和事项相关的认定、与期末账户余额相关的认定、与列报和披露相关的认定。与各类交易和事项相关的认定一般反映在利润表中，与期末账户余额相关的认定一般反映在资产负债表中，与列报和披露相关的认定一般涉及财务报表附注。

（一）与各类交易和事项相关的认定

审计人员对审计期间的各类交易和事项运用的认定通常分为下列类别。

（1）发生：记录的交易和事项已发生，且与被审计单位有关。

（2）完整性：所有应当记录的交易和事项均已记录。

（3）准确性：与交易和事项有关的金额及其他数据已恰当记录。

（4）截止：交易和事项已记录于正确的会计期间。

（5）分类：交易和事项已记录于恰当的账户。

（二）与期末账户余额相关的认定

审计人员对期末账户余额运用的认定通常分为下列类别。

（1）存在：记录的资产、负债和所有者权益是存在的。

（2）权利和义务：记录的资产由被审计单位拥有或控制，记录的负债是被审计单位应当履行的偿还义务。

（3）完整性：所有应当记录的资产、负债和所有者权益均已记录。

（4）计价和分摊：资产、负债和所有者权益以恰当的金额列报在财务报表中，与之相关的计价和分摊调整已恰当记录。

（三）与列报和披露相关的认定

各类交易和账户余额的认定正确只是为列报正确打下了必要的基础，财务报表还可能因被审计单位误解有关列报的规定或舞弊等而产生错报。另外，被审计单位没有遵守一些专门的披露要求也可能导致财务报表错报。因此，即使审计人员审计了各类交易和账户余额的认定，实现了各类交易和账户余额的具体审计目标，也不意味着获取了足以对财务报表发表审计意见的充分、适当的审计证据。审计人员还应当对各类交易、账户余额及相关事项在财务报表中列报的正确性实施审计。基于此，审计人员对列报和披露运用的认定通常分为下列类别。

（1）发生及权利和义务：披露的交易、事项和其他情况已发生，且与被审计单位有关。

（2）完整性：所有应当包括在财务报表中的披露均已包括。

（3）分类和可理解性：财务信息已被恰当地列报和描述，且披露内容表述清楚，易于理解。

（4）准确性和计价：财务信息和其他信息已公允披露，且金额恰当。

三类管理层认定及其与财务报表的关系见图 4-2。

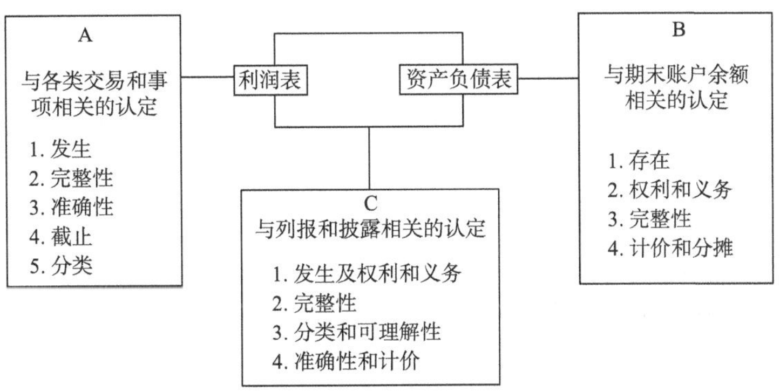

图 4-2 三类管理层认定及其与财务报表的关系

第三节 财务报表的审计目标

财务报表的审计目标分为审计的总体目标和具体审计目标两个层次。审计的总体目标是指注册会计师为完成整体审计工作而达到的预期目的。具体审计目标是指注册会计师通过实施审计程序以确定管理层在财务报表中确认的各类交易、账户余额、列报和披露层次认定是否恰当。注册会计师在了解每个项目的认定后，就很容易确定每个项目的具体目标。

一、审计的总体目标

《中国注册会计师审计准则第 1101 号——注册会计师的总体目标和审计工作的基本要求》（2019 年 2 月 20 日修订）第二十五条对财务报表审计的总体目标进行了规定。根据该准则，财务报表审计的总体目标如下：对财务报表整体是否不存在舞弊或错误导致的重大错报获取合理保证，使得注册会计师能够对财务报表是否在所有重大方面按照适用的财务报告编制基础编制发表审计意见。

审计的目标是对财务报表整体是否不存在舞弊或错误导致的重大错报提供合理保证。合理保证是一种高度但非绝对的保证，由于受到审计证据性质和舞弊特性的影响，即使审计人员按照审计准则的规定恰当地计划和执行了审计工作，也不可避免地存在财务报表中的某些重大错报未被发现的风险，其原因在于：第一，审计证据主要来源于对总体样本的测试，而测试必然存在不能发现重大错报的风险；第二，会计包含的各种估计会受到未来事项的影响，具有很强的不确定性，因此，审计人员所依赖的审计证据是说服性而非结论性的；第三，审计人员要侦查欺诈性财务报表是极其困难的，尤其是当企业管理层之间存在共谋时，更是如此。

二、具体审计目标

具体审计目标是审计的总体目标的具体化，将审计的总体目标与被审计单位管理层的各项认定相对应，便形成了具体审计目标，这是因为审计就是对管理层认定的再认定，即确定被审计单位管理层对其财务报表的认定是否恰当。具体审计目标包括一般审计目标和项目审计目标。一般审计目标是所有项目审计均必须达到的目标，项目审计目标是按每个项目分别确定的目标。具体审计目标的确定有助于审计人员收集充分、适当的证据，并根据项目实际情况确定应收集的证据。一般审计目标适用于所有项目的审计，项目审计目标则只适用于某一特定项目的审计。在通常情况下，注册会计师应以财务报告审计的总体目标为指导，以被审计单位管理层的认定为基础，明确适合于各类交易、账户余额和列报的一般审计目标，然后再根据被审计单位的具体情况确定各类交易、账户余额和列报的具体审计目标（图 4-3）。

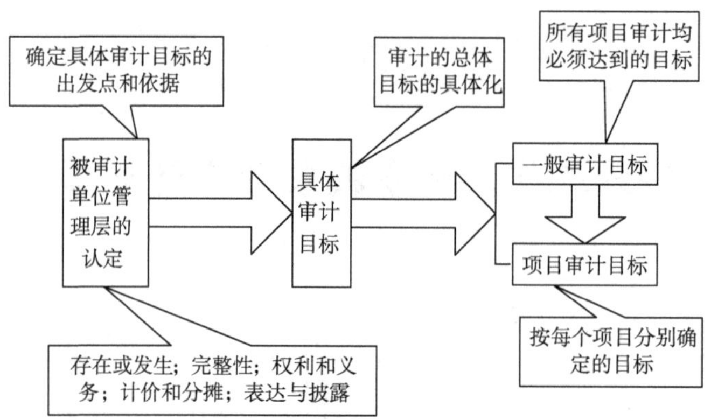

图 4-3　被审计单位管理层认定是确定审计目标的依据

（一）一般审计目标

审计人员根据被审计单位管理层的认定推论出一般审计目标，只有了解一般审计目标，才能据以确定项目审计目标。审计人员运用各类交易、账户余额、列报和披露认定，来确定每个财务报表项目的具体审计目标，为收集审计证据和发表审计意见提供具体指导。通常审计人员制定的相应的一般审计目标包括以下几方面。

1. 总体合理性

总体合理性目标是指审计人员根据所掌握的信息，从总体上评价被审计单位财务报表项目金额是否合理。总体合理性测试的目标，是帮助审计人员评价账户余额中是否存在重要错报。如果总体评价不能令审计人员满意，就必须关注下述其他相关的一般目标。

2. 真实性

真实性目标是指审计人员评价财务报表所列的金额是否真实可信。如果在财务报表中登记了未发生的销售，就违反了真实性目标。该目标由被审计单位管理层关于存在或发生认定推论得出。

3. 所有权

所有权目标是指审计人员评价资产负债表列示的资产是否确归企业所有，所列示的负债是否确属企业应履行的义务。对大多数资产来说，要列入财务报表，不仅要求该项资产确实存在，而且要求该项资产必须归企业所有。同理，负债也必须属于企业。该目标由权利和义务认定推论得出。

4. 完整性

完整性目标是指审计人员评价确认企业全部交易和事项是否都已登记入账，并列示于财务报表之中。该目标由被审计单位管理层关于完整性认定推论得出。

5. 计价

估价目标是指审计人员评价企业财务报表项目金额是否经过正确计价。

6. 截止

通常，最可能错报的交易是那些临近会计期末记账的交易，截止测试的目标是确定交易是否计入恰当的时期。审计人员通常在审查资产负债表账户时完成截止测试工作。

7. 机械准确性

机械准确性目标是指审计人员评价企业账务处理和财务报表编制有关数字的计算、汇总等是否正确。例如，总账科目余额应与明细账科目余额相符；财务报表列示金额应与账面反映数额相符；等等。

计价、截止、机械准确性三项目标是根据计价和分摊认定推论得出的。

8. 分类

分类目标是指审计人员评价企业财务报表项目是否按公认会计准则恰当地加以分类。例如，资产必须分为流动资产、固定资产及其他资产；应收账款与其他应收款项应予以明确区分；等等。

9. 披露

披露目标是指审计人员要确认企业在财务报表及其附注中恰当地披露了企业会计信息。

分类、披露是与管理层有关表达及披露的认定相对应的审计目标。

管理层认定与一般审计目标的关系示例见表 4-1。

表 4-1 管理层认定与一般审计目标的关系示例

管理层认定	审计目标	
	一般审计目标	含义及关注重点
—	（1）总体合理性	审计人员必须先根据所掌握的被审计单位的有关信息评价某账户余额的合理性。总体合理性测试目的，在于帮助审计人员评价账户余额中是否有错报、财务报表总体上是否合理
1. 存在或发生	（2）真实性	即不夸大。审计有无高估错误
2. 完整性	（3）完整性	即不遗漏。审计有无低估错误
3. 权利和义务	（4）所有权	即所列金额确为被审计单位所有。审计是否影响所有权、处置权
4. 计价和分摊	（5）计价	所列金额经正确计价和计量。审计总值、净值、计价是否正确
	（6）截止	即接近资产负债表日的交易已计入恰当的期间。审计入账时间是否正确
	（7）机械准确性	有关账表资料、数字、计算、加总及钩稽关系的正确性。审计会计核算是否正确
5. 表达与披露	（8）披露	恰当地反映了账户余额和相应的披露要求。审计报表附注是否正确
	（9）分类	即所列金额分类恰当，每个项目和账户记录是否在财务报表中恰当列示。审计报表项目列示是否正确

（二）项目审计目标

项目审计目标就是将一般审计目标应用于财务报表具体项目审计时所要达到的目标，由一般审计目标推导得出，针对被审计单位具体情况确定。

1. 与各类交易和事项相关的审计目标

1）发生

由发生认定推导的审计目标是确认已记录的交易是真实的。例如，如果没有发生销售交易，但在销售日记账中记录了一笔销售，则违反了该目标。

发生认定所要解决的问题是被审计单位管理层是否把那些不曾发生的项目列入财务报表，它主要与利润表组成要素的高估有关。

2）完整性

由完整性认定推导的审计目标是确认已发生的交易确实已经记录。例如，如果发生了销售交易，但没有在销售明细账和总账中记录，则违反了该目标。

发生和完整性两者强调的是相反的关注点。发生目标针对多记、虚构交易（高估），而完整性目标则针对漏记交易（低估）。

3）准确性

由准确性认定推导的审计目标是确认已记录的交易是按正确金额反映的。例如，如果在销售交易中，发出商品的数量与账单上的数量不符，或是开账单时使用了错误的销售价格，或是账单中的乘积或加总有误，或是在销售明细账中记录了错误的金额，则违反了该目标。

准确性与发生、完整性之间存在区别。例如，若已记录的销售交易是不应当记录的（如发出的商品是寄销商品），则即使发票金额是准确计算的，也违反了发生目标。再如，若已入账的销售交易是对正确发出商品的记录，但金额计算错误，则违反了准确性目标，没有违反发生目标。在完整性与准确性之间也存在同样的关系。

4）截止

由截止认定推导的审计目标是确认接近于资产负债表日的交易记录于恰当的期间，有无跨期事项。例如，提前确认下一年度的收入、推迟确认本年度的成本均违反了截止目标。

5）分类

由分类认定推导的审计目标是确认被审计单位记录的交易和事项是否记入恰当账户。例如，如果将现销记录为赊销，将出售经营性固定资产所得的收入记录为营业收入，则导致交易分类的错误，违反了分类目标。

2. 与账户期末余额相关的审计目标

1）存在

由存在认定推导的审计目标是确认记录的金额确实存在。例如，如果不存在某顾客的应收账款，在应收账款明细表中却列入了对该顾客的应收账款，则违反了存在目标。

存在认定主要是被审计单位管理层是否把那些不存在的项目列入财务报表，它主要与资产负债表组成要素的高估有关。

2）完整性

由完整性认定推导的审计目标是确认已存在的金额均已记录。例如，如果存在某顾客的应收账款，而应收账款明细表中却没有列入，则违反了完整性目标。

存在和完整性两者强调的是相反的关注点。发生目标针对高估，完整性目标则针对低估。

3）权利和义务

由权利和义务认定推导的审计目标是确认资产归属于被审计单位，负债属于被审计单位的义务。例如，将他人寄售商品列入被审计单位的存货中，违反了权利目标；将不属于被审计单位的债务记入账内，违反了义务目标。

4）计价和分摊

资产、负债和所有者权益以恰当的金额包括在财务报表中，与之相关的计价和分摊调整已恰当记录。例如，存货成本计量不准确、以公允价值计量且其变动计入当期损益的金融资产的公允价值的计量不准确、坏账准备计提不足、固定资产的折旧金额计提有误等均违反了计价和分摊认定目标。

3. 与列报和披露相关的审计目标

1）发生及权利和义务

将没有发生的交易和事项，或与被审计单位无关的交易和事项包括在财务报表中，则违反了该目标。例如，复核董事会会议记录中是否记载了固定资产抵押等事项，询问被审计单位管理层固定资产是否被抵押，就是对列报的权利认定的运用。如果被审计单位拥有被抵押的固定资产，则需要将其在财务报表中列报，并说明与之相关的权利受到限制。

2）完整性

如果应当披露的事项没有包括在财务报表中，则违反了该目标。例如，检查关联方和关联交易，以验证其在财务报表中是否得到充分披露，就是对列报的完整性认定的运用。

3）分类和可理解性

财务信息已被恰当地列报和描述，且披露内容表述清楚。例如，检查存货的主要类别是否已披露，是否将一年内到期的长期负债列为流动负债，就是对列报的分类和可理解性认定的运用。

4）准确性和计价

财务信息和其他信息已公允披露，且金额恰当。例如，检查财务报表附注是否分别对原材料、在产品和产成品等存货成本核算方法做了恰当说明，就是对列报的准确性和计价认定的运用。

具体审计目标如表 4-2 所示。

表 4-2 具体审计目标

与各类交易和事项相关	与期末账户余额相关	与列报和披露相关
发生	存在	发生及权利和义务
完整性	完整性	完整性
准确性	权利和义务	分类和可理解性
截止	计价和分摊	准确性和计价
分类		

基于上述内容可知，管理层认定是确定具体审计目标的基础。注册会计师通常将管理层认定转化为能够通过审计程序予以实现的审计目标。针对财务报表每一项目表现出的各项认定，注册会计师相应地确定一项或多项审计目标，然后通过执行一系列审计程序获取充分、适当的审计证据以实现审计目标。

管理层认定、审计目标和审计程序之间的关系示例见表 4-3。

表 4-3 管理层认定、审计目标和审计程序之间的关系示例

管理层认定	审计目标	审计程序
存在	资产负债表日，已记录的存货均存在	实施存货监盘程序
完整性	销售收入包括了所有已发货的交易	检查发货单和发票的编号；检查销售收入明细账
准确性	应付账款反映的采购业务的价格、数量及其计算是否正确	比较价格清单与发票的价格；比较请购单与收货单的数量；重新计算发票金额
计价和分摊	存货以恰当的金额列示在财务报表中，与之相关的计价和分摊调整已恰当记录	确认计价方法；重新计算存货数量、金额，并与账面记录核对；关注存货可变现净值的确定；关注存货跌价准备的计提情况
权利和义务	被审计单位对所有存货均拥有所有权，且存货未用作抵押	了解存货的内容、性质、存放场所，查阅以前年度监盘工作底稿；实施存货监盘程序

第四节 审计目标的实现过程

审计目标的实现过程通常包括接受业务委托、计划审计工作、实施风险评估程序、实施控制测试和实质性程序，以及完成审计工作并出具审计报告五个阶段。

一、接受业务委托

会计师事务所应当按照注册会计师执业准则的规定，谨慎决策是否接受或者保持某客户关系和具体审计业务。

在接受新客户的业务之前，或者在决定是否保持现有业务或者考虑接受现有客户的新业务时，会计师事务所应当开展初步业务活动，获取如下信息：客户的诚信状况；会计师事务所是否具有执行业务必要的素质、专业胜任能力、时间和资源；是否能够遵守职业道德规范。开展初步业务活动的目的在于尽量减少注册会计师与不诚信的客户发生关系的可能性。如果注册会计师与不诚信的客户发生关系，客户的财务报表就可能会存在重大错报，并且不为注册会计师所察觉，这会导致财务报表使用者有可能对注册会计师提起法律诉讼。

注册会计师需要做出的最重要的决策之一就是接受和保持客户。一项不当的决策不仅会增加项目组成员的额外压力，还可能会使会计师事务所遭受声誉损失，甚至涉及潜在诉讼。一旦决定接受委托，注册会计师应该与客户就审计约定条款达成一致意见。

审计业务约定书的详细内容，将在第七章介绍。

二、计划审计工作

计划审计工作是整个审计工作的起点。为了保证审计目标的实现，注册会计师必须在具体执行审计程序之前，制订审计计划，对审计工作进行科学、合理的计划与安排。

科学、合理的审计计划可以帮助注册会计师有的放矢地审查和取证，形成正确的审计结论；可以使审计成本保持在合理的水平，提高审计工作的效率。计划审计工作包括在当期审计业务开始时开展的初步业务活动，针对审计业务制定总体审计策略和具体审计计划，等等。需要指出的是，计划审计工作并不是一个孤立阶段，而是一个持续的、不断修正的过程，贯穿于整个审计过程的始终。

计划审计工作的详细内容将在第七章介绍。

三、实施风险评估程序

现代审计是一种风险导向的审计。注册会计师应在了解被审计单位及其环境的基础上实施风险评估程序，以识别和评估财务报表层次及认定层次的重大错报风险。风险评估程序，是指注册会计师实施的了解被审计单位及其环境，识别和评估财务报表重大错报风险的程序。风险评估程序是必要程序，了解被审计单位及其环境为注册会计师在许多关键环节做出职业判断提供了重要基础。这一过程实际上是一个连续和动态的收集、更新与分析信息的过程，贯穿于整个审计过程的始终。注册会计师应当运用职业判断确定需要了解被审计单位及其环境的程度。

通常情况下，实施风险评估程序的主要工作包括：了解被审计单位及其环境，识别和评估财务报表层次及各类交易、账户余额、列报认定层次的重大错报风险，包括确定需要特别考虑的重大错报风险（即特别风险）及仅通过实质性程序无法应对的重大错报风险。

风险评估程序的详细内容将在第七章介绍。

四、实施控制测试和实质性程序

注册会计师实施风险评估程序本身还不足以为发表审计意见提供充分、适当的审计证据，注册会计师还应当实施进一步审计程序，包括实施控制测试和实质性程序。控制测试指的是测试控制运行的有效性；实质性程序是指注册会计师针对评估的重大错报风险实施的直接用以发现认定层次的重大错报风险的审计程序。注册会计师在评估财务报表重大错报风险后，应运用职业判断，针对评估的财务报表层次的重大错报风险确定总体应对措施，并针对评估的认定层次的重大错报风险设计和实施进一步审计程序，以将审计风险降至可接受的低水平。

控制测试与实质性程序之间关系密切，如果注册会计师认为被审计单位内部控制的可靠度高，则实质性程序的工作量可以相应减少；反之，实质性程序的工作量应增加。但无论何时，实质性程序都是必不可少的。

有关控制测试和实质性程序的内容，将在第八章“风险评估与应对”部分介绍。同时，第十二章至第十六章介绍对各业务循环的控制测试和实质性程序。第十章“审计抽样”对控制测试和实质性程序的范围展开讨论。

五、完成审计工作并出具审计报告

注册会计师完成财务报表所有业务循环的进一步审计程序后，还应当按照有关审计准则的规定做好审计完成阶段的工作，并根据所获取的各种证据，合理运用专业判断，形成适当的审计意见。因此，在审计工作的完成阶段，注册会计师要先确定对风险的评估是否适当，获取的证据是否充分。然后，注册会计师还需要汇总那些已经发现但没有更正的错报以确定其是否会引起财务报表的重大错报。在这一阶段，注册会计师还需要评估或有负债发生的可能性，如法律诉讼，同时，注册会计师还要查找那些会对财务报表产生影响的期后事项。

终结审计阶段，注册会计师需要做的工作主要包括：审计期初余额、比较数据、期后事项和或有事项；考虑持续经营问题和获取被审计单位管理层声明；编制审计差异调整表和试算平衡表；复核审计工作底稿（audit working papers）和复核财务报表；与被审计单位管理层和治理层沟通；评价所有审计证据；形成审计意见，编制审计报告；实施项目质量控制复核；等等。

该阶段的工作将在第十一章详细介绍。

审计目标的实现过程，可以分为审计计划阶段、审计实施阶段和审计完成阶段。审计目标实现过程各阶段的主要审计工作如表 4-4 所示。审计目标实现过程各阶段的主要审计工作详见图 4-4。

表 4-4 审计目标实现过程各阶段的主要审计工作

审计过程	相关的主要审计工作
接受业务委托	了解和评价审计对象，确定可审性；决定是否接受委托；商定业务约定条款；签订审计业务约定书等
计划审计工作	初步业务活动；制定总体审计策略；制订具体审计计划
实施风险评估程序	了解被审计单位及其环境；识别和评估财务报表重大错报风险
实施控制测试和实质性程序	控制测试；实质性程序
完成审计工作并出具审计报告	审计期初余额、比较数据等；考虑持续经营问题和获取被审计单位管理层声明；编制审计差异调整表和试算平衡表；复核审计工作底稿和财务报表；与被审计单位管理层和治理层沟通；评价所有审计证据；形成审计意见，编制审计报告；实施项目质量控制复核

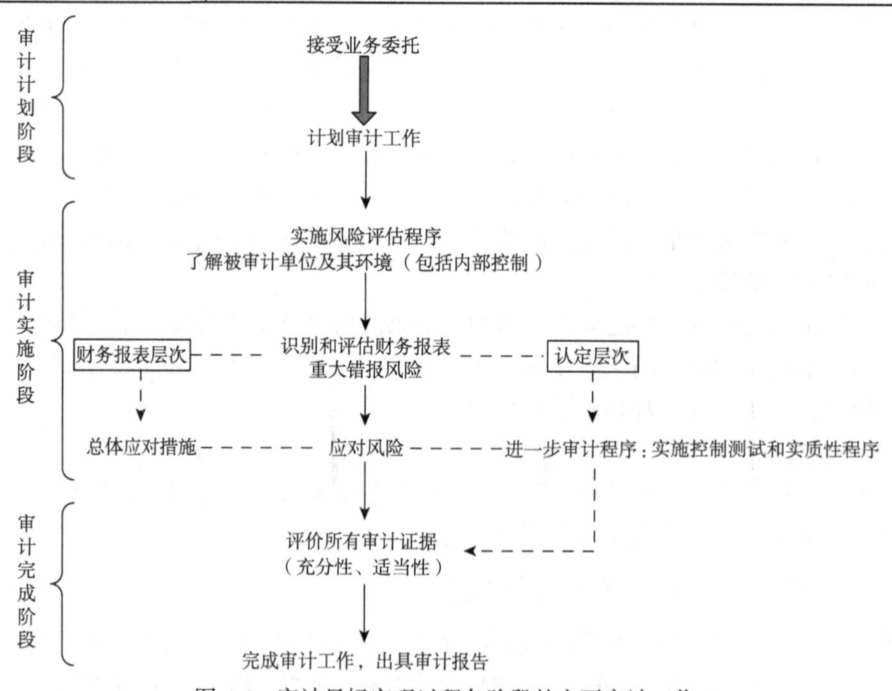

图 4-4 审计目标实现过程各阶段的主要审计工作

本章小结

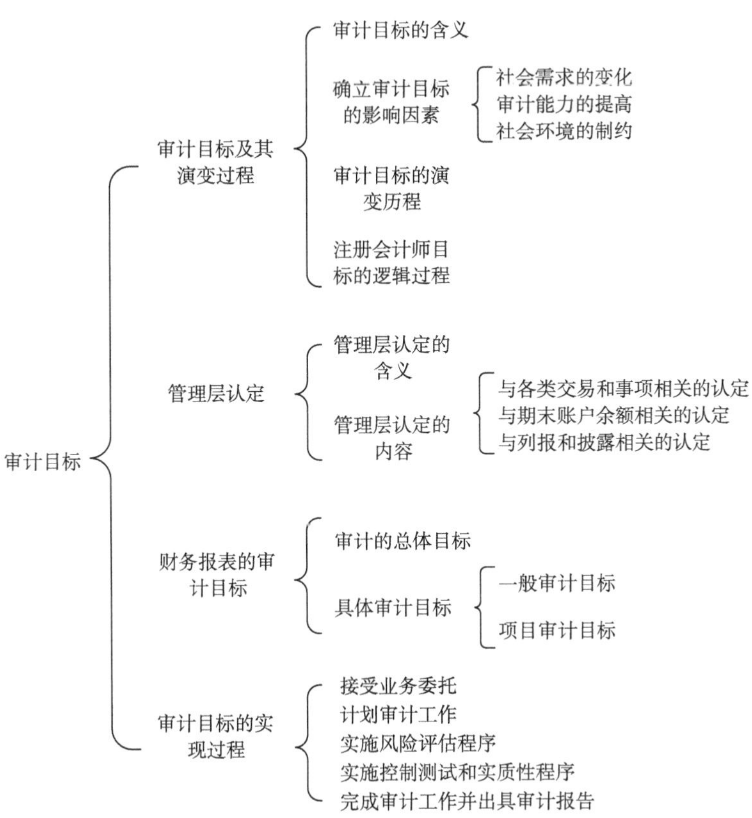

复习思考题

1. 什么是审计目标？审计目标体系包括哪些层次？
2. 注册会计师执行财务报表审计的总体目标是什么？
3. 审计的总体目标与具体审计目标之间的关系是什么？
4. 被审计单位管理层认定包括哪些类别？
5. 被审计单位管理层认定与具体审计目标之间的关系如何？

第五章

审计程序与审计方法

在审计准则的约束下，审计人员需要自主决定如何具体执行审计程序从而达到审计目标。审计程序是审计工作从开始到结束的整个过程，一般包括审计计划阶段、审计实施阶段和审计完成阶段。在执行审计程序的过程中，审计人员需要使用审计取证的基本方法和具体技术程序，来收集、整理、分析、评价审计证据，从而得出客观、公正的审计结论。本章将重点介绍审计程序、审计取证的基本方法、审计取证的具体技术方法等内容。

- 理解审计程序的基本流程
- 掌握审计取证的基本方法
- 掌握审计取证的具体技术方法
- 了解现代信息技术在审计中的应用

第一节　审计程序

审计程序总体可以划分为审计计划、审计实施和审计完成三个阶段。

一、审计计划

审计人员在了解被审计单位的基本情况和内部控制的基础上，对被审计单位的审计风险进行初步分析，做出是否接受被审计单位审计委托的决定。若接受被审计单位的审计委托，在签订审计业务约定书后应当对审计工作制订计划。合理的审计计划有助于审计人员关注重点审计领域、及时发现和解决潜在问题并恰当地组织和管理审计工作，以使得审计工作更加有效。

（一）了解被审计单位基本情况

会计师事务所在接受被审计单位的委托之前，应对被审计单位的基本情况做初步的了解，包括被审计单位行业状况、法律环境与监管环境及其他外部因素，被审计单位的性质，被审计单位对会计政策的选择和运用，被审计单位的目标、战略及相关经营风险，被审计单位财务业绩的衡量和评价等。

值得注意的是，被审计单位及其环境的各个方面可能会相互影响。例如，被审计单位的行业状况、法律环境与监管环境及其他外部因素可能会影响到被审计单位的目标、战略及相关经营风险。因此，审计人员对被审计单位及其环境的各个方面进行了解和评估时，应当考虑各因素之间的相互关系。

（二）初步了解和评价内部控制系统

内部控制是被审计单位为了合理保证财务报告的可靠性、经营的效率和效果，以及对法律法规的遵守，由治理层、管理层和其他人员设计和执行的政策和程序。审计人员初步了解和评价内部控制，主要包括：了解和评价被审计单位各项规章制度；业务处理程序和人员职责分工等是否合理；处理每一项经济业务的程序和手续是否科学；等等。

值得注意的是，审计人员需要了解和评价的内部控制系统只是与财务报表审计相关的内部控制，并非被审计单位所有的内部控制。这是因为，财务报表的审计目标是对财务报表是否存在重大错报发表审计意见,尽管要求审计人员了解被审计单位的内部控制，但目的并非对被审计单位的内部控制发表审计意见。

（三）分析审计风险

审计风险是指审计人员通过审计工作未能发现财务报表中存在重大错误而签发无保留意见审计报告的风险。

在既定的审计风险水平下，可接受的检查风险与认定层次的重大错报风险的评估结构呈反向关系。评估的重大错报风险越高，可接受的检查风险越低；评估的重大错报风险越低，可接受的检查风险越高。重大错报风险与检查风险的反向关系用数学模型表示如下：

$$审计风险=重大错报风险\times检查风险 \tag{5-1}$$

重大错报风险是指财务报表在审计前存在重大错报的可能性，检查风险则是指审计人员通过执行预定的审计程序未能发现被审计单位财务报表上存在的某项重大错报或漏报的可能性。审计人员必须实施风险评估程序，以此作为评估财务报表层次和认定层次的重大错报风险的基础。

（四）签订审计业务约定书

审计业务约定书是指审计机构在接受被审计单位委托的审计项目时提交给被审计单位的正式文件，其目的在于明确接受委托项目和对委托事项的理解。审计业务约定书具有合同的性质，一经被审计单位签字认可，即成为会计师事务所和被审计单位之间在法律上生效的合同。

（五）制订审计计划

审计计划是指根据审计任务和具体情况拟定的审计工作的具体步骤。审计计划对于审计人员顺利完成审计工作和控制审计风险具有极其重要的意义，在计划审计工作时，审计人员就需要进行初步业务活动、制订总体审计业务策略和具体审计计划，审计计划一般包括被审计单位基本情况、被审计单位委托目的和要求、参与审计人员、审计风险评估、审计范围和方法等。

二、审计实施

在完成审计计划阶段后，审计人员应按照审计计划对被审计单位内部控制系统的建立和运行情况进行衡量和评价，对财务报表项目进行全面、细致的查核，获取充分、适当的审计证据。审计实施阶段也称审计执行阶段，具体包括下列工作内容。

（一）进驻和了解被审计单位

审计人员要进驻被审计单位，通过对被审计单位的进一步调查及与员工的接触深入了解被审计单位的基本情况，取得被审计单位及员工对审计工作的理解、支持和协助。

（二）检查和评价内部控制系统

在实施审计工作时，审计人员要对被审计单位内部控制系统的完善与健全情况进行检查和评价，根据评价的结果和发现的问题来确定下一步审计工作的重点。一般内部控制系统的检查和评价包括检查和评价内部控制系统是否健全、被审计单位内部控制系统的运行是否有效等。

（三）审查财务报表项目

审查财务报表项目，主要是检查其所反映的经济活动是否合法、合理和公允。审查财务报表的主要工作包括审查、复核表内数据的正确性，对比财务报表项目金额是否与对应会计账簿、凭证、实物一致，揭示财务报表重大错报问题，等等。

（四）获取审计证据

审计实施阶段的最终目的就是获取真实、有效的审计证据，它是审计人员做出判断、发表意见、出具报告的根本依据。获得审计证据的途径主要包括审查被审计单位财务报表、审查其他有关资料、审阅其他相关文件。

三、审计完成

完成审计工作阶段，即审计完成阶段，是整个审计程序的最后阶段，该阶段具体的工作内容包括：整理、评价审计工作中的重大发现和审计证据，复核审计工作底稿和财务报表，编制审计报告和提出管理建议书，等等。

（一）整理评价证据

在完成审计工作阶段，审计人员需要对审计工作中的重大发现进行整理和评价。审计工作中的重大发现，主要涉及会计政策的选择和运用、针对特别审计目标发现的重大风险、财务报表中的重大错报等。另外，在审计实施阶段，审计人员通常会搜集到大量分散的、零星的审计证据，也需加以整理和评价。审计人员在不同阶段对重要性的判断可能是不同的，为了保证审计结论和审计报告的正确性和合理性，应该在完成审计工作阶段对这些重大发现和审计证据进行重新评价。

（二）复核审计工作底稿和财务报表

在审计临近结束时，审计人员需要对财务报表总体的合理性进行复核和分析，目的是确定经审计后的财务报表整体是否与被审计单位的理解一致、是否具有合理性，在运用分析程序进行总体复核时，审计人员应当重新考虑全部或部分交易、账户余额等是否恰当，之前的审计程序是否充分。审核工作底稿是审计人员在审计工作中汇总、分析、整理与审计问题有关的资料所形成的书面资料，其在编制过程中存在一定程度的主观性和片面性，因而审计人员需要对审计工作底稿进行复核，这也是对审计结果实施的最后的质量控制，以确认审计工作已达到审计机构的质量控制标准。

（三）编制审计报告

审计报告是审计人员完成审计任务，向被审计单位提出审计情况，形成审计意见的书面文件，外部审计机构出具的审计报告具有法律效力，因而需对审计报告的正确性和公允性进行复核，审计工作及其审计发现的目的在于解决和改进发现的问题，审计人员通过对被审计单位的审核与检查，发现其内部控制及其他方面存在的问题，应该就此向被审计单位管理层提出改进的意见和建议，形成管理建议书。当然，这种意见和建议并不具有强制性，仅供被审计单位管理层参考。

（四）建立审计档案

审计机构应当对审计工作底稿进行分类整理，形成审计档案。一般来说，根据审计资料的使用期限长短和作用大小，可将审计工作底稿归类为永久性档案和当期档案分档保管。对于保管期限届满的审计档案，审计机构必须履行必要的手续后方可销毁。为了确保审计档案的安全完整，审计机构应当制定审计档案保管和保密制度，对审计档案妥善管理，并对其中涉及的商业秘密及其有关内容予以保密。审计工作底稿等审计档案为审计机构所拥有，如果有关人员确因工作需要要求查阅审计档案，则审计机构必须履行严格的借阅手续。

综上所述，按照审计的执行过程，可以将审计工作分为审计计划阶段、审计实施阶段和审计完成阶段，各阶段审计的主要工作如图 5-1 所示。

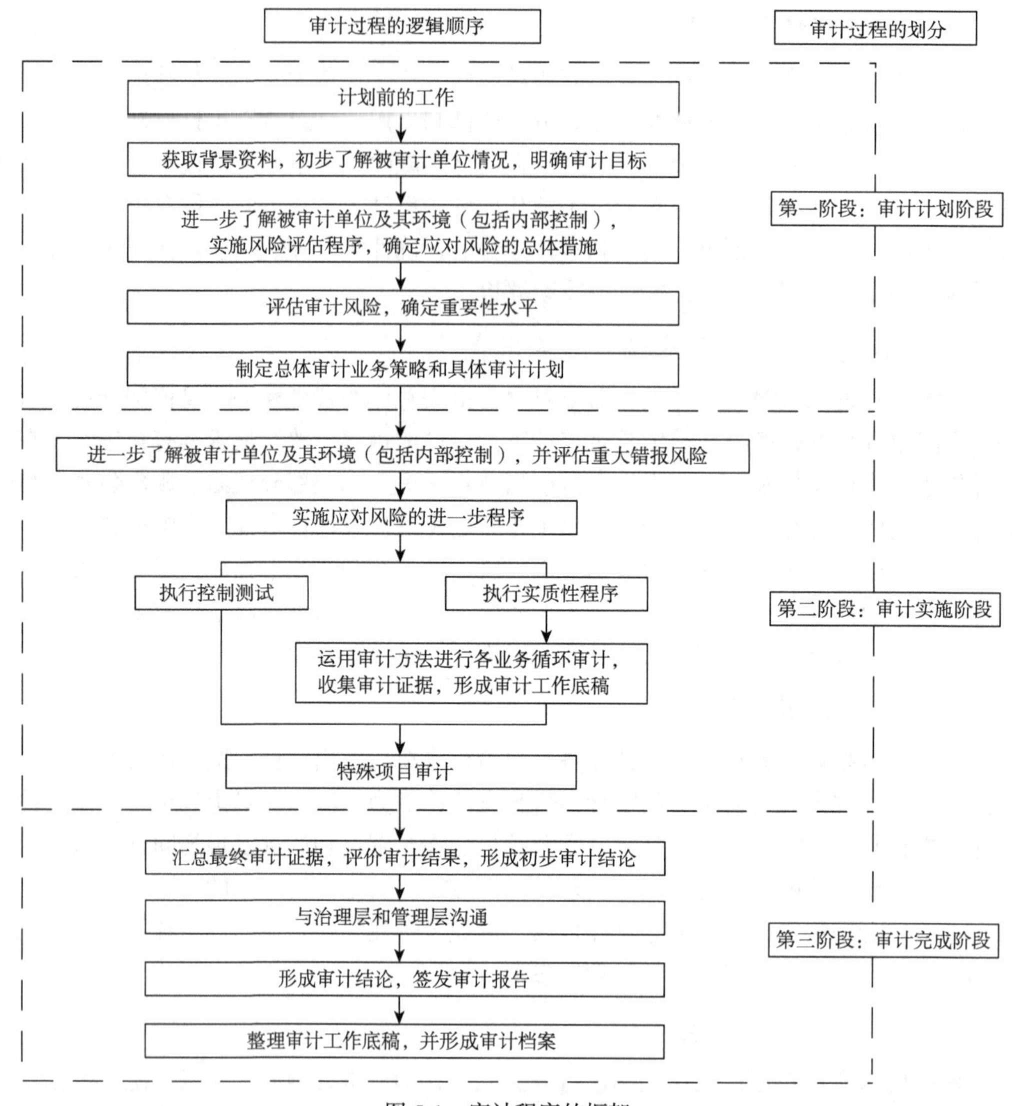

图 5-1 审计程序的框架

第二节 审计取证的基本方法

审计方法是指审计人员检查和分析审计对象，收集审计证据，并对照审计依据形成审计结论和意见的各种专门手段的总称，它是人们从长期审计实践中总结和积累起来的。审计人员为了实现审计目的，完成审计工作，必须选用合适的审计方法。审查账面资料的方法是审计工作中常用的基本方法。基于审查的会计资料或审计取证的顺序，以及审查的会计资料或审计证据所涉及的范围和数量，按照不同的标准可以将审计方法划分为不同种类。

一、顺查法和逆查法

按照审查的会计资料或审计取证的顺序，审计方法可以分为顺查法和逆查法。

（一）顺查法

顺查法是指按照会计核算的程序，依次对各个环节进行检查核对的方法。具体来说，顺查法主要包括以下步骤：一是审查原始凭证，审查和分析经济业务的真实性、合法性、合规性和正确性；二是审查记账凭证，分析和查明会计审计数据计算是否正确、合理，核对证证是否相符；三是审查会计账簿，分析和查明会计账簿的记账和过账是否正确，核对账证是否相符；四是审查财务报表，分析和查明财务报表的各个项目是否正确、完整和合规，核对账表、表表是否相符。有时，这种方法也被称为正查法。

顺查法的优点是审查及发现可以做到全面、系统、准确，因为顺查法审查能按照记账顺序逐一地、仔细地检查核对，通常可以准确地、无遗地发现和披露财务上的错误和舞弊。但顺查法审查事无巨细、同等用力，不能抓住重点，费时、费事，工作量大。因此，顺差法一般适用于规模不大、业务量不多的单位。

（二）逆查法

逆查法是指按照与会计核算相反的程序，依次对财务报表、会计账簿、会计凭证进行检查核对的方法。逆查法主要包括以下步骤：一是审查财务报表，分析和发现财务报表中增减变动异常或出现舞弊的项目，从而为下一步审计提供线索；二是根据上一步确定的可疑项目和重点问题运用审查法和核对法追溯审查会计账簿，进行账账核对、账表核对，发现可能存在的问题；三是通过审查记账凭证和原始凭证，进行账证核对和证证核对，以确定被审计事项的事实真相。有时，这种方法也被称为倒查法。

逆查法的优点是便于发现问题，有目的、有重点、有针对性地进行审计，从而节省人力和时间，提高审查效率。但逆查法审查不够全面，容易遗漏问题，并且逆查法需要依赖审计人员的判断，主观性较强，如果审计人员的经验和能力不足，审计结论会受到影响。因此，逆查法一般适用于规模较大、业务量较多的单位。

二、详查法和抽查法

按照审查的会计资料或审计证据所涉及的范围和数量，审计方法可以分为详查法和抽查法。

（一）详查法

详查法是指对被审计单位一定时期内的全部资料，特别是重点项目的全部会计资料，包括会计凭证、会计账簿、财务报表等进行全面详细审查的一种方法，即审计人员在审计事项中选取全部项目进行审查的方法。详查法的特点是对审计单位一定时期内的全部会计资料，包括会计凭证、会计账簿、财务报表等，以及其所反映的财务收支及相关经济活动进行详细而全面的审查。有时，这种方法也被称为精查法。

详查法的优点是审查全面而详细，能够全面地查清被审计单位的所有问题，不易疏漏，特别是弄虚作假、营私舞弊等违法乱纪行为，因而审计风险小、审计质量高。但详查法审查费时、费力，审计成本较高。详查法与顺查法的过程基本相同，其优缺点和适用范围也基本相同，一般适用于规模不大、业务量不多的单位或特定情况。具体说来，存在下列情形之一的，审计人员可以对全部项目进行审查：审计事项由少量大额项目构成的项目；审计事项可能存在重要问题，而选取其中部分项目进行审查无法提供适当、充分的审计证据的项目；符合成本效益原则的项目。

（二）抽查法

抽查法是指从被审计单位一定时期的会计资料中选择其中一部分或者选择某一时期的会计资料进行审查的一种方法，即审计人员在审计事项中选取部分特定项目进行审查的方法。在审计实践中，抽查法往往又与审计抽样联系在一起。在审计事项包含的项目数量较多，需要对审计事项某一方面的总体特征做出结论时，审计人员可以进行审计抽样。审计抽样在现代审计中应用广泛，其主要特点是根据审计期间审计对象的总体情况，结合审计目的与要求，选取具有代表性的样本，然后根据抽取样本的审查情况来推断总体或其余未抽查部分有无错误和舞弊的情况。此时，这种方法也被称为抽样法。

抽查法的优点是审查有重点，省时、省力，成本低、效率高，往往能够取得事半功倍的效果；缺点是审计结论过分依赖审计抽样的样本，如果审计抽样的样本的选取不合理或者不具有代表性，就很可能出现以偏概全的情况，不能发现问题，做出错误的审计结论。因此，抽查法通常与逆查法紧密相连，一般适用于规模较大、业务较复杂、会计基础良好、内部控制制度健全的单位。具体说来，审计人员可以选取下列特定项目进行审查：大额或者重要项目；数量或者金额符合设定标准的项目；其他特定项目。但是，该审查结果不能用于推断整个审计事项。

第三节　审计取证的具体技术方法

一、审查账面资料的方法

审查账面资料的方法，是审计人员通过审查书面资料以获取审计证据的一类审计方法，系审计工作中最常用的基本方法。按照审查的技术，审查账面资料的方法可以分为审阅法、核对法、查询法、比较法、验算法和分析法。

（一）审阅法

审阅法是指通过仔细审阅被审计单位一定期间的会计资料和其他有关资料，主要是会计凭证、会计账簿和财务报表及计划、决策、预算方案，其中又以会计凭证、会计账簿和财务报表最为重要，以获取审计证据的一种审查翻阅的方法。审阅法广泛应用于财政财务审计。具体来说，审阅法主要包括下列内容。

第一，原始凭证的审阅。其主要是审阅原始凭证的内容和格式是否符合规定，所反映的经济业务是否合法、合理。在审阅原始凭证的格式时，要注意查看原始凭证是否规范、是否经过市场监督部门或税务部门登记、是否注明制作单位和名称、编号是否连续、签发单位是否加盖公章、经手人是否签字，还要查看原始凭证记载的抬头、日期、数量、单价、金额、摘要栏的字迹是否清晰，有无刮擦、涂改的痕迹，计算是否正确，等等。如果有不符合规定的情况或者有涂改的痕迹，就可能存在舞弊行为。在审阅原始凭证的内容时，要注意查看原始凭证所反映的经济内容是否合法、合理，是否符合被审计单位的实际情况和用途，入账时是否经过了必需的手续，等等。

第二，记账凭证的审阅。其主要是审阅记账凭证的内容和格式是否符合规定，所反映的经济业务是否合法、合理，这与审阅原始凭证类似。在审阅记账凭证时，除了要注意查看与原始凭证相同的部分外，还要着重查看记账凭证是否附有原始凭证，原始凭证与记账凭证的内容是否一致，有无制单人、复核人和主管人签字，记账内容是否符合会计原理和会计准则，账户名称与会计分录方向是否正确，账户金额是否正确，等等。

第三，会计账簿的审阅。其主要是审阅明细账和日记账等会计账簿，因为总账的记录不详细、不具体，对总账审阅意义不是很大，而明细账和日记账的记录详细，尤其在检查各种现金业务、各种费用及债权债务时，通过审阅明细账和日记账更容易发现问题，从而具有重要的意义。就明细账的审阅内容而言，主要包括数字记录是否正常、记录格式是否正确、事项是否都已记录、更正记账错误是否按规定进行、记录内容是否真实，等等。其中，尤其要注意对应收账款、应付账款、费用账户等转账频繁、容易出错的项目进行审阅。

第四，财务报表的审阅。其主要是审阅资产负债表、利润表、现金流量表和所有者权益变动表等财务报表，在审阅财务报表时，主要查看财务报表是否按有关规定编制，有无编制人员和审核人员的签章，有关的对应关系及各项目的对应关系和钩稽关系是否正确，相关数据是否正确，报表附注说明是否正常，各项目的内容是否合理、合规、合法，等等。

第五，其他资料的审阅。除审阅上述会计资料外，还要注意审阅其他相关资料，通过审阅诸如计划方案、预算、合同等其他相关资料，进一步获得审计证据。

（二）核对法

核对法是指对会计凭证、会计账簿和财务报表等书面资料，按照其内在联系进行对照检查，通过查明证证、证账、账账、账表和账实之间是否相符，以获取审计证据的一种复核查对的方法。具体来说，核对法主要包括下列内容。

第一，证证核对。证证核对主要是核对原始凭证的数量、单价、金额和合计数是否相符，核对记账凭证与所附原始凭证是否相符，核对原始凭证的合计数与记账凭证的合计数是否相等，等等。

第二，证账核对。证账核对主要是核对记账凭证是否记入相关的日记账、明细账和总账，其中又以记账凭证与明细账之间的核对为重点，因为总账的记录不详细、不具体，对其核对意义不是很大。在审计对象规模较大、业务较复杂的情况下，证账核对通常采用抽查法，即根据审计目标从全部会计资料中选择一部分业务加以核对，当然也可根据审阅账簿记录的结果进行重点核对，还可根据其他标准确定核对的内容。

第三，账账核对。账账核对主要是按照账簿之间的对应关系或者相互关系，核对各明细账的账户余额合计与总账的有关账户余额是否相符，核对总账各账户的期初余额、本期发生额和期末余额的计算是否正确，核对各账户的借方余额合计与贷方余额合计是否平衡，等等。

第四，账表核对。账表核对主要是核对财务报表余额与总账余额或明细账余额是否相符，核对财务报表各项目的数额计算是否正确，核对资产负债表、利润表、现金流量表和所有者权益变动表等财务报表之间的相关数字是否相符。当然，账表核对的重点是核对有关财务报表项目与相关的总分类账户是否相符。如果发现不符的情况，就应立即查明问题所在。

第五，账实核对。账实核对主要是核对账簿所反映的实物余额与实际结存的实物数额是否相等，也包括核对银行对账单、客户往来清单等对外账单是否与被审计单位有关账项相符。在实物量很大的情况下，可以依据实物盘存选择其中的一部分加以核对，核对的形式有两种：一是将账簿带到现场，并直接与实物盘点的结果相核对；二是先盘点实物，并编制盘点表，再将盘点表与相关账簿进行核对。

核对法是审计中常用的一种方法,可以较容易地发现会计资料和相关记录中的问题,有利于正确地分析问题和有针对性地解决问题。在核对所发现的问题中，有的问题可能是一般的工作差错，有的则可能是违法乱纪行为，审计人员应依据问题的性质及其严重程度，进行相应的处理。运用核对法获取的审计证据，通常较有说服力。为了更好地发挥核对法的优势，审计人员应认真细致、相互配合，以免遗漏和重复。为此，在进行具体的核对时，可由一人单独进行，兼看两处材料，这样不易发生遗漏，但费时、费力；也可由两人合作进行，一人阅读，另一人查看，这样可以节省时间，提高核对效率。此外，为避免核对时发生重复或遗漏，可使用一些符号进行标记。

（三）查询法

查询法是指审计人员根据审计过程中发现的问题和疑点，向被审计单位内外部有关人员进行调查和询问，以弄清事实真相并获取审计证据的一种查证询问的方法。

审计人员征询意见、获取证据时，可以采用面谈或书面的方式，因而查询法又有面询和函询两种方式（方法）。面询是审计人员当面向被审计单位内外部有关人员了解情况，以获取审计证据的一种方式（方法），而函询则是通过向与被审计单位有关的组织发函来调查情况，以获取审计证据的一种方式（方法）。有时，函询也称为函证。运用函询时，无论是发函还是受理函，均需在审计人员的管理或控制下进行，不能委托给被审计单位去办理。在运用查询法时，审计人员要注重查询效果，讲究方式、方法，谋求被询问单位和人员的真诚合作，以获取真实有用的审计证据。

（四）比较法

比较法是指审计人员对被审计单位书面资料的数据与相关标准进行比较，确定差异，经过分析从中发现问题并获取审计证据的一种方法。比较法大多通过有关指标进行比较，包括绝对数指标比较和相对数指标比较。绝对数指标之间的比较，应是同质数据之间的比较，包括本期实际数据与上期指标的比较、实际数据与计划指标的比较、本单位指标与同行业平均指标的比较等。相对数指标之间的比较，则是将不能直接比较的指标的绝对数换算为相对数形式，计算出比率，然后再进行比较。通过比较分析，可以判断出被审计单位的经济活动是否经济、合理和有效。总之，比较法在审计工作中运用较为广泛，审计人员通过比较发现存在的差距和问题，进一步查找原因，据以提出改进的办法。

（五）验算法

验算法是指审计人员对被审计单位书面资料的有关数据进行重新计算，用来验证原计算结果是否正确的一种方法，在财务报表审计中，通常需要验算的项目很多，主要包括：会计凭证，会计账簿，财务报表中有关项目的小计、合计、总计、差额和乘积；固定资产折旧率、汇兑损益、员工福利费、有关税金的计算；有关费用成本的归集与分配计算是否正确；等等。验算法是审计工作中常用的一种方法，有时也被称为重算法。

如果验算结果与计算结果不一致，应该以审计人员的计算结果为准，当然，这里有几个前提：一是审计人员应具备较高的专业素质和扎实的专业知识；二是计算口径一致，计算方法得当；三是验算法只能检查依据原数据计算的结果是否正确，因而要先通过其他审计方法的检验来证明获得的原数据是正确的；四是验算内容较多时，可以采取抽查法，以验算重点内容。

（六）分析法

分析法是指通过对会计资料有关项目指标进行观察、比较、分解、综合和推理来发现问题、分析原因、发现本质和了解构成因素之间的相互关系，从而提出改进意见的一种方法。

分析法包括比较分析法、比率分析法、因素分析法、综合分析法、账户分析法、账龄分析法等。比较分析法是指通过对被审计单位的书面资料与某些相关资料中具有可比性的相同项目的相关标准进行比较，获得审计证据，借以检查有无异常，并从中找出疑点，确定下一步审计重点的一种方法；比率分析法是指通过对两个性质不同但相关的指标所构成的比率关系进行对比分析，从中发现疑点，以便进一步查明其原因的一种分析方法；因素分析法是指将影响某一事项的各个因素分离出来，在此基础上分析各个因素变动对该事项的影响及影响程度，以便进一步查明原因的一种分析方法；综合分析法是因素分析法的逆向过程，是将与审计事项有关的各个因素相互联系起来进行分析，以查明问题的一种方法，它对于审计人员形成审计结论具有重要的意义；账户分析法是指利用有关账户之间的对应关系，分析其发生额及余额，从中发现错误和异常，为进一步审查提供线索的一种方法；账龄分析法是指利用有关账户的账龄长短进行归类，以便为审计账目提供重点的一种方法。总之，分析法应用形式多样，在审计工作中运用也较为广泛。

二、证实客观事物的方法

证实客观事物的方法，是指审计人员搜集书面资料以外的审计证据，以证明和落实客观事物的形态、性质、存放地点、数量和价值等的一类审计方法，该类方法包括观察法、盘点法、调节法和鉴定法等。

（一）观察法

观察法是指审计人员进驻被审计单位，亲临现场实地考察被审计单位生产经营管理工作的进行、内部控制系统的运行等情况，以获取审计证据的一种方法。通常，观察法广泛用于财政财务审计和经济效益审计。通过这种方法，一般可直接或间接地获取环境证据。在应用观察法时，要进行广泛的实地观察，搜集书面资料以外的审计证据。因此，审计人员应当深入基层，到被审计单位的仓库、车间、科室、工地等现场，对其内部控制制度的执行情况、财产物资的保管和利用情况、工人的劳动效率等生产经营管理情况等进行直接观察，从中发现薄弱环节和存在的问题，并搜集审计证据，查明被审计单位的经济活动是否真实、客观、公允地得到反映和记录。此外，在应用观察法时，还要与其他方法结合起来，以便更好地发挥其效果，必要时可视具体情况和要求，对现场进行摄影或拍照，以获取审计证据。

（二）盘点法

盘点法是指审计人员对各项财产物资进行实地盘点，以确定其品种、规格、数量和金额等的实际情况，通过比较盘点记录与实物记录，以证实有关实物账户的余额是否真实、正确，并证实账实是否相符，进而从中搜集审计证据的一种方法。有时，这种方法也被称为实物盘存法。

盘点法按其组织方式，可分为直接盘点和监督盘点。直接盘点是指审计人员亲临现场组织实施，并要求被审计单位有关人员协助执行的一种盘点。这种方法常用于对库存现金、有价证券、贵重物品的盘点，当财务管理混乱或仓库发生盗窃案件时，也有必要采用这种方式。此外，对某些资产进行实物盘点时，有时采用不预先通知相关人员的突击审计，以防有关人员对错误和舞弊进行掩饰。监督盘点也称监盘，是指由被审计单位的财产经管人员及其他有关人员进行实物盘点，审计人员亲临现场监督，发现疑点可要求复盘核实或亲自实施的一种盘点。它常用于存量较大的实物，如厂房、机器设备、大宗原材料、产成品等的盘点，且对大宗原材料、产成品等往往采用抽查方式进行盘点。

盘点法按其范围，可分为全面盘点和局部盘点。在具体实施中，盘点的范围应视财物的品种、数量和内部控制制度的强弱等具体情况而定。一般来说，对库存现金、有价证券、贵重物品等，应进行全面盘点，而对其他数量大、品种多的财物，可通过抽查进行局部盘点。

随着移动互联网、智能语音识别等现代信息技术的发展，移动终端正在改变存货监盘流程。审计人员可以操作移动应用平台，将互联网监盘系统和智能手机连接，实时自动收集和汇总存货监盘结果。在执行监盘程序时，审计人员可以使用语言文本转换功能，建立监盘工作文档，扫描存货编码，拍照观察的存货，自动生成工作底稿。使用智能监盘系统形成的电子化审计证据，可以实时传递给项目组所有成员。这使得之前可能花费数周进行存货监盘和编制工作底稿的工作，变成了一个近乎可以实时完成的审计过程。采用物联网技术，可以对实物资产开展即时审计，极大地节约了审计人员的时间和精力，提高了审计工作的效率。审计人员则可以将更多精力集中于观察和询问，而非数据收集和记录。

（三）调节法

调节法是指由于被审计单位报告日数据与审计日数据存在差异，或由于被审计项目存在未达账项时，通过调整有关数据，从而获得需要证实的数据的一种方法。有时，这种方法也被称为数据调节法。

调节法主要用于以下两种情况：一是对银行存款实存数的调节，运用调节法编制银行存款余额调节表，对企业与银行之间的未达项进行增减调节；二是对包括原材料、半成品、在产品、产成品等存货的检查，运用调节法以证实财产物资是否账实相符。其计算公式如下：

$$\text{结存日记载数量}=\text{盘点日盘点数量}+\text{结存日至盘点日发出数量}-\text{结存日至盘点日收入数量} \tag{5-2}$$

例如，某企业 2016 年 12 月 3 日账面结存甲产品 1 000 件，经审阅与核对并无错弊。2017 年 1 月 1~16 日收入 18 000 件，发出 17 600 件。2017 年 1 月 1 日期初余额和 1~16 日收发数额均经核对、审阅和复算无误。2017 年 1 月 16 日下班后监督盘点的实存数为 1 430 件。对此，运用调节法计算如下：

$$\text{结存日记载数量}=1\,430+17\,600-18\,000=1\,030\text{（件）}$$

经过上述调节计算，2016 年 12 月 31 日甲产品实存数为 1 030 件，与账面记录的甲产品 1 000 件不符，对此，审计人员应要求有关人员说明原因，并进行核实。如有弄虚作假，审计人员应进一步查明责任人员，并追究其责任。

（四）鉴定法

鉴定法是指在分析与鉴别书面资料、财产实物和经济活动时，审计工作超过了一般审计人员的能力和知识水平，从而邀请有关专门部门或人员运用专门技术进行确定和识别的一种方法。鉴定法广泛应用于财政财务审计、财经法纪审计和经济效益审计中，它往往是在通过观察法不能取证时使用的一种方法。例如，对财产实物的物理性能、化学效能、真实质量、实际价值的鉴定，涉及书面资料真伪的鉴定，以及对经济活动的合理性和有效性的鉴定，等等。鉴定法的鉴定结论必须是具体的、客观的和准确的，并作为一种独立的审计证据，详细地记入审计工作底稿。

三、审计调查的方法

审计调查的方法，是审计人员通过实查、观察、查询、专项调查和专案调查等了解情况、查明事实真相、获取审计证据的一类方法。审计调查是收集审计信息的重要方法。审计要在宏观控制方面发挥作用，就必须重视审计调查。由于实查法（如盘点法和核对法）、观察法和查询法前已述及，这里仅阐述专项调查法和专案调查法两种方法。

（一）专项调查法

专项调查法也称专题调查法，即专项审计调查，是指审计机关对一定期间某些带有倾向性、普遍性、宏观性的问题，从中选出若干作为专题，并集中力量进行审计调查的一种方法。《中华人民共和国国家审计准则》第三十六条规定，“对于预算管理或者国有资产管理使用等与国家财政收支有关的特定事项，符合下列情形的，可以进行专项审计调查：（一）涉及宏观性、普遍性、政策性或者体制、机制问题的；（二）事项跨行业、跨地区、跨单位的；（三）事项涉及大量非财务数据的；（四）其他适宜进行专项审计调查的”。审计人员对专项审计调查的结果可以向领导反映，也可以提出相应的改进措施。

（二）专案调查法

专案调查法是指在财经法纪中对被审计事项进行内查外调，获取审计证据的一种方法。在实际工作中，审计人员往往根据查账或群众举报提供的线索，查找和获取证据。

第四节　基于大数据分析技术的审计应用

伴随着云计算、大数据、物联网、区块链、数据分析与可视化、流程自动化及人工智能等创新技术在会计、审计和财务领域的广泛应用，数字化信息呈爆发性增长，大数据已成为企业获取竞争优势的关键性基础，也是未来企业生产率提高、创新及价值创造的重要源泉。然而，在对大型组织实施审计过程中，审计人员可以获取客户组织内部、外部的大量数据，同时也易于被大量的数据淹没，如何系统挖掘分析大量数据背后公司的行为特征，特别是准确识别被审计单位可能存在的异常行为和舞弊风险显得尤为重要。而且，在高度自动化的环境下，财务报告使用者对报告时效性的要求越来越高，这就需要对大量自动生成、即时可访问的海量数据实施持续性审计。为此，审计人员亟须使用新的理论方法和技术工具，来实现由传统人工审计方法到大数据分析方法的转化，进一步拓展审计范围的深度和广度，提高审计工作效率，提升审计质量和价值。

一、审计大数据的内涵与特征

（一）大数据的定义

近年来，学术界和产业界基于不同的视角，对大数据做出了不同的定义，这里总结梳理了几种经典的大数据定义（表 5-1）。大数据是企业的宝贵资产，如果企业看不懂或用不来大数据，那么其决策有用性的价值将受限。如果能够快速、有效地进行大数据分析，并通过直观、可视化的方式获得大数据分析背后隐藏的知识和规律，增强管理洞察力和价值发现能力，那么，大数据将成为支持管理决策的一类重要资源，具有决策有用性。对于审计工作而言，分析、挖掘和发现被审计单位大量交易数据背后蕴藏的知识，特别是对大量交易数据进行统计特征分析、分类、聚类和关联特征分析，能够有效识别潜在的异常交易和舞弊特征信息，能够为舞弊风险侦测、审计风险评估等提供有益的决策支持。

表 5-1　关于大数据的几种定义及其视角

来源	定义	视角
麦肯锡公司	大数据是一个大的数据池，其中的数据可以被采集、传递、聚集、存储和分析，与固定资产和人力资本等其他重要的生产要素类似，没有数据，很多现代经济活动、创新和增长都不会发生，这正成为越来越普遍的现象	强调大数据对全球经济社会发展的重要性，把大数据看作一种与固定资产和人力资本类似的重要生产要素。该定义指出，大数据可以扮演一个重要的经济角色
高德纳咨询公司	大数据是大容量、高速度和形式多样的信息资产，它需要低成本的、形式创新的信息处理，以增强洞察力和辅助决策	认为大数据是一类信息资产，从技术特征、处理方法和应用价值三个方面对大数据做出界定
IBM 公司[1)]	可以用四个特征来描述大数据，即规模性（volume）、高速性（velocity）、多样性（variety）和真实性（veracity），这些特征相结合，定义了 IBM 所称的“大数据”	指出了大数据 4V 的技术特征
维基百科	大数据是指规模庞大且复杂的数据集合，很难用常规的数据库管理工具或传统数据处理应用对其进行处理，其主要挑战包括数据抓取、策展、存储、搜索、共享、转换、分析和可视化	主要从大数据的处理方法和处理工具的视角认识大数据
美国国家科学基金会	大数据是指由科学仪器、传感器、网上交易、电子邮件、视频、点击流和/或所有其他现在或将来可用的数字源产生的大规模、多样的、复杂的、纵向的和分布式的数据集	主要基于大数据的来源和大数据的技术特征，强调大数据来源的多样性和特征的复杂性

1）IBM：International Business Machines Corporation，国际商业机器公司

资料来源：杨善林和周开乐（2015）

（二）审计大数据的分类

大数据环境下，企业经营管理过程中会产生各类数据信息，大数据的形式和特征极其复杂，不仅表现在其数量规模大、来源的广泛性和形态结构的多样性，还表现在其状态变化和开发方式等方面的不确定性。就审计工作而言，可以从数据来源、数据类型、数据采集三个方面对审计大数据进行分类。

首先，就数据来源而言，大数据环境下审计人员在工作过程中，不仅能够获得企业内部众多的数据资料，如 ERP 系统、财务处理系统、交易处理系统及客户管理系统提供的交易数据，企业生产制造设备、各类传感器中采集的生产、仓储、运输等生产运营过程中的业务数据，企业内部办公系统中的电子邮件、公文处理和会议档案等数据。同时，审计人员还能从外部网站及社交媒体平台中获取包括对企业的各种评论及报告。

其次，就数据类型而言，审计人员不仅能够获得传统的数值、文本型数据，还能够获取诸如图像、音频、视频等多类型的数据。

最后，就数据采集而言，审计人员获得数据的手段包括物联网平台、ERP 系统、各类传感器、网络平台和社交媒体、视频监控设备等。对于上述多种类型、多种来源、多方采集的多源、异构的海量数据，通过建立数据分析处理模型，提取出相关信息，识别

潜在关系，建立内在关联，有效识别数据背后隐藏的规律性认识，增强数据洞察力，以便为相关舞弊识别、风险评估等审计决策提供依据。

审计大数据的三个维度如图 5-2 所示。

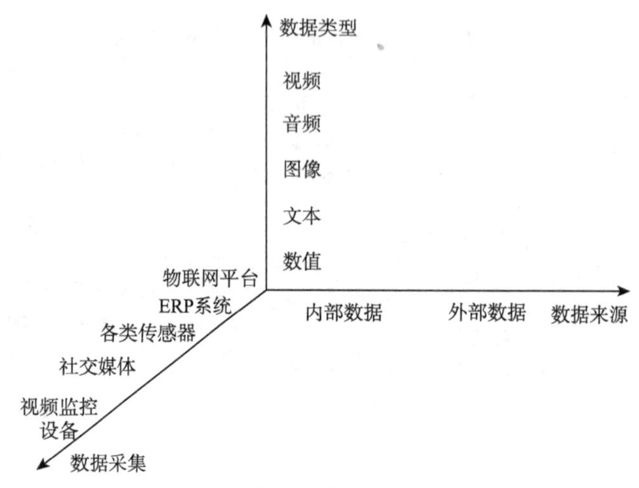

图 5-2 审计大数据的三个维度

二、基于大数据分析的审计模式

（一）大数据分析与传统数据分析的差异

传统的信息系统仅能获取及分析企业内部的结构化数据，仅能编制静态的报表，而且是以有限的数据做有限的分析。在数据具有海量、实时与多元特征的大数据环境下，大数据分析工具已经成熟，其可快速向下挖掘数据特性，为使用者实时提供适应各种营运变化的解决方案，采取交互式仪表盘的操作，能快速分析数据，并且通过可视化分析与展示技术，让决策者更容易理解大数据分析的结果。

大数据分析与传统数据分析的对比见表 5-2。

表 5-2 大数据分析与传统数据分析的对比

项目		传统数据分析	大数据分析
数据层面	数据来源	企业内部资料	企业内部资料、企业外部资料
	数据类型	结构化资料	结构化资料、半结构化资料、非结构化资料
	数据量	Peta Bytes（10^{15}）	Zetta Bytes（10^{25}）
分析层面	解决的问题	描述性分析：发生了什么？ 原因分析：为什么会发生？	预测性分析：我们可以做什么？ 规范性分析：我们应该做什么？
	常见应用	报表统计分析/企业仪表盘	快速分析、行为预测、最优化模拟和方针、机器学习
	反应方式	通过过去数据进行反应	预测未来情况提前行动

（二）审计大数据分析

大数据环境下，企业的经营业务范围日益广泛，审计人员仅根据抽查较小样本来推论更加广泛的总体数据，存在较大的审计风险。随着大数据分析技术的发展，高效的数据分析工具能够帮助审计人员排序、筛选和分析数万甚至上百万笔的交易。因此，审计人员有能力审计企业的全部交易，以便识别出大量交易背后隐藏的异常情况，有助于审计人员聚焦于有潜在疑虑的领域及深入可能具有最高风险的项目。

审计大数据分析是指审计人员为了实现既定的审计目标，通过数据抽取、转换、装载（extract-transform-load，ETL）程序获取内部、外部多种类型的数据，运用大数据分析模型、方法和技术，分析全部交易及不同来源数据背后隐藏的异常情况，有效识别舞弊、错误及违反内部控制等情形。例如，通过计算数据的平均数、标准差、最大值及最小值等统计参数，能够有效识别出异常的交易，或通过数据分类、聚类及关联分析，有效识别数据的特征及其内在关联性等，从而能够为舞弊识别、审计风险评估、审计报告出具等提供有效的决策支持。

（三）审计大数据分析的具体应用

（1）审计计划阶段：应聚焦于企业利益相关者关注的领域，并衡量使用大数据分析技术、方法的可行性，同时识别企业各作业流程存在的风险，进行审计计划。

（2）审计数据准备阶段：基于大数据审计过程中最具挑战性的阶段是数据资料的取得和准备，包括向企业信息部门提出具体的数据需求及从外部获取相关审计大数据，如何确保所取得数据的准确性和完整性，如何对多种来源、多种类型的审计大数据进行数据预处理等都将会影响审计工作的有效性。

（3）审计实施阶段：在审计实施过程中，需要利用获取的审计大数据进行审计测试，传统审计抽样及抽查等技术方法已无法有效发掘错误及异常交易，审计人员需要利用大数据分析技术，基于特定审计目标，开发出相应审计测试的大数据分析处理模型和方法，来分析所有交易数据，以便发现异常情形，帮助审计人员聚焦高风险审计范围和领域。

（4）审计报告阶段：针对上述审计计划、审计数据准备、审计实施过程的大数据分析程序及结果，应加强审计复核和质量监控，以确保基于大数据分析结果的可靠性。同时，充分利用可视化分析和仪表盘展示平台，构建风险预警机制，增强洞察力，提高审计效率和效果。

拓展阅读：面向审计全生命周期的商业分析技术方法的审计应用

大数据环境下，众多企业利用商业分析来服务于其战略决策和运营管理，那么，审计人员在审计过程中，是否也应该拓展传统的审计分析方法，更多地采用商业分析的工具来提升审计工作效率，提升审计工作质量？审计过程中应该运用哪些商业分析技术方法？审计过程的不同阶段应该选用哪些合适的商业分析技术方法？

审计过程不同阶段商业分析技术方法应用的概念性框架如表 5-3 所示。

表 5-3 审计过程不同阶段商业分析技术方法应用的概念性框架

分析方法	模型和工具	审计业务约定	审计计划	审计测试	审计复核	审计意见	持续性审计
描述性分析	聚类模型	√	√	√	√	√	√
	描述性统计						√
	过程挖掘：过程发现模型	√	√	√	√	√	√
	比率分析						√
	斯皮尔曼等级相关性测试		√	√	√		√
	文本挖掘模型			√	√	√	√
	可视化模型	√	√	√	√	√	√
预测性分析	层次分析法（analytic hierarchy process，AHP）	√	√		√	√	√
	人工神经网络（artificial neural networks，ANN）	√	√		√	√	√
	自回归积分滑动平均模型（autoregressive integrated moving average model，ARIMA）					√	√
	包装和提升模型	√	√		√	√	√
	贝叶斯理论/贝叶斯置信网络（Bayes belief network，BBN）	√				√	√
	本福特定律	√	√		√	√	√
	C4.5 统计分类		√	√	√	√	√
	证据推理模型	√	√	√	√	√	√
	专家系统/决策支持	√					√
	遗传算法	√	√		√	√	√
	假设检验	√	√	√		√	√
	线性回归	√	√				√
	Logistic 回归		√		√		√
	蒙特卡洛模拟	√	√	√	√	√	√
	多准则决策辅助				√		√
	可行性分析模型	√				√	√
	过程挖掘：过程优化	√	√	√	√	√	√
	结构模型					√	√
	支持向量机（support vector machine，SVM）	√	√		√	√	√
	时间序列回归					√	√
	单变量和多变量回归分析					√	√
规范性分析	人工神经网络	√	√	√	√	√	√
	自回归积分滑动平均模型	√	√	√	√	√	√
	专家系统/决策支持	√	√	√	√	√	√
	遗传算法	√	√	√	√	√	√
	线性回归	√	√	√	√	√	√
	Logistic 回归		√	√	√	√	√
	蒙特卡洛模拟	√	√	√	√	√	√
	时间序列回归	√	√	√	√	√	√
	单变量和多变量回归分析	√	√	√	√	√	√

注：√表示相应的审计工作阶段采用了该项模型和工具

资料来源：Appelbauma 等（2018）

本 章 小 结

- 审计程序与审计方法
  - 审计程序
    - 审计计划
      - 了解被审计单位基本情况
      - 初步了解和评价内部控制系统
      - 分析审计风险
      - 签订审计业务约定书
      - 制订审计计划
    - 审计实施
      - 进驻和了解被审计单位
      - 检查和评价内部控制系统
      - 审查财务报表项目
      - 获取审计证据
    - 审计完成
      - 整理评价证据
      - 复核审计工作底稿和财务报表
      - 编制审计报告
      - 建立审计档案
  - 审计取证的基本方法
    - 顺查法和逆查法
    - 详查法和抽查法
  - 审计取证的具体技术方法
    - 审查账面资料的方法
      - 审阅法
      - 核对法
      - 查询法
      - 比较法
      - 验算法
      - 分析法
    - 证实客观事物的方法
      - 观察法
      - 盘点法
      - 调节法
      - 鉴定法
    - 审计调查的方法
      - 专项调查法
      - 专案调查法
  - 基于大数据分析技术的审计应用
    - 审计大数据的内涵与特征
      - 定义
      - 分类
    - 基于大数据分析的审计模式
      - 大数据分析与传统数据分析的差异
      - 审计大数据分析
      - 审计大数据分析的具体应用

复习思考题

1. 审计程序主要包括哪些阶段？各阶段的主要工作是什么？

2. 审计业务约定书一般包含什么内容？

3. 顺查法、逆查法、详查法、抽查法的优点和缺点各是什么？

4. 证实客观事物的方法有哪些？

5. 随着大数据、云计算、物联网等新一代信息技术的发展，电子化证据日趋普及，对审计程序和方法会产生何种影响？

第六章

审计证据与审计工作底稿

对于一项审计业务约定，审计人员确定审计目标后，针对确定的审计目标，审计人员必须实施一系列的审计程序来收集相应的审计证据，并对所获取的审计证据的充分性和适当性进行评价，判断收集的审计证据是否支持所确定的审计目标，据此发表恰当的审计意见并将这一过程记录于审计工作底稿之中。本章将在前述审计目标和审计程序与审计方法的基础上介绍审计证据的基本概念、分类和获取等，以及审计工作底稿的概念和归档等。

学习目标

- 理解审计证据的分类、特征和作用
- 了解审计工作底稿的含义和分类
- 理解审计工作底稿的作用和内容
- 掌握审计工作底稿的复核和归档

第一节　审计证据概述

一、审计证据的定义

审计证据系审计人员在执行审计业务过程中，用以证明被审计事项的事实真相、得出审计结论和形成审计意见而使用的数据和信息，是审计人员获取的能够为审计结论提供合理基础的全部事实，包括审计人员调查了解被审计单位及其相关情况和对确定的被审计事项进行审查所获取的证据。收集和评价审计证据是审计人员得出审计结论、支撑审计意见的基础。审计人员应当依照法定权限和程序获取充分、适当的审计证据，以得出合理的审计结论，作为形成审计意见的基础。

《国际审计准则》指出，审计证据是审计人员在达成据以形成审计意见的结论时所获得的信息。《中国注册会计师审计准则第 1301 号——审计证据》第四条指出，“审计证据，是指注册会计师为了得出结论和形成审计意见而使用的信息”。审计证据包括构成财务报表基础的会计记录所含有的信息和从其他来源获取的信息。

会计记录是指对初始会计分录形成的记录和支持性记录。例如，支票、电子资金转账记录、发票和合同；总分类账、明细分类账、会计分录，以及对财务报表予以调整但未在账簿中反映的其他分录；支持成本分配、计算、调节和披露的手工计算表和电子数据表。

可用作审计证据的从其他来源获取的信息包括审计人员从被审计单位内部或外部获取的会计记录以外的信息，如被审计单位会议记录、内部控制手册、询证函的回函、证券分析师的报告、与竞争者的比较数据等；通过询问、观察和检查等审计程序获取的信息，如通过检查存货获取存货存在的证据等；自身编制或获取的可以通过合理推断得出结论的信息，如注册会计师编制的各种计算表、分析表等。

文件证据的种类及具体内容如表 6-1 所示。

表 6-1 文件证据的种类及具体内容

文件证据的种类	具体内容
会计记录	总分类账和现金日记账、银行存款日记账、月报、季报等
货币资金	支票存根和银行对账单等
采购记录	订购单、申购单、验收单、入库单、购货发票和付款凭单等
生产记录	计时打卡、考勤卡、工资汇总表、存货清单等
销售记录	销售订单、销售发票、发运单、提货单和运费单等
其他重要文件	公文、合同等

二、审计证据的特征

《中国注册会计师审计准则第 1301 号——审计证据》第九条规定，“注册会计师的目标是，通过恰当的方式设计和实施审计程序，获取充分、适当的审计证据，以得出合理的结论，作为形成审计意见的基础”。因此，充分性（sufficiency）和适当性（appropriateness or adequacy）是审计证据的两大特征。

（一）审计证据的充分性

充分性是指审计证据的数量足以使审计人员形成审计意见，故又称为足够性。充分性是对审计证据数量方面的衡量，是审计人员为形成审计意见所需审计证据的最低数量要求，审计人员只有通过不同的渠道和方法取得其认为足够的审计证据时，才能据以发表审计意见。

审计人员对审计证据充分性的判断通常基于以下几方面因素的考虑：①重要性。对于重要的账户余额和交易，一旦判断失误，就会影响审计人员对审计对象的整体判断，从而导致错误的审计意见，因此，对于越重要的账户余额和交易，审计人员就需要收集越多的审计证据。②评估的重大错报风险。审计人员需要获取的审计证据的数量受其对重大错报风险评估的影响，评估的重大错报风险越高，需要的审计证据可能越多。③审计证据的质量。内部控制系统越有效，其生产的会计数据就越可靠，相关的审计证据质量越高，审计人员需要收集的审计证据就越少；反之，审计人员就需要收集更多的审计证据。然而，审计人员仅靠获取更多的审计证据可能无法弥补其质量上的缺陷。④成本和效益原则。在确定审计证据数量规模时，审计人员应考虑成本和效益原则，如果增加时间和成本后未能带来相应的效益，就要考虑采取其他的替代程序来收集审计证据。

（二）审计证据的适当性

适当性是对审计证据质量方面提出的要求。审计证据适当性的核心内容是相关性和可靠性。

1. 相关性

审计证据的相关性是指审计证据必须与特定的审计目标和管理层认定相关，审计人员只能利用与审计目标相关联的审计证据来证明和否定被审计单位所认定的事项。例如，审计人员监盘存货获得的有关存货存在性的证据并不能证明这些存货的所有权和计价认定，更不能用来证明其他不相关的审计项目。在确定审计证据的相关性时，审计人员应当考虑：特定的审计程序可能只为某些认定提供相关的审计证据，而与其他认定无关；有关某一认定的审计证据，不能替代与其他认定相关的审计证据；不同来源或不同性质的审计证据可能与同一认定相关。相关性的强弱表现为审计证据是直接还是间接与审计目标相关联。

在符合性测试获取审计证据时，应考虑的相关事项主要包括以下几方面。

（1）相关内部控制制度是否存在。

（2）相关内部控制制度是否有效。

（3）相关内部控制制度在审计期间是否得到一贯遵守。

在实质性程序获取审计证据时，应考虑的相关事项主要包括以下几方面。

（1）资产或负债在某一特定时日是否存在。

（2）资产或负债在某一特定时日是否归属于被审计单位。

（3）经济业务的发生是否与被审计单位有关。

（4）是否有未入账的资产、负债或其他交易事项。

（5）资产或负债的计价是否恰当。

（6）收入与费用是否归属当期，并相互配比。

（7）会计记录是否正确。

（8）会计报表项目的分类反映是否恰当，并前后一致。

2. 可靠性

审计证据的可靠性是指审计证据的可信赖程度，通常受审计证据来源和性质的影响，并取决于获取审计证据的具体环境。在确定审计证据的可靠性时，审计人员应当考虑以下因素。

（1）证据的类型。例如，书面文件形式的证据比经由有关人员口头询问得来的口头证据更为可靠。

（2）证据的来源。审计人员通过亲自进行实地检查、观察、计算等程序直接获取的证据比从被审计单位间接获取的证据更为可靠；外部证据比内部证据更为可靠，其中未经由被审计单位持有的外部证据比经由被审计单位持有的外部证据更为可靠，在外部流转已获独立第三方确认的内部证据比未获独立第三方确认的内部证据更为可靠。

（3）证据的时效。对于资产负债表账户来说，越是临近资产负债表日收集的证据，其可靠性越高；对于损益表账户来说，从整个会计期间选取的样本中得到的证据比从部分时间段内选取的样本中得到的证据更为可靠。

（4）内部控制系统的有效性。如果被审计单位的内部控制系统较为健全、完善且能得到一贯的遵守与执行，则其提供的内部证据比内部控制较差时提供的内部证据更为可靠。

（5）证据间的相互印证（consistent）性。不同来源或不同性质的审计证据之间能相互印证时，审计证据就具有较高的可靠性；反之，若不同来源或不同性质的审计证据之间出现不一致，甚至相互矛盾时，则审计证据的可靠性较弱。

审计人员应当根据实际情况选择上述不同的惯例或原则，以判断审计证据的可靠性。在审计实践中，有的审计人员基于执业经验和职业敏感，根据企业经营状况（entity business states，EBS）、管理层经营陈述（management business representation，MBR）、管理信息媒介（management information intermediaries，MII）之间的关系，发现并总结出如图 6-1 所示的 EMM“三角证据”图，其对实际工作具有一定的参考价值。图 6-1 中的企业经营状况、管理层经营陈述、管理信息媒介之间是互为条件、互为制约、相互佐证的。它们可以支持甚至放大每一种证据的可信性和有用性，增加审计证据的证明力和说服力，如果三方证据来源传递的信号互相一致，那么审计人员的判断就更具可信性和与说服力；如果三方证据来源传递的信号彼此不一致（不能相互印证）或对审计证据的可靠性存在疑虑，那么审计人员即可发现潜在的错报风险，考虑获取额外审计证据的性质和范围，确定需要修改或追加哪些审计程序予以解决，从而确保或提高审计质量。

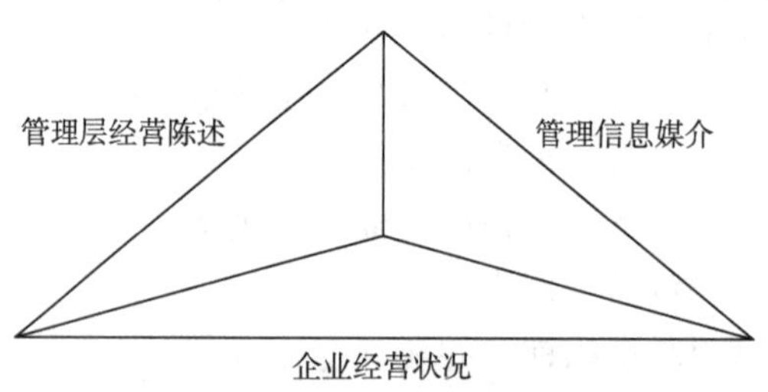

图 6-1 EMM“三角证据”图

审计证据的充分性与适当性密切相关。审计人员所需获取的审计证据的数量也会受到审计证据质量的影响，审计证据质量越高，需要的审计证据可能越少。但如果审计证据的质量存在缺陷，则仅仅依靠获取更多的审计证据是难以弥补其质量上的缺陷的。此外，在审计实务中，绝对可靠的审计证据是很难获得的，因为审计人员获取审计证据时，一般要考虑成本和效益原则，因而，审计人员并不一定要选取最有力的审计证据。但是，对于重要的审计项目，审计人员不应将审计成本的高低或获取审计证据的难易程度作为减少必要审计程序的理由。

因此，审计证据的充分性和适当性二者缺一不可，只有充分且适当的审计证据才是具有证明力的。审计证据的特征如图 6-2 所示。

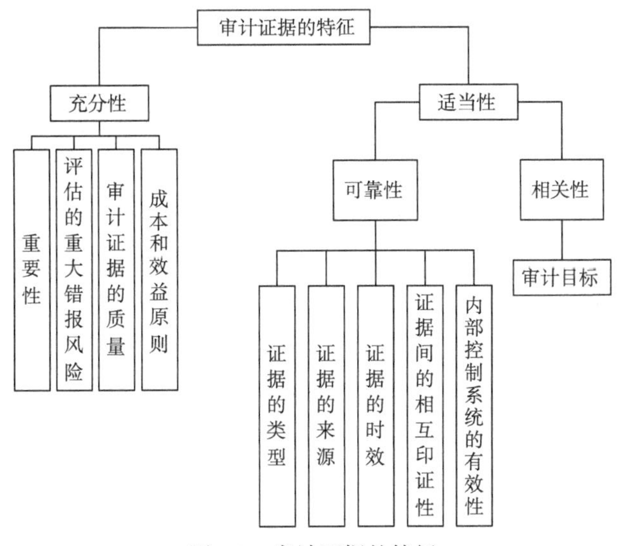

图 6-2 审计证据的特征

三、审计证据的分类

从某种意义上而言，审计的过程就是收集、鉴定和评价审计证据的过程。国际会计师联合会颁布的《国际审计准则——审计证据》指出，审计证据包括会计报表所依据的原始凭证与会计记录、其他来源的佐证信息；美国注册会计师协会颁布的《审计准则第32号说明书》认为，审计证据涵盖所依据的会计资料和佐证信息两大类，并且规定佐证信息又包括实物证据、文书证据、声明书、函证、口头证据、数学性证据和分析性证据等七种形式。《中国注册会计师审计准则第 1301 号——审计证据》指出，审计证据包括构成财务报表基础的会计记录所含有的信息和从其他来源获取的信息。更好地理解和把握审计证据，可以依据不同的标准和分析维度，对审计证据做不同的分类。

（一）按照审计证据的形式分类

按照审计证据的形式不同，审计证据可以分为实物证据、书面证据、口头证据、电子证据和环境证据。

1. 实物证据

实物证据是指通过实际观察或盘点取得的，用以证实实物资产的真实性和完整性的证据，即审计人员获取的各种实物形式的证据。实物证据通常是证明实物资产是否存在的最有说服力的证据，但实物证据并不能完全证明被审计单位对实物资产拥有所有权，而且实物证据有时还无法支持对某些资产的价值情况做出判断。

2. 书面证据

书面证据是审计人员获取的各种书面形式的证据，它包括与审计工作有关的各种原始凭证、会计记录、各种会议记录和文件、各种合同、通知书、报告书等。书面证据是审计证据的主要组成部分，也是审计工作中搜集最多、运用最广泛的一类证据。

3. 口头证据

口头证据是指被审计单位的有关人员对审计人员的提问进行口头答复所形成的证据。口头证据可能会带有个人成见和片面观点，可靠性较差、证明力较小。口头证据本身并不足以证明事情的真相，往往需要得到其他相应证据的支持，但有利于发掘线索，具有一定的旁证作用。口头证据需要及时记录，必要时还应获得被询问者的签名确认。

4. 环境证据

环境证据是指对被审计单位产生影响的各种环境因素所形成的证据。环境证据有助于审计人员在了解被审计单位及其经济活动所处环境的基础上，合理地制定审计策略和审计计划，提高审计质量和审计效率。它包括有关内部控制情况、被审计单位管理人员的素质，以及各种管理条件和管理水平等。这些不同类别的审计证据与具体审计目标也有着一定的关系（表 6-2）。

表 6-2 各类审计证据与具体审计目标的关系

审计证据种类	具体审计目标								
	总体合理性	真实性	完整性	所有权	计价	截止	机械准确性	披露	分类
实物证据		√	√		√	√			
书面证据	√	√	√	√	√	√	√	√	√
口头证据	√	√	√	√	√	√		√	√
环境证据	√								

注：√表示不同种类审计证据和具体审计目标的对应关系

除了以上四种之外，信息技术的飞速发展不断推动财务行业迈向数字化、自动化、智能化，随着影像技术设备的不断迭代更新，OCR（optical character recognition，光学字符识别）、语音识别等新技术日趋成熟，加上电子结算单、电子发票、电子汇票、电子银行回单等电子形式凭证越来越深入地应用于企业的各类场景，电子证据也逐渐成为审计证据的重要形式。电子证据的采集和处理过程，是在被审计单位对日常交易采用高度自动化情况下处理的，电子证据的充分性和适当性通常取决于自动化信息系统相关控制的有效性。

（二）按照审计证据的证明力分类

按照审计证据的证明力不同，审计证据可以分为基本证据和辅助证据。

1. 基本证据

基本证据是指对审计人员形成审计意见、做出审计结论具有直接影响作用，能够用来直接证实被审计事项的重要证据，它具有较强的证明力，是审计证据的主要部分，因而也称主证。例如，实物证据和书面证据都属于基本证据。审计人员只有在具备基本证据的前提下，才能提出审计意见，得出审计结论。

2. 辅助证据

辅助证据是指对基本证据起辅助证明作用的证据。它是用来从旁证明被审计事项的真实性和可靠性的证据，因而也称旁证（或佐证）。通常，附在记账凭证后面的各种原始凭证，都是编制记账凭证的辅助依据，而记账凭证是证明账簿记录真实准确的基本依据。

（三）按照审计证据的来源分类

按照审计证据的来源不同，审计证据可以分为外部证据、内部证据和分析推理证据。

1. 外部证据

外部证据是由被审计单位以外的组织机构或人员编制和提供的书面证据。该类证据一般具有较强的证明力。例如，直接递交给审计人员的外部证据、为被审计单位持有并提交审计人员的外部证据，以及审计人员自己编制的各种计算表、分析表等。

2. 内部证据

内部证据是由被审计单位内部机构或人员编制和提供的书面证据。一般而言，内部证据不如外部证据可靠，但如果内部证据在外部流转，并得到其他单位或个人的承认，则具有较强的可靠性；如果被审计单位内部控制系统较为健全，其内部证据的可靠程度也较高。

3. 分析推理证据

分析推理证据是由审计人员在事实基础上进行分析推理所取得的证据。该类证据的可靠性往往取决于审计人员的执业经验和职业判断能力。

四、审计证据的收集

审计人员通过风险评估程序、控制测试和实质性程序等审计程序来获取充分、适当的审计证据，以此作为审计人员对被审计单位财务报表发表审计意见的基础。因此，收集审计证据是审计工作的核心，也是考核审计工作质量的重要环节，关系到审计工作的成败。

收集审计证据的途径很多，常见的有以下几种。

1. 监盘

监盘是指审计人员通过实地监督盘点取得审计证据。例如，审计人员对库存现金、材料、固定资产等实物进行监盘，以证实书面资料与有关财产物资的相符情况，这是取得实物证据最有效的途径。

监盘是收集审计证据的重要途径，但也有局限性，它只能对实物资产是否确实存在提供有力的审计证据，并不能保证被审计单位对该资产拥有所有权，也不能对该资产的价值和完整性提供审计证据。

2. 观察

观察是指审计人员亲赴现场，对被审计单位的环境状况和实施状况进行实地观察，从而取得审计证据，常用于对生产经营管理、财产物资保管、内部控制系统的遵守执行、资源的利用、劳动效率和工作纪律等情况的观察。审计人员通过目睹的事实，可以获得较为可信的审计证据。

3. 询问

询问是指审计人员以书面或口头方式，向被审计单位内部或外部的知情人员获取财务信息和非财务信息，并对答复进行评价的过程。口头询问时，审计人员应做书面记录，并要求被询问人员签字作证。

4. 函证

函证是指审计人员为获取审计证据而向被审计单位以外的第三方发函，要求对方回函确认被审计单位的某一账户金额或某一笔业务是否正确、真实的一种取证途径。

采用函证收集审计证据时，审计人员应事先考虑一个详尽的函证提纲，做好充分准备。对于函证，应要求对方将书面答复签章后直接寄给审计人员。

5. 检查

检查是指审计人员通过对被审计单位的书面资料和有形资产的审阅和复核而获得审计证据的途径。在实际工作中，检查包括检查记录或文件和检查有形资产。

检查记录或文件是指审计人员对被审计单位内部或外部生成的，以纸质、电子或其他介质形式存在的记录或文件进行检查。检查记录或文件可提供可靠程度不同的审计证据，审计证据的可靠性取决于记录或文件的来源和性质。

检查有形资产是指审计人员对资产实物进行检查。检查有形资产可为其存在性提供可靠的审计证据，但不一定能够为权利和义务或计价认定提供可靠的审计证据。

6. 重新计算

重新计算是指审计人员对被审计单位的原始凭证及会计记录中的数据进行的验算或另行计算。一般而言，重新计算不仅包括对被审计单位的会计凭证、会计账簿和财务报表中有关数字的验算，而且包括对会计资料中有关项目的加总或其他运算。

7. 重新执行

重新执行是指审计人员以人工方式或使用计算机辅助审计技术，重新独立执行作为被审计单位内部控制组成部分的程序或流程，以获取审计证据的方法。

8. 分析程序

分析程序是指审计人员对财务报表和其他会计资料中的重要比率或金额及其变动趋势进行分析、研究，并对发现的异常项目及异常变动进行调查，以获取审计证据。分析的内容主要包括：将本期与上期或前期的会计数据进行比较；将实际数与计划数或同行业平均数进行比较；对财务报表各重要项目间的关系进行分析；等等。分析程序贯穿于审计人员收集审计证据的整个过程。

审计证据是用来对审计事项做出审计结论的事实和资料。这些事实和资料必须在做出审计结论之前收集齐全。此外，收集审计证据时必须注意审计证据的目的性。

第二节　审计工作底稿

一、审计工作底稿的含义与作用

（一）审计工作底稿的含义

《中国注册会计师审计准则第 1131 号——审计工作底稿》指出："审计工作底稿，是指注册会计师对制定的审计计划、实施的审计程序、获取的相关审计证据，以及得出的审计结论作出的记录。"审计工作底稿形成于审计工作的全过程，审计证据的收集过程同时又是审计工作底稿的编制和整理过程。

审计工作底稿是审计证据的载体和汇集，其全部内容可作为审计过程和结果的书面证明，也是审计人员形成审计结论、发表审计意见的直接依据。

（二）审计工作底稿的作用

审计工作底稿记录了审计人员从开始接受委托到最终发表审计意见的整个审计过程。这些底稿中有的是审计人员自己编制的，如审计程序表、某一账户的分析性证据等，也有的是从被审计单位直接获取的，如重要交易合同的复印件、重要会议的会议记录等。审计工作底稿主要有以下作用。

1. 审计工作底稿是审计报告的基础

审计工作底稿完整地记载了审计人员在审计过程中所收集到的审计证据和所做出的职业判断。因此，审计工作底稿是审计证据的载体，是审计人员形成审计结论、发表审计意见的直接依据，是审计报告的基础。

2. 审计工作底稿是考核审计质量的依据，是控制与监督审计质量的手段

审计工作底稿几乎反映了所有已执行的审计工作，因此，可以根据审计工作底稿的记录来判断审计人员是否实施了必要的审计程序、审计程序的选择是否合理、职业判断是否准确等，从而有助于分析和评价审计人员的审计质量。

3. 审计工作底稿是连接整个审计工作的纽带

审计项目小组往往由多位成员组成，项目小组内需要进行合理的分工与安排，不同的审计程序、不同财务报表项目的审计往往由不同的审计人员执行，而最终是针对被审计单位财务报表的整体形成审计结论并发表审计意见的。审计工作底稿能把不同审计人员的工作有机地连接起来，从而实现对财务报表的整体发表审计意见。

4. 审计工作底稿对后续审计具有重要的参考价值

审计业务有一定的连续性，同一被审计单位前后年度的审计业务必然存在着联系和共同点，因此，本期审计工作底稿包含了对后续审计工作具有重要参考价值的信息。此外，对于不熟悉被审计单位的助理审计人员，前期的审计工作底稿能帮助他们熟悉被审计单位的基本情况，了解重点审计领域。

毋庸置疑，信息化有助于提高审计质量和工作效率。建立线上审计作业系统是推进信息化的重点任务。随着线上审计作业单位的全面启用，被审计单位的财务数据可以实现高效采集和转换，部分电子底稿直接生成并能高效共享，电子底稿的分类归档可以迅速完成，数据运算和比对更加方便。项目组成员内部配合、项目组与质量控制部门的沟通更加方便，这都可以提高审计质量和工作效率。

二、审计工作底稿的内容和类型

（一）审计工作底稿的主要内容

根据《中国注册会计师审计准则第 1131 号——审计工作底稿》，注册会计师编制的审计工作底稿，应当使得未曾接触该项审计工作的有经验的专业人士清楚了解：①按照审计准则和相关审计法律法规的规定实施的审计程序的性质、时间安排和范围；②实施审计程序的结果和获取的审计证据；③审计中遇到的重大事项和得出的结论及在得出结论时做出的重大职业判断。

通常，审计工作底稿应包括下列全部或部分要素：①审计工作底稿的标题；②审计过程记录；③审计结论；④审计标识及其说明；⑤索引号及编号；⑥编制者姓名及编制日期；⑦复核者姓名及复核日期；⑧其他应说明事项。

审计人员应当将审计过程中考虑的所有重要事项记录于审计工作底稿之中。在记录已实施审计程序的性质、时间安排和范围时，审计人员应当记录：①测试的具体项目或事项的识别特征；②审计工作的执行人员及完成审计工作的日期；③审计工作的复核人员及复核的日期和范围。在某些例外情况下，如果在审计报告日后实施了新的或追加的审计程序，或者得出了新的结论，审计人员应当记录：①遇到的例外情况；②实施的新的或追加的审计程序、获取的审计证据、得出的结论及对审计报告的影响；③对审计工作底稿做出相应变动的时间和人员及复核的时间和人员。

审计人员应当记录与管理层、治理层和其他人员对重大事项的讨论，包括所讨论的重大事项的性质及讨论的时间、地点和参加人员。如果识别出的信息与针对某重大事项得出的最终结论不一致，审计人员应当记录如何处理该不一致的情况。在极其特殊的情况下，如果认为有必要偏离某项审计准则的相关要求，审计人员应当记录实施的替代审计程序如何实现相关要求的目的及偏离的原因。

（二）审计工作底稿的类型

1. 依据审计工作底稿的形成阶段及其性质和作用划分

（1）综合类工作底稿。其是指审计人员在审计计划阶段和审计完成阶段，为规划、控制和总结整个审计工作，并发表审计意见所形成的审计工作底稿，主要包括审计业务约定书、审计计划、审计报告书未定稿、审计工作总结及审计调整分录汇总表等审计工作记录。

（2）业务类工作底稿。其是指审计人员在审计实施阶段执行具体审计程序所编制和取得的工作底稿，主要包括执行审计测试过程中，从被审计单位内部和外部搜集的各种审计证据资料而形成的工作底稿。

（3）备查类工作底稿。其是指审计人员在审计过程中形成的、对审计工作仅具有备查作用的审计工作底稿，主要包括与审计约定事项有关的重要法律性文件、被审计单位的营业执照及章程、重要会议记录与纪要、重要经济合同与协议等原始资料的副本或复印件等。

2. 按照审计工作底稿的内容和使用期限划分

（1）当期档案。其是指那些记录内容经常变化，主要供当期审计使用和下期审计参考的审计档案，包括业务类工作底稿和综合类工作底稿的一部分。例如，审计工作日记、试算平衡表、纳税申报表、盘点表、应收账款账龄分析表、询证函、内部控制制度测试和评价表等在当期审计中形成的资料。

（2）永久性档案。其是指那些记录内容相对稳定，具有长期使用价值，并对以后审计工作具有重要影响和直接作用的审计档案，包括备查类工作底稿和综合类工作底稿中的审计报告、管理意见书及被审计单位基本情况（包括各种规章制度）、企业章程、企业组织机构系统图、各种业务处理流程图、内部控制制度副本等。

三、审计工作底稿的复核与归档

（一）审计工作底稿的复核

会计师事务所应当结合本单位实际情况建立实用、有效的审计工作底稿复核制度，以确保审计工作质量。审计工作底稿复核制度，是指审计组织对有关复核人员级别、复核程序与要点、复核人员职责等所做出的明确规定。

1. 审计工作底稿的复核内容与要求

审计工作底稿的复核内容通常包括：①所引用的材料是否真实可靠；②所获取的审计证据是否充分恰当；③所做的审计判断是否有理有据；④所形成的审计结论是否正确。

复核人员在复核审计工作底稿时，应做出必要的复核记录、签署复核意见并签名。复核过程中，各复核人员如发现已执行的审计程序和所做的审计记录存在问题，应指示有关人员予以答复、处理，并形成相应的审计记录。

2. 审计工作底稿的三级复核制度

为了保障审计工作底稿的复核质量，各审计组织应当根据审计质量管理准则建立审计工作底稿的三级复核制度。审计工作底稿三级复核制度，就是由项目经理（或经验丰富人员）、部门经理（或签字注册会计师）、主任会计师（或项目合伙人）对审计工作底稿进行的逐级复核（表 6-3）。

表 6-3 审计工作底稿三级复核制度

复核人	复核级次	复核时间和地点	复核内容
项目经理（或经验丰富人员）	一级复核（详细复核）	在审计工作中现场复核	现场逐项详细复核
部门经理（或签字注册会计师）	二级复核（一般复核）	在审计工作接近尾声时现场复核	重要会计账项、重要审计调整、重要审计程序
主任会计师（或项目合伙人）	三级复核（重点复核）	签发审计报告前总体质量复核	重大会计审计问题、重大审计调整事项、重要的审计工作底稿

（1）一级复核：项目经理（或经验丰富人员）对审计工作底稿的复核是三级复核制度中的第一级复核，又称为详细复核，属于技术性的复核。通常在每一份审计工作底稿完成后进行，要求项目经理对下属审计助理人员形成的审计工作底稿逐张复核，发现问题及时指出，并督促审计人员及时修改完善。复核的内容包括核实每一重要程序、步骤、数字，了解助理人员是否按规定的程序、步骤进行审计，审计的方法是否正确，做出的判断是否正确，结论表达是否清楚，等等（图 6-3）。

1. 审计工作是否已按照职业准则和适用的法律法规的规定执行
2. 重大事项是否已提请进一步考虑
3. 相关事项是否已进行适当咨询，由此形成的结论是否已得到记录和执行
4. 是否需要修改已执行审计工作的性质、时间安排和范围
5. 已执行的审计工作是否支持形成的结论，并已得到适当记录
6. 已获得的审计证据是否充分、适当
7. 审计程序的目标是否已实现

图 6-3　一级复核事项示例

（2）二级复核：部门经理（或签字注册会计师）对审计工作底稿的复核是三级复核制度中的第二级复核，又称为一般复核。它是在项目经理完成详细复核之后，部门经理再对审计工作底稿中重要会计账项的审计、重要审计程序的执行，以及审计调整事项等进行复核。复核的内容不仅包括对各个注册会计师编制的审计工作底稿进行综合分析，还要对注册会计师在审计中是否遵守了国家有关规定进行检查。二级复核是对一级复核的一种再监督，也是对重要审计事项的重点把握（图 6-4）。

1. 是否已复核已完成的审计计划，以及导致对审计计划做出重大修改的事项
2. 是否已复核重要的财务报表项目
3. 是否已复核特殊交易和事项，包括债务重组、关联方交易、非货币性交易、或有事项、期后事项、持续经营能力等
4. 是否已复核重要会计政策、会计估计的变更
5. 是否已复核重大事项概要
6. 是否已复核建议调整事项
7. 是否已复核管理层声明书，股东大会、董事会相关会议纪要，与客户的沟通记录及重要会谈记录，律师询证函复函
8. 是否已复核审计小结
9. 是否已复核已审计财务报表和拟出具的审计报告
10. 实施上述复核后，是否可以确定下列事项：

（1）审计工作底稿提供了充分、适当的记录，作为审计报告的基础。
（2）已按照《中国注册会计师审计准则》的规定执行了审计工作。
（3）对重大错报风险的评估及采取的应对措施是恰当的，针对存在特别风险的审计领域，设计并实施了针对性的审计程序，且得出了恰当的审计结论。
（4）做出的重大判断恰当合理。
（5）提出的建议调整事项恰当，相关调整分录正确。
（6）未更正错报无论是单独还是汇总起来对财务报表整体均不具有重大影响。
（7）已审计财务报表的编制符合《企业会计准则》的规定，在所有重大方面公允反映了被审计单位的财务状况、经营成果和现金流量。
（8）拟出具的审计报告措辞恰当，已按照《中国注册会计师审计准则》的规定发表了恰当的审计意见

图 6-4　二级复核事项示例

（3）三级复核：会计师事务所的主任会计师（或项目合伙人）对审计工作底稿的复核是三级复核中的最后一级复核，又称为重点复核。它是对审计过程中的重大审计问题、

重大审计调整事项及其重要的审计工作底稿进行的复核。复核的内容主要是检查注册会计师是否遵循了会计师事务所的质量管理制度，审计过程中是否存在重大遗漏，审计证据与审计结论是否存在不一致等情况。三级复核既是对前面两级复核的再监督，也是对整个审计工作的计划、进度和质量的重点把握（图 6-5）。

1. 是否已复核已完成的审计计划，以及导致对审计计划做出重大修改的事项
2. 是否已复核重大事项概要
3. 是否已复核存在特别风险的审计领域，以及项目组采取的应对措施
4. 是否已复核项目组做出的重大判断
5. 是否已复核建议调整事项
6. 是否已复核管理层声明书，股东大会、董事会相关会议纪要，与客户的沟通记录及重要会谈记录，律师询证函复函
7. 是否已复核审计小结
8. 是否已复核已审计财务报表和拟出具的审计报告
9. 实施上述复核后，是否可以确定下列事项：
（1）对项目经理实施的复核结果满意。
（2）对重大错报风险的评估及采取的应对措施是恰当的，针对存在特别风险的审计领域，设计并实施了针对性的审计程序，且得出了恰当的审计结论。
（3）项目组做出的重大判断恰当合理。
（4）提出的建议调整事项恰当合理，未更正错报无论是单独还是汇总起来对财务报表整体均不具有重大影响。
（5）已审计财务报表的编制符合《企业会计准则》的规定，在所有重大方面公允反映了被审计单位的财务状况、经营成果和现金流量。
（6）拟出具的审计报告措辞恰当，已按照《中国注册会计师审计准则》的规定发表了恰当的审计意见

图 6-5　三级复核事项示例

（二）审计工作底稿的归档

1. 审计档案的结构

《中国注册会计师审计准则第 1131 号——审计工作底稿》第六条指出，“审计档案，是指一个或多个文件夹或其他存储介质，以实物或电子形式存储构成某项具体业务的审计工作底稿的记录”。审计档案包括初步业务活动阶段审计工作底稿，审计计划阶段、审计实施阶段、审计完成阶段的审计工作底稿等。表 6-4 是典型的审计档案结构。

表 6-4　审计档案内容示例

初步业务活动	初步业务活动程序表
	业务承接评价表
	业务保持评价表
	审计业务约定书
审计计划阶段	预备会会议纪要
	了解被审计单位及其环境
	项目组讨论纪要——风险评估
	风险评估结果汇总表
	总体审计策略和具体审计计划
	对内部审计的评价，对外部专家的评价，对服务机构的评价
	被审计单位提交资料清单

续表

审计实施阶段	进一步审计程序：控制测试工作底稿、实质性程序工作底稿（如各种程序表、分析表、问题备忘录、询证函回函等）
	特定项目审计程序：舞弊、持续经营、关联方、对法律法规的考虑等
审计完成阶段	账项调整分录汇总表、重分类调整分录汇总表、列报调整汇总表、未更正错报汇总表
	资产负债表试算平衡表、利润表试算平衡表
	重大事项概要汇总表、有关列报的工作底稿（如现金流量表、关联方和关联交易的披露等）
	财务报表所属期间的董事会会议纪要、总结会会议纪要、管理层声明书原件、专业意见分歧解决表
	审计总结、审计工作完成情况核对表、业务复核核对表
	审计报告和经审计的财务报表、与主审注册会计师的沟通和报告、与治理层的沟通和报告、与管理层的沟通和报告、管理建议书

2. 审计工作底稿归档的期限

审计人员应在审计工作结束后，对审计过程中形成的审计工作底稿进行分类、整理、筛选和汇集并予以归档保管。归档后的审计工作底稿即成为审计档案，它是审计组织开展审计工作的重要历史资料，也是会计师事务所重要的资产。《中国注册会计师审计准则第 1131 号——审计工作底稿》第十七条规定："审计工作底稿的归档期限为审计报告日后六十天内。如果注册会计师未能完成审计业务，审计工作底稿的归档期限为审计业务中止后的六十天内。"

3. 审计工作底稿的变动

审计报告日前，注册会计师应完成所有必要的审计程序，取得充分、适当的审计证据并得出适当的审计结论。由此，在审计报告日后将审计工作底稿归整为最终审计档案是一项事务性的工作，不涉及实施新的审计程序或得出新的结论。

如果在归档期间对审计工作底稿做出的变动属于事务性的，注册会计师可以做出变动，主要包括：①删除或废弃被取代的审计工作底稿；②对审计工作底稿进行分类、整理和交叉索引；③对审计档案归整工作的完成核对表签字认可；④记录在审计报告日前获取的、与项目组相关成员进行讨论并达成一致意见的审计证据。

注册会计师发现有必要修改现有审计工作底稿或增加新的审计工作底稿的情形主要有以下两种：①注册会计师已实施了必要的审计程序，取得了充分、适当的审计证据并得出了恰当的审计结论，但审计工作底稿的记录不够充分；②审计报告日后，发现例外情况要求注册会计师实施新的或追加审计程序，或导致注册会计师得出新的结论。例外情况主要是指审计报告日后发现与已审计财务信息相关，且在审计报告日已经存在的事实，该事实如果被注册会计师在审计报告日前获知，可能影响审计报告。

在完成最终审计档案的归整工作后，如果发现有必要修改现有审计工作底稿或增加新的审计工作底稿，无论修改或增加的性质如何，注册会计师均应当记录下列事项：①修改或增加审计工作底稿的理由；②修改或增加审计工作底稿的时间和人员，以及复核的时间和人员。

4. 审计工作底稿的保存期限

会计师事务所应当自审计报告日起，对审计工作底稿至少保存 10 年。如果注册会计师未能完成审计业务，会计师事务所应当自审计业务中止日起，对审计工作底稿至少保存 10 年。在完成最终审计档案的归整工作后，注册会计师不应在规定的保存期届满前删除或废弃任何性质的审计工作底稿。

本 章 小 结

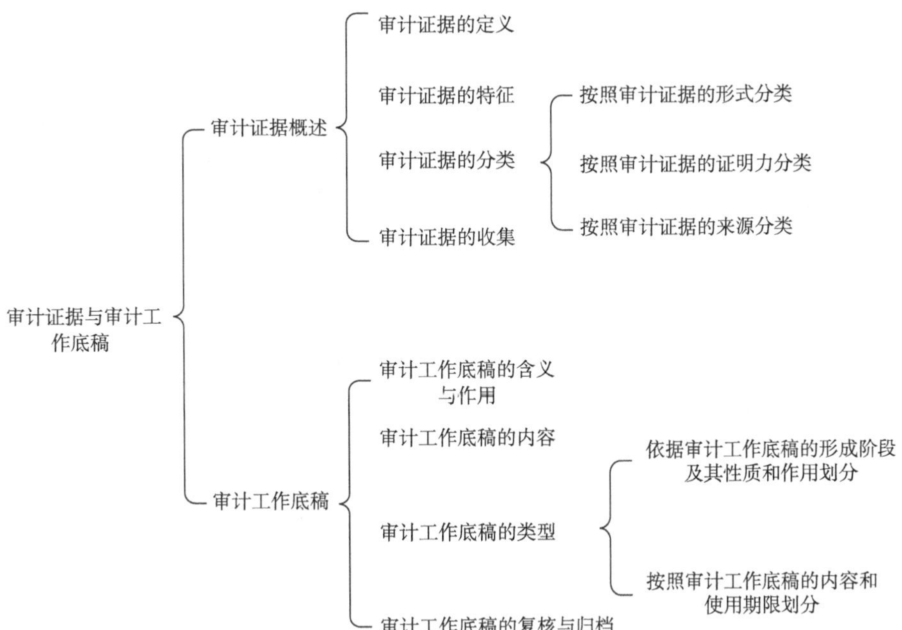

复习思考题

1. 什么是审计证据？
2. 审计证据可以进行怎样的分类？
3. 审计证据具备哪些特征？
4. 什么是审计工作底稿？它可以分为哪些类型？
5. 编制审计工作底稿有哪些要求？如何对其进行复核？
6. 在审计工作底稿的所有权和使用方面有哪些规定？
7. 审计工作底稿归档和保管有哪些要求？

第七章

计划审计工作

计划审计工作是整个审计业务过程中一个重要的准备阶段，其对审计人员高效地完成审计工作并控制审计风险具有重要的影响。计划审计工作包括针对审计业务制定总体审计策略和具体审计计划，以将审计风险降至可接受的水平。

学习目标

- 了解计划审计工作的意义、主要内容及各阶段的工作流程
- 理解制定总体审计策略时需要考虑的主要因素
- 理解总体审计策略和具体审计计划的主要内容
- 深刻理解审计重要性、审计风险的内涵及其相互关系
- 掌握财务报表层次重要性水平的判断与确定的内涵
- 掌握各类交易、账户余额、列报认定层次重要性水平的确定

第一节　审计计划

计划审计工作并非审计业务的一个孤立阶段，而是一个持续的、不断修正的过程，贯穿于整个审计业务的始终。审计人员通常在前一期审计工作结束后即着手本期的计划审计工作，直至本期审计工作结束。对于审计人员而言，合理的计划审计工作，不仅有助于关注重点领域、及时发现并纠正问题及合理组织审计工作，并使审计业务以有效的方式得以执行，而且有助于对审计项目组成员进行恰当的分工、指导、监督，并复核其工作，还有助于协调其他审计人员和专家的工作。

审计计划是指审计人员为了完成各项审计业务，实现预期的审计目标，在具体执行审计程序之前编制的工作计划。审计计划通常包括总体审计策略和具体审计计划，此外，在签订审计业务约定书之前，审计人员必须对被审计单位的基本情况进行调查，开展初步业务活动，以判定接受客户委托所带来的风险。

一、初步业务活动

在本期审计业务开始时，审计人员开展初步业务活动具有重要的意义。

（一）初步业务活动的目的

在本期审计业务开始时，审计人员需要开展初步业务活动，以实现以下三个主要目的：①具备执行业务所需的独立性和能力；②不存在因管理层诚信问题而可能影响审计人员保持该项业务的意愿的事项；③与被审计单位之间不存在对业务约定条款的误解。

（二）初步业务活动的内容

审计人员应当开展下列初步业务活动：①针对保持客户关系和具体审计业务实施相应的质量控制程序；②评价遵守相关职业道德要求的情况；③就审计业务约定条款达成一致意见。

针对保持客户关系和具体审计业务实施质量控制程序，并且根据实施相应程序的结果做出适当的决策是注册会计师控制审计风险的重要环节。《中国注册会计师审计准则第 1121 号——对财务报表审计实施的质量管理》及《质量控制准则第 5101 号——会计师事务所对执行财务报表审计和审阅、其他鉴证和相关服务业务实施的质量控制》含有与客户关系和具体业务的接受与保持相关的要求，审计人员应当按照其规定开展初步业务活动。

评价遵守相关职业道德要求的情况也是一项非常重要的初步业务活动。质量管理准则含有包括独立性在内的有关职业道德要求，审计人员应当按照其规定执行。虽然保持客户关系和具体审计业务及评价职业道德的工作贯穿审计业务的全过程，但是这两项活动需要安排在其他审计工作之前，以确保审计人员已具备执行业务所需要的独立性和专业胜任能力，且不存在因管理层诚信问题而影响审计人员保持该项业务的意愿等情况。在连续审计业务中，这些初步业务活动通常是在上期审计工作结束后不久或将要结束时就已经开始了。

在做出接受或保持客户关系和具体审计业务的决策后，审计人员应当按照《中国注册会计师审计准则第 1111 号——就审计业务约定条款达成一致意见》的规定，在审计业务开始前，与被审计单位就审计业务约定条款达成一致意见，签订或修改审计业务约定书，以避免双方对审计业务的理解产生分歧。

二、审计业务约定书

审计业务约定书是指会计师事务所与被审计单位签订的，用以记录和确认审计业务的委托与受托关系、审计目标和范围、双方的责任及报告的格式等事项的书面协议。会计师事务所承接任何审计业务，都应与被审计单位签订审计业务约定书。

（一）审计业务约定书的基本内容

审计业务约定书的具体内容和格式可能因被审计单位的不同而不同，但应当包括以下主要内容。

（1）财务报表审计的目标与范围。

（2）管理层对财务报表的责任，包括指出编制财务报表所适用的财务报告编制基础（如《企业会计准则》）、管理层为审计人员提供必要的工作条件和协助等。

（3）审计人员的责任，包括指明在执行财务报表审计业务时遵守的《中国注册会计师审计准则》，明确审计风险，出具审计报告的时间要求等。

（4）审计收费，包括收费的计算基础和收费安排（在专业服务得到良好的计划、监督及管理的前提下，通常以合理估计的每一专业人员审计工时和适当的小时费用率为基础计算收费）。

（5）审计报告的格式和对审计结果的其他沟通形式，包括提及审计人员拟出具的审计报告的预期形式和内容，以及对在特定情况下出具的审计报告可能不同于预期形式和内容的说明。

（6）违约责任。

（7）解决争议的方法。

（8）签约双方法定代表人或其授权代表的签字盖章，以及签约双方加盖的公章。

审计业务约定书一式两份，任何一方如需修改、补充审计业务约定书，应以适当方式获得双方的确认。对于连续审计，审计人员应当根据具体情况评估是否需要对审计业务约定条款做出修改，以及是否需要提醒被审计单位注意现有的条款。对于变更审计业务约定条款的要求，在完成审计业务前，如果被审计单位或委托人要求将审计业务变更为保证程度较低的业务，审计人员应当评估确定是否存在合理理由予以变更。

（二）审计业务约定书范例

下面举例说明审计业务约定书的格式和内容。

审计业务约定书（合同式）

甲方：A股份有限公司

乙方：B会计师事务所

兹由甲方委托乙方对20×8年度财务报表进行审计，经双方协商，达成以下约定。

一、业务范围与审计目的

乙方接受甲方委托，对甲方按照《企业会计准则》和《企业会计制度》编制的20×8年12月31日的资产负债表，20×8年度的利润表、所有者权益变动表和现金流量表及财务报表附注（以下统称财务报表）进行审计。

乙方通过执行审计工作，对财务报表的下列方面发表审计意见：①财务报表是否按照《企业会计准则》和《企业会计制度》的规定编制；②财务报表是否在所有重大方面公允反映甲方的财务状况、经营成果和现金流量。

二、甲方的责任与义务

（一）甲方的责任

（1）根据《中华人民共和国注册会计师法》《企业财务会计报告条例》，甲方及甲方负责人有责任保证会计资料的真实性和完整性。因此，甲方管理层有责任妥善保存和提供会计记录（包括但不限于会计凭证、会计账簿及其他会计资料），这些记录必须真实、完整地反映甲方的财务状况、经营成果和现金流量。

（2）按照《企业会计准则》和《企业会计制度》的规定编制财务报表是甲方管理层的责任，这种责任包括：①设计、实施和维护与财务报表编制相关的内容控制，以使财务报表不存在舞弊或错误导致的重大错报；②选择和运用恰当的会计政策；③做出合理的会计估计。

（二）甲方的义务

（1）及时为乙方的审计工作提供其所要求的全部会计资料和其他有关资料（在20×9年×月×日之前提供审计所需的全部资料），并保证所提供资料的真实性和完整性。

（2）确保乙方不受限制地接触任何与审计有关的记录、文件和所需的其他信息。

甲方管理层对其做出的与审计有关的声明予以书面确认。

为乙方派出的有关工作人员提供必要的工作条件和协助，主要事项将由乙方于外勤工作开始前提供清单。

按本约定书的约定及时足额支付审计费用及乙方人员在审计期间的交通、食宿和其他相关费用。

三、乙方的责任和义务

（一）乙方的责任

（1）乙方的责任是在实施审计工作的基础上对甲方财务报表发表审计意见。乙方按照《中国注册会计师审计准则》（以下简称审计准则）的规定进行审计。审计准则要求注册会计师遵守职业道德规范，计划和实施审计工作，以对财务报表是否不存在重大错报获取合理保证。

（2）审计工作涉及实施审计程序，以获取有关财务报表金额和披露的审计证据。选择的审计程序取决于乙方的判断，包括对舞弊或错误导致的财务报表重大错报风险的评估。在进行风险评估时，乙方考虑与财务报表编制相关的内部控制，以设计恰当的审计程序，但目的并非对内部控制的有效性发表意见。审计工作还包括评价管理层选用会计政策的恰当性和做出会计估计的合理性，以及评价财务报表的总体列报。

（3）乙方需要合理计划和实施审计工作，以使乙方能够获取充分、适当的审计证据，为甲方财务报表是否不存在重大错报获取合理保证。

（4）乙方有责任在审计报告中指明所发现的甲方在某重大方面没有遵循《企业会计准则》和《企业会计制度》编制财务报表且未按乙方的建议进行调整的事项。

（5）由于测试的性质和审计的其他固有限制，以及内部控制的固有局限性，不可避免地存在着某些重大错报在审计后可能仍然未被乙方发现的风险。

（6）在审计过程中，乙方若发现甲方内部控制存在乙方认为的重要缺陷，应向甲方提交管理建议书，但乙方在管理建议书中提出的各种事项，并不代表已全面说明所有可能存在的缺陷或已提出所有可行的改善建议。甲方在实施乙方提出的改善建议前应全面评估其影响。未经乙方书面许可，甲方不得向任何第三方提供乙方出具的管理建议书。

（7）乙方的审计不能减轻甲方及甲方管理层的责任。

（二）乙方的义务

（1）按照约定时间完成审计工作，出具审计报告。乙方应于20×9年×月×日前出具审计报告。

（2）除下列情况外，乙方应当对执行业务过程中知悉的甲方信息予以保密：①取得甲方的授权；②根据法律法规的规定，为法律诉讼准备文件或提供证据及向监管机构报告发现的违反法规行为；③接受行业协会和监管机构依法进行的质量检查；④监管机构对乙方进行行政处罚（包括监管机构处罚前的调查、听证）及乙方对此提起行政复议。

四、审计收费

（1）本次审计服务的收费是以乙方各级别工作人员在本次工作中所耗费的时间为基础计算的。乙方预计本次审计服务的费用总额为人民币××万元。

（2）甲方应于本约定书签署之日起××日内支付×%的审计费用，其余款项于审计报告草稿完成日结清。

（3）如果无法预见的原因致使乙方从事本约定书所涉及的审计服务实际时间较本约定书签订时预计的时间有明显的增加或减少时，甲乙双方应通过协商，相应调整本约定书第四条第（1）项下所述的审计费用。

（4）如果无法预见的原因致使乙方人员抵达甲方的工作现场后，本约定书所涉及的审计服务不再进行，甲方不得要求退还预付的审计费用；如上述情况发生于乙方人员完成现场审计工作，并离开甲方的工作现场之后，甲方应另行向乙方支付人民币××元的补偿费，该补偿费应于甲方收到乙方的收款通知之日起××日内支付。

（5）与本次审计有关的其他费用（包括交通费、住宿费等）由甲方承担。

五、审计报告和审计报告的使用

（1）乙方按照《中国注册会计师审计准则第 1501 号——对财务报表形成审计意见和出具审计报告》《中国注册会计师审计准则第 1502 号——在审计报告中发表非无保留意见》《中国注册会计师审计准则第 1503 号——在审计报告中增加强调事项段和其他事项段》《中国注册会计师审计准则第 1504 号——在审计报告中沟通关键审计事项》规定的格式和类型出具审计报告。

（2）乙方向甲方致送审计报告一式×份。

（3）甲方在提交或对外公布审计报告时，不得修改乙方出具的审计报告及其后附的已审计财务报表。当甲方认为有必要修改会计数据、报表附注和所做的说明时，应当事先通知乙方，乙方将考虑有关的修改对审计报告的影响，必要时，将重新出具审计报告。

六、本约定书的有效时间

本约定书自签署之日起生效，并在双方履行完毕本约定书约定的所有义务后终止。但其中第三条（二）第（2）项、第四条、第五条、第八条、第九条、第十条并不因本约定书终止而失效。

七、约定事项的变更

如果出现不可预见的情况，影响审计工作如期完成，或需要提前出具审计报告，甲乙双方均可要求变更约定事项，但应及时通知对方，并由双方协商解决。

八、终止条款

（1）如果根据乙方的职业道德及其他有关专业职责、适用的法律法规或其他任何法定的要求，乙方认为已不适宜继续为甲方提供本约定书约定的审计服务时，乙方可以采取向甲方提出合理通知的方式终止履行本约定书。

（2）在终止业务约定的情况下，乙方有权就其于本约定书终止之日前对约定的审计服务项目所做的工作收取合理的审计费用。

九、违约责任

甲乙双方按照《中华人民共和国合同法》的规定承担违约责任。

十、适用法律和争议解决

本约定书的所有方面均应适用中华人民共和国法律进行解释并受其约束。本约定书履行地为乙方出具审计报告所在地，本约定书引起的或与本约定书有关的任何纠纷或争议(包括关于本约定书条款的存在、效力或终止，或无效之后果)，双方选择以下第_____种解决方式：

（1）向有管辖权的人民法院提起诉讼。

（2）提交仲裁委员会仲裁。

十一、双方对其他有关事项的约定

本约定书一式两份，甲乙双方各执一份，具有同等法律效力。

委托方（签章）：	受托方（签章）：
法人代表（签章）	法人代表（签章）：
联系电话：	联系电话：
签订日期：　　年　　月　　日	签订日期：　　年　　月　　日

第二节　总体审计策略与具体审计计划

审计计划包括的总体审计策略和具体审计计划，分属两个层次。审计人员应当制定总体审计策略，以便对审计的预期活动范围、实施方式和审计资源调配做出整体规划。此外，审计人员为了获取充分、适当的审计证据，以便将审计风险降至可接受的低水平，审计人员还应依据总体审计策略，制订更加详细的具体审计计划，对拟实施审计程序的性质、时间安排和范围等事项做出具体的安排和说明。

一、总体审计策略

审计人员应当为审计工作制定总体审计策略。总体审计策略是对审计的预期活动范围、实施方式和审计资源调配所做的规划，用以确定审计的范围、时间和方向，并指导具体审计计划的制定。

（一）制定总体审计策略时应考虑的因素

审计人员在制定总体审计策略时，应当考虑下列事项。

（1）确定审计业务的特征，包括被审计单位的经营背景、组织结构、财务管理、人事政策、管理层情况、采用的会计准则和相关会计制度、特定行业的报告要求及被审计单位组成部分的分布等，以界定审计范围。

（2）明确审计业务的报告目标，计划审计的时间安排和所需沟通的性质，包括提交审计报告的时间要求，预期与管理层和治理层沟通的重要日期，等等。

（3）考虑影响审计业务的重要因素，确定项目组工作方向，包括确定适当的重要性水平，初步识别可能存在较高的重大错报风险的领域、重要的组成部分和账户余额，评价是否需要针对内部控制的有效性获取审计证据，识别被审计单位、所处行业、财务报告要求及其他相关方面的重大变化等。

（4）考虑初步业务活动的结果，以及被审计单位提供其他服务时所获得的经验。

（5）针对总体审计策略中识别的不同事项，制订具体审计计划，并考虑通过有效利用审计资源以实现审计目标。

需要指出的是，不同的被审计单位和审计业务，其规模大小与业务复杂程度可能会不同，因此，审计人员制定的相应的总体审计策略的详略程度也会有所不同，但其包括的主要内容应当基本一致。

（二）总体审计策略的主要内容

在计划审计工作中，制定总体审计策略的意义在于确定审计范围、时间和方向，并指导具体审计计划的制订。总体审计策略的内容主要包括以下几方面。

1. 确定审计业务的特征以界定审计范围

在界定审计范围时需要考虑诸多事项，经常需要考虑的内容包括：编制财务报表适用的会计准则和相关会计制度；特定行业的报告要求，如某些行业的监管部门要求提交的报告；预期的审计工作涵盖范围，包括需审计的集团内组成部分的数量及所在地点，用于确定如何编制合并财务报表的母公司和集团内其他组成部分之间存在的控制关系的性质；其他注册会计师参与组成部分审计的范围；需审计的业务分部的性质，包括是否需要具备专业知识；外币业务的核算方法及外币财务报表折算和合并方法；除对合并财务报表审计之外，是否对组成部分的财务报表单独进行审计；内部审计工作的可利用性及对内部审计工作的拟依赖程度；被审计单位使用服务机构的情况、注册会计师如何取得有关服务机构内部控制设计、执行和运行有效性的证据；拟利用在以前期间审计工作中获取的审计证据的程度，如获取的与风险评估程序和控制测试相关的审计证据；信息技术对审计程序的影响，包括数据的可获得性和预期使用计算机辅助审计技术的情况；与为被审计单位提供其他服务的会计师事务所人员讨论可能影响审计的事项；被审计单位的人员和相关数据的可利用性；等等。

2. 明确审计业务的报告目标、时间安排及所需沟通的性质

要明确审计业务的报告目标、时间安排及所需沟通的性质等问题，应当对以下方面给予充分考虑：被审计单位的财务报告时间表；与管理层和治理层就审计工作的性质、范围和时间所举行的与会议相关的组织工作；与管理层和治理层讨论预期签发报告和其他沟通文件的类型及提交时间，如审计报告、管理建议书和与治理层沟通函等；就组成部分的报告和其他沟通文件的类型及提交时间与负责组成部分审计的注册会计师沟通；项目组成员之间预期沟通的性质和时间安排，包括项目组会议的性质和时间安排及复核工作的时间安排；与管理层讨论预期在整个审计过程中通报审计工作进展及审计结果的方式；是否需要与第三方沟通，包括与审计相关的法律法规规定和业务约定书约定的报告责任等。

3. 根据职业判断考虑用以指导项目组工作方向的重要因素

总体审计策略的制定应当包括考虑影响审计业务的重要因素，如确定适当的重要性水平、初步识别可能存在较高重大错报风险的领域等。总体审计策略的指导作用就体现在为具体审计工作的开展确定基本方向和目标。

确定审计方向时，应当考虑重要性水平、重大错报风险较高的审计领域、评估的财务报表层次的重大错报风险对指导和监督及复核的影响、项目组成员的选择（在必要时包括项目质量控制复核人员）和工作分工、项目预算、以往审计中对内部控制运行有效性评价的结果、管理层重视设计和实施健全的内部控制的相关证据、业务交易量规模、管理层对内部控制重要性的重视程度、影响被审计单位经营的重大发展变化、会计准则及会计制度的变化、重大的行业发展情况及其他重大变化等。

4. 确定执行业务所需资源的性质、时间安排和范围

执行业务所需资源的性质、时间安排和范围的确定应当考虑下列内容：向具体审计领域调配的资源，包括向高风险领域分派有适当经验的项目组成员、就复杂的问题利用专家工作等方面；向具体审计领域分配资源的多少，包括分派到重要地点进行存货监盘的项目组成员人数，在集团审计中复核组成部分注册会计师工作的范围，向高风险领域分配的审计时间预算等；何时调配这些资源，包括是在期中审计阶段还是在关键的截止日期调配资源等；如何管理、指导、监督这些资源，包括预期何时召开项目组预备会和总结会，预期项目合伙人和经理如何进行复核，是否需要实施项目质量控制复核等。

总体审计策略的内容框架如图 7-1 所示。

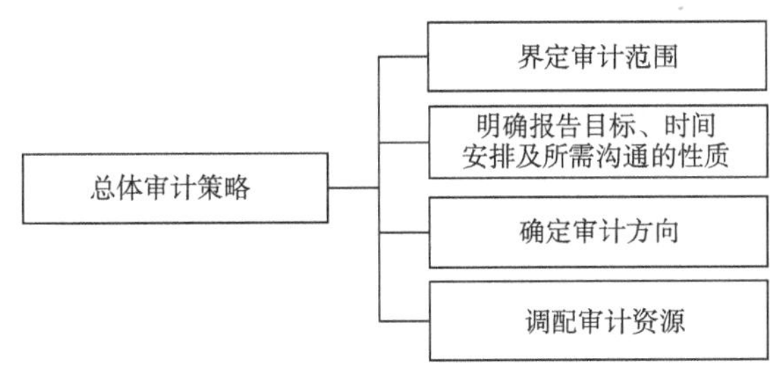

图 7-1　总体审计策略的内容框架

二、具体审计计划

审计人员应当为审计工作制订具体审计计划。具体审计计划是指审计人员为获取充分、适当的审计证据，依据总体审计策略，就拟实施审计程序的性质、时间安排和范围等事项所做出的安排和说明。

具体审计计划内容包括：①按照有关审计准则的规定，为了足够识别和评估财务报表重大错报风险，审计人员计划实施的风险评估程序的性质、时间安排和范围；②按照有关审计准则的规定，针对评估的认定层次的重大错报风险，审计人员计划实施的进一步审计程序的性质、时间安排和范围；③按照有关审计准则的规定，审计人员针对审计业务需要实施的其他审计程序。

具体审计计划的实施应分为风险评估程序、进一步审计程序及其他审计程序。

（一）风险评估程序

风险评估程序是指审计人员为了解被审计单位及其环境以识别和评估财务报表层次和认定层次的重大错报风险而实施的审计程序。在具体审计计划中，风险评估及重点审计领域的确定是一个重要的内容。对于对被审计单位重大风险错报的评估，《中国注册会计师审计准则第 1211 号——通过了解被审计单位及其环境识别和评估重大错报风险》规定：注册会计师应当实施风险评估程序，为识别和评估财务报表层次和认定层次的重大错报风险提供基础。但是，风险评估程序本身并不能为形成审计意见提供充分、适当的审计证据。

风险评估程序应当包括询问管理层及被审计单位内部其他人员、分析程序、观察和检查。其中，需要询问的被审计单位内部其他人员是审计人员根据判断认为可能拥有某些信息的人员，这些信息有助于识别错误或舞弊导致的重大错报风险。

应当注意的是，具体审计计划中的风险评估程序要与总体审计策略相结合。总体审计策略中确定了一些发生错误或舞弊可能性比较高的重要的会计问题和重点审计领域，预示着相应的审计风险比较高，审计人员在计划风险评估程序时应当更加仔细和谨慎，有针对性地设计更为详尽的评估程序。

（二）进一步审计程序

进一步审计程序可以分为进一步审计程序的总体方案和拟实施的具体审计程序。进一步审计程序的总体方案包括实质性方案和综合性方案，指的是审计人员针对各类交易、账户余额及列表和披露拟采用的总体方案。而拟实施的具体审计程序是对总体方案的延伸和细化，通常包括控制测试和实质性程序的性质、时间安排和范围。

在确定进一步审计程序的性质时，审计人员应当首先考虑认定层次的重大错报风险的评估结果。评估的认定层次的重大错报风险越高，对获取的审计证据的相关性和可靠性要求就越高，从而影响对进一步审计程序的选择。此外，审计人员还应当考虑认定层次的重大错报风险产生的原因。例如，审计人员可能判断某特定类别的交易即使在不存在相关控制的情况下发生重大错报风险的概率仍然很低，此时审计人员很可能认为仅实施实质性程序就可以获取充分、适当的审计证据。确定进一步审计程序的时间即审计人员选择何时实施进一步审计程序或审计证据使用的期间或时点。控制测试和实质性程序的实施时点一般可在期中或期末。但当评估的重大错报风险较高时，审计人员应当考虑在期末或接近期末时实施实质性程序，或在管理层不可预见的时间实施审计程序。进一步审计程序的范围也应当结合总体审计策略确定的审计工作方向，并在综合考虑重要性水平、评估的重大错报风险及计划获取的保证程度等因素后予以确定。

在审计实务中，具体审计计划的编制是通过审计程序表的形式进行的。审计人员可以根据审计风险和重要性来调整审计程序表的内容。对于这种调整，审计人员必须给出合理而充分的解释，同时将这些解释以书面的形式记录在审计工作底稿之中以提供证据证明审计人员在调整审计程序时保持了应有的职业谨慎。

（三）其他审计程序

在审计计划工作中，除了按照审计准则要求的程序进行计划工作之外，审计人员还需要兼顾其他准则中规定的、针对特定项目在审计计划阶段应执行的程序及记录要求。由于被审计单位所在行业及被审计单位自身特点的不同，对特定项目在审计计划阶段执行的程序及其记录的要求也不尽相同。例如，有些企业可能涉及环境事项、电子商务等。在实务中，审计人员应根据被审计单位的具体情况确定特定项目并执行相应的审计程序。

第三节　审计重要性

审计重要性是审计中一个非常重要的概念。审计重要性及其确定与运用，贯穿整个审计过程，审计人员在执行审计业务时，应当考虑审计重要性、审计风险及其相互关系。

一、审计重要性的定义

审计重要性取决于在具体环境下对错报金额和性质的判断，如果一项错报单独或连同其他错报可能影响财务报表使用者依据财务报表做出的经济决策，则该项错报是重大的。各国对审计重要性的定义大都沿用会计准则的定义。表 7-1 总结了国际会计准则理事会（International Accounting Standards Board，IASB）、美国财务会计准则委员会（Financial Accounting Standards Board，FASB）、英国会计准则委员会（Accounting Standards Board，ASB），以及我国财政部会计准则委员会对审计重要性的定义。

表 7-1　各机构对审计重要性的定义

机构	定义
国际会计准则理事会	如果信息的错报或漏报会影响使用者根据财务报表采取的经济决策，信息就具有重要性
美国财务会计准则委员会	一项会计信息的错报或漏报是重要的，指在特定环境下，一个理性的人依赖该信息所做的决策可能因为这一错报或漏报得以变化或修正
英国会计准则委员会	错报或漏报可能影响到财务报表使用者的决策即为重要性。审计重要性可能在整个财务报表范围内、单个财务报表或财务报表的单个项目中加以考虑
我国财政部会计准则委员会	重要性取决于在具体环境下对错报金额和性质的判断。如果一项错报或漏报单独或连同其他错报可能影响财务报表使用者依据财务报表做出的经济决策或判断，则该项错报或漏报是重要的

二、审计重要性的特征

为了正确理解审计重要性概念的内涵，需要重点关注审计重要性的如下特征。

（一）审计重要性的判断从财务报表使用者整体需求的角度出发

判断一项业务重要与否，应视其在财务表中的错报对财务报表使用者所做决策的影响程度而定。如果一项业务在财务报表中的错报足以改变或影响财务报表使用者的判断，则该项业务就是重要的，否则就是不重要的。这里将财务报表使用者视为具有一定理解能力并能够理性地做出判断和决策的群体，来考虑其对共同性财务信息的需求，而没有考虑财务报表中的错报对特定使用者可能产生的影响，因为特定使用者的个体需求可能不尽相同。

（二）审计重要性的判断离不开特定的审计环境，需要审计人员运用合理的职业判断

审计人员判断和确定审计重要性时，应当结合具体的环境。不同企业面临的外部环境和具有的内在条件不同，不同的财务报表使用者有着不同的信息需求，判断和确定审计重要性的标准也不同，因而，在这种意义上审计重要性是相对的。不同企业的审计重要性不同，同一企业在不同时期的审计重要性也不同。例如，某一金额对甲企业的财务报表而言是重要的，对乙企业而言可能并不重要；另外，即使对同一企业而言，审计重要性也会随时间的不同而不同。

审计人员在评估与确定审计重要性水平时需要合理运用职业判断，由于审计人员在判断能力、判断方法和专业胜任能力等方面存在差异，不同审计人员在对判断同一被审计单位财务报表的审计重要性水平时，也可能会得出不同的结论。

（三）审计重要性的判断要综合考虑错报或漏报的金额与性质的影响

审计人员在评估审计重要性时，要同时结合错报或漏报的金额与性质。

首先，就错报或漏报的金额而言，一般而言，同样类型的错报或漏报，金额大的错报比金额小的错报更重要。此外，在考虑错报数额大小的时候，还要注意多项小额错报的累计影响，一项错报单独看来并不重要，但如果多次出现，积少成多，就可能变得重要了。仅从数量角度考虑，审计重要性水平只是提供了一个门槛或临界点，在该门槛或临界点之上的错报就是重要的；反之，该错报就是不重要的。

其次，就错报或漏报的性质而言，某些金额小的错报或漏报从性质上考虑也可能是重要的。在考虑错报性质对审计重要性的影响时要注意以下四点。第一，错报是属于错误还是舞弊，如果属于舞弊，则性质相对严重。第二，错报是否会引起履行合同义务，如果错报致使履行了合同义务，则相对重要。第三，错报是否会影响收益趋势，如果改变了收益趋势，则相对重要。第四，不期望出现的错报。例如，某些敏感或者较稳定的账户，如“现金”“实收资本”等账户中发生的错报应引起足够重视。

（四）审计人员应当恰当运用职业判断以便合理确定审计重要性水平

鉴于审计重要性与审计风险之间存在反向关系，审计人员在确定审计重要性水平时，应当恰当运用职业判断，兼顾审计效率和效果。例如，假定客观重要性水平为 6 000 元，即 6 000 元的错报才会影响到财务报表使用者的判断和决策，若审计人员将审计重要性水平确定为 3 000 元，则将扩大审计程序的范围或追加审计程序，实际上浪费了不必要的时间和人力，降低了审计效率；相反，如果客观重要性水平为 3 000 元，意味着 3 000 元的错报就会影响到财务报表使用者的判断和决策，审计人员若将重要性水平确定为 6 000 元，则会缩小应当实施的审计程序的范围或减少审计程序，有可能会得出错误的结论，增加审计风险。可见，审计重要性水平偏低或偏高，会影响审计效率或效果。因此，审计人员应当保持应有的职业谨慎，恰当运用职业判断，合理确定审计重要性水平，有

效控制审计风险，从而保证审计的效果和效率。

（五）审计重要性判断贯穿于整个审计业务过程

在审计计划阶段，审计人员应当在了解被审计单位及其环境的基础上确定审计重要性，即为财务报表层次确定一个可接受的审计重要性水平，以发现在金额上的重大错报，并随着审计过程的推进，评价对审计重要性的判断是否仍然合理。同时，审计人员还应当评估各类交易、账户余额及列报和披露认定层次的重要性，以便确定进一步审计程序的性质、时间安排和范围，将审计风险降至可接受的低水平。

在审计实施阶段，如果审计人员决定接受更低的审计重要性水平，审计风险将增加。为此，审计人员应当通过修改计划实施的实质性程序的性质、时间安排和范围来降低检查风险，或在可能的情况下，通过扩大控制测试范围或实施追加的控制测试来降低评估的重大错报风险，并支持降低后的重大错报风险水平。

在审计完成阶段，审计人员确定的审计重要性和审计风险，可能与审计计划阶段存在差异。此时，审计人员应重新确定审计重要性和审计风险，并考虑实施的审计程序是否充分。在确定审计意见类型时，审计人员也应当考虑审计重要性水平。

三、审计重要性的确定

（一）审计重要性水平的两个层次

审计重要性的确定需要从财务报表、账户余额或交易两个层次加以考虑。

1. 财务报表层次的审计重要性水平

审计的总体目标是对财务报表的合法性、公允性发表意见，因此，审计人员必须考虑财务报表层次的审计重要性水平，即总体的审计重要性水平。

2. 账户余额或交易层次的审计重要性水平

财务报表提供的信息均来源于各个账户或各类交易，审计人员只有通过验证各个账户和各类交易，才能得出财务报表是否合法和公允的整体性结论，因此，必须将财务报表层次的审计重要性水平分解到账户余额或交易层次，才能更好地指导审计人员对账户余额和交易进行测试。账户余额或交易层次的审计重要性水平，又称为可容忍误差。对于账户余额或交易层次的审计重要性水平的确定，审计人员可采取将财务报表层次的审计重要性水平分配至各个账户余额和交易层次的方法，也可单独进行确定。

（二）财务报表层次审计重要性水平的确定

1. 判断基准

审计计划阶段审计人员在制定总体审计策略时，应当确定财务报表整体的审计重要性水平。此时，审计人员应首先从财务报表中选定一个合适的判断基准，并乘以相应的百分比作为财务报表整体的审计重要性水平。选择适合具体情况的适当基准和百分比是审计人员运用职业判断的结果。

1）判断基准选择

在财务报表中选择适当的判断基准时，审计人员需要站在财务报表使用者的角度，充分考虑被审计单位的性质、所处的生命周期阶段及所处行业和经济环境，选用资产、负债、所有者权益、收入和费用等汇总性财务报表要素，或报表使用者特别关注的项目（如为了评价财务业绩，报表使用者可能更关注利润、收入或净资产）作为适当的判断基准，同时还应该充分考虑如下因素：第一，所选择的判断基准必须能够反映被审计单位的规模，因此，资产总额指标就比流动资产总额指标更优。第二，所选择的判断基准应该能够反映财务报表使用者的主体的要求。例如，如果财务报告使用者的主体是股东时选择反映经营成果的指标更合适；而使用者的主体是债权人时，则选择反映财务状况的指标更合适。第三，被审计单位的所有权结构和融资方式。例如，如果被审计单位仅通过权益而非债务进行融资，财务报表使用者可能更关注收益而非资产及资产的索偿权。第四，判断基准的相对稳定性，选择的判断基准在各年度中通常会保持稳定。例如，净利润接近于零就不应该作为判断基准，如果被审计单位各年净利润波动较大，应使用几年的平均值，具体应根据经济形势、行业状况和被审计单位具体情况加以变化调整。

确定审计重要性水平时常用的基准如表 7-2 所示。

表 7-2 确定审计重要性水平时常用的基准

被审计单位的情况	可能选择的基准
企业处于开办期，尚未开始经营，正在建造厂房及购买机器设备	资产总额
企业处于成长期，当前侧重于抢占市场份额、扩大企业知名度和影响力	营业收入
企业处于成熟期，盈利水平保持稳定	经常性业务的税前利润
企业近年来经营状况大幅波动，盈利和亏损交替发生，或者由正常盈利变为微利或微亏，或者本年度税前利润因情况变化而出现意外增加或减少	过去 3~5 年经常性业务的平均税前利润或亏损（取绝对值）或营业收入、资产总额等
开放式基金，致力于优化投资组合、提高基金净值、为基金持有人创造投资价值	净资产
企业集团设立的研发中心，主要为集团下属各企业提供研发服务，并以成本加成的方式向相关企业收取费用	成本与营业费用总额
公益性质的基金会	捐赠收入或支出总额

2）百分比确定

由于百分比和选定的判断基准之间存在一定的联系，百分比常常需要根据选定的判断基准并运用职业判断来确定。一般而言，财务报表中可以选择的判断基准通常有资产总额、净资产、营业收入、净利润等。选择了合适的判断基准后，审计人员就可以乘以相应的百分比以获得财务报表层次的审计重要性水平。在确定百分比时，除了考虑被审计单位是否为上市公司或公众利益实体外，还应该考虑财务报表是否分发给广大范围的财务报表使用者；被审计单位是否由集团内部关联方提供融资或是否有大额对外融资（如债券或银行贷款）；财务报表使用者是否对基准数据特别敏感（如特殊目的财务报表使用者）；等等。审计实务中用来判断审计重要性水平的一些参考值包括：①资产总额的 0.5%~1%；②净资产的 1%~2%；③营业收入的 0.5%~1%；④利润总额或净利润的 5%~10%。

2. 财务报表层次审计重要性水平的选取

当所确定的各个财务报表的审计重要性水平不同时，基于谨慎性原则，应当选取其中最低者作为财务报表层次的审计重要性水平。这是为了谨慎起见，宁愿实施较多的审计程序，以便提高发现金额相对较小的错报的可能性，将审计风险降低至相对更低水平。

3. 财务报表尚未编制完成时审计重要性水平的确定

在制订审计计划时，如果被审计单位尚未完成财务报表的编制，审计人员应该根据期中财务报表推算年度财务报表，或者根据被审计单位经营环境或经营情况的变动对上年度财务报表做出必要的调整，以确定财务报表层次的审计重要性水平。

（三）账户余额或交易层次审计重要性水平的确定

审计人员确定了财务报表层次的审计重要性水平之后，为便于确定针对账户余额或交易的测试范围，就需要将财务报表层次的审计重要性水平分配到各账户余额或交易上。在审计实务中，一般选择资产负债表账户作为分配的基础，因为资产负债表的账户比利润表的账户要全，且根据复式记账原理，影响利润表的项目必定以同等金额影响资产负债表的项目，所以，利润表重大错报能够通过检查资产负债表得以发现。

审计人员在设计审计重要性水平的分配方案时，应当考虑三个影响因素。第一，各个账户或各类交易在财务报表中的重要性程度。越是重要的项目，越应分配相对较小的审计重要性水平，以对该对象确定较大的测试范围，降低审计风险。第二，各个账户或各类交易发生错报的可能性。账户或交易的性质不同，发生错报的可能性也不同，被审计单位管理层利用进行虚假会计处理或利润调节的可操纵性也不同，因此，对于预计误差率较大的项目应该分配相对较低的审计重要性水平。第三，各个账户或各类交易的审计成本。审计人员对各个账户或各类交易进行测试所使用的具体方法是不同的，而不同的审计方法和审计程序的审计成本也各不相同。在保证审计质量的前提下，为了降低审计成本，对于测试成本较高的账户或交易就应分配相对较高的审计重要性水平，如相对于现金账户，应该分配存货和应收账款账户更高的审计重要性水平。因此，审计重要性水平的分配是审计人员职业判断的过程，需要在上述三个分配依据之间进行综合平衡，以便合理确定对各个账户或各类交易的测试范围，在确保审计质量的前提下，降低审计成本。

四、审计重要性的运用

在审计过程中，审计人员在审计计划阶段和审计完成阶段必须运用审计重要性原则，而在审计实施阶段可以考虑运用审计重要性。

（一）审计计划阶段对审计重要性的运用

在审计计划阶段，审计人员需要对审计重要性做出判断，以便为确定风险评估程序的性质、时间安排和范围，识别和评估重大错报风险及确定进一步审计程序的性质、时间安排和范围提供基础。此时，审计重要性被看作审计完成后审计人员所允许的可能未发现错报的最大限度，即审计人员在运用审计程序以检查财务报表的错报时所允许的误差范围，审计人员必须依据这个限度确定合适的测试范围。审计对象越重要，确定的审计重要性水平也越低，相应的测试范围就应该越大，同时选择的测试类型也应以实质性程序为主，测试的时间也应尽可能覆盖整个会计期间。

1. 确定计划重要性水平需要考虑的因素

审计人员在审计计划工作中确定审计重要性水平时，需要考虑以下因素：①对被审计单位及其环境的了解程度。审计重要性水平与被审计单位的行业状况、法律环境、监管环境、规模大小、业务性质、对会计政策的选择和应用等因素均相关，因此，对被审计单位及其环境的了解程度将影响审计人员对审计重要性水平的判断。②审计目标。财务报表使用者对于信息的要求会影响审计人员对审计重要性水平的确定。③财务报表各个项目的性质及相互关系。对于不同的财务报表项目，财务报表使用者对其关心的程度也不同，一般而言，流动性较强的项目比流动性较弱的项目更受关注，因而需要制定更严格的审计重要性水平。再者，财务报表各项目之间是相互联系的，因此，在确定审计重要性水平时也应将这一因素纳入考虑范围。④财务报表项目的金额及其变动幅度。财务报表使用者可能会对不同的财务报表项目金额及其变动幅度做出不同的反应。因此，审计人员在确定审计重要性水平时，应当考虑这些项目的金额及其变动幅度。

2. 确定实际重要性水平应考虑的因素

在审计工作中，为了将未更正和未发现的错报的汇总数超过财务报表整体层次的审计重要性水平的可能性降至适当的水平，实际执行的审计重要性水平通常低于财务报表整体层次审计重要性水平，为财务报表整体层次审计重要性水平的50%~75%。具体金额需要审计人员运用职业判断进行确定，并考虑下列因素的影响：①对被审计单位的了解（这些了解在实施风险评估程序的过程中得到更新）；②前期审计工作中识别出的错报性质和范围；③根据前期识别出的错报对本期错报做出的预期。

如果存在下列情况，审计人员可能考虑选择较低的百分比来确定实际执行的审计重要性水平：①首次接受委托的审计项目；②连续审计项目，但以前年度审计调整较多；③项目总体风险较高，如该项目处于高风险行业、管理层能力欠缺、面临较大市场竞争压力或业绩压力等；④存在或预期存在值得关注的内部控制缺陷。

3. 计划重要性水平和实际重要性水平的联系

审计人员在计划审计工作时可能根据实际执行的重要性确定需要对哪些类型的交易、账户余额、列报和披露实施进一步审计程序，即通常选取金额超过实际执行的审计重要性的财务报表项目，因为这些财务报表项目有可能导致财务报表出现重大错报。但是，这不代表审计人员可以对所有金额低于实际执行的审计重要性的财务报表项目不实施进一步审计程序，这主要出于以下考虑：一是单个金额低于实际执行的审计重要性的财务报表项目汇总起来可能金额重大（可能远远超过财务报表整体的审计重要性），审计人员需要考虑汇总后的潜在错报风险；二是对于存在低估风险的财务报表项目，不能仅仅因为其金额低于实际执行的审计重要性而不实施进一步审计程序；三是对于识别出存在舞弊风险的财务报表项目，不能因为其金额低于实际执行的审计重要性而不实施进一步审计程序。

（二）审计实施阶段对审计重要性的运用

在审计实施阶段，审计人员也需要考虑审计重要性来判断所发现的错报或漏报是否重要，从而决定是否应作为审计调整或重分类建议而向被审计单位提出。另外，确定一项分类错报是否重大，需要进行定性评估，此时也需要用到审计重要性水平。例如，审计人员识别出某项应付账款误计入其他应付款的错报，金额超过财务报表整体的审计重要性。由于该错报不影响经营业绩和关键财务指标，审计人员认为该项错报不重大。在执行审计工作阶段，实际执行的审计重要性也将直接影响审计人员的审计工作量及需要获取的审计证据，主要体现在运用实际执行的审计重要性确定进一步审计程序的性质、时间安排和范围。例如，在实施实质性分析程序时，审计人员确定的已记录金额与预期值之间的可接受差异额通常不超过实际执行的审计重要性；在运用审计抽样实施细节测试时，审计人员可以将可容忍错报的金额设定为等于或低于实际执行的审计重要性。

（三）审计完成阶段对审计重要性的运用

在审计完成阶段，审计人员需要对发现的所有错报进行评价，以确定合理的处理方式。此时，审计重要性被看作错报是否影响财务报表使用者判断和决策的标准。

1. 评价审计结果时所运用的审计重要性水平

审计人员评价审计结果时所运用的审计重要性水平，可能与制订审计计划时所确定的审计重要性水平不同。其原因可能是审计人员在审计计划阶段确定的审计重要性水平是根据预测数据获得的，与实际数据可能存在一定差异；另外，审计人员在制订审计计划时，出于谨慎性的考虑有意地将计划的审计重要性水平降低，从而获得一个安全边际，以减少审计风险。因此，在评价审计结果时，如果实际的审计重要性水平大大低于计划重要性水平，审计人员应当重新评估所执行的审计测试是否充分。

2. 错报的汇总

审计人员在评价审计结果时，应当汇总已发现但尚未调整的错报，并考虑其金额与性质是否对财务报表产生重大影响。审计人员在汇总尚未调整的错报时，应当包括审查样本时实际已发现的错报，以及根据样本特征推断出总体可能存在的错报，并考虑对期后事项和或有事项是否进行了适当处理。错报的汇总数确定之后，审计人员就应将其与两个层次的审计重要性水平进行比较，以确定其是否对财务报表的公允反映产生重大影响。

3. 汇总数超过审计重要性水平的处理

如果尚未调整的错报的汇总数超过审计重要性水平，审计人员应当考虑采取两种措施：一是扩大实质性程序的范围，以进一步确认汇总数是否真的超过审计重要性水平；二是提请被审计单位调整财务报表。如果被审计单位拒绝调整财务报表，或扩大实质性程序的范围后，尚未调整的错报的汇总数仍然超过审计重要性水平，则审计人员应当考虑发表保留意见或否定意见。

4. 汇总数接近审计重要性水平的处理

如果尚未调整的错报的汇总数接近审计重要性水平，由于该汇总数连同尚未发现的错报可能超过审计重要性水平，审计人员应当实施追加审计程序，或提请被审计单位调整已发现的错报，以降低审计风险。

第四节 审 计 风 险

一、审计风险模型及其组成要素

（一）风险导向审计的基本思想

在审计发展历程中，审计方法的演变经历了账项基础审计到制度基础审计，再到风险导向审计的演变。如果说账项基础审计到制度基础审计的发展是由审计目标的变迁决定的，那么制度基础审计到风险导向审计的发展则是由审计环境的变化决定的。现代审计过程中的风险因素越来越多，有与审计对象相关的客观风险，也有与审计人员相关的主观风险。审计人员需要很好地评估和确定这些风险要素，以对各种审计测试类型进行合理的配置。

风险导向审计的基本思想就是按审计人员综合分析各风险要素之后订立的风险水平来确定审计测试的性质、范围和时间安排，风险要素的分析和风险水平的确定则是通过运用审计风险模型来实现的。审计风险模型建立的基础是审计风险要素的可量化特征。正是这一特征的存在，使得审计人员不仅能够将客观风险的评估结果数量化，也能够将主观风险确定在一定的数量范围之内，并用百分比的形式表示出来。这就使审计风险模型的建立和具体操作成为可能，并使其成为风险导向审计的核心技术方法。

（二）审计风险模型

1. 传统审计风险模型

在传统审计风险模型下，审计风险包括固有风险、控制风险和检查风险。它们之间的关系可用式（7-1）表示。

$$\text{审计风险}=\text{固有风险}\times\text{控制风险}\times\text{检查风险} \tag{7-1}$$

其中，固有风险是指假定不存在相关内部控制时，被审计单位某一账户或交易类别单独或连同其他账户、交易类别产生重大错报的可能性。控制风险是指某一账户或交易类别单独或连同其他账户、交易类别产生错报，而未能被内部控制防止、发现或纠正的可能性。检查风险是指某一账户或交易类别单独或连同其他账户、交易类别产生错报，而未能被实质性程序发现的可能性。检查风险取决于审计程序设计的合理性和实施的有效性。审计人员应当合理设计审计程序的性质、时间安排和范围，并有效实施审计程序，以控制检查风险。

审计风险示意图见图 7-2。

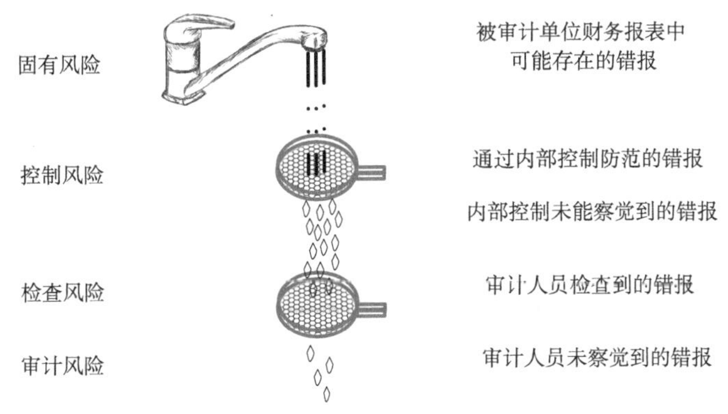

图 7-2　审计风险示意图

在传统审计风险模型下，审计人员通过综合评估固有风险和控制风险来控制检查风险。但审计人员经常忽略对固有风险的评估而直接将其认定为高水平，这就使得审计人员并不从宏观层面上了解被审计单位及其环境，只是机械地执行审计程序。然而，企业是整个社会经济生活网络中的一个细胞，其所处的行业状况、监管环境、企业的性质及其目标、战略和相关经营风险可能最终对财务报表产生重大影响。同时，如果被审计单位管理层串通舞弊或凌驾于内部控制之上，内部控制是失效的。审计人员不把审计视角扩展到内部控制以外，就不能发现内部控制失效导致的财务报表重大错报风险。

2. 现代风险导向审计模型

为了解决传统审计风险模型的缺陷，现代风险导向审计模型强调从宏观上了解被审计单位及其环境，以充分识别和评估财务报表重大错报风险，并针对评估的重大错报风险设计和实施控制测试和实质性程序。据此，现代风险导向审计模型认为审计风险取决于重大错报风险和检查风险，其审计风险模型的基本形式如下：

$$审计风险 = 重大错报风险 \times 检查风险 \tag{7-2}$$

根据现代风险导向审计的基本思想，审计人员必须对财务报表重大错报风险进行评估，不得未经风险评估就直接将风险设定为高水平。因此，现代风险导向审计模型要求审计起点为风险评估程序，然后才能针对重大错报风险实施进一步审计程序。

（三）审计风险模型的组成要素

1. 审计风险定义

审计风险是指财务报表存在重大错报而审计人员发表不恰当审计意见的可能性。在现代风险导向审计模型中，审计风险是指审计人员可以接受的审计风险（acceptable audit risk），即审计人员可以接受的财务报表中存在重大错报，而审计人员审计后发表不恰当审计意见的可能性。审计人员发表不恰当审计意见的可能性由两个方面的风险要素共同构成：一方面是财务报表本身存在重大错报的风险，即客观风险；另一方面则是审计人员实施的审计程序没有发现重大错报的风险，即主观风险。也就是说，总体审计风险是客观风险和主观风险共同作用的结果，其中，重大错报风险是客观风险，而检查风险则是主观风险。

2. 重大错报风险

重大错报风险是指财务报表在审计前存在重大错报的可能性。重大错报风险是只与审计对象直接相关的风险，它们是客观存在的，审计人员不可能改变它们，但它们的存在会对审计人员的测试产生影响。因此，审计人员在确定测试范围时必须考虑到它们的存在。对于客观风险，审计人员虽然没有能力改变它们，但可以通过对审计对象的充分了解，合理评估客观风险的高低，并作为确定测试范围的依据。审计人员应当从财务报表层次和认定层次来考虑重大错报风险。

1）财务报表层次的重大错报风险

财务报表层次的重大错报风险是指与财务报表整体存在广泛联系，可能影响多项认定的风险，但难以界定某类交易、账户余额、列报和披露的具体认定。该类风险通常与控制环境有关，但也可能与其他因素有关，如经济萧条。通常，舞弊引起的风险属于财务报表层次的重大错报风险，且属于特别风险。

审计人员应当评估财务报表层次的重大错报风险，并根据评估结果确定总体应对措施，这些措施包括向项目组分派更有经验或具有特殊技能的审计人员、利用专家的工作或提供更多的督导，以及考虑是否存在影响被审计单位持续经营假设合理性的事项或情况等。

2）认定层次的重大错报风险

认定层次的重大错报风险是指与某类交易、账户余额、列报和披露层次相关的特定风险，它通常限于特定的某类交易、账户余额、列报和披露。认定层次的重大错报风险又可以进一步细分为固有风险和控制风险。

固有风险是指在考虑相关的内部控制之前，某类交易、账户余额、列报和披露的某一认定易于发生错报（该错报单独或连同其他错报可能是重大的）的可能性。某类交易、账户余额、列报和披露及其认定的固有风险较高。例如，复杂的计算比简单计算更可能出错；受重大计量不确定性影响的会计估计发生错报的可能性较大。产生经营风险的外部因素也可能影响固有风险。例如，技术进步可能导致某项产品陈旧，进而导致存货易于发生高估错报（计价认定）。被审计单位及其环境中的某些因素可能与多个甚至所有类别的交易、账户余额、列报和披露有关，进而影响多个认定的固有风险，如流动资金匮乏、被审计单位处于夕阳行业等。

控制风险是指某类交易、账户余额、列报和披露的某一认定发生错报，该错报单独或连同其他错报是重大的，但没有被内部控制防止或及时发现并纠正的可能性。财务报告内部控制的有效性决定了控制风险的高低。内部控制的固有局限性使得控制风险会始终存在。

固有风险和控制风险两者客观且不可分割地交织在一起，有时无法单独进行评估，因此，通常不单独提到固有风险或控制风险，而是将这两者合并称为“重大错报风险”。但是，审计人员既可以对两者单独进行评估，也可以对两者合并进行评估。具体采用的评估方法取决于审计技术和审计方法及实际考虑。

审计人员同时考虑各类认定层次的重大错报风险，有助于确定认定层次应实施的进一步审计程序的性质、时间安排和范围，以便对各类认定层次获取充分、适当的审计证据，将审计风险降至可接受的低水平。

3. 检查风险

检查风险是指某一账户余额或交易类别单独或连同其他账户余额、交易类别存在重大错报而未能被实质性程序发现的可能性。检查风险是与审计人员的检查直接相关的风险，它与审计人员的经验、判断能力、审计抽样方法的使用等有关，因此也是与审计测试范围直接相关的风险要素。

审计风险的分析过程如图 7-3 所示。

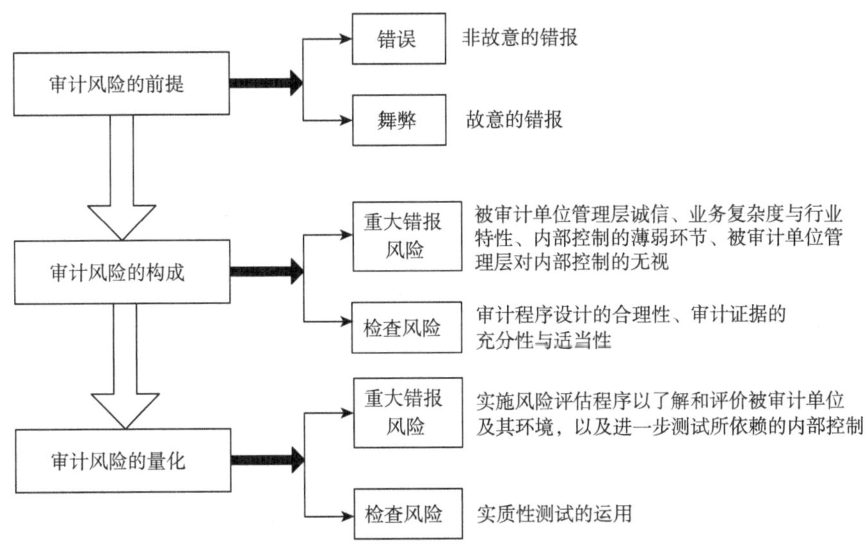

图 7-3　审计风险的分析过程

上述审计风险模型反映了各种审计风险要素之间的相互关系。在审计人员可接受的审计风险既定的情况下，检查风险与重大错报风险之间存在着反向关系，即评估的重大错报风险越高，审计人员可接受的检查风险就越低；反之，可接受的检查风险就越高。换言之，当评估的重大错报风险较高时，审计人员必须扩大实质性程序范围，以降低检查风险，才能将审计人员可以接受的审计风险降低至可接受的水平；反之，如果评估的重大错报风险较低，审计人员就可以相应减少实质性程序范围，即使接受较高的检查风险，也可以将审计风险降低至可接受的水平。审计风险模型反映的审计风险各组成要素之间的相互关系如表 7-3 的审计风险矩阵表所示。

表 7-3　审计风险矩阵

评估的重大错报风险	可接受的检查风险		
	审计人员可接受的审计风险高	审计人员可接受的审计风险中	审计人员可接受的审计风险低
高	最低	较低	中等
中	较低	中等	较高
低	中等	较高	最高

二、审计风险模型的具体运用

（一）运用审计风险模型的基本步骤

在审计风险模型中，审计风险是审计人员可接受的审计风险，是审计人员在审计计划阶段事先确定的。而重大错报风险是客观存在的风险，也是审计人员通过对相关风险要素的评估确定的。由此可见，在审计风险模型中，审计风险、重大错报风险都是已知的风险。据此，审计风险模型可以变形为以下形式：

$$\text{检查风险}=\frac{\text{审计风险}}{\text{重大错报风险}} \tag{7-3}$$

审计人员运用审计风险模型，在综合考虑主观风险和客观风险之后，确定出检查风险，而检查风险又是与实质性程序直接相关的风险要素，因此，检查风险确定后，审计人员就可以确定适当的实质性程序范围。通过审计风险模型计算出的检查风险越小，实质性程序范围就应该越大，相反情况范围就可以缩小。

综上所述，审计人员运用审计风险模型的最终目的就是确定实质性程序的性质、时间安排和范围。审计风险模型运用的基本步骤如下：首先，在制订审计计划时确定可以接受的审计风险水平；其次，通过对被审计单位的调查，了解评估重大错报风险水平；最后，利用审计风险模型计算检查风险水平，并据此确定实质性程序的性质、时间安排和范围。

（二）审计人员可以接受的审计风险的确定

审计人员必须对每项审计确定合适的可接受的审计风险。在确定可接受的审计风险时，需要考虑被审计单位的经营风险和审计人员的风险偏好。通常，被审计单位经营风险越高，审计人员可接受的审计风险就越低；不同审计人员对风险的偏好不同，导致其对可接受的审计风险就不同，如风险厌恶型的审计人员，其可接受的审计风险就低。

1. 经营风险对审计人员可接受的审计风险的影响

经营风险是指被审计单位不能实现其经营目标的可能性，其极端情形是经营失败而不得不破产清算。存在经营风险的情况下，注册会计师或会计师事务所即便出具的审计报告是正确的，也会因与被审计单位存在审计关系而遭受牵连。例如，投资者会将被审计单位的经营失败视为审计失败，注册会计师或会计师事务所面临较大的法律风险，因此，这就需要收集额外的审计证据、委派经验更加丰富的审计人员，并对审计工作进行更加详细严格的审核。在评价经营风险对审计人员可接受审计风险的影响时，需要考虑外部使用者对财务报表的依赖程度、签发报告后被审计单位发生财务困难的可能性及被审计单位管理层诚信、正直程度等。通常，外部使用者对财务报表的依赖程度越大，签发报告后被审计单位发生财务困难的可能性越大；被审计单位管理层不诚信、不正直，经营风险对审计风险的影响会越大。

2. 审计人员的风险偏好对可接受审计风险的影响

不同的审计人员具有不同的风险偏好。有些审计人员更加稳健，宁愿执行更多的测试以获取更高的审计保证程度。但是，有些审计人员更加激进，宁愿忍受更高程度的审计风险，以降低审计成本。对于相同的审计对象，不同的审计人员基于自身的风险偏好不同，可能会给出不同的可接受的审计风险。因此，可接受的审计风险评价的主观性很强，它是审计人员职业判断的过程。

（三）重大错报风险的评估

审计风险准则要求审计人员对重大错报风险进行识别、评估和应对，其程序包括：一是实施风险评估程序，了解被审计单位及其环境，包括内部控制；二是从财务报表层次和各类交易、账户余额、列报和披露认定层次评估重大错报风险；三是针对财务报表层次的重大错报风险采取总体应对措施；四是针对各类交易、账户余额、列报和披露认定层次实施控制测试和实质性程序；五是评估获取审计证据的充分性和适当性。详见第八章“风险评估与应对”。

（四）检查风险的确定及对实质性程序的影响

由于重大错报风险属于被审计单位客观存在的风险，审计人员应当对重大错报风险进行综合评估，并据以作为确定可接受的检查风险的基础。重大错报风险的评估对可接受的检查风险有直接影响。在既定的可接受的审计风险水平下，评估的重大错报风险水平越高，可接受的检查风险水平就越低，审计人员就应实施越详细的实质性程序，并着重考虑其性质、时间安排和范围，以便将检查风险降低至可接受的低水平。其模型如下：

$$\text{可接受的检查风险}=\frac{\text{既定的可接受的审计风险}}{\text{评估的重大错报风险}} \tag{7-4}$$

表 7-4 说明了审计人员通过审计风险模型计算出的可接受的检查风险与实质性程序的性质、时间安排和范围的关系。但是，不论重大错报风险的评估结果如何，审计人员均应对各种重要账户余额或交易类别实施实质性程序。如果经过实施有关实质性程序，审计人员仍然认为某一重要账户余额或交易类别相关认定的检查风险不能降至可接受的低水平，就应当发表保留意见或无法表示意见。

表 7-4 检查风险与实质性程序的性质、时间安排和范围的关系

检查风险	实质性程序		
	性质	时间安排	范围
高	分析程序和交易测试为主	期中审计为主	较小样本，较少证据
中	分析程序、交易测试及账户余额测试结合运用	期中审计、期末审计和期后审计结合运用	适中样本，适量证据
低	账户余额测试为主	期末审计和期后审计为主	较大样本，较多证据

三、审计重要性、审计风险与审计证据之间的关系

（一）审计风险与审计重要性之间存在反向变动关系

审计风险的高低往往取决于审计人员对审计重要性的判断和确定。一般来说，审计风险与审计重要性之间存在反向变动关系，即审计重要性水平越高，审计风险越低。例

如，审计人员分别确定了 6 000 元和 3 000 元的审计重要性水平。如果审计重要性水平是 6 000 元，则意味着低于 6 000 元的错报不会影响到财务报表使用者的判断和决策，审计人员只需通过实施有关审计程序查出高于 6 000 元的错报，如果审计重要性水平是 3 000 元，则意味着低于 3 000 元的错报不会影响到财务报表使用者的判断和决策，但金额在 3 000~6 000 元的错报仍然会影响到财务报表使用者的判断和决策。该种情形下，面对同一个被审计单位，就意味着审计人员不但要合理保证能发现金额在 6 000 元以上的错报，还要通过执行有关审计程序合理保证能发现金额在 3 000~6 000 元的错报。很显然，如果审计人员付出同样的努力，审计重要性水平为 3 000 元时审计不出这样的重大错报的可能性更大，即审计风险会更大。因此，审计重要性水平越低，则审计风险越高，就越要求审计人员收集更多、更有效的审计证据，以将审计风险降至可接受的低水平。因此，审计重要性水平和审计证据之间存在反向变动关系。

值得注意的是，在理解审计重要性与审计风险之间的关系时，要注意以下几点：首先，审计重要性水平是审计人员从财务报表使用者的角度进行判断的结果。审计重要性与审计风险之间的这种关系也建立在这个基础之上。因此，只有在客观、准确地确定审计重要性水平的前提下和假定审计人员付出同样努力的情况下，审计重要性与审计风险的这种反向变动关系才会成立，因此，审计人员不能通过不合理地人为调高审计重要性水平来降低审计风险。因为，审计重要性是依据审计重要性概念中所述的判断标准客观确定的，而不是由主观期望的审计风险水平决定的。其次，审计重要性与审计风险之间的这种关系是从定量的角度来说的。审计重要性水平的高低指的是金额的大小，没有涉及定性的考虑。最后，审计重要性与审计风险之间的这种关系只有在假定同一被审计单位的情况下才成立。对于不同的被审计单位的不同审计重要性水平，无法据此直接判断审计风险的相对大小。

在整个审计业务过程中，审计人员在确定审计程序的性质、时间安排和范围时应当考虑这种反向关系。例如，在确定审计程序后，如果审计人员决定接受更低的审计重要性水平，审计风险将增加。审计人员应当选用下列方法将审计风险降至可接受的低水平：一方面，如有可能，通过扩大控制测试范围或实施追加的控制测试，降低评估的重大错报风险，并支持降低后的重大错报风险水平；另一方面，考虑通过修改计划实施的实质性程序的性质、时间安排和范围，降低检查风险。

（二）审计风险与审计证据之间的关系

审计风险包括评估的重大错报风险和检查风险。一方面，评估的重大错报风险与所需收集的审计证据的数量存在正向关系。一般而言，评估的重大错报风险越高，所需收集的审计证据越多；评估的重大错报风险越低，所需收集的审计证据越少。另一方面，可以接受的检查风险水平与审计证据之间存在反向关系。一般而言，对于同一个被审计单位，其可以接受的检查风险水平越高，所需收集的审计证据越少；其可以接受的检查风险水平越低，所需收集的审计证据越多。

审计重要性、审计风险与审计证据的关系如图 7-4 所示。

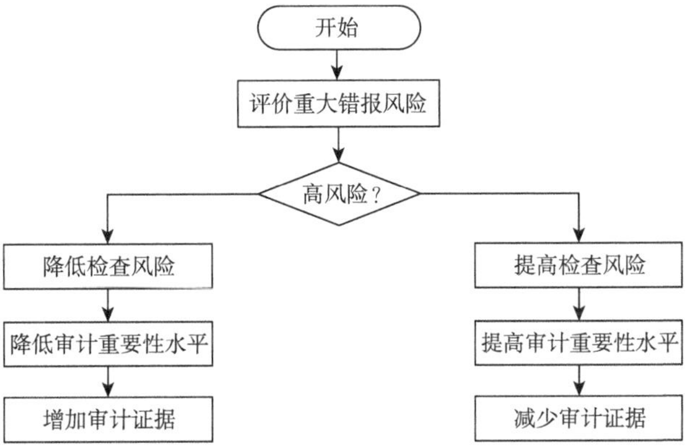

图 7-4　审计重要性、审计风险与审计证据的关系

四、互联网环境下审计风险的新特征

值得注意的是，当前，随着新的信息技术及商业模式的出现，审计的舞弊风险、重大错报风险将更加隐蔽化、智能化、高端化，审计风险将加大，对审计技术提出的要求也更高，注册会计师行业需要建立和完善以新的信息技术为依托的风险识别手段或工具。

（一）系统风险

互联网背景下，注册会计师面临的系统风险，主要包括电子数据的篡改和滥用，以及网络环境中原始凭证的缺失。前者指的是通信线路不稳定、网络传输故障、程序处理错误等，以及计算机病毒、用户非法通过网络"防火墙"破坏和修改电子数据等多方面的原因，造成实际数据与电子账面数据不相符。后者指的是与传统审计线索相比，计算机系统中的原始数据录入和财务报表生成，均没有随附的文字记录和人工干预，从而为注册会计师审计追索带来一定困难。特别是篡改可读取文件、相关记录及修改软件程序等计算机舞弊现象，导致审计程序及有关事项的主观误判和错估的可能性加大，使得注册会计师在审计工作中将面临前所未有的严峻形势。

（二）控制风险

互联网背景下，注册会计师面临的控制风险主要包括两个方面。首先，与在手工系统下建立岗位责任中心达到内部控制目的不同，网络环境中一般通过设置密码权限来区别操作人员分工和划分责任范围，或者通过软件设计划分若干子系统或通过功能模块设置不同的责任中心，但由此伴随的权限设置重叠和跨责任中心越权容易导致内部控制手段失效。其次，网络环境中的数据传输和存储故障或软件问题，有可能使得会计数据出现难以通过有效的内部控制制度消除的异常情况，必须依靠更先进的硬件平台及软件的自我保护来减少错误发生的概率。此外，网络环境中通过人工填制记账凭证的多数会计软件，因为财务系统录入可能与凭证数据不同步，对现金和银行存款的收付业务缺乏实时有效的控制手段。

（三）测试风险

互联网背景下，注册会计师面临的测试风险的产生原因主要有两个：一是会计软件更新和平台的迁移，导致企业历史数据难以提取和有效保存，从而降低了审计效率，增加了对账户或交易的重大实质性测试相关的检查风险；二是内部控制过于依赖软件，增加了全面检查测试的现实难度。在网络环境中，内部控制融于软件之中，由于注册会计师并不熟悉计算机网络技术，要在有限时间内设计考虑所有重要因素的测试数据存在较大困难。基于此，互联网背景下的测试风险也是注册会计师审计风险的重要类型，需要采取相应措施加以防控。

本 章 小 结

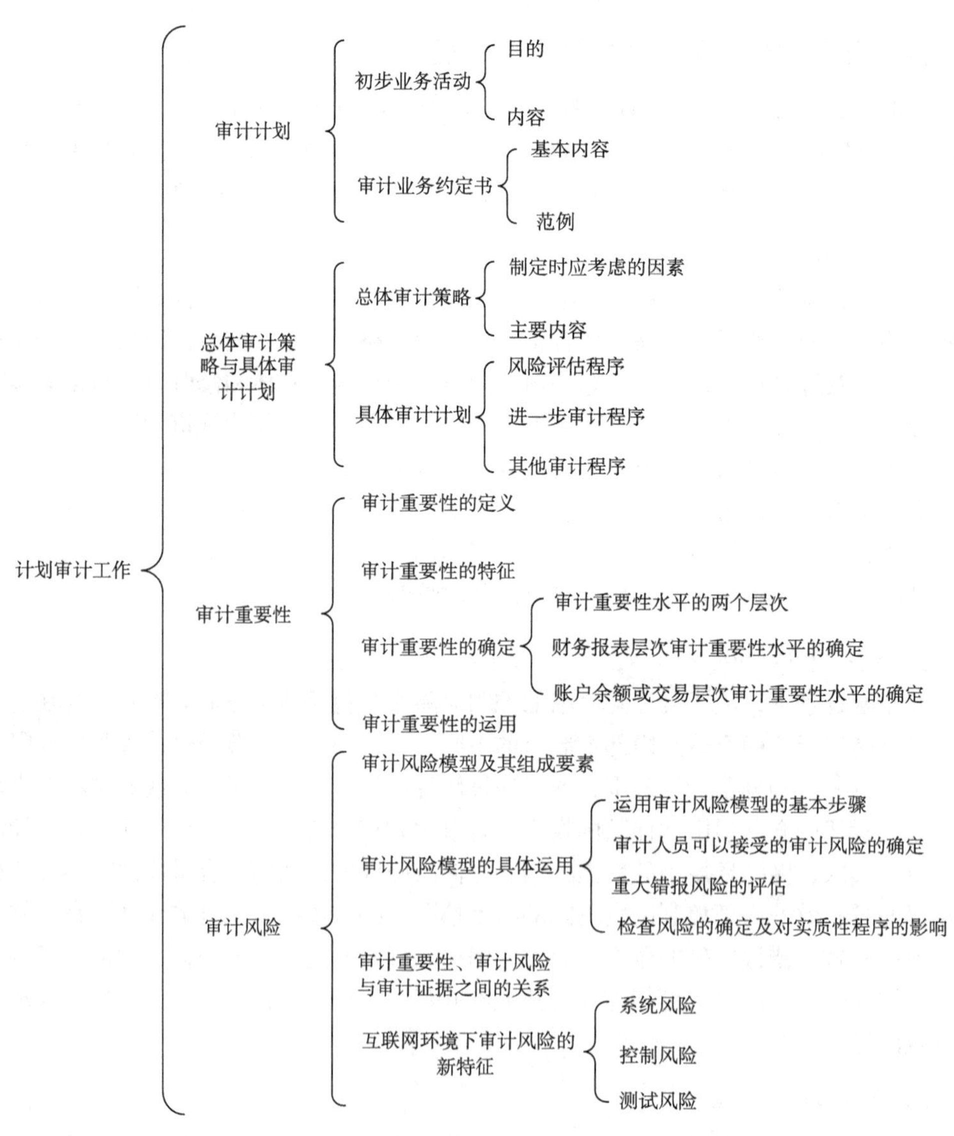

复习思考题

1. 计划审计工作包括哪些内容？

2. 总体审计策略与具体审计计划的关系是什么？

3. 审计重要性的概念是如何界定的？理解审计重要性水平的概念要把握哪几个核心要点？

4. 财务报表层次审计重要性水平如何确定？

5. 财务报表层次审计重要性水平向账户或交易层次进行分配时的主要依据有哪些？

6. 审计重要性水平在审计中如何运用？

7. 风险导向型审计的基本思想是什么？

8. 审计风险模型的组成要素有哪些？各风险要素的含义是什么？各风险要素的相互关系如何？

9. 审计重要性、审计风险与审计证据的关系是什么？

第八章

风险评估与应对

现代风险导向审计模式下，风险评估诚信作为审计工作的起点，审计人员需要了解被审计单位及其环境，识别和评估其财务报表层次的重大错报风险及认定层次的重大错报风险，并根据评估的风险水平来合理分配审计资源，以便在将审计风险降至可接受的低水平的前提下，提高审计效率。本章重点讲述风险评估与应对的相关内容。

学习目标

- 掌握了解被审计单位及其环境的主要方法
- 掌握识别和评估重大错报风险的方法
- 掌握识别和评估特别风险的方法
- 理解风险应对措施

第一节　风 险 评 估

环境的变化，尤其是20世纪60年代末针对注册会计师职业界的“诉讼爆炸”的发生，引发并推动了审计技术的革命，审计模式经历了“账项基础审计—制度基础审计—风险导向审计”的演变。风险导向审计的基本理念，就是审计的实施要以评估风险为切入点，将对审计风险的识别、评估与应对贯穿于整个审计过程，将审计风险降至可接受的水平，为经审计的财务报表不存在重大错报提供合理保证。

在风险评估中，审计人员应当先了解被审计单位及其环境，然后实施询问被审计单位管理层和内部其他相关人员、分析程序、观察和检查、考虑其他信息、项目组讨论等程序，以便识别与评估财务报表层次的重大错报风险和认定层次的重大错报风险。

一、了解被审计单位及其环境

审计人员全面了解被审计单位及其环境，至少应当包括以下方面。

（一）被审计单位所在行业相关状况、法律环境与监管环境及其他外部因素

行业相关状况会对被审计单位产生重要影响，通过将行业相关状况与被审计单位进行比较，有助于评估被审计单位财务报表所反映的财务状况和经营成果的总体合理性。行业相关状况具体包括：①所在行业的市场供求与竞争情况，包括生产能力与价格竞争情况；②生产经营的季节性和周期性；③产品生产技术的变化；④能源供应与成本；⑤行业的关键指标和统计数据。

审计人员还应当了解被审计单位所处的法律环境与监管环境，有助于审计人员评价被审计单位会计政策选择和运用的合理性，评价被审计单位对这些法律法规、方针、政策的遵循情况，进而评价被审计单位违法违规风险及其对财务状况和经营成果可能产生的重大影响。法律环境与监管环境主要包括：①适用的财务报告编制基础和行业特定惯例；②对经营活动产生重大影响的法律法规及监管活动；③对经营业务产生重大影响的国家各种相关政策，如货币政策、财政政策、税收政策和贸易限制等；④影响行业和被审计单位经营活动的环保要求。

审计人员还应该充分了解影响被审计单位经营的其他外部因素，有助于审计人员预测和分析被审计单位的投融资情况可能对被审计单位经营活动、投资活动、筹资活动等产生的影响，以及对其财务状况、经营成果的影响。其他外部因素主要包括：①宏观经济的景气度；②利率和资金供求状况；③通货膨胀水平及币值变动；④国际经济环境和汇率变动。

（二）被审计单位的性质

审计人员应当从所有权结构、治理结构、组织结构、经营活动、投资活动、筹资活动等方面了解被审计单位的性质，这有助于理解预期在财务报表中反映的各类交易、账户余额、列报和披露。

审计人员了解被审计单位的所有权结构及所有者与其他人员或单位之间的关系，有助于识别被审计单位的关联方，评价关联方交易是否得到恰当管理和核算，以及关联方关系及其交易是否已在财务报表附注中得到充分披露，等等。

审计人员了解被审计单位的治理结构，有助于评价其治理效率，进而评估其财务报表的重大错报风险。审计人员应了解被审计单位董事会、监事会、经理层的构成人员及其相关背景和胜任能力；董事会、监事会的运作情况及对经理层的监督情况与效果；董事会下设战略、审计、提名、薪酬与考核委员会的构成及其运作情况；治理层是否能够在独立于管理层的情况下对被审计单位事务及财务报告做出客观判断；等等。

审计人员应当了解被审计单位的组织结构，以组织结构图的方式了解被审计单位的组织结构，考虑各部门之间的协调与制约关系；考虑复杂组织结构可能导致的重大错报风险，包括财务报表合并、商誉减值长期股权投资核算及特殊目的实体核算等问题。特别关注其组织结构是否复杂，是否在多个地区拥有子公司或其他组成部分，这通常可能导致重大错报风险。

审计人员应当了解被审计单位的经营活动，主要包括：主营业务的性质；与生产产

品或提供劳务相关的市场信息；业务的开展情况；联营、合营与外包情况；从事电子商务的情况，如网上销售与营销活动；地区与行业分布；生产设施、仓库的地理位置及办公地点；关键客户；货物与服务的重要供应商；劳动用工情况；研究与开发活动及其支出；关联方交易；等等。

审计人员应当了解被审计单位的投资活动，主要包括：近期拟实施或已实施的并购活动与资产处置情况；证券投资、委托贷款的发生与处置；资本性投资活动，包括固定资产和无形资产投资，以及近期或计划发生的变动；不纳入合并范围的投资；等等。

审计人员应当了解被审计单位的筹资活动，主要包括：主要子公司及其联营企业；债务结构和相关条款，包括担保情况及表外融资、租赁安排等；固定资产的租赁；关联方投资；实际受益股东及其关联方；衍生金融工具的运用；等等。

（三）被审计单位对会计政策的选择和运用

被审计单位对会计政策的选择和运用是否恰当，直接影响其财务报表列报和披露的公允性。因此，审计人员应当了解被审计单位对会计政策的选择和运用是否符合适用的财务报告编制基础的规定，是否符合被审计单位的实际情况。在此过程中应当关注的重要事项包括：①重要项目的会计政策和行业惯例；②重大和异常交易的会计处理方法；③在新领域和缺乏权威性标准或共识的领域，采用重要会计政策产生的影响；④会计政策的变更；⑤新颁布的财务报告准则、法律法规，以及被审计单位何时采用、如何采用这些规定。

如果被审计单位变更了重要会计政策，审计人员应当考虑变更的原因及其适当性，并考虑是否符合适用的财务报告编制基础的规定；是否按照适用的财务报告编制基础的规定恰当进行了列报，并披露了重要事项。

（四）被审计单位的目标、战略及相关经营风险

审计人员应当了解被审计单位的目标和战略，以及可能导致财务报表重大错报的相关经营风险。经营风险源于对被审计单位实现目标和战略产生不利影响的重大情况、事项、环境和行动，或源于不恰当的目标和战略。经营风险通常会产生财务后果，从而影响财务报表。审计人员在了解可能导致财务报表存在重大错报风险的目标、战略及相关经营风险时，应当考虑的事项如表 8-1 所示。

表 8-1 被审计单位的目标、战略及可能导致财务报表重大错报的相关经营风险

相关事项	可能导致被审计单位存在的相关经营风险
行业发展	不具备足以应对行业变化的人力资源和业务专长等
开发新产品或提供新服务	产品责任增加等
业务扩张	对市场需求的估计不准确等
新的会计要求	执行新要求不当或不完整，或会计处理成本增加等
监管要求	法律责任增加等
本期及未来的融资条件	由于无法满足融资条件而失去融资机会等
信息技术的运用	信息系统与业务流程难以融合等

（五）被审计单位财务业绩的衡量和评价

被审计单位内部或外部对财务业绩的衡量和评价可能对管理层产生压力，促使其采取行动改善财务业绩或歪曲财务报表。审计人员应当了解被审计单位财务业绩的衡量和评价情况，考虑这种压力是否可能导致管理层采取行动，以致增加财务报表发生重大错报的风险。

在了解被审计单位财务业绩的衡量和评价情况时，审计人员应当关注下列信息：关键业绩指标（包括财务的与非财务的）、关键比率、趋势和经营统计数据；同期财务业绩比较分析；预测、预算和差异分析；管理层和员工业绩考核与激励性报酬政策；分部信息与不同层次部门的业绩报告；与竞争对手的业绩比较；外部机构提出的报告；等等。

审计人员应当关注被审计单位内部财务业绩的衡量和评价所显示的未预期到的结果或趋势，需要管理层确定原因并采取纠正措施，以及相关信息是否表明财务报表可能存在重大错报。如果拟利用被审计单位内部信息系统生成的财务业绩衡量指标，审计人员应当考虑相关信息是否可靠，以及利用这些信息是否足以实现审计目标。

了解被审计单位及其环境的过程就是识别财务报表重大错报风险因素的过程，审计人员还应当进一步考虑这些风险因素对各类交易和事项、账户余额、列报和披露可能产生的影响。

（六）被审计单位的内部控制

本部分内容在第九章“内部控制及其评价”部分介绍。

二、询问被审计单位管理层和内部其他相关人员

审计人员在风险评估中询问管理层和内部其他相关人员，有助于全面深入地了解被审计单位及其环境，并进而分析可能导致重大错报风险的因素与领域，或为识别重大错报风险提供多方位的视角。在询问其他相关人员时，应当考虑询问不同级别的员工，以获取对识别重大错报风险有用的信息。

（一）询问被审计单位管理层

在了解被审计单位及其环境时，审计人员应当向管理层询问的事项包括：①对经营风险、舞弊风险导致财务报表重大错报风险的评估；②对经营风险、舞弊风险的识别和应对过程；③就其对风险的识别和应对过程与治理层沟通的情况；④就其经营理念及道德观念与员工沟通的情况；⑤是否获悉任何舞弊事实、舞弊嫌疑或舞弊指控。

这有助于审计人员了解被审计单位对经营风险、舞弊风险及其导致的财务报表重大错报风险的识别、评估和应对情况，进而有助于识别与评估财务报表重大错报风险。

（二）询问被审计单位内部审计人员

内部审计是单位内部治理的组成部分，在确保内部治理的内部控制与风险管理有效性方面发挥重要作用。询问被审计单位内部审计人员，有助于审计人员了解与评价被审计单位内部审计的有效性，确定可否利用内部审计工作，有助于了解被审计单位内部控制有效性，识别与评估财务报表重大错报风险。

审计人员应当询问被审计单位内部审计人员如下主要内容：①对被审计单位经营风险、舞弊风险的认识；②在本期是否实施了用以发现经营风险和舞弊风险的程序；③管理层对通过内部审计发现的经营风险和舞弊行为是否采取了适当的应对措施，④是否实施了内部控制审计，管理层是否对内部控制的重大缺陷采取了适当的应对措施；⑤是否了解任何舞弊事实、舞弊嫌疑或舞弊指控；⑥本期实施的其他内部审计工作，以及是否发现了重大错报和采取的应对措施。

（三）询问负责生成处理和记录复杂、异常交易的相关人员及其监督人员

为了评价被审计单位某类会计政策选择和运用的恰当性，审计人员应当询问负责生成、处理或记录复杂、异常交易的相关人员及其监督人员，询问的主要内容包括：①当期是否发生了债务重组、非货币性交易、企业合并、企业分立、对外投资等非经常性交易业务；②非经常性交易的实施过程及其现状；③非经常性交易对被审计单位财务状况和经营成果的影响。

（四）询问负责法律事务的人员

为了评价被审计单位对法律事务会计处理的合规性和合理性，以及相关会计政策选择和运用的恰当性和财务报表披露的充分性，审计人员应当询问负责法律事务的人员，询问的主要内容包括：①法律诉讼事项和补救事项；②遵循法律和法规情况：③舞弊事实或舞弊嫌疑；④对外担保；⑤售后义务；⑥与业务伙伴的权责安排；⑦合同条款的含义；等等。

（五）询问采购人员

为了了解被审计单位采购业务的总体情况，评价与采购业务相关的会计信息的合理性，进而评价生产情况和销售情况的真实性和财务报表整体公允性，审计人员应当询问采购人员，询问的主要内容包括：①主要供货商和当期采购情况；②采购的一般规律与惯例，如有无季节性、区域性特征；③与以前年度比较，当期采购价格、数量等是否发生了重大变化。

（六）询问生产人员

为了了解审计单位在生产成本技术等方面的优势和劣势，并与同行业进行比较，审计人员应当询问生产人员，询问的主要内容包括：①主要生产品种及其大致产量；②与以前年度比较，当期主要产品的生产成本、数量、结构等是否发生了重大变化，以及导致这种变化的主要原因。

（七）询问销售人员

为了全面、正确地了解被审计单位的采购、生产、销售情况及其规律，以及与同行业比较的优势和劣势，识别与评估财务报表层次的重大错报风险和认定层次的重大错报风险，审计人员应当询问销售人员，询问的主要内容包括：①主要客户和当期销售情况；②与以前年度比较，当期销售价格、数量、结构等是否发生了重大变化及导致这些变化的主要原因；③与同行业比较，被审计单位在销售战略、销售模式、市场占用率等当面

的优势和劣势；④与主要客户之间的合同安排；等等。

三、了解被审计单位信息技术导致的风险

审计人员了解被审计单位的信息技术环境及与财务报告相关的信息系统，以便了解被审计单位的信息技术使用情况，获得被审计单位信息技术使用与财务报表相关性的有关信息。了解信息技术导致的风险及应对就是为了评估被审计单位的信息技术是否处于一个可控的状态，相关的应对（控制）体系是否已经建立健全，以帮助被审计单位应对相关信息技术风险，为审计策略的选择和审计范围的确定提供依据。

了解被审计单位的信息技术整体环境是对被审计单位信息系统整体管理体系中的相关风险点的识别及应对机制进行摸底，以便评估被审计单位的信息技术是否处于一个可控的状态。这一部分是审计人员了解信息技术导致的风险及被审计单位应对的重要组成部分，对其他具体的信息技术风险及应对有着宏观引导作用，是其他具体的信息技术风险存在和应对的背景和大环境。

一般而言，企业通常遇到的与财务报告编制相关的典型信息技术导致的风险包括但不限于以下方面：①程序或数据的访问没有受到合理限制；②自动控制或程序没有合理设计或有效运行；③财务报表没有被合理设计或有效运行；④对数据的非授权访问；⑤数据丢失或损坏；⑥交易处理过程中的错误没有被更正或识别。

审计人员在了解被审计单位信息技术整体环境的过程中，要有意识地进行风险点相关性的识别工作，了解哪些风险类别是与被审计单位相关的风险，哪些是不相关的风险，然后才能针对识别的相关风险评估应对体系开展有效的审计工作，避免过度审计或审计不足。

第二节　识别和评估重大错报风险

对重大错报风险的识别、评估和应对是当代审计的主线。审计人员了解被审计单位及其环境，实施风险评估程序，其核心目的是识别和评估财务报表层次的重大错报风险和认定层次的重大错报风险，包括特别风险，以便为设计和实施进一步审计程序提供基础。

审计人员应当识别和评估财务报表层次及各类交易、账户余额、列报和披露认定层次的重大错报风险。在识别和评估重大错报风险时，审计人员应当实施下列审计程序。

一、识别与评估重大错报风险的一般思路

（1）在了解被审计单位及其环境（包括与风险相关的控制）的整个过程中识别风险，并考虑识别各类交易、账户余额、列报和披露认定层次的风险。

（2）评估已识别的风险，并评价其是否与财务报表整体广泛相关，进而潜在影响多项认定，以及明确是哪几项认定。

（3）结合对相关控制测试的考虑，将识别的风险与认定层次可能发生错报的领域相

联系。

（4）考虑识别的风险导致财务报表发生重大错报的可能性，并考虑潜在错报的重大程度是否已导致重大错报。

审计人员应当利用实施风险评估程序获取的审计证据来支持风险评估结果。这包括审计人员实施风险评估程序获取的信息，包括在评价内部控制设计有效性和执行有效性过程中获取的审计证据。审计人员应当根据风险评估结果，确定实施进一步审计程序的性质、时间安排和范围。

二、可能表明存在重大错报风险的事项和情况

下列事项和情况可能表明被审计单位存在重大错报风险，审计人员应当关注：在经济不稳定的国家或地区开展业务；在高度波动的市场环境中开展业务；在严厉、复杂的监管环境中开展业务；持续经营和资产流动性出现问题，包括重要客户流失、融资能力受到限制、行业环境发生变化；开发新产品或提供新服务，或进入新的业务领域；发生重大收购、重组或其他非经常性事项；复杂的联营或合资；重大的关联方交易；关键人员变动；内部控制薄弱；信息技术环境发生变化；经营活动或财务报告受到监管机构的调查；发生重大的非常规交易；存在未决诉讼和或有负债；等等。

审计人员应当确定，识别的重大错报风险是与特定的某类交易、账户余额、列报和披露认定相关，还是与财务报表整体广泛相关，进而影响多项认定。

三、考虑内部控制对重大错报风险的影响

财务报表层次的重大错报风险很可能源于薄弱的控制环境。薄弱的控制环境带来的风险可能对财务报表产生广泛影响，而不仅限于某类交易、账户余额、列报和披露，审计人员应当采取总体应对措施。

在评估重大错报风险时，审计人员应当将所了解的控制与特定认定相联系。控制与特定认定是直接相关还是间接相关，对其防止或发现并纠正认定错报的效果是不同的。关系越间接，控制对其防止或发现并纠正错报的效果越小。审计人员可能识别出有助于防止或发现并纠正特定认定发生重大错报的控制。在确定这些控制是否能够实现上述目标时，审计人员应当将控制活动和其他要素综合考虑。

如果通过对内部控制的了解发现下列情况，并对财务报表局部或整体的可审计性产生疑问，审计人员应当考虑出具保留意见或无法表示意见的审计报告：①被审计单位会计记录的状况和可靠性存在重大问题，不能获取充分、适当的审计证据；②对管理层的诚信存在严重疑虑。必要时，审计人员应当考虑解除业务约定。

四、考虑信息系统对重大错报风险的影响

在信息化环境下，企业运用信息系统记录会计信息，编制财务报告，并使之成为内部控制的有机组成部分。注册会计师在对企业的财务报表进行审计时，必须考虑信息系统对重大错报的影响。

根据《中国注册会计师审计准则第 1211 号——通过了解被审计单位及其环境识别和评估重大错报风险》，“注册会计师的目标是，通过了解被审计单位及其环境，识别

和评估财务报表层次和认定层次的重大错报风险（无论该错报由于舞弊或错误导致），从而为设计和实施针对评估的重大错报风险采取的应对措施提供基础”。为了达到上述目标，该准则要求注册会计师应当了解与审计有关的内部控制，以及与财务报告相关的信息系统（包括业务流程）。在了解企业的控制活动时，注册会计师应当了解企业如何应对信息技术导致的风险。

企业财务报表是根据各个业务循环的业务操作交易提供的原始数据和业务逻辑，按照相关适用的会计准则的要求进行会计处理,并最终按照相关适用的会计准则编制生成。因此，要保证最终的财务报表准确、真实、完整，就必须要保证财务信息在财务报表生成过程中各个环节的准确、真实、完整，没有重大错报。而各个业务环节由一系列的手工操作和信息系统自动处理完成，任何业务环节可能产生的错报，都有可能导致最终的财务报告产生错报。其中的信息系统自动处理部分，就是财务报表审计中应该纳入审计考虑的信息系统，即财务报表对信息系统的依赖领域，这些依赖领域与财务报表具有相关性。注册会计师在考虑信息系统对财务报表重大错报的影响时，需要具体执行如下审计工作。

首先，注册会计师应当厘清信息系统与财务报表之间的关系，确定与财务报表具有相关性的信息系统依赖领域。为此，注册会计师就必须要了解被审计单位的信息系统基本情况如何。例如，企业使用了哪些系统，这些系统分别实现了什么功能，它们对财务的支撑情况是怎样的，整体控制环境如何，等等。

其次，注册会计师通过了解被审计单位及其环境，识别和评估财务报告的重大错报风险，考虑系统的性质和复杂性，判断信息系统和审计的相关程度。只有了解被审计单位的信息系统环境的基本情况，厘清信息系统与财务报告之间的关系，并在识别和评估财务报告的重大错报风险的基础上，才能进一步确定是否要对信息系统执行审计程序，对哪些信息系统执行审计程序，以及对信息系统执行怎样的审计程序。

通过对被审计单位的信息技术导致的风险及应对的了解和评估，注册会计师可以确定被审计单位的信息系统使用是否处于一个健康的管控环境中，从而得出信息系统是否可以被信赖的初步判断，为审计计划阶段审计策略选择和范围确定提供依据。注册会计师可以考虑的事项包括：被审计单位的信息系统使用情况；信息系统如何影响财务报告（财务报告对信息系统的依赖关系）；信息技术导致的主要风险及应对措施控制；信息系统的可信赖程度；等等。

第三节　识别和评估特别风险

作为风险评估的一部分，在识别和评估财务报表层次及各类交易、账户余额、列报和披露认定层次的重大错报风险时，审计人员还应当运用职业判断，识别和评估舞弊导致的重大错报风险。为此，审计人员需要在了解舞弊的内涵、特征、类型的基础上，深度剖析舞弊的成因，设计识别和评估特别风险的审计程序。

一、财务报表审计中对舞弊的考虑

（一）舞弊的含义及种类

舞弊是指被审计单位的管理层、治理层、员工或第三方使用欺骗手段获取不当或非法利益的故意行为。舞弊是现代经济社会的一个“毒瘤”，其发生比较普遍。舞弊是一个宽泛的法律概念，但在财务报表审计中，审计人员关注的是导致财务报表发生重大错报的舞弊。与财务报表审计相关的故意错报，包括编制虚假财务报告导致的错报和侵占资产导致的错报。

1. 编制虚假财务报告导致的错报

编制虚假财务报告涉及为欺骗财务报表使用者而做出的故意错报（包括对财务报表金额或披露的遗漏）。这可能是管理层通过操纵利润来影响财务报表使用者对被审计单位业绩和营利能力的看法而造成的。管理层可能通过以下方式编制虚假财务报告。

（1）对编制财务报表所依据的会计记录或支持性文件进行操纵、弄虚作假（包括伪造）或篡改。

（2）在财务报表中错误表达或故意漏记事项、交易或其他重要信息。

（3）故意地错误使用与金额、分类、列报和披露相关的会计原则。

2. 侵占资产导致的错报

侵占资产包括盗窃被审计单位资产，通常的做法是员工盗窃金额相对较小且不重要的资产。侵占资产也可能涉及管理层，他们通常能够通过难以发现的手段掩饰或隐瞒侵占资产的行为。侵占资产通常伴随着虚假或误导性的记录或文件，其目的是隐瞒资产丢失或未经适当授权抵押的事实。侵占资产可以通过以下方式实现。

（1）贪污收到的款项。例如，侵占收到的应收账款或将与已注销账户相关的收款转移至个人银行账户。

（2）盗窃实物资产或无形资产。例如，盗窃存货自用或出售、盗窃废料再销售、通过向被审计单位竞争者泄露技术资料与其串通以获取回报。

（3）使被审计单位对未收到的商品或未接受的劳务付款。例如，向虚构的供应商支付款项、供应商向采购人员提供回扣以作为其提高采购价格的回报、向虚构的员工支付工资。

（4）将被审计单位资产挪为私用。例如，将被审计单位资产作为个人或关联方贷款的抵押。

（二）舞弊动因理论

舞弊是舞弊主体为达成利益目标的主动行为，探讨影响舞弊发生的因素、机理，对于发现舞弊发生的规律，从而有针对性地提出预防和审计措施具有重要意义。舞弊动因理论包括冰山理论、经典舞弊三角理论、GONE（greed，贪婪；opportunity，机会；need，需要；exposure，暴露）理论和会计舞弊风险因子理论。

1. 冰山理论

冰山理论又称二因素理论。冰山理论把舞弊比喻为海平面的一座冰山，露在海平面上的只是冰山的一角，更庞大的危险部分隐藏在海平面以下，需要更多的注意力。冰山理论从结构和行为方面考察舞弊，海平面上的是结构部分，海平面下的是行为部分。舞弊结构部分源于组织内部管理方面，包括效率评价措施、等级制度、财务资源、组织目标和技术状况等，这是客观存在且容易鉴别的。舞弊行为部分的内容则更主观化、更个性化、更容易被刻意掩饰，包括行为人的态度、感情、价值观、满意度等。基于冰山理论，一个组织舞弊发生的可能性，不仅取决于其内部控制制度的健全性和严密性，更重要的是取决于该组织是否存在财务压力，是否有潜在的败德可能性。

2. 经典舞弊三角理论

舞弊三角理论由美国内部审计之父劳伦斯·索耶在 20 世纪 50 年代提出，索耶认为，舞弊的产生必须有异常的需求、机会和合乎情理等三个条件。美国注册舞弊审核师协会创始人 Albrecht 博士于 1995 年，美国会计学者 Ramos 于 2003 年对舞弊三角理论进行了丰富和发展，形成了目前被普遍接受且广泛应用的经典舞弊三角理论。该理论认为舞弊是个体的人品与外在环境两种力量交互作用的结果，舞弊产生需要动机或压力（incentive pressure）、机会（opportunity）和合理化借口（rationalization）三大因素共同驱动。图 8-1 揭示了舞弊行为的形成机理，天平上的三个横杆分别代表影响舞弊动因的三个变量，从上到下依次为情况压力、舞弊机会和个体特征，每个横杆上各有一个秤锤，可以单独左右移动，三个秤锤的位置及大小组合决定了天平的倾斜方向。如果一个人的人品好，也没有情况压力和舞弊机会，则舞弊不会发生。反之，如果一个人的人品差，在受到情况压力时，如果有舞弊机会，则舞弊发生的可能性大大增加。这是两种极端的情况，实际舞弊行为的发生可能介于两者之间。

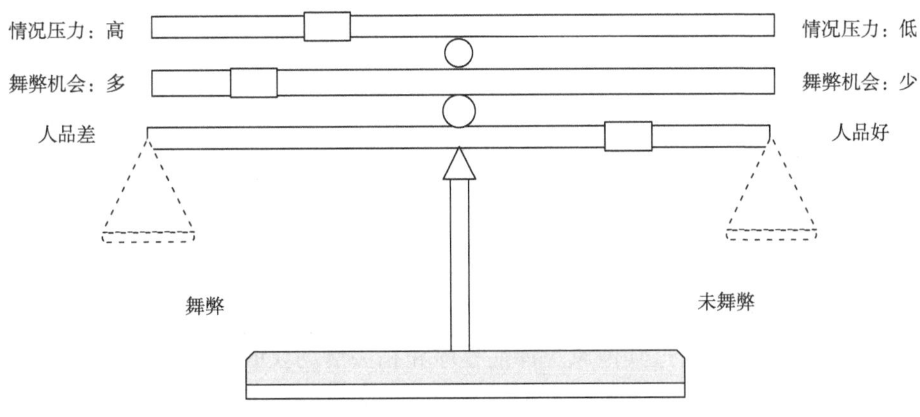

图 8-1　经典舞弊三角理论模型

3. GONE 理论

20 世纪 90 年代初，Bologua 等（1993）在舞弊三角理论的基础上，引入暴露因素，指出舞弊行为被发现和揭露的可能性大小及被发现和揭露后面临的惩罚将会影响舞弊行为的发生，据此提出了 GONE 理论（又称四因素理论），认为舞弊行为受到贪婪（greed）、机会（opportunity）、需要（need）和暴露（exposure）四个因素共同影响，即GONE理论。GONE理论指出，当舞弊者有“贪婪”之心，且又非常“需要”通过舞弊来获取相关利益时，只要有“机会”实施舞弊行为且认为事后不会“暴露”，那么相关主体实施舞弊行为的可能性很高。其中，贪婪因子和需要因子很大程度上与行为个体有关，机会因子与暴露因子很大程度上与组织环境有关（图8-2）。

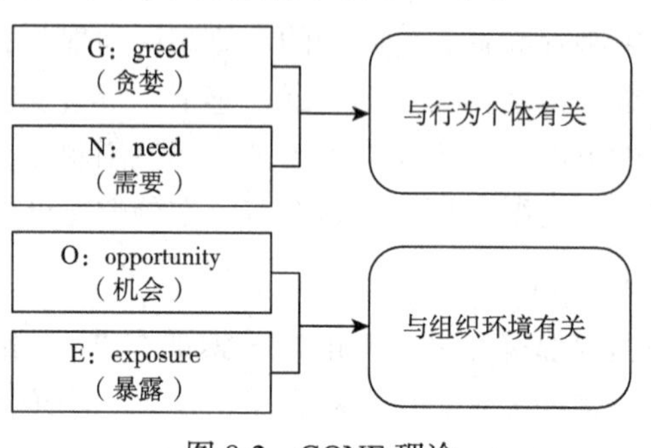

图8-2 GONE理论

4. 舞弊风险因子理论

舞弊风险因子理论在GONE理论基础上，将舞弊风险因子分为个别风险因子和一般风险因子。其中，个别风险因子是指在组织控制范围之外的因素，更多是个体层面的因素，包括道德品质与动机。一般风险因子是指由组织控制的因素，包括舞弊的机会（与组织内部控制的有效性有关）、舞弊行为被发现的可能性，以及舞弊行为可能面临惩罚的性质与程度（与法律法规的完善程度有关）。

GONE理论与舞弊风险因子理论的比较如表8-2所示。

表8-2 GONE理论与舞弊风险因子理论的比较

舞弊风险因子理论		GONE理论
个别风险因子	道德品质	贪婪因子
	动机	需要因子
一般风险因子	舞弊的机会	机会因子
	舞弊行为被发现的可能性	暴露因子
	舞弊行为可能面临惩罚的性质与程度	

（三）评价舞弊风险因素

审计人员应当评价通过其他风险评估程序和相关活动获取的信息，是否表明存在舞弊风险因素。存在舞弊风险因素并不必然表明发生了舞弊，但在舞弊发生时通常存在舞弊风险因素。因此，舞弊风险因素可能表明存在舞弊导致的重大错报风险。

基于经典舞弊三角理论，舞弊存在时通常伴随着下列三类风险因素。

1. 实施舞弊的动机或压力

舞弊者具有舞弊的动机或压力是舞弊发生的首要条件。例如，高级管理人员的报酬与财务业绩或企业股票的市场表现挂钩、企业正在申请融资等情况都可能促使管理层产生舞弊的动机。企业面临退市的压力时可能驱使管理层舞弊。

2. 实施舞弊的机会

舞弊者需要具有舞弊的机会，舞弊才可能成功。舞弊的机会一般源于内部控制在设计和运行上的缺陷，如企业对资产管理松懈，企业管理层能够凌驾于内部控制之上而可以随意操纵会计记录等。

3. 为舞弊行为寻找借口的能力

借口是指存在某种态度、性格或价值观念，使得企业管理层或雇员能够做出不诚实的行为，或者企业管理层或雇员所处的环境促使其能够将舞弊行为予以合理化。借口是舞弊发生的重要条件之一。只有舞弊者能够对舞弊行为予以合理化，才会实施舞弊行为，并对舞弊行为心安理得。例如，侵占资产的员工可能认为企业对自身的待遇不公，编制虚假财务报告者可能认为造假不是出于个人私利而是出于企业集体利益。

审计人员应当运用职业判断，考虑被审计单位的规模、复杂程度、所有权结构、所处行业等，以确定舞弊风险因素的相关性和重要程度及其对重大错报风险可能产生的影响。

二、识别和评估舞弊导致的重大错报风险

舞弊导致的重大错报风险属于需要审计人员特别考虑的重大错报风险，即特别风险。审计人员实施舞弊风险评估程序的目的在于识别舞弊导致的重大错报风险。

对财务信息做出虚假报告导致的重大错报通常源于多计或少计收入。美国反对虚假财务报告委员会下属的由美国会计学会、美国注册会计师协会、IIA、美国财务经理协会和美国管理会计学会等组织参与的发起组织委员会（The Committee of Sponsoring Organizations of the Treadway Commission，COSO）的一份研究报告显示，美国提供虚假财务报告的企业中，有一半采取的手法是提前确认收入或虚构产生收入的交易。在评估舞弊导致的重大错报风险时，审计人员应当特别关注被审计单位收入确认方面的舞弊风险。因此，根据审计准则，在识别和评估舞弊导致的重大错报风险时，审计人员应当基于收入确认存在舞弊风险的假定，评价哪些类型的收入、收入交易或认定导致舞弊风险。如果认为收入确认存在舞弊风险的假定不适用于业务的具体情况，从而未将收入确认作为舞弊导致的重大错报风险领域，审计人员应当在审计工作底稿中记录得出该结论的理由。

（一）特别风险的含义

特别风险是指审计人员识别和评估的、根据职业判断需要特别考虑的重大错报风险。与一般重大错报风险比较，特别风险难以识别和评估，通常属于财务报表层次，影响多个认定，企业管理层有时还采取了掩盖措施。在风险评估中，审计人员应当运用职业判断，判断风险是否属于特别风险。

（二）识别和评估特别风险应考虑的事项

在确定哪些风险是特别风险时，审计人员需要考虑该风险的性质、潜在错报的重要

程度和发生的可能性。通常，确定特别风险时，至少应考虑的事项如下：①是否属于舞弊风险；②是否与近期经济环境、会计处理方法和其他方面的重大变化有关；③涉及的交易是否复杂；④是否涉及重大关联方交易；⑤财务信息计量是否有较高的主观性，计量结果是否具有高度不确定性；⑥是否涉及异常或超出正常经营过程的重大交易。

重大的非常规交易通常属于特别风险，是由其性质和特征决定的。非常规交易是指金额或性质异常而不经常发生的交易，它具有四个特征：①管理层更多地介入会计处理；②数据收集和处理涉及更多的主观性；③需要复杂的计算或复杂的会计处理方法；④被审计单位可能难以对该交易产生的风险实施有效控制。因此，与重大的非常规交易相关的特别风险可能导致更高的重大错报风险。

涉及重大判断的事项通常也属于特别风险。这源于重大判断事项的两个特征：①对涉及会计估计、收入确认等方面的会计原则存在不同的理解；②所要求的判断可能是主观的和复杂的，或需要对未来事项做出假设。这两个特征可能导致更高的重大错报风险。

经验告诉我们，舞弊性财务报告通常源于多计或少计收入，包括营业收入及与日常经营活动无关或关联度不高的其他收入。因此，审计人员应当假定被审计单位在收入确认方面存在舞弊风险，并应当考虑哪些收入类别及与收入有关的交易或认定可能导致舞弊风险。

（三）存在特别风险时对内部控制的补充考虑

当识别出被审计单位存在特别风险时，审计人员应当评价相关控制的设计情况，并确定其是否已经得到有效执行。

日常控制通常没有考虑与重大的非常规交易或判断事项相关的风险，因此，审计人员应当了解被审计单位是否针对该特别风险设计和实施了特别的控制。如果管理层未能实施控制以恰当应对特别风险，审计人员应当认为内部控制存在重大缺陷，并考虑其对风险评估的影响。

（四）对重大错报风险评估的修正

审计人员对认定层次的重大错报风险的评估应以获取的审计证据为基础，并可能随着不断获取审计证据而做出相应的变化。如果通过实施进一步审计程序获取的审计证据与初始评估获取的审计证据相矛盾，审计人员应当修正风险评估结果，并相应修改原计划实施的进一步审计程序。

第四节 风险应对

在识别和评估被审计单位重大错报风险的基础上，审计人员应当运用职业判断，针对评估的重大错报风险确定应对措施，以将审计风险降至可接受的低水平。根据《中国注册会计师审计准则第 1231 号——针对评估的重大错报风险采取的应对措施》，审计人员针对已评估的财务报表层次的重大错报风险确定总体应对措施，针对评估的认定层次的重大错报风险，设计和实施进一步审计程序。

一、财务报表层次的重大错报风险的总体应对措施

总体应对措施包括：强调保持职业怀疑；分派胜任的审计人员或利用专家的工作；考虑被审计单位采用的会计政策；提供更多的督导；实施未被预期的审计程序；修订审计计划；等等。

（一）强调保持职业怀疑

职业怀疑是指审计人员以质疑的思维方式和谨慎的态度实施审计工作，包括对可能导致错报的迹象保持警觉，审慎评价所获取证据的有效性，并对相互矛盾的证据、对文件记录或其他信息的可靠性产生怀疑的证据保持警觉。

为应对重大错报风险，项目负责人应向项目组强调在收集和评价审计证据过程中保持职业怀疑态度的重要性：①对有关重大交易的文件记录进行检查时，对文件记录的性质和范围的选择保持敏感（如考虑信息系统的可靠性、被篡改的可能性）；②就管理层对重大事项做出的解释或声明，有意识地通过其他信息予以验证；③对于一些高风险、高敏感领域的审计，有意识地扩大收集审计证据的范围，从不同途径收集审计证据，使审计证据之间形成能够相互印证的证据链；④应当考虑审计证据的可靠性，包括考虑与信息生成和维护相关的内部控制的有效性；⑤如果怀疑文件记录可能是伪造的，或文件记录中的某些条款已发生变动，审计人员应当做进一步调查，包括直接向第三方询证，或考虑利用专家的工作，以评价文件记录的真伪。

（二）保持专业胜任能力

根据风险评估结果，分派更有经验或具有特殊技能的审计人员，或利用专家的工作是有效应对风险的总体措施之一。项目负责人应当根据财务报表层次的重大错报风险的评估结果，分派具备相应知识和技能的人员，或者指派经验更为丰富的人员，或利用专家的工作，如工程技术专家、法律专家、计算机专家、鉴定评估专家等。利用专家的工作，可弥补项目组成员在知识、经验方面的不足。

（三）考虑被审计单位采用的会计政策

审计人员应当考虑被审计单位管理层是否通过重大会计政策的选择和运用来操纵利润，对财务信息做出虚假报告。涉及主观计量或复杂交易时，审计人员更要特别考虑会计政策选择和运用的恰当性。例如，如果发现选用的会计政策过于激进，或者不恰当地采用或变更重大会计政策，审计人员就应当充分考虑其真正原因是否为管理层蓄意操纵利润，其结果是否会导致财务报表产生重大错报。

（四）提供更多的督导

如果被审计单位财务报表重大错报风险评估结果为高，项目负责人和项目质量控制部门就要提供更多的督导，如指定更多、经验更丰富的项目质量控制人员复核和督导该项目，在项目进行过程中及时提供多次督导等。提供更多的督导，有助于项目组成员保持职业怀疑，也便于及时发现和解决审计程序的不足及审计中发现的重大问题，以确保

审计质量。

（五）实施未被预期的审计程序

熟悉常规审计程序的人员更有能力掩盖其对财务报表的舞弊行为，因此，审计项目组在选择进一步审计程序的性质、时间安排和范围时，应当有意识地避免被这些人员预见或事先了解。这些措施应当包括：①对风险程度较低的账户余额也实施实质性程序，如对某些未测试的低于设定的重要性水平或风险较小的账户余额和交易实施实质性程序；②调整审计程序的实施时间，使之有别于预期的时间安排；③运用不同的抽样方法，以便考察审计结果的稳定性；④选取不同的地点同时实施审计程序，对处于不同地理位置的多个组成部分同时实施审计程序，如对位于不同地理区域的仓库同时进行实物监盘；⑤以突击方式（即预先不通知方式）实施审计程序，如预先不告知被审计单位所选定的测试地点。采取这些措施的目的，在于最大限度地避免进一步审计程序被预见或事先了解，从而导致被审计单位掩盖真相或毁灭证据等行为，以保证拟实施的进一步审计程序的效果。

（六）修订审计计划

根据风险评估结果和审计进展情况，项目负责人对拟实施审计程序的性质、时间安排和范围做出总体修改。如果控制环境存在缺陷，审计人员在对拟实施审计程序的性质、时间安排和范围做出总体修改时应当考虑：①在期末而非期中实施更多的审计程序；②主要通过实施实质性程序获取更广泛的审计证据；③修改审计程序的性质，获取更具说服力的审计证据；④扩大审计程序的实施范围。

舞弊风险属于特别风险，因此，为应对舞弊风险，审计人员应当综合运用措施，主要包括：①运用对实施审计有整体性影响的措施，如强化职业怀疑、采用审计计划之外的其他审计程序；②针对识别的认定层次舞弊风险设计恰当的审计程序；③针对管理层逾越内部控制所导致的重大错报风险，要执行一些特别程序，且不能让管理层预测到将要采取的措施。

二、认定层次的重大错报风险的进一步审计程序

财务报表层次的重大错报风险难以限于某类交易、账户余额、列报和披露的特点，意味着该类风险可能对财务报表的多项认定产生广泛影响，并相应增加审计人员对认定层次的重大错报风险的评估难度。因此，审计人员评估的财务报表层次的重大错报风险及采取的总体应对措施，对拟实施进一步审计程序的总体审计方案具有重大影响。

拟实施进一步审计程序的总体审计方案包括实质性方案和综合性方案。其中，实质性方案是指审计人员实施的进一步审计程序以实质性程序为主；综合性方案是指审计人员在实施进一步审计程序时，将控制测试与实质性程序结合使用，当评估的财务报表层次的重大错报风险属于高风险水平（并相应采取更强调审计程序不可预见性及重视调整审计程序的性质、时间安排和范围等总体应对措施）时，拟实施进一步审计程序的总体方案往往更倾向实质性方案。

（一）进一步审计程序的内涵和要求

审计人员应当针对评估的认定层次的重大错报风险，设计和实施进一步审计程序，包括审计程序的性质、时间安排和范围。进一步审计程序是相对于风险评估程序而言的，是指审计人员针对评估的各类交易、账户余额、列报和披露认定层次的重大错报风险实施的审计程序，包括控制测试和实质性程序。

在设计进一步审计程序时，审计人员应当考虑下列因素：①风险的重要性；②重大错报发生的可能性；③涉及的各类交易、账户余额、列报和披露的特征；④被审计单位采用的特定控制的性质；⑤审计人员是否拟获取审计证据，以确定内部控制在防止或发现并纠正重大错报方面的有效性。

审计人员应当根据对认定层次的重大错报风险的评估结果，恰当选用实质性方案或综合性方案。无论选择何种方案，审计人员都应当对所有重大的各类交易、账户余额、列报和披露设计和实施实质性程序。

小型被审计单位可能不存在能够被审计人员识别的控制活动，审计人员实施的进一步审计程序可能主要是实质性程序。在缺乏控制的情况下，审计人员应当考虑仅通过实施实质性程序是否能够获取充分、适当的审计证据。

（二）进一步审计程序的性质

进一步审计程序的性质是指进一步审计程序的目的和类型。进一步审计程序的目的包括通过实施控制测试确定内部控制运行的有效性，通过实施实质性程序发现认定层次的重大错报风险。进一步审计程序的类型包括检查、观察、询问、函证、重新计算、重新执行和分析程序。

（三）进一步审计程序的时间安排

进一步审计程序的时间安排是指审计人员何时实施进一步审计程序，或审计证据适用的期间或时点。审计人员可以在期中或期末实施控制测试或实质性程序。当重大错报风险较高时，审计人员应当考虑在期末或接近期末实施实质性程序；或采用不通知的方式，或在管理层不能预见的时间实施审计程序。

在确定何时实施审计程序时，审计人员考虑的因素包括：①控制环境。如果被审计单位营造并保持了诚实守信和良好的企业文化，建立并实施了有效的内部控制，审计人员就可以较多地依赖期中测试，否则，就应当主要依赖期末测试。②何时能得到相关信息。通常在能够得到相关信息时实施相关审计程序最为有效。例如，检查有形资产的最有效时点是在被审计单位实施有形资产清查与盘点时，而这通常是在期末实施的；针对交易错报的审计可以在期中进行，但针对账户余额错报、列报和披露错报的审计则只能在期末进行。③错报风险的性质。如果是无意识的错误导致的错报，在期中审计时就可以恰当解决；对于舞弊风险，必须要实施期末审计。④审计证据适用的期间或时点。如果审计证据适用整个被审计期间，如内部控制的有效性仅实施期中测试是不够的，还必须在剩余期间实施必要的测试；如果审计证据只适用于时点，如账户余额，则仅进行期末测试即可。

但是，一些审计程序只能在期末或期末以后实施，包括将财务报表与会计记录相核对，检查财务报表编制过程中所做的会计调整等。如果被审计单位在期末或接近期末发生了重大交易，或重大交易在期末尚未完成，审计人员应当考虑交易的发生或截止等认定可能存在的重大错报风险，并在期末或期末以后检查该类交易。

（四）进一步审计程序的范围

进一步审计程序的范围是指实施进一步审计程序的数量，包括抽取的样本量，对某项控制活动的观察次数，等等。

在确定进一步审计程序的范围时，审计人员应当考虑的因素包括：①确定的重要性水平。确定的重要性水平越低，所需审计证据数量越多，就需要实施较多的审计程序，因此，需要扩大审计范围。②评估的重大错报风险。评估的重大错报风险越高，就需要增加审计样本量，扩大审计范围。但是，只有当审计程序本身与特定风险相关时，扩大审计范围才是有效的。③计划获取的保证程度。计划获取的保证程度越高，可容忍误差越低，所需的审计证据就越多，从而需要扩大审计范围。例如，95%的保证程度的审计范围就比 9%的保证程度的审计范围要大。

审计人员使用恰当的抽样方法通常可以得出有效结论。但如果存在下列情形，审计人员依据样本得出的结论可能与对总体实施同样的审计程序得出的结论不同，出现不可能接受的审计风险：①从总体中选择的样本量过小。样本量过小，缺乏足够的代表性，就不能代表总体特征。这表明审计范围过小。②选择的抽样方法对实现特定目标不适当。这导致选取的样本不能代表总体的特征。例如，要验证被审计单位期末存货跌价准备计提是否恰当，如果选择的样本均为被审计单位期末库存物资中库存时间短、流动频繁、保管条件好、没有质量或积压问题的物资，则其样本的选择就存在不恰当的问题。在这一审计目标下，审计人员应当选择库存时间长、保管条件不太好、存在质量或积压问题的物资实施审计程序，才能验证被审计单位期末存货跌价准备计提的恰当性。③未对发现的例外事项进行恰当的追查。这实质是审计人员没有保持恰当的职业怀疑。对发现的例外事项进行恰当的追查，要求审计人员扩大审计范围，从而获取更多的审计证据，降低审计结论的风险。

审计人员可以使用计算机辅助审计技术对电子化的交易和账户文档进行更广泛的测试，包括从主要电子文档中选取交易样本，或按照某一特征对交易进行分类，或对总体而非样本进行测试。

（五）实质性程序

为应对各类交易、账户余额、列报和披露认定层次的重大错报风险，审计人员应当设计和实施实质性程序的性质、时间安排和范围。

1. 实质性程序的内涵和要求

实质性程序主要用于发现认定层次的重大错报风险，并确定错报金额，包括对各类交易、账户余额、列报和披露的细节测试及实质性分析程序。

无论评估的重大错报风险结果如何，审计人员都应当针对所有重大的各类交易、账户余额、列报和披露实施实质性程序，并至少应当包括：①将财务报表与其所依据的会计记录相核对；②检查财务报表编制过程中做出的重大会计分录和其他会计调整。如果认为评估的认定层次的重大错报风险属于特别风险，审计人员应当专门针对该风险同时实施细节测试和实质性分析程序，以获取充分、适当的审计证据。

2. 实质性程序的性质

实质性程序包括细节测试和实质性分析程序。细节测试适用于对各类交易、账户余额、列报和披露认定的测试，尤其是对存在或发生、计价认定的测试；对在一段时期内存在可预期关系的大量交易，审计人员可以考虑实施实质性分析程序。

（1）细节测试。细节测试是指审计人员通过审查业务发生的详细情况，确定该业务是否存在错报及错报的金额，以实现审计目标的过程。如检查与业务相关的合同、原始凭证、记账凭证、账簿记录，并追查至该业务在财务报表中的列报和披露，以验证该业务发生的真实性、入账的完整性、截止的恰当性、分类的合理性、金额的准确性、权利或义务的合法性、列报和披露的充分性与可理解性等。细节测试还可以细分为交易细节测试、余额细节测试及列报和披露细节测试，它们分别是用于对各类交易、期末账户余额、财务报表列报和披露执行的细节测试，以便确定是否存在错报及错报的金额，进而实现与其认定相关的审计目标。

审计人员应当针对评估的风险设计细节测试，获取充分、适当的审计证据，以达到认定层次所计划的保证水平。例如，针对存在或发生认定的细节测试，应当选择财务报表中的重大项目；针对完整性认定的审计细节测试，则应当选择有证据表明应包含但未包含在财务报表金额中的项目，并调查这些项目是否确实已包括在内，防止低估和漏报。

（2）实质性分析程序。实质性分析程序是指审计人员将分析程序作为实质性程序来使用，以发现认定层次可能存在的错报。在设计实质性分析程序时，审计人员应当考虑的因素包括：①对特定认定使用实质性分析程序的适当性。这决定是否实施实质性分析程序。通常只对频繁发生，或者具有一定规律的交易类别或账户余额实施实质性分析程序。②对已记录的金额或比率做出预期时，所依据的内部或外部数据的可靠性。这将影响实质性分析程序的有用性。所依据的数据不可靠，实质性分析程序的结果就没有意义，且可能对审计人员产生误导。③做出预期的准确程度是否足以在计划的保证水平上识别重大错报。这将影响实质性分析程序的有效性，以及是否可以提高审计效率。④已记录金额与预期值之间可接受的差异额。这将影响拟进一步实施审计程序的范围。

（3）实质性程序的时间安排。审计人员如果仅在期中实施实质性程序，就会增加期末存在错报而未被发现的风险，且剩余时间越长，该风险越高。因此，如果在期中实施了实质性程序，审计人员应当针对剩余期间实施进一步的实质性程序，或将实质性程序和控制测试结合使用，以便将其中的测试得出的结论合理延伸至期末。

在考虑是否在期中实施实质性程序时，审计人员应当考虑的因素包括：①控制环境和其他相关的控制。如果被审计单位营造并保持了诚实守信和良好的企业文化，建立并实施了有效的内部控制，审计人员就可以较多地在期中实施实质性程序，否则，就应当主要依赖期末实施实质性程序。②所需信息在期中之后的可获得性。如果所需信息在期中之后还能够获得，审计人员则有必要既实施期中测试，又在期末进行必要的实质性程序。③实质性程序的目标，如对于发生完整性、权利或义务、计价与分摊、分类等目标，可大量在期中实施实质性程序；但对于存在、截止、列报和披露等目标，则主要依赖在期末实施实质性程序。④评估的重大错报风险。评估的重大错报风险越低，审计人员可主要依赖于在期中实施实质性程序；相反，则必须大量依赖于在期末实施实质性程序。⑤各类交易或账户余额及相关认定的性质。对各类交易的认定，可大量依赖于在期中实施实质性程序；对账户余额的认定，则主要依赖于在期末实施实质性程序。⑥针对剩余期间，能否通过实施实质性程序或将实质性程序与控制测试相结合，降低期末存在错报而未被发现的风险。如果能够做到这样，则可在期中大量实施实质性程序。

如果拟将期中测试得出的结论延伸至期末，审计人员应当考虑针对剩余期间仅实施实质性程序是否足够，通常还应测试剩余期间相关控制运行的有效性。如果识别出舞弊风险，那么，将期中测试得出的结论延伸至期末而实施的审计程序通常无效，审计人员应当在期末或者接近期末实施实质性程序。

在针对剩余期间实施实质性程序时，审计人员应当重点关注并调查重大的异常交易成分或分录，重大波动及各类交易或账户余额在构成上的重大或异常变动。

如果在期中检查出某类交易或账户余额存在错报，审计人员应当考虑修改相关的风险评估，以及针对剩余期间拟实施实质性程序的性质、时间安排和范围，考虑在期末扩大实质性程序的范围，或重新实施实质性程序。

（4）实质性程序的范围。在确定实质性程序的范围时，审计人员应当考虑的因素主要有两个：①评估的认定层次的重大错报风险。风险越高，需要实施实质性程序的范围越大。②实施控制测试的结果。如果对控制测试结果不满意，审计人员应当考虑扩大实质性程序的范围。

在设计细节测试时，除了从样本量的角度考虑测试范围外，还要考虑选样方法的有效性等因素。

重大错报风险对应的框架如图 8-3 所示。

三、针对认定层次舞弊风险的审计程序

（一）应对认定层次舞弊风险的通常考虑

为应对认定层次舞弊风险，审计人员应当综合考虑运用下列方式。

（1）充分考虑舞弊风险因素。舞弊风险因素是指审计人员在了解被审计单位及其环境时识别的，可能表明存在舞弊动机或压力、机会的事项或情况，以及被审计单位对可能存在的舞弊行为的合理化解释。存在舞弊风险因素并不一定表明发生了舞弊，但在舞弊发生时通常存在舞弊风险因素。因此，审计人员应当考虑舞弊风险因素对其评估重大错报风险可能产生的影响。

（2）改变拟实施审计程序的性质，以获取更为可靠的相关审计证据，或获取其他佐证性信息，包括更加重视实地观察或检查，在实施函证程序时改变常规函证内容，询问被审计单位的非财务人员等。

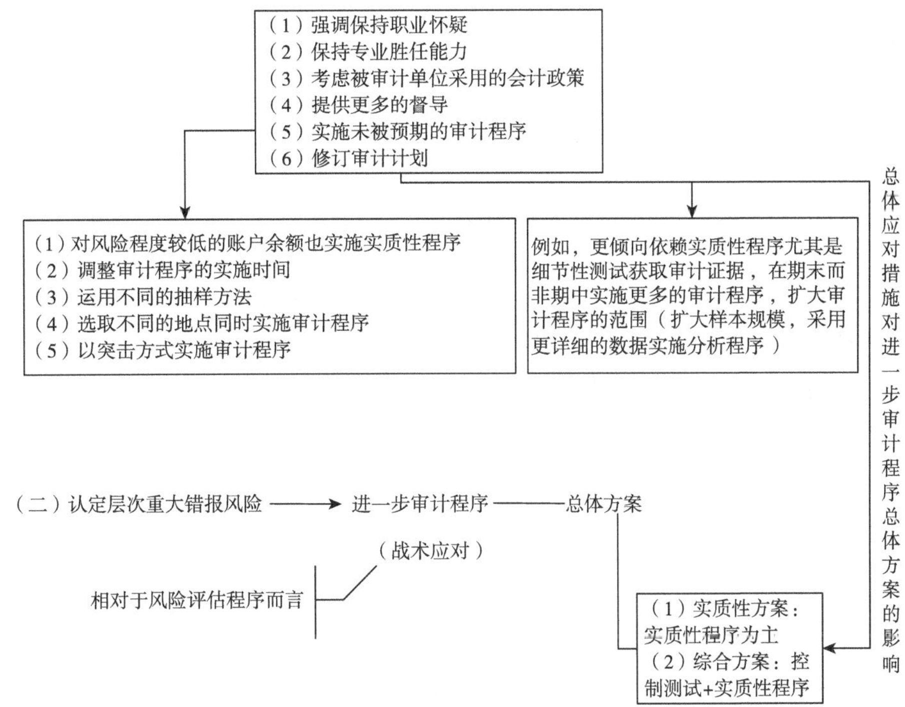

图 8-3　重大错报风险对应的框架

（3）改变实质性程序的时间安排，包括在期末或接近期末实施实质性程序，或针对本期较早期间发生的交易事项或贯穿于本期的交易事项实施测试。

（4）改变审计程序的范围，包括扩大样本规模，采用更详细的数据实施分析程序等。

（二）管理层凌驾于控制之上的舞弊手段及应对该舞弊风险的审计程序

1. 管理层凌驾于控制之上实施舞弊的主要手段

管理层凌驾于控制之上实施舞弊，导致财务报表存在重大错报的主要手段包括：①编制虚假的会计分录，特别是在临近会计期末时；②滥用或随意变更会计政策；③不恰当地调整会计估计所依据的假设及改变原来做出的判断；④故意漏计、提前确认或推迟确认报告期内发生的交易和事项；⑤隐瞒可能影响财务报表金额的事实；⑥构造复杂的交易以歪曲财务状况或经营成果；⑦篡改与重大或异常交易相关的会计记录和交易条款。

2. 应对管理层凌驾于控制之上的舞弊风险的审计程序

管理层凌驾于控制之上实施舞弊的风险属于特别风险。审计人员针对该特别风险应当实施的审计程序包括以下几方面。

（1）测试日常会计核算过程中做出的会计分录及为编制财务报表做出的调整分录是否适当。其主要包括：①了解被审计单位的财务报告过程，了解并评价被审计单位对日常会计分录及财务报表编制过程中的调整分录的控制，并确定其是否得到执行；②询问被审计单位内部参与财务报告过程的人员是否注意到在编制会计分录或调整分录时存在不恰当或异常的活动，③确定测试的时间，④选择拟测试的会计分录或调整分录。

（2）复核会计估计是否有失公允，从而可能导致重大错报。管理层通常通过故意做出不当的会计估计对财务信息做出虚假报告。因此，复核会计估计是否有失公允，可以有效应对舞弊导致的重大错报风险。审计人员应当采取的措施包括：①从财务报表整体上考虑管理层做出的某项会计估计是否反映出管理层的某种倾向，是否与最佳估计存在重大差异。②复核管理层在以前年度财务报表中做出的重大会计估计及其依据的假设。如果发现管理层做出的会计估计可能有失公允，则应当进一步分析是否存在舞弊风险。特别关注管理层在做出会计估计时是否同时高估或低估所有准备，特别是资产减值准备，从而平滑两个或多个会计期间的收益，或达到某个特定收益水平。

（3）对于注意到的、超出正常经营过程或基于对被审计单位及其环境的了解显得异常的重大交易，了解其商业理由的合理性。在了解其商业理由的合理性时，审计人员应当考虑的事项包括：①交易的形式是否过于复杂；②管理层是否已与治理层就该类交易的性质和会计处理进行讨论并做出适当记录；③管理层是否更强调需要采用某种特定的会计处理方式，而不强调交易的经济实质；④对于涉及不纳入合并范围的关联方（包括特殊目的实体）的交易，是否已得到治理层的适当审核与批准；⑤交易是否涉及以往未识别的关联方，或不具备实质性交易基础或独立财务能力的第三方。

四、针对被审计单位信息系统相关风险的应对

为了有效应对信息技术导致的风险，被审计单位通常会从组织架构、人员、技术、流程和程序等方面设计一套风险控制应对体系。不同的被审计单位，其具体的控制活动可能千差万别，但目的都是有效应对信息技术导致的风险。通常情况下，在审计计划阶段，审计人员通常通过访谈和查看等方式，了解被审计单位信息系统整体控制环境、一般控制和应用控制，评估被审计单位是否存在系统运行的健康可控的大环境，是否存在支持财务报表的应用控制，是否存在支持信息系统应用控制的信息系统一般控制，以便了解被审计单位信息系统相关风险及其应对体系，帮助审计人员制定审计策略。

信息系统整体控制环境是控制体系存在的大背景，决定了管理的基调和健康程度；信息系统应用控制是风险应对体系中直接对业务流程进行有效支撑的保证；信息系统一般控制是风险应对体系的基础和内核，为应用控制体系的持续、稳定、有效运行提供保证。三层应对体系共同构成了企业信息技术风险应对的控制体系，三者缺一不可。

（一）信息系统一般控制

信息系统一般控制是合理保证系统持续有效地按照管理预期正常运转的一套控制体系，为运行在其上的信息系统应用控制的持续有效性提供了保障。因此，信息系统一般控制是信息系统最基础、最核心、最重要的环节。

根据《中国注册会计师审计准则第 1211 号——通过了解被审计单位及其环境识别和评估重大错报风险》及其应用指南，信息系统一般控制涉及系统建设、系统变更、系统日常运行维护及程序和数据的访问四大领域。

（二）信息系统应用控制

信息系统应用控制为业务的持续有效运行和财务报表的编制提供直接或间接的基础和支持。不同企业业务流程的应用控制千差万别，在财务报表审计过程中，需要从每个财务报表科目余额或交易类别的重大错报风险出发，识别具体业务流程中是否存在相关的系统支持，即要了解被审计单位与财务报告有关的信息系统中，对系统自动化控制、系统生成的报表/信息、系统自动计算、系统权限管理和职责分离、系统之间的自动化接口等信息技术的依赖。

为了刻画财务报表与信息系统风险应对体系的关系，图 8-4 描述了财务报表、信息系统一般控制与应用控制之间的交互关系。财务报表形成于各个重要业务流程和交易过程，而相关控制（包括自动控制、依赖于系统的人工控制及不依赖系统的人工控制）保障了业务层面的流程和交易按预期方式执行，为了保证业务层面应用控制系统中相关控制活动的持续有效运行，信息系统一般控制从系统建设、程序变更、计算机运维、程序及数据访问四个支撑领域提供了基础性保证。

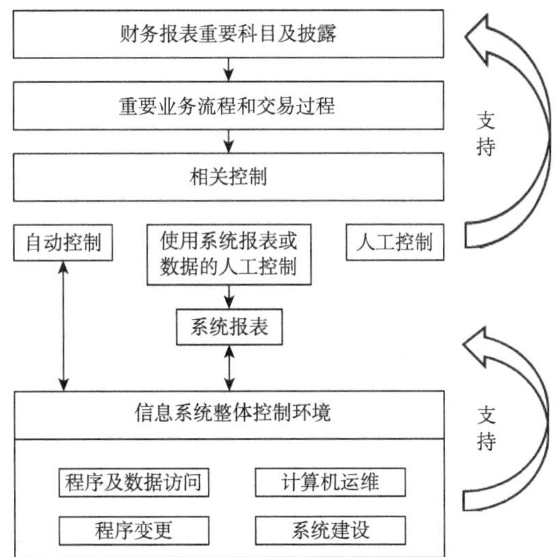

图 8-4　财务报表、信息系统一般控制与应用控制之间的交互关系

本章小结

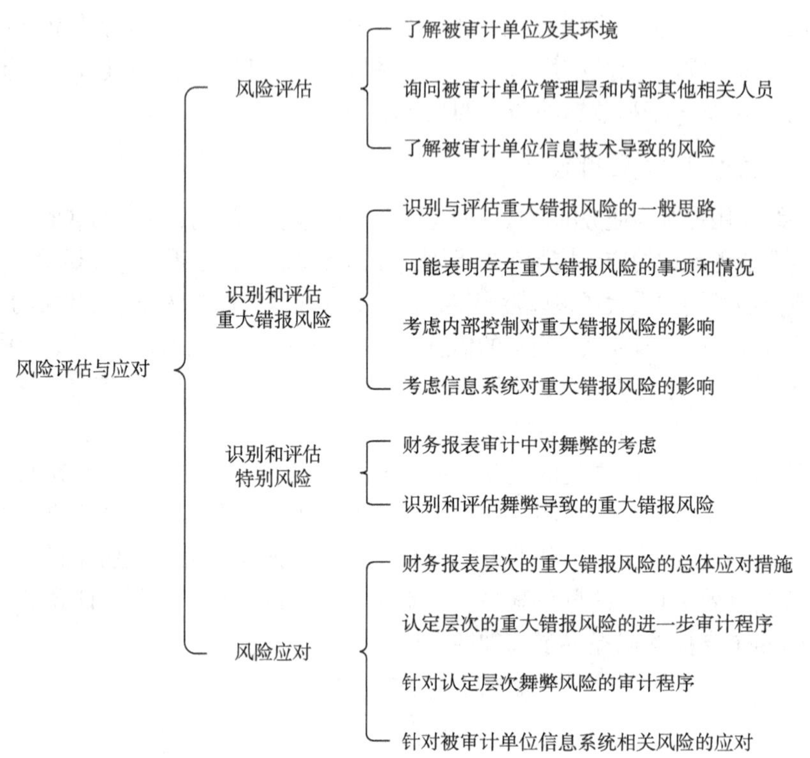

复习思考题

1. 简述风险评估的基本程序和信息来源。
2. 如何了解被审计单位及其环境?
3. 如何识别和评估被审计单位财务报表的重大错报风险?
4. 什么是进一步审计程序?简要说明进一步审计程序的性质、时间安排和范围。
5. 实质性程序报告哪些类型?
6. 如何应对管理层凌驾于控制之上的舞弊导致的重大错报风险?
7. 信息系统的风险有哪些?如何应对?

第九章

内部控制及其评价

内部控制是管理现代化的必然产物，内部控制系统的产生和发展，促使审计工作从全面详细审计发展成为以抽样测试为基础的系统导向审计。审查和评价被审计单位的内部控制系统，这是现代审计的重要特征。本章在介绍内部控制的概念、整体框架及其构成要素的基础上，阐述内部控制测试、评价和审计等相关内容。

学习目标

- 了解内部控制的发展历程
- 理解内部控制的概念、整体框架及其构成要素
- 理解内部控制的固有局限性
- 掌握内部控制的测试与评价方法
- 理解新一代信息技术发展对内部控制的深刻影响

第一节　内部控制概述

一、内部控制的概念

内部控制是由企业董事会、监事会、经理层和全体员工实施的旨在实现控制目标的过程。国际审计准则和我国审计准则中定义了内部控制的概念内涵。总体而言，内部控制系统是指组织的管理当局（董事会、监事会、管理层和全体员工），为了实现其发展战略，提高经营活动的效率和效果，防范和发现错误和舞弊，确保信息的准确可靠，保护资产的安全和完整及对相关法律法规的遵循而制定的管理政策和控制程序。

内部控制的概念界定见表 9-1。

表 9-1 内部控制的概念界定

来源	概念
国际审计准则	管理当局为了确保以有序和有效的方式实现其管理目标，包括遵循管理制度、保护资产的安全、防范和发现错误和舞弊、确保会计记录的准确和完整、及时编制可信的财务信息而制定和实施的管理政策和控制程序
我国审计准则	内部控制是指被审计单位为了保证业务活动的有效进行，保护资产的安全和完整，防止、发现、纠正错误和舞弊，保证会计资料的真实、合法、完整而制定和实施的政策与程序

二、内部控制的发展

（一）西方内部控制的发展

西方内部控制的发展大概经历了下述六个阶段。

1. 内部牵制

在 20 世纪 40 年代以前，人们习惯用内部牵制这一概念，其主要特点是，以任何个人或部门不能单独控制任何一项或一部分业务权力的方式进行组织的责任分工。一般来说，内部牵制的执行大致可分为四类。一是实物牵制。例如，把保险柜的钥匙交给两个以上工作人员持有。如果不同时使用这两把以上的钥匙，就打不开保险柜。二是机械牵制。例如，保险柜的门若未按正确程序操作就无法打开。三是体制牵制。采用双重控制预防错误和舞弊的发生，如对原始记录进行备份。四是簿记牵制。定期将明细账与总账进行核对，如会计与出纳实施职责分离。在现代内部控制理论中，内部牵制仍占有重要地位，成为有关组织机构控制和职务分离控制的基础。

2. 内部控制

20 世纪 40 年代末，内部控制这一概念得到重视。1949 年，美国注册会计师协会的审计程序委员会在《内部控制：一种协调制度要素及其对管理当局和独立注册会计师的重要性》的报告中，对内部控制首次做出权威性定义："内部控制包括组织机构的设计和企业内部采取的所有相互协调的方法与措施，以保护企业财产、检查会计信息的准确性、提高经营效率和推动企业坚持执行既定的管理政策和规章制度。"

3. 内部控制结构

20 世纪 80 年代以后，西方会计审计界研究的重点逐步从内部控制一般含义向具体内容深化。1988 年，美国注册会计师协会发布《审计准则公告第 55 号》，从 1990 年 1 月起取代 1972 年发布的《审计准则公告第 1 号》。该公告首次以"内部控制结构"代替"内部控制"，指出"企业的内部控制结构包括为提供取得企业特定目标的合理保证而建立的各种政策和程序"。内部控制结构是指为了对实现特定企业目标提供合理保证而建立的一系列政策和程序构成的有机整体，包括控制环境、会计系统及控制程序三个部分。

（1）控制环境，反映董事会、经理层、业主和其他人员对控制的态度和行为。其具体包括管理哲学和经营作风、组织结构、董事会及审计委员会的职能、人事政策和程序、确定职权和责任的方法、经理层监控和检查工作时所用的控制方法。

（2）会计系统，规定各项经济业务的确认、归集、分类、分析、登记和编报方法。

一个有效的会计系统包括以下内容：鉴定和登记一切合法的经济业务；对各项经济业务进行适当分类，作为编制财务报表的依据；计量经济业务的价值以使其货币价值能够在财务报表中记录确定经济业务发生的时间，以确保它记录在适当的会计期间；在财务报表中恰当地表述经济业务及有关的揭示内容。

（3）控制程序，指管理层制定的政策和程序，用以保证达到一定的目的。它包括经济业务和经济活动批准权；明确有关人员的职责分工，并有效防止舞弊；凭证和账单的设置和使用，应保证业务和活动得到正确的记载；财产及其记录的接触使用要有保护措施；对已登记的业务及其计价要进行复核；等等。

4.《内部控制——整合框架》

进入 20 世纪 90 年代，人们对内部控制的研究进入一个全新的阶段。1992 年，COSO 发布报告《内部控制——整合框架》，即“COSO 报告”，该报告具有广泛的适用性。1996 年，美国注册会计师协会发布《审计准则公告第 78 号》，并从 1997 年 6 月起取代 1988 年发布的《审计准则公告第 55 号》，将内部控制定义为，由一个企业的董事会、经理层和其他人员实现的过程，旨在为下列目标提供合理保证：①财务报告的可靠性；②经营的效果和效率；③符合适用的法律和法规。COSO《内部控制——整合框架》将内部控制划分为五种要素，分别是控制环境、风险评估、控制活动、信息与沟通、监控。这五种要素使内部控制成为一个整体。1992 年 COSO《内部控制——整合框架》如图 9-1 所示。

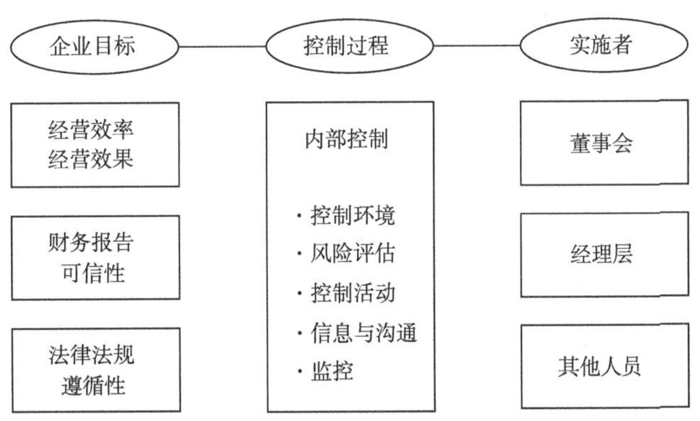

图 9-1　1992 年 COSO《内部控制——整合框架》

上述五种要素内容广泛，相互关联。控制环境是其他控制要素的基础，在规划控制活动时，必须对企业可能面临的风险进行细致的了解和评估；而风险评估和控制活动必须借助企业内部信息的有效沟通；实施有效的监控以保障内部控制的实施质量。

5.《企业风险管理框架》

2004 年 4 月，COSO 在广泛吸收各国理论界和实务界研究成果的基础上，颁布了《企业风险管理框架》。该框架在 1992 年 COSO《内部控制——整合框架》报告的基础上建立企业风险管理框架，将企业管理的重心由内部控制转向风险管理。相对于内部控制整合框架而言，新的 COSO 报告增加了一个观念，即风险组合观；一个目标，即战略目标；两个概念，即风险偏好和风险容忍度；三个要素，即目标制定、事项识别和风险反应。

企业风险管理包括八个相互关联的要素，各要素贯穿在企业的管理过程之中。

COSO《内部控制——整合框架》与《企业风险管理框架》的比较如图 9-2 所示。

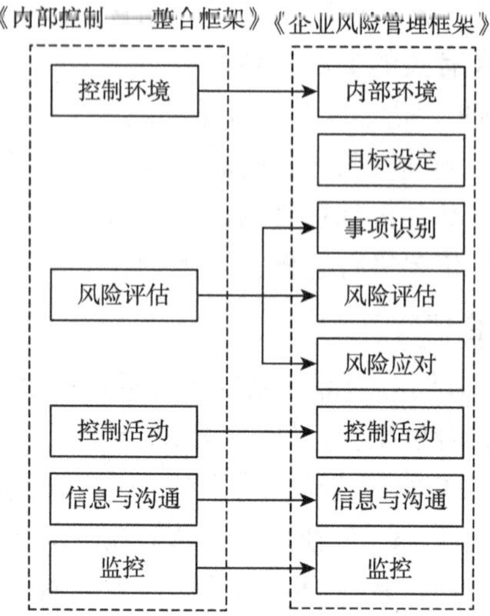

图 9-2 COSO《内部控制——整合框架》与《企业风险管理框架》的比较

6.《企业风险管理——与战略和业绩的整合》

在 2004 年《企业风险管理框架》的基础上，针对近年来风险管理的新特征与新模式，特别是风险与企业战略与业绩的关系方面，COSO 于 2016 年推出了《企业风险管理——协调战略和业绩》（征求意见稿）。在充分征求意见的基础上，COSO 于 2017 年 9 月 6 日发布了 2017 版的企业风险管理框架《企业风险管理——与战略和业绩的整合》。该框架由五大要素组成。

（1）治理和文化。治理确定企业的基调，强化企业风险管理的重要性并确立企业风险管理的监督职责。文化则事关道德价值、期望的行为和态度及对风险本质的理解。

（2）战略与目标制定。企业风险管理、战略和目标制定在战略规划过程中应共同发挥作用。企业建立风险偏好要与战略相协调。业务目标应将战略付诸实践，并作为识别、评估和应对风险的基础。

（3）绩效。企业需要识别和评估可能会影响战略和业务目标实现的风险，必须根据严重程度和风险偏好来确定风险的优先级。企业选择风险应对方案，并以风险组合的角度预测风险总量。这一过程的结果应向主要利益相关者报告。

（4）检查与修正。通过对执行情况的审查，企业能够衡量、评估企业风险管理各要素的运行情况及其重大变化，以便根据需要及时对相关风险要素进行调整。

（5）信息、沟通和报告。围绕风险管理，企业应该建立完善的信息获取、传输、沟通和报告流程，以便能够从企业内部、外部持续获取和分享相关信息，并能够使得这些信息在整个企业中高效沟通和传达。

2017 年新版的框架中的五大要素可以细分为 20 项具体原则，涵盖了从治理到监督的各个方面，并提供了适用于不同规模、类型或行业领域的企业的操作规程。这些原则可以帮助企业解决如何结合战略和业务目标来进行风险管理，从而为管理层和董事会提供合理预期。五大要素和 20 项原则如表 9-2 所示。

表 9-2　《企业风险管理——与战略和业绩的整合》的组成要素

要素	治理和文化	战略与目标制定	绩效	检查与修正	信息、沟通和报告
原则	1. 履行董事会风险监督职能 2. 建立运营架构 3. 定义理想的企业文化 4. 致力于实现核心价值 5. 吸引、培育和留住人才	6. 分析业务环境 7. 定义风险偏好 8. 评估备选战略 9. 制定业务目标	10. 识别风险 11. 评估风险的严重程度 12. 风险排序 13. 执行风险应对方案 14. 建立风险组合观	15. 评估重大变化 16. 检查风险和绩效 17. 对企业风险管理的改进进行追踪	18. 运用信息和技术 19. 沟通风险信息 20. 汇报风险、文化和绩效

（二）中国内部控制的发展

基于内部牵制的控制思想在我国由来已久，古代调动军队的“虎符”和控制物资领用的“对牌”（如《红楼梦》中的“对牌”等）就是这一思想的集中体现。我国现代内部控制的实践和理论研究略显滞后，大致经历了三个阶段。

1. 1996 年及以前：审计视角的内部控制规范

无论是基础审计模式还是风险导向审计模式，内部控制均是审计措施和评价的主要对象。

1996 年，财政部颁布的《会计基础工作规范》首次对内部控制做出明确规定。中国注册会计师协会于 1996 年颁布《独立审计具体准则第 9 号——内部控制与审计风险》，定义内部控制“是指被审计单位为了保证业务活动的有效进行，保护资产的安全和完整，防止、发现、纠正错误和舞弊，保证会计资料的真实、合法、完整而制定和实施的政策和程序，内部控制包括控制环境、会计系统和控制程序”。这有助于规范注册会计师对内部控制的研究与评价，增强风险意识，提高风险抵御能力。

2. 1997~2005 年：会计视角的内部控制

该阶段主要包括由政府、证券监督管理部门和行业监管机构等制定的有关法律法规、指引，大致可以分为四类。

第一类，由财政部颁布的适用于所有企业的内部控制基础性规范。1997 年亚洲金融危机爆发后，我国于 1999 年修订《中华人民共和国会计法》，强调要建立健全单位内部会计监督（会计控制），这是我国第一部体现内部会计控制的法律。随后，财政部于 2001~2004 年先后制定发布了单位内部会计控制规范体系，包括一个基本规范和 9 个具体规范，即《内部会计控制规范——基本规范》，以及货币资金、采购与货款、销售与收款、实物资产、担保、对外投资、成本费用、工程项目、筹资等内部会计控制的具体规范。

第二类，由上市公司监管机构发布的有关规则。例如，中国证券监督管理委员会（简称中国证监会）于 2001 年发布的《公开发行证券公司信息披露编报规则》；深圳证券交易所和上海证券交易所于 2006 年分别出台的《深圳证券交易所上市公司内部控制指引》和《上海证券交易所上市公司内部控制指引》。

第三类，各行业监管机构发布的相关文件。例如，1997 年，中国人民银行发布的《中国人民银行加强金融机构内部控制的指导原则》；1999 年，中国保险监督管理委员会（简称中国保监会）制定的《保险公司内部控制制度建设指导原则》；2002 年，中国人民银行颁布的《商业银行内部控制指引》；2004 年，中国银行业监督管理委员会（简称中国银监会）颁布的《信托投资公司内部控制指引》。

第四类，国有资产监督管理委员会（简称国资委）针对中央企业颁布的内部控制框架指引。例如，2006 年，国资委出台《中央企业全面风险管理指引》，对中央企业开展全面风险管理工作的总体原则、基本流程、组织体系、风险评估、风险管理策略、风险管理解决方案、监督与改进、风险管理文化、风险管理信息系统等方面进行了详细阐述，并对贯彻落实提出了明确要求。这标志着我国内部控制规范体系从内部控制向风险管理转型。

3. 2006 年至今：管理视角的内部控制规范

近年来，由财政部牵头，联合中国证监会及国资委等相关部门，在充分吸收借鉴西方内部控制理论发展成果的基础上，研究制定了一套适应我国国情的企业内部控制体系，有力推动了我国内部控制体系的建设发展。

2006 年 7 月 15 日，财政部、国资委、中国证监会、审计署、中国银监会、中国保监会等部门联合发起成立企业内部控制标准委员会，开始研究制定具有统一性、公认性和科学性的企业内部控制规范。

2008 年 5 月 22 日，财政部、中国证监会、审计署、中国银监会、中国保监会联合发布了《企业内部控制基本规范》，这是我国企业内部控制建设的重要里程碑。

2010 年 4 月 26 日，财政部、中国证监会、审计署、中国银监会、中国保监会联合发布了《企业内部控制配套指引》，包括 18 项《企业内部控制应用指引》《企业内部控制评价指引》《企业内部控制审计指引》，连同此前发布的《企业内部控制基本规范》，标志着适应我国企业实际情况、融合国际先进经验的中国企业内部控制规范体系基本建成。其中，《企业内部控制基本规范》体系框架如图 9-3 所示。

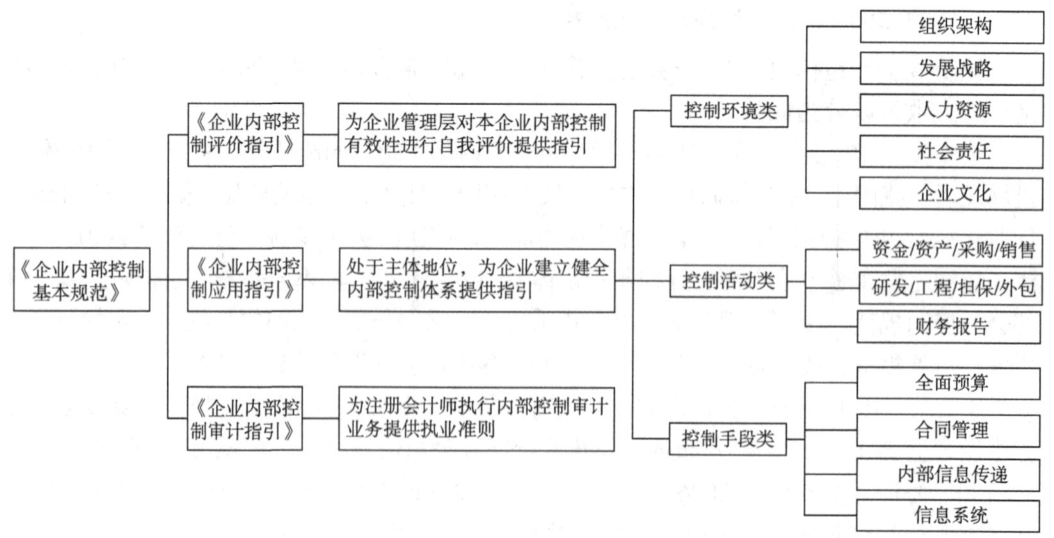

图 9-3 《企业内部控制基本规范》体系框架

三、内部控制的目标与分类

现代内部控制理论认为，内部控制是由企业董事会、监事会、经理层和全体员工共同实施的，旨在实现控制目标的过程，建立健全内部控制，实现五大目标。

（一）内部控制的五大目标

内部控制的五大目标是合理保证企业经营管理合法合规、资产安全完整、财务报告及相关信息真实完整、提高经营效率和效果、促进企业战略目标实现。

（1）合理保证企业经营管理合法合规。守法和诚信是企业健康发展的基石，贯彻执行国家的方针、政策、法律法规和财经制度，是企业合法经营的先决条件。内部控制要求企业必须将发展置于国家法律法规允许的基本框架之下，确保企业每一项经济业务活动必须控制在合法合规的范围内。例如，一切会计凭证都必须由会计部门认真审核、把关，对不合法、不合规的经济业务必须坚决予以制止和披露，以及生产和销售的产品必须符合质量要求，不允许以次充优或生产销售假冒伪劣商品，这些都是合法、合规性控制。

（2）资产安全完整。资产安全是投资者、债权人、管理者等企业利益相关者普遍关注的重要问题，是企业健康、可持续发展的物质基础。完善的内部控制制度，通过财产记录和实物保管、定期盘点和账实核对、限制接近等控制手段和措施，能够为资产安全完整提供坚实的制度保障。

（3）财务报告及相关信息真实完整。及时、可靠、准确的信息，能够有效支持企业经营管理决策和对营运管理活动及业绩的监控。同时，保证对外披露的信息报告的真实完整，有利于提升企业的诚信度和公信力，也是企业应尽的信息披露义务。完善的内部控制，通过组织机构设置和岗位职责划分，明确规定各机构和岗位的职责权限，实施相应的分离措施、授权审批控制、会计系统控制，形成各司其职、各负其责、相互制约的工作机制和监督制约机制，保证信息的准确性。

（4）提高经营效率和效果。建立健全内部控制，有助于企业加强对运营管理活动全流程的系统控制，不断提高经营活动的营利能力和管理活动的效率，提升企业的经营效率和效果。同时，企业应结合自身所处的内外部环境，及时识别风险。

（5）促进企业战略目标实现。建立健全内部控制，有助于企业将眼前利益与长远利益有机结合，制定长远的战略规划，设定科学合理的战略目标，有助于企业发展战略的实现。

（二）内部控制的分类

1. 基于工作内容的分类

内部控制按工作内容分类，可以分为内部管理控制和会计控制。

（1）内部管理控制，是指为保证经营决策正确、有效地贯彻执行及经营目标的实现，促进经济活动的经济性、效率性和效果性而制定和实施的有关行政和业务管理方面的政策与程序。例如，劳动组织、劳动工资、人事内部控制系统，质量检验内部控制系统，技术设计内部控制系统，情报资料内部控制系统，电子计算机操作内部控制系统，材料供应、产品生产、产品销售内部控制系统，等等。

（2）会计控制，是指为保护财产物资的安全完整、保证会计信息的正确真实及财务活动的合法有效而制定和实施的有关会计业务及相关业务的政策与程序。例如，现金、银行存款内部控制系统，成本、费用管理内部控制系统，资产管理内部控制系统，现金、银行存款内部控制系统，成本、利润及其分配管理内部控制系统，记账程序内部控制系统，会计凭证保管、整理、归档内部控制系统，会计电算化内部控制系统，等等。

2. 基于控制目标分类

内部控制按控制目标分类，可以分为保护财产物资的内部控制、保证会计资料可靠性和正确性的内部控制，以及保证经济活动合法性和效益性的内部控制。

（1）保护财产物资的内部控制。保护财产物资的内部控制是以流动资产、固定资产和其他资产为对象，规定购入、验收、入库、保管、使用、维修、计量等职责和权限、手续和程序。例如，材料验收控制系统，入库、出库控制系统，限额领用控制系统，产品盘点控制系统，现金管理控制系统，机器设备维修、保养控制系统，等等。

（2）保证会计资料可靠性和正确性的内部控制。保证会计资料可靠性和正确性的内部控制是以会计凭证、会计账簿和财务报表为对象，规定会计核算的组织形式、方法和程序，保证会计资料及其他信息资料的可靠性和正确性。例如，财产计价控制，成本计算规程控制，财产清查控制，记账程序控制，账证、账账、账表和账实核对控制，会计人员岗位责任，ERP 控制，等等。

（3）保证经济活动合法性和效益性的内部控制。保证经济活动合法性和效益性的内部控制是以经济活动为对象，规定经济活动必须遵守的规范和程序及控制经济活动的方法、措施。该类控制系统范围较广，包括行政和业务部门的内部控制系统和会计部门的内部控制系统。例如，材料采购控制系统和现金控制系统，成本、费用控制系统，产品销售控制系统，目标利润控制系统，财务成果分配控制系统，基建工程控制系统，等等。

3. 基于控制方式的分类

内部控制按控制方式分类，可分为预防性内部控制与察觉性内部控制。

（1）预防性内部控制。预防性内部控制是指那些目的在于防止错误和舞弊行为的发生而设置的措施和程序。例如，出纳与会计必须由两人担任，开具银行支票的人员必须与掌管印章的人员相分离，销售开具发票的人员必须与收款的人员相分离，都属于防患于未然的预防性内部控制。

（2）察觉性内部控制。察觉性内部控制是指当错误和舞弊行为发生后，能够立即自动发出信号，并及时采取纠正或补救的方法、措施和程序。例如，定期进行结账、对账，定期进行财产清查、核对账实，定期轮换工作人员，都属于察觉性内部控制。

四、内部控制的固有限制

无论被审计单位管理层如何设计和执行内部控制，内部控制都会因其固有限制而存在一定的局限性，都只能为实现既定目标提供合理保证而非绝对保证。一般而言，内部控制的局限性主要表现在下列几个方面。

（1）成本效益限制。成本效益原则是任何企业从事经营活动时都应遵循的原则，被审计单位及其管理层设计和运行其内部控制也不例外。若单纯从内部控制的角度分析，控制环节和控制措施越严密，控制的效果就越好，但是，相应的控制成本就越高，同时也会影响企业经营活动的效率。因此，被审计单位管理层在设计和运行内部控制时，要综合权衡控制成本与控制效率、控制效果。当实施对某项业务控制的成本大于其控制效率与控制效果时，就不会设置相应的控制环节或控制措施，这样某些错误或舞弊行为的发生就可能得不到控制。

（2）例外事项限制。内部控制一般是企业结合自身经营活动特点，针对过去经常、重复发生的常规业务活动而设计，通常具有相对的稳定性。然而，企业的经营活动是面向未来的，因此，一旦出现异常事项或难以预料的经济业务，内部控制就有失控或原有内部控制不适用的可能，从而影响和制约内部控制的作用。特别是当前企业面临巨大的外部环境变动、商业模式变化的情况下，例外事项更可能发生。

（3）人员素质限制。内部控制作为企业管理的重要组成部分，无疑要按照企业管理层的意图来设计与执行，如果内部控制设计人员未能完全理解管理层的意图，那么设计的内部控制将会失效。内部控制即使设计完善，也可能因执行人员的粗心大意、精力分散、判断失误及对指令的误解而失效。

（4）串通舞弊限制。以内部牵制为基础的内部控制建立在职务分工基础之上，可能因有关人员相互勾结、内外串通而失效。如果处于不相容职务上的有关人员相互串通、互相勾结（如执行不相容职务的会计和出纳相互勾结、采购人员与供货单位互相串通等），就可能导致舞弊行为发生，从而使内部控制丧失查错防弊的能力。

（5）滥用职权限制。内部控制可能因执行人员滥用职权或屈从于外部压力而失效。例如，管理部门的负责人滥用职权，对设置的内部控制不予理睬或凌驾于其上，政企不分、行政干预可能导致股份制企业的董事会、监事会丧失控制职能，这些均会导致内部控制形同虚设。

（6）时间效用限制。内部控制一般是针对特定的经营环境和业务性质而设计的，并具有相对的稳定性，当企业的经营环境、业务性质等情况发生变化时，就会使得先前设计或实施的内部控制不再适用。因此，企业内部控制需要根据内外部环境变化不断改进完善。例如，传统的内部控制更多强调对人的控制，在信息化环境下，如何加强计算机程序的控制及网络安全的控制就是一个亟须解决的问题。

有鉴于此，正是因为内部控制的固有局限性的存在，只能为既定的控制目标提供合理保证而不是绝对保证，因此，企业的控制风险一定大于零，对于内部控制良好的单位，审计人员可能因为评估其控制风险较低而减少实质性程序，但是不能取消实质性程序。

五、信息技术对企业内部控制的影响

信息系统在企业中的运用，特别是会计信息化，对企业内部控制的建设也有很大影响。信息系统对企业内部控制的影响主要体现在以下方面。

（1）在信息技术环境下，传统的人工控制越来越多地被信息系统自动控制替代。自动控制为内部控制活动带来变革，如自动控制遵循一致的业务规则，从而提升了控制活动执行的一致性。

（2）信息系统可以促进企业内部控制相关信息的收集、处理和传递，提升了内部控制信息的及时性、可获取性和有用性，从而促进内部控制有效运行；凭借信息系统强大的数据处理能力，自动控制提升了控制活动的效率。

（3）信息技术环境下，企业内部监督的范围、内涵发生变化，需要充分考虑信息系统的使用情况；决定内部控制自我评价的方式、范围、程序和频率时，需要考虑信息技术使用带来的影响。对监督过程中发现的与信息系统相关的内部控制缺陷，企业应当分析缺陷的性质和产生的原因，提出整改方案，跟踪内部控制缺陷整改情况，采取适当的形式及时向董事会、监事会或者经理层报告。

（4）信息系统的使用为内部控制带来新的风险因素，如程序逻辑配置不当，系统可能会错误地处理业务数据，进而产生财务影响；人员操作权限设定不当，会增加系统内数据和信息非授权访问的风险，导致交易记录被篡改、破坏；系统瘫痪导致数据丢失或无法访问；等等。

信息系统能够支持业务的执行，提高执行的效率和一致性，与内部控制一样也是根据企业需求来建设的，并可以为企业提供管理所需的信息，需要依赖企业员工操作维护，因此，企业信息化使企业在提高效率、效益、提升信息及时性和信息的一致性方面受益匪浅。

第二节　内部控制的构成要素

《企业内部控制基本规范》规定，内部控制构成要素包括内部环境、风险评估、控制活动、信息与沟通、内部监督五大要素。

一、内部环境

内部环境规定企业的纪律与架构，影响经营管理目标的制定，决定组织的文化氛围并影响员工的控制意识，是企业建立和实施内部控制的基础。控制环境决定着内部控制的规则与结构，反映了企业管理层和董事会关于控制对企业重要性的态度。控制环境的好坏直接决定着企业其他控制能否实施或实施的效果，可增强也可削弱特定控制的有效性。

内部环境一般包括治理结构、机构设置及权责分配、内部审计、人力资源政策、企业文化等。

（1）治理结构。治理结构指的是内部治理结构，又称法人治理结构，是根据权力机构、决策机构、执行机构和监督机构相互独立、权责明确、相互制衡的原则实现对企业的治理的。

《企业内部控制基本规范》规定，企业应当根据国家有关法律法规和企业章程，建立规范的公司治理结构和议事规则，明确决策、执行、监督等方面的职责权限，形成科学有效的职责分工和制衡机制。

股东（大）会享有法律法规和企业章程规定的合法权利，依法行使企业经营方针、筹资、投资、利润分配等重大事项的表决权；董事会对股东（大）会负责，依法行使企业的经营决策权；监事会对股东（大）会负责，监督企业董事、经理和其他高级管理人员依法履行职责；经理层负责组织实施股东（大）会、董事会决议事项，主持企业的生产经营管理工作。

（2）机构设置及权责分配。董事会负责内部控制的建立健全和有效实施。监事会对董事会建立与实施内部控制进行监督。经理层负责组织领导企业内部控制的日常运行。企业应当成立专门机构或者指定适当的机构具体负责组织协调内部控制的建立实施及日常工作。企业应当在董事会下设立审计委员会。审计委员会负责审查企业内部控制，监督内部控制的有效实施和内部控制自我评价情况，协调内部控制审计及其他相关事宜。

企业应当结合业务特点和内部控制要求设置内部机构，明确职责权限，将权利与责任落实到各责任单位。

（3）内部审计。企业应当加强内部审计工作，保证内部审计机构设置、人员配备和工作的独立性。

内部审计机构应当结合内部审计监督，对内部控制的有效性进行监督检查。内部审计机构对监督检查中发现的内部控制缺陷，应当按照企业内部审计工作程序进行报告；对监督检查中发现的内部控制重大缺陷，有权直接向董事会及其审计委员会、监事会报告。

（4）人力资源政策。企业应当制定和实施有利于企业可持续发展的人力资源政策。人力资源政策应当包括员工的聘用、培训、辞退与辞职；员工的薪酬、考核、晋升与奖惩；关键岗位员工的强制休假制度和定期岗位轮换制度；掌握国家秘密或重要商业秘密的员工离岗的限制性规定及有关人力资源管理的其他政策。

（5）企业文化。企业应当加强文化建设，培育积极向上的价值观和社会责任感，倡导诚实守信、爱岗敬业、开拓创新和团队协作精神，树立现代管理理念，强化风险意识。董事、监事、经理及其他高级管理人员应当在企业文化建设中发挥主导作用。

二、风险评估

风险评估是企业及时识别、科学分析经营活动中与实现内部控制目标相关的风险因素，合理确定风险应对策略，实施内部控制的重要环节。风险评估主要包括目标设定、风险识别、风险评估和风险应对。

（1）目标设定。风险是指一个潜在事项的发生对目标实现产生影响的可能性。风险与可能被影响的控制目标相关联。企业必须制定与采购、生产、销售、现金等业务相关的目标，设定可辨认、分析和管理相关风险的机制，以全面了解企业面临的内部、外部的各种不同风险。

（2）风险识别。企业应当准确识别与实现控制目标相关的内部风险和外部风险，确定相应的风险承受度。风险承受度是企业能够承担的风险限度，包括整体风险承受能力和业务层面的可接受风险水平。

企业识别内部风险，应当关注的因素如下：董事、监事、经理及其他高级管理人员的职业操守、员工专业胜任能力等人力资源因素；组织机构、经营方式、资产管理、业务流程等管理因素；研究开发、技术投入、信息技术运用等自主创新因素；财务状况、经营成果、现金流量等财务因素；营运安全、员工健康、环境保护等安全环保因素；其他有关内部风险因素。

企业识别外部风险，应当关注的因素如下：经济形势、产业政策、融资环境、市场竞争、资源供给等经济因素；法律法规、监管要求等法律因素；安全稳定、文化传统、社会信用、教育水平、消费者行为等社会因素；技术进步、工艺改进等科学技术因素；自然灾害、环境状况等自然环境因素；其他有关外部风险因素。

（3）风险评估。企业应当根据设定的控制目标，全面、系统、持续地收集相关信息，结合实际情况，及时进行风险评估。开展风险评估时，企业应当采用定性与定量相结合的方法，按照风险发生的可能性及其影响程度等，对识别的风险进行分析和排序，确定关注重点和优先控制的风险。

（4）风险应对。企业在分析了相关风险的可能性和影响程度后，基于风险评估的分析结果，结合风险承受度，权衡风险与收益，确定风险应对策略。企业应当综合运用风险规避、风险降低、风险分担和风险承受等风险应对策略，实现对风险的有效控制。其中，风险规避是企业对超出风险承受度的风险，通过放弃或者停止与该风险相关的业务活动以避免和减轻损失的策略；风险降低是企业在权衡成本效益之后，准备采取适当的控制措施降低风险或者减轻损失，将风险控制在风险承受度之内的策略；风险分担是企业借助他人力量，采取业务分包、购买保险等方式和适当的控制措施，将风险控制在风险承受度之内的策略；风险承受是企业对风险承受度之内的风险，在权衡成本效益之后，不准备采取控制措施降低风险或者减轻损失的策略。

风险应对策略的选择与企业风险偏好密切相关，为此，企业应合理分析和掌握董事、监事、经理及其他高级管理人员、关键岗位职工的风险偏好，采取适当的控制措施。此外，企业应当结合不同发展阶段和业务拓展情况，持续收集与风险变化相关的信息，进行风险识别和风险分析，及时调整风险应对策略。

三、控制活动

控制活动是企业根据风险评估结果，采用相应的控制措施，将风险控制在可承受度之内，是实施内部控制的具体方式。控制措施一般包括不相容职务分离控制、授权审批控制、会计系统控制、财产保护控制、预算控制、运营分析控制和绩效考评控制等。企业应当结合风险评估结果，通过手工控制与自动控制、预防性控制与发现性控制相结合的方法，运用相应的控制措施，将风险控制在可承受度之内。

1. 不相容职务分离控制

不相容职务是指那些如果由一人担任既可能发生错误和舞弊行为，又可能掩盖其错误和舞弊行为的职务。不相容职务一般包括授权批准与业务经办、业务经办与会计记录、会计记录与财产保管、业务经办与稽核检查、授权批准与监督检查等。

不相容职务分离的核心是“内部牵制”，基于两个核心假定：首先，两个或两个以上的人员或部门无意识地犯同样错误的可能性是很小的；其次，两个或两个以上的人员或部门有意识地合伙舞弊的可能性大大低于单独一人或部门舞弊的可能性。因此，企业在设计内部控制系统时，首先应要求企业全面系统地分析、梳理业务流程中涉及的不相容职务；其次，通过组织机构设置和岗位职责划分，明确规定各机构和岗位的职责权限，实施相应的分离措施，形成各司其职、各负其责、相互制约的工作机制。

2. 授权审批控制

授权审批是指企业在办理各项经济业务时，必须经过规定程序的授权批准。授权审批的形式通常有常规授权和特别授权两种。其中，常规授权是指企业在日常经营管理活动中按照既定的职责和程序进行的授权，用以规范经济业务的权力、条件和有关责任者，其时效性一般较长；特别授权是指企业在特殊情况、特定条件下对办理例外的、非常规性交易事项的权力、条件和责任的应急性授权。

企业必须建立授权审批体系，根据常规授权和特别授权的规定，明确各岗位办理业务和事项的权限范围、审批程序和相应责任。企业应当编制常规授权的权限指引，规范特别授权的范围、权限、程序和责任，严格控制特别授权。企业各级管理人员应当在授权范围内行使职权和承担责任。对于重大的业务和事项，企业应当实行集体决策审批或者联签制度，任何个人不得单独进行决策或擅自改变集体决策。

3. 会计系统控制

会计系统控制主要是通过对会计主体所发生的各项能用货币计量的经济业务进行记录、归集、分类、编报等所进行的控制。会计系统控制要求企业严格执行国家统一的会计准则制度，加强会计基础工作，明确会计凭证、会计账簿和财务会计报告的处理程序，保证会计资料真实完整等。其主要内容包括：①依法设置会计机构，配备会计从业人员，建立会计工作岗位责任制，对会计人员进行科学合理的分工，使之相互监督和制约；②按照规定取得和填制原始凭证；③设计良好的凭证格式；④对凭证进行连续编号；⑤规定合理的凭证传递程序；⑥明确凭证的装订和保管手续职责；⑦合理设置账户，登记会计账簿，进行复式记账；⑧按照《中华人民共和国会计法》和《企业会计准则》的要求编制、报送和报告财务会计报告。

4. 财产保护控制

保障财产安全特别是资产安全，是内部控制的重要目标之一。相关统计表明，资产侵占是员工舞弊的重要行为。财产保护控制要求企业建立财产日常管理制度和定期清查制度，采取财产记录和实物保管、定期盘点和账实核对、限制接近等措施，确保财产安全。财产保护控制的具体措施包括以下几方面。

（1）财产记录和实物保管。关键是要妥善保管涉及资产的各种文件资料，避免记录受损、被盗、被毁。对重要的文件资料，应当留有备份，以便在遭受意外损失或毁坏时重新恢复。特别是随着云计算等新一代信息技术在会计和财务领域的深度应用，为了确保存储在云端数据的正确性和完整性，避免其被恶意修改和毁坏，需要引入新的控制手段措施。

（2）定期盘点和账实核对。要定期对实物资产进行盘点，并将盘点结果与会计记录进行比较。物联网和射频技术、无人机技术在会计和审计领域的应用，极大地提升了实物资产盘点的效率。

（3）限制接近。严格限制未经授权的人员直接接触资产，只有经过授权批准的人员才能接触该资产。一般情况下，对货币资金、有价证券、贵重物品、存货等变现能力强的资产必须限制无关人员的直接接触。近年来，随着轻资产类型公司的不断涌现，如何避免企业研发成果、客户资源等软性资产的非法侵占和流失，是企业必须要面对和解决的新课题。

5. 预算控制

预算控制要求企业实施全面预算管理制度，明确各责任单位在预算管理中的职责权限，规范预算的编制、审定、下达和执行程序，强化预算约束。预算控制的内容涵盖企业经营活动的全过程，企业通过预算的编制和检查预算的执行情况，可以比较、分析内部各单位未完成预算的原因，并提出相应的改进措施。

6. 运营分析控制

运营分析是对企业内部各项业务、各类机构的运行情况进行独立分析或综合分析，进而掌握企业运营的效率和效果，为持续的优化调整奠定基础。运营分析要求企业建立运营情况分析制度，经理层应当综合运用生产、购销、投资、筹资、财务等方面的信息，通过因素分析、对比分析、趋势分析等方法，定期开展运营情况分析，发现存在的问题，及时查明原因并加以改进。

7. 绩效考评控制

绩效考评是对所属单位、团队及个人占有、使用、管理与配置企业经济资源的效果进行的评价。绩效考评控制要求企业建立和实施绩效考评制度，科学设置考核指标体系，对企业内部各责任单位和全体员工的业绩进行定期考核和客观评价，将考评结果作为确定员工薪酬及职务晋升、评优、降级、调岗、辞退等的依据。

企业应当根据内部控制目标，结合风险应对策略，综合运用控制措施，对各种业务和事项实施有效控制。除了上述常规控制措施外，企业还需要建立重点风险预警机制和突发事件应急处理机制，明确风险预警标准，对可能发生的重大风险或突发事件，制订应急预案、明确责任人员、规范处理程序，确保突发事件得到及时妥善处理。

四、信息与沟通

信息与沟通是企业及时、准确地收集、传递与内部控制相关的信息，确保信息在企业内部、企业与外部之间进行有效沟通，是实施内部控制的重要先决条件。企业应当建立信息与沟通制度，明确内部控制相关信息的收集、处理和传递程序，确保信息及时沟通，促进内部控制有效运行。

（1）信息的收集与筛选。大数据时代为企业的管理控制提供了海量的内部信息和外部信息，企业应当对收集的各种内部信息和外部信息进行合理筛选、核对、整合，提高信息的有用性。企业可以通过财务会计资料、经营管理资料、调研报告、专项信息、内部刊物、办公网络等渠道，获取内部信息；通过行业协会组织、社会中介机构、业务往来单位、市场调查、来信来访、网络媒体及有关监管部门等渠道，获取外部信息。由于不同来源信息的质量和可靠性存在较大差异，如何系统整合多源异质信息，服务于组织的管理控制和相关决策是企业亟须考虑的问题。

（2）信息的沟通与反馈。信息的价值有赖于其得到传递和使用。企业应当建立高效的信息沟通和反馈机制，及时将内部控制相关信息在企业内部各管理级次、责任单位、业务环节之间，以及企业与外部投资者、债权人、客户、供应商、中介机构和监管部门等有关方面之间进行沟通和反馈，重要信息必须及时传递给董事会、监事会和经理层。对于信息沟通过程中发现的问题，应当及时报告并加以解决。尤其是随着网络信息技术、自媒体平台和移动互联网的快速发展，信息传递的速度更快，范围更广，对企业的影响也更大，因此，网络舆情管理是企业信息沟通与反馈机制的重要内容。

（3）信息的集成与共享。企业应当利用信息技术促进信息的集成与共享，充分发挥信息技术在信息与沟通中的作用，提高控制效率。同时，企业应加强对信息系统开发与维护、访问与变更、数据输入与输出、文件储存与保管、网络安全等方面的控制，保证信息系统安全稳定运行。

（4）企业应当建立反舞弊机制。企业应坚持惩防并举、重在预防的原则，明确反舞弊工作的重点领域、关键环节和有关机构在反舞弊工作中的职责权限，规范舞弊案件的举报、调查、处理、报告和补救程序。

企业内部投诉和举报是发现舞弊行为最重要的途径和手段，为推动企业反舞弊机制的落实、落地，企业应当建立举报投诉制度和举报人保护制度，设置举报专线，明确举报投诉处理程序、办理时限和办结要求，确保举报、投诉成为企业有效掌握信息的重要途径。

五、内部监督

内部监督是企业对内部控制建立与实施情况进行监督检查，评价内部控制的有效性，发现内部控制缺陷，及时加以改进，是实施内部控制的重要保证。内部监督分为日常监督和专项监督。日常监督是指企业对建立与实施内部控制的情况进行常规、持续的监督检查；专项监督是指在企业发展战略、组织结构、经营活动、业务流程、关键岗位员工等发生较大调整或变化的情况下，对内部控制的某一或者某些方面进行针对性的监督检查。专项监督的范围和频率应当根据风险评估结果及日常监督的有效性等予以确定。

日常监督和专项监督应当形成书面报告，并在报告中揭示存在的内部控制的缺陷。为此，企业应制定内部控制设计缺陷和执行缺陷的具体认定标准，对监督过程中发现的内部控制缺陷，应当分析缺陷的性质和产生的原因，提出整改方案，采取适当的形式及时向董事会、监事会或者经理层报告。企业应当跟踪内部控制缺陷整改情况，并就内部监督中发现的重大缺陷，追究相关责任单位或者责任人的责任。

企业应当结合内部监督情况，定期对内部控制的有效性进行自我评价，出具内部控制自我评价报告。企业应当以书面或者其他适当的形式，妥善保存内部控制建立与实施过程中的相关记录或者资料，确保内部控制建立与实施过程的可验证性。

第三节 内部控制的了解与测试

有效的内部控制能够减少所需的审计证据，为评价重大错报风险，审计人员必须了解内部控制并收集相关的证据以支持这一评价。

一、内部控制的了解与描述

审计人员应当在对被审计单位相关内部控制制度进行调查、研究和评价的基础上，确定审计程序和方法。了解内部控制是审计人员检查内部控制的首要步骤。

（一）对内部控制的了解

审计人员了解被审计单位内部控制的途径主要有以下几方面。

1. 查阅相关内部控制文件，了解内部控制

在调查和了解内部控制制度时，首先，调阅被审计单位有关管理制度文件、工作手册、工作经验、工作总结、经验介绍等资料，查明有关的管理和控制要求；其次，根据制度、文件的要求，查证是否采取了相应的控制措施；最后，根据内部控制文件和有关操作流程，详细了解被审计单位的内部控制是否符合单位实际。在审阅被审计单位内部控制文件时，必须明确这些制度、文件是否符合国家政策和法规的要求。

2. 利用以往的审计经验，了解内部控制

审计人员在了解内部控制时，应当合理利用以往的审计经验，进行专业判断。必须注意的是，内部控制依存的环境不断发展和变化，以上有效的内部控制现在可能不再适用。因此，对于内部控制的了解，审计人员除利用以往审计经验外，通常还应该实施其他的审计程序。

3. 通过观察和询问，了解内部控制

审计人员通过实地观察被审计单位的业务活动和内部控制的运行情况，以便对被审计单位的业务活动获得一个感性认识，帮助审计人员对不寻常的经营活动有所“警觉”，初步判断内部控制的运行是否有效果与效率。例如，企业是否有闲置的设备，机械设备是否缺乏保养，所有的文档资料是否归档和加锁保存，工作人员对待工作的态度，等等。

通过询问被审计单位的管理层和员工，审计人员能获知新的情况或企业经营的变化情况，了解其对内部控制的看法，并与内部控制文件相核对，以检查有关人员对内部控制制度的理解是否准确。

4. 执行穿行测试，了解内部控制

穿行测试是指审计人员在每一类交易循环中选择一笔或若干笔业务进行追踪审核，以验证内部控制的实际运行是否与文件所述的内部控制相一致。通过穿行测试，一方面，审计人员可以观察到各环节的控制是否达到规定标准的要求，并可以发现那些低效或控制较弱的环节；另一方面，还可以检查审计人员对内部控制的理解程度和记载所获信息的准确性。一般情况下，穿行测试只需选择若干重要环节进行验证即可，但对于特别重要的业务系统，则必须进行全面的检查验证，以免造成不必要的失误。

需要指出的是，上述方法不是彼此孤立的，而是相辅相成的。因此，在了解内部控制的过程中，审计人员要注意综合运用。而且，在了解内部控制的过程中，审计人员要注意将调查方法贯穿到对内部控制五大基本要素的了解中去。

（二）内部控制的描述

审计人员在充分了解和掌握上述内部控制的情况后，应当用适当的方法对内部控制加以描述，以供修订和修改审计计划和审计程序之用或供日后查考之用。用于描述内部控制的方法主要有文字表述法、问卷调查法和流程图法等。

1. 文字表述法

文字表述法是指审计人员将所了解到的被审计单位的业务授权批准、执行记录保管等程序及其实际执行情况用叙述性文字记录下来，以形成对内部控制描述的一种方法。文字表述法一般按业务循环进行，逐项描述各个业务循环所完成的工作及其派生的各种文件记录。具体格式如图 9-4 所示。

A 厂的材料采购由供应科负责。材料采购的发生有两种情况：①各车间填写请购单一式两联，第一联送材料供应科，审核批准后据以复写订购单；第二联存根留车间备查。订购单一式三联，第一联送材料供应厂商订货；第二联通知仓库准备收料；第三联存供应科备查。②仓库发现库存量达到订购量时填写订购单一式三联，第一联、第三联存供应科备查；第二联存仓库准备收料。供应厂商将材料发来时，直接由仓库根据对方寄来的发票、提货单和本厂订购单核实验收数量、规格和质量，并填写收料单一式三联，第一联由保管员据以登记材料卡片账和材料明细账，并留存材料仓库；第二联送供应科通知材料已收到；第三联送财务科据以登记材料总账并付款。

审计员：张三

20×0 年 6 月 30 日

图 9-4　材料采购内部控制文字说明书

文字表述法的优点是简便易行，比较灵活，可对被审计单位内部控制的各个环节做出比较深入和具体的描述，不受任何限制。但文字表述法也有缺点，即对内部控制的描述，有时很难用简明易懂的语言来详细说明各个细节，从而可能使文字叙述显得比较冗长，也有可能遗漏内部控制设计中的重要环节，而且缺乏形象感和层次感，不便于资料整理和对比分析。

它通常用于记录控制环境、一般控制和实物控制等方面的情况，几乎适用于任何类型、任何规模的单位，特别适用于内部控制不太健全或业务简单的中小企业。

2. 问卷调查法

问卷调查法是指审计人员根据被审计单位的业务类型、业务循环、内部控制等，将内部控制的必要事项，特别是与保证会计记录的正确、可靠及保证财产物资的安全、完整有关的主要事项作为调查项目，事先设计出一系列有针对性、标准化的调查问卷，利用调查问卷来了解被审计单位内部控制是否健全、完善，从而对内部控制加以描述的一种方法。其具体格式如表 9-3 所示。

表 9-3 库存现金和银行存款内部控制调查问卷

调查项目	是	否	不适用	备注
1. 是否建立了货币资金业务的岗位分工责任制	√			在库存现金未突破规定限额时，部分小额零星收入有坐支现象
2. 是否配备了合格的人员并根据单位具体情况进行岗位轮换	√			
3. 对货币资金业务是否建立了严格的授权批准制度	√			
4. 审批人是否超越审批权限进行审批		√		
5. 是否按照规定的程序办理货币资金支付业务	√			
6. 对于重要的货币资金支付业务是否实行集体决策和审批，并建立责任追究制度	√			
7. 对于货币资金是否有接触性控制	√			
8. 超过库存限额的现金是否及时存入银行，是否有现金坐支现象		√		
9. 是否存在超越现金开支范围支付现金的情况	√			
10. 货币资金收入是否及时准确入账	√			
11. 企业是否根据不同的银行账号分别开设银行存款日记账	√			
12. 企业除零星支付外的支出是否通过银行结算	√			
13. 银行存款日记账与总账是否每月末核对相符	√			
14. 银行存款日记账是否定期与银行对账单核对	√			
15. 是否按月与银行对账，编制银行存款余额调节表，做到账实相符	√			
16. 银行存款日记账是否逐笔序时登记	√			
17. 现金是否做到日清月结并建立和实行定期盘点制度	√			
18. 现金收入、支出是否有合理、合法的凭据	√			
19. 现金收付款凭证是否符合制单、复核、主管终审的三审纵横检控原则	√			
20. 现金支票及现金收付款凭证是否由专人管理	√			
21. 现金支票和银行预留印鉴是否做到分管及签字盖章分工负责制	√			
22. 支票是否按序签发，开出支票是否使用支票登记簿	√			
23. 作废支票是否加盖“作废”戳记，并与存根一并保存			√	
24. 有无现金收支业务的内部审计制度	√			

结论：

1.经内部控制问卷和简易测试后，认为现金循环的内部控制可信赖度为：

高（√） 中（ ） 低（ ）

2.该循环是否需进一步做符合性测试：

高（√） 中（ ） 低（ ）

采用问卷调查法的关键在于调查问卷的设计是否得当。审计人员可根据自身经验，结合被审计单位内部控制情况，自行设计调查问卷的格式。在调查问卷中，一般对每个调查问题分设“是”“否”“不适用”“备注”四个栏目。有时还可在“否”栏内根据控制弱点的轻重程度，再细分“较轻”和“严重”两栏。其中，“是”表示肯定；“否”表示否定；“不适用”表示该问题不适用于被审计单位；“备注”栏一般用于记录回答问题的资料来源和对有关问题的说明。

问卷调查法的优点主要体现在：一是简便易行，审计人员容易上手操作；二是能对所调查问题给予明确答复，有利于对内部控制做进一步分析评价；三是调查范围明确，调查内容可同时由若干人分别进行，有利于节约审计时间，提高审计效率；四是调查问卷中“否”栏集中反映了内部控制存在的问题，能引起审计人员的高度重视。但是，该方法也有缺陷，主要表现在：调查内容只限于明确的调查事项，不易了解其他方面的有关信息，从而难以提供一个完整的、系统的、全面的分析评价；调查事项如果设计不当，所填答案就不能正确反映内部控制的健全情况；格式固定的调查问卷缺乏弹性而难以适用于不同行业的被审计单位或特殊情况；审计人员如果机械地按照问卷提问，往往会使被调查人员漫不经心，使调查流于形式。

问卷调查法适用于检查、了解内部控制系统中各项具体的控制点和控制措施。

3. 流程图法

流程图法是指用特定的语言符号或图形，将被审计单位的组织结构职责分工、权限范围、会计记录、业务处理流程等内部控制情况，以图解的形式直观、形象地加以描述的一种方法。其具体格式如图 9-5 所示。

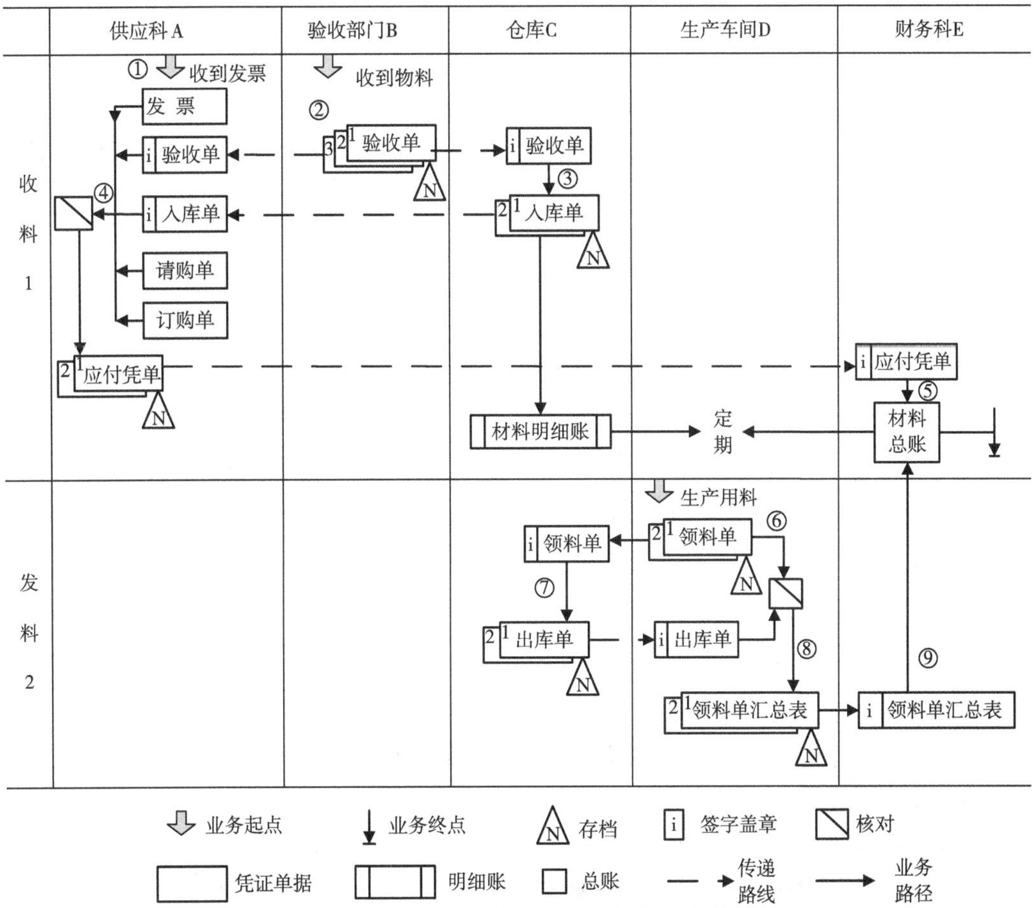

图 9-5　材料收发流程图及关键节点说明

关键节点说明：①供应科收到供应商寄来的发票；②物资到货，验收部门组织验收，开具连续编号的验收单一式三联；③仓库依据传递过来的经过签字的验收单组织收料，开具连续编号的入库单一式两联，并登记材料明细账；④供应科将收到的发票、验收单、入库单与自行留底的请购单、订购单进行核对，核对无误后开具连续编号的应付凭单一式两联，其中一联送至财务科登账；⑤财务科根据供应科传递过来的经签字的应付凭单登记材料总账，并定期组织材料总账和明细账的对账工作；⑥生产车间根据生产计划领取物料，开具连续编号的一式两联的领料单；⑦仓库依据传递过来的经签字的领料单组织备料并发料，同时开具连续编号的一式两联的出库单；⑧生产车间定期将留底的领料单和仓库传递过来的出库单进行核对，核对无误后编制领料单汇总表一式两份，其中一份送至财务科登账；⑨财务科根据生产车间传递过来经签字的领料单汇总登记表登记材料总账，并定期组织材料总账和明细账的对账工作

流程图的优点在于从整体的角度，以简明的图式描绘被审计单位的内部控制系统，能直观体现内部控制系统中的薄弱环节，便于审计人员对内部控制系统进行理解与评价。

它的不足之处在于绘制流程图必须具备较娴熟的技术和花费较多的时间，绘制难度较大；不同审计机构使用的流程图符号不同，可能引起理解混乱；再者，当被审计单位业务量大、组织结构复杂或控制环节较多时，流程图就会过于复杂。

需要指出的是，描述内部控制的三种方法并不相互排斥，而是相互依赖和相互补充的。因此，审计人员在描述被审计单位内部控制时，可对不同业务环节运用不同的方法，也可同时将几种方法结合运用。

二、内部控制的初步评价

审计人员在识别和了解内部控制后，根据执行上述程序及获取的审计证据，评价内部控制设计的合理性并确定其是否得到执行。审计人员在对内部控制进行初步评价时，需要回答以下问题。

（1）控制本身的设计是否合理?如果识别的控制设计合理，该控制在重要业务流程中单独或连同其他控制能否有效地实现特定控制目标?

（2）控制是否得到执行？如果设计合理的控制没有得到执行，该控制也不会发挥应有的作用。因此，审计人员需要获取审计证据，评价该类控制是否确实存在且正在被使用。

（3）是否更多地信赖控制并拟实施控制测试？如果认为被审计单位控制设计合理并得到执行，能够有效防止或发现并纠正重大错报，那么审计人员通常可以信赖这些控制，减少拟实施的实质性程序。有时，审计人员也可能认为控制是无效的，包括控制本身设计不合理，不能实现控制目标，或者尽管控制设计合理，但没有得到执行。在这种情况下，审计人员不需要测试控制运行的有效性，而应直接实施实质性程序。

三、内部控制的有效性测试

为了获取关于内部控制防止或发现并纠正认定层次的重大错报风险的有效性而实施的测试被称为控制测试。

（一）控制测试的目标

在测试控制运行的有效性时，审计人员应当从下列方面获取关于控制是否有效运行的审计证据：①控制在审计期间的不同时点是如何运行的；②控制是否得以一贯执行；③控制由谁执行；④控制以何种方式运行（如人工控制或自动化控制）。

从这四个方面来看，控制运行有效性强调的是控制能够在各个不同时点按照既定设计得以一贯执行。因此，在了解控制是否得到执行时，审计人员只需抽取少量的交易进行检查或观察某几个时点，但在测试控制运行的有效性时，审计人员需要抽取足够数量的交易进行检查或对多个不同时点进行观察。

（二）控制测试的要求

对内部控制的有效性测试并非在任何时候都需要实施，当存在下列情形之一时审计人员应当实施控制测试；①在评估认定层次的重大错报风险时，预期控制运行是有效的；②仅实施实质性程序不足以提供认定层次充分、适当的审计证据。

审计人员通过实施上述了解程序，可能发现某项控制的设计是存在的，也是合理的，同时得到了执行。在这种情况下，出于成本和效益的考虑，审计人员可能预期如果相关控制在不同时点都得到一贯执行，与该项控制有关的财务报表认定发生重大错报的可能性就不会很大，也就不需要实施很多的实质性程序。因此，审计人员可能会认为值得对相关控制在不同时点是否得到一贯执行进行测试，即实施控制测试。这种测试主要是出于成本和效益的考虑，其前提是审计人员通过了解内部控制以后认为某项控制存在着被信赖和利用的可能。

有时，对有些重大错报风险，审计人员仅通过实质性程序无法予以应对。当审计人员认为仅实施实质性程序不足以提供充分、适当的审计证据时，审计人员必须实施控制测试，且这种测试已经不再是单纯出于成本和效益的考虑，而是必须获取的一类审计证据。

（三）控制测试的程序

在测试内部控制执行的有效性时，审计人员通常实施以下程序。

1. 询问

审计人员可以向被审计单位有关员工询问，获取与内部控制运行情况相关的信息。例如，询问信息系统管理人员有无未经授权接触计算机硬件和软件；向负责复核银行存款余额调节表的人员询问如何进行复核，复核的要点是什么，发现不符事项如何处理；等等。然而，询问本身并不足以测试控制运行的有效性，审计人员应当将询问与其他审计程序结合使用，以获取有关控制运行有效性的审计证据。

2. 观察

观察是测试不留下书面记录的控制（如职责分离）的运行情况的有效方法。例如，观察存货盘点控制的执行情况；观察空白支票是否妥善保管；观察仓库房门是否锁好；等等。通常，审计人员通过观察直接获取的证据比间接获取的证据可靠。但是，观察提供的证据仅限于观察发生的时点，本身也不足以测试控制运行的有效性。

3. 检查

对于运行情况留有书面证据的控制，检查非常适用。书面说明、复核时留下的记号，都可以当作控制运行情况的证据。例如，检查销售发票是否由复核人员签字，检查其是否附有客户订购单和出库单，等等。

4. 重新执行

通常只有当询问、观察和检查程序结合在一起仍无法获得充分的证据时，审计人员才考虑通过重新执行来证实控制是否有效运行。重新执行是指审计人员按照相关内部控制的规定，将相关业务重新执行一遍。例如，重新将某月的银行存款对账单与银行存款日记账进行核对，编制银行存款余额调节表，并与被审计单位会计人员编制的银行存款余额调节表进行核对，以验证银行存款相关内部控制执行的有效性。

（四）基于控制测试的结果控制风险评价

控制测试的重点是发现初步评价后所确定的内部控制的弱点和关键控制点。控制测试的时间安排一般可放在年度中间进行，也可根据审计项目和任务的需要，由审计人员确定测试时间。

审计人员完成控制测试后，应对被审计单位内部控制的有效性进行评价，以确认内部控制的可信赖程度并控制风险。控制风险是指内部控制不能实现预期控制目标的可能性。审计人员在财务报表审计中使用的控制风险，是狭义的控制风险概念——财务报告内部控制风险，即某类交易、账户余额、列报和披露的某一认定发生错报，该错报单独或连同其他错报是重大的，但没有被内部控制及时预防或发现并纠正的可能性。

如果被审计单位的内部控制健全、科学合理，并且均能有效地发挥作用，则被审计单位的业务循环过程和会计记录发生舞弊的可能性很小，审计人员可以较多地信赖、利用被审计单位的内部控制，进而可以相应减少实质性程序的数量和范围。

如果被审计单位的内部控制不够健全、科学合理，存在一定的缺陷和薄弱环节，或内部控制较健全、科学合理，但实际执行不力，审计人员就需要将控制风险评估为高，这意味着在某种程度上有可能影响会计记录的真实性和可靠性，审计人员应减少信赖、利用内部控制，扩大实质性程序的深度和广度，适当增加样本量和范围。

第四节 内部控制评价

企业内部控制评价有助于促进企业全面评价内部控制的设计与运行情况，及时发现企业内部控制缺陷，提出和实施改进方案，确保内部控制有效运行，揭示和防范经营风险。

一、内部控制评价概述

（一）内部控制评价的定义

内部控制评价，是指企业董事会或类似权力机构对内部控制的有效性进行全面评价、形成评价结论、出具评价报告的过程。企业内部控制的评价工作，一般由企业的内部审计机构实施，企业董事会应当对内部控制评价报告的真实性负责。

《企业内部控制基本规范》规定，企业应当结合内部监督情况，定期对内部控制的有效性进行自我评价，出具内部控制自我评价报告。内部控制自我评价的方式、范围、程序和频率，由企业根据经营业务调整、经营环境变化、业务发展状况、实际风险水平等自行确定。《企业内部控制评价指引》是企业董事会对本企业进行内部控制自我评价提供的指引和要求，包括评价内容和标准、评价程序和方法、评价报告的出具和披露等。

企业应当根据《企业内部控制评价指引》，结合内部控制设计与运行的实际情况，制定具体的内部控制评价办法，规定评价的原则、内容、程序、方法和报告形式等，明确相关机构或岗位的职责权限，落实责任制，按照规定的办法、程序和要求，有序开展内部控制评价工作。

（二）内部控制评价的原则

企业实施内部控制评价应当遵循下列原则。

（1）全面性原则。评价工作应当包括内部控制的设计与运行，涵盖企业及其所属单位的各种业务和事项。

（2）重要性原则。评价工作应当在全面评价的基础上，关注重要业务单位、重大业务事项和高风险领域。

（3）客观性原则。评价工作应当准确地揭示经营管理的风险状况，如实反映内部控制设计与运行的有效性。

（三）内部控制评价的程序

内部控制评价的程序一般包括制订评价工作方案、组成评价工作组、实施现场测试、认定控制缺陷、汇总评价结果、编报评价报告等环节。企业可以授权内部审计部门或专门机构（简称内部控制评价部门）负责内部控制评价的具体组织实施工作。

（1）制订评价工作方案。企业内部控制评价部门应当拟订评价工作方案，明确评价范围、工作任务、人员组织、进度安排和费用预算等相关内容，报经董事会或其授权机构审批后实施。

（2）组成评价工作组。企业内部控制评价部门应当根据经批准的评价工作方案，组成内部控制评价工作组，具体实施内部控制评价工作。内部控制评价工作组应当吸收企业内部相关机构熟悉情况的业务骨干参加。内部控制评价工作组成员对本部门的内部控制评价工作应当实行回避制度。

企业可以委托中介机构实施内部控制评价。为企业提供内部控制审计服务的会计师事务所，不得同时为同一企业提供内部控制评价服务。

（3）实施现场测试。内部控制评价工作组应当对被评价单位进行现场测试，综合运用个别访谈、调查问卷、专题讨论、穿行测试、实地查验、抽样和比较分析等方法，充分收集被评价单位内部控制设计和运行是否有效的证据，按照评价的具体内容，如实填写评价工作底稿，研究分析内部控制缺陷。

（4）认定控制缺陷。内部控制缺陷包括设计缺陷和运行缺陷。企业对内部控制缺陷的认定，应当以日常监督和专项监督为基础，结合年度内部控制评价，由内部控制评价部门进行综合分析后提出认定意见，按照规定的权限和程序进行审核后予以最终认定。

内部控制评价工作组应当根据现场测试获取的证据，对内部控制缺陷进行初步认定，并按其影响程度分为重大缺陷、重要缺陷和一般缺陷。重大缺陷是指一个或多个控制缺陷的组合，可能导致企业严重偏离控制目标；重要缺陷是指一个或多个控制缺陷的组合，其严重程度和经济后果低于重大缺陷，但仍有可能导致企业偏离控制目标；一般缺陷是指除重大缺陷、重要缺陷之外的其他缺陷。

（5）汇总评价结果。内部控制评价工作组应当建立评价质量交叉复核制度，内部控制评价工作组负责人应当对评价工作底稿进行严格审核，并对认定的评价结果签字确认后，提交企业内部控制评价部门。

企业内部控制评价部门应当编制内部控制缺陷认定汇总表，结合日常监督和专项监督发现的内部控制缺陷及其持续改进情况，对内部控制缺陷及其成因、表现形式和影响程度进行综合分析和全面复核，提出认定意见，并以适当的形式向董事会、监事会或者经理层报告。重大缺陷应当由董事会予以最终认定。

企业对于认定的重大缺陷，应当及时采取应对策略，切实将风险控制在可承受范围之内，并追究有关部门或相关人员的责任。

（6）编报评价报告。企业应当设计内部控制评价报告的种类、格式和内容，明确内部控制评价报告编制程序和要求，按照规定的权限报经批准后对外报出。

内部控制评价报告应当分别按照内部环境、风险评估、控制活动、信息与沟通、内部监督等要素进行设计，对内部控制评价过程、内部控制缺陷认定及整改情况、内部控制有效性的结论等相关内容做出披露。内部控制评价的整体流程如图 9-6 所示。

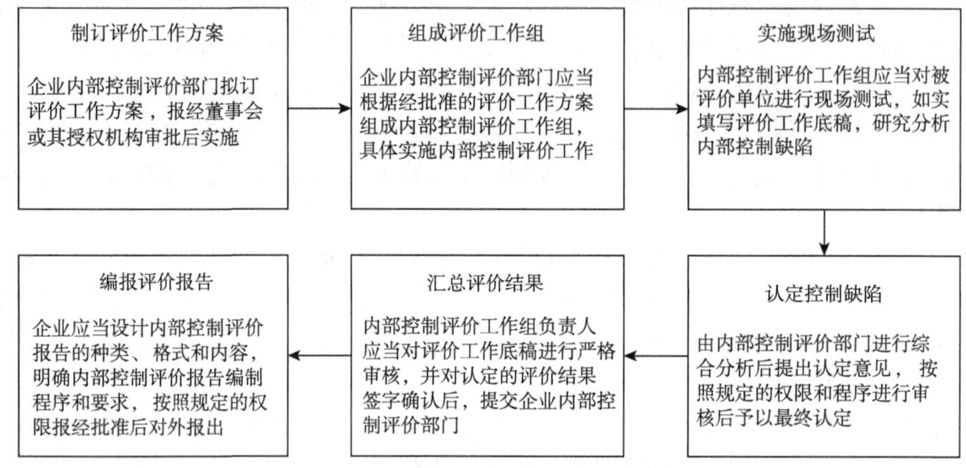

图 9-6 内部控制评价的整体流程

二、内部控制评价报告

企业年度内部控制评价报告应包括以下要素。

（1）标题。年度内部控制评价报告标题统一为“××股份有限公司××年度内部控制评价报告”。

（2）收件人。年度内部控制评价报告收件人统一为“××股份有限公司全体股东”。

（3）引言段。年度内部控制评价报告引言段应当说明评价工作主要依据、内部控制评价报告基准日等内部控制评价基本信息。

（4）重要声明。年度内部控制评价报告重要声明应当说明董事会、监事会及董事、监事、高级管理人员对内部控制及年度内部控制评价报告的相关责任，以及内部控制的目标和固有局限性。

（5）内部控制评价结论。年度内部控制评价报告应当分别披露对财务报告内部控制有效性的评价结论，以及是否发现非财务报告内部控制重大缺陷，并披露自内部控制评价报告基准日至内部控制评价报告发出日之间是否发生影响内部控制有效性评价结论的因素。

（6）内部控制评价工作情况。年度内部控制评价报告应当披露内部控制评价范围、内部控制评价工作依据及内部控制缺陷认定标准，以及内部控制缺陷认定及整改情况。

内部控制评价范围应当从纳入评价范围的主要单位、业务和事项、高风险领域三个方面进行披露，并对评价范围是否存在重大遗漏形成明确结论。如果评价范围存在重大遗漏或法定豁免，则应当披露评价范围重大遗漏的具体情况、对评价结论产生的影响及法定豁免的相关情况。

内部控制评价工作依据及内部缺陷认定标准应当披露企业开展内部控制评价工作的具体依据及进行缺陷认定的具体标准及其变化情况。企业应当区分财务报告内部控制和非财务报告内部控制，分别披露重大缺陷、重要缺陷和一般缺陷的认定标准。

内部控制缺陷认定及整改情况应当区分财务报告内部控制和非财务报告内部控制，分别披露报告期内部控制重大缺陷和重要缺陷的认定结果及缺陷的性质、影响、整改情况、整改计划等内容。

（7）其他内部控制相关重大事项说明。企业应当在年度内部控制评价报告其他内部控制相关重大事项说明段中披露可能对投资者理解内部控制评价报告、评价内部控制情况或进行投资决策产生重大影响的其他内部控制信息。

企业应当以 12 月 31 日作为年度内部控制评价报告的基准日。内部控制评价报告应于基准日后 4 个月内报出。

本 章 小 结

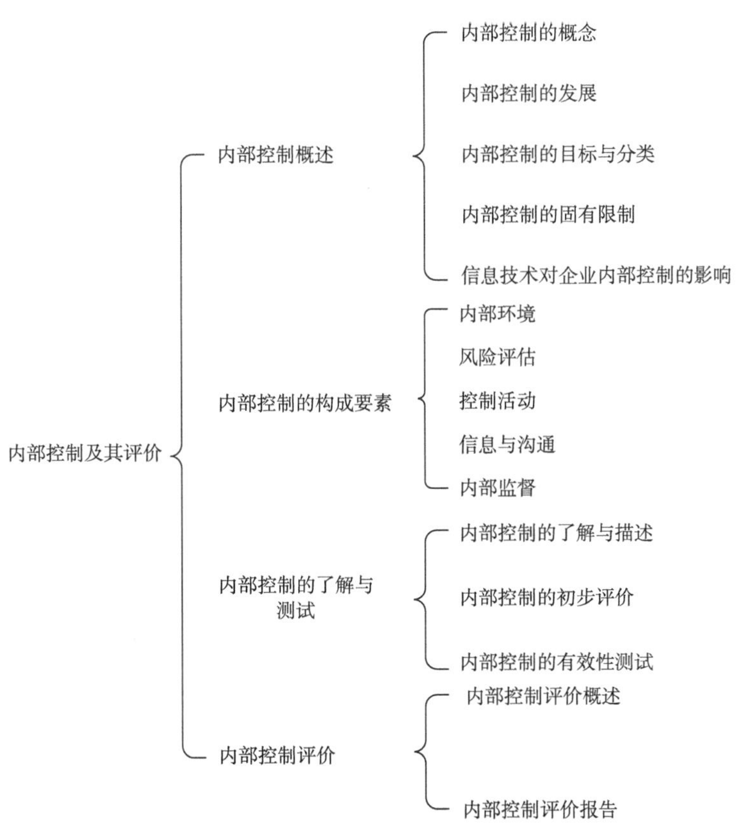

复习思考题

1. 内部控制的概念是如何发展起来的？经历了哪些阶段？
2. 现代内部控制的主要内容及构成要素是什么？
3. 内部控制有哪些方面的固有局限性？
4. 为什么要对内部控制进行测试？如何对内部控制进行设计测试和执行测试？
5. 针对不同的内部控制评价结果，审计人员如何设计审计策略？

第十章

审计抽样

抽样是指通过对特定对象总体抽取部分样本进行审查，基于审查结果来推断总体数量的一种方法。抽样技术已在政治、经济、科学文化及社会生活等各个领域发挥重要的作用。抽样技术运用于审计工作是审计理论与实践的重大突破，实现了审计从详查到抽查的历史性飞跃，节约了审计成本，提高了审计效率。本章在介绍审计抽样基本概念的基础上，阐述审计抽样的实施程序、统计抽样方法及大数据环境下的审计抽样等相关内容。

学习目标

- 理解统计抽样与非统计抽样
- 理解样本设计需要综合考虑的因素
- 掌握样本的选取方法
- 掌握属性抽样和变量抽样两种统计抽样方法
- 理解大数据环境对审计抽样的系统性影响

第一节　审计抽样的概述

一、审计抽样的含义

审计抽样是指审计人员对具有审计相关性的总体中低于百分之百的项目实施审计程序，使所有抽样单元都有被选取的机会，为审计人员针对总体得出结论提供合理基础。其中，抽样单元是指构成总体的个体项目，而总体则是指审计人员从中选取样本并据此得出结论的整个数据集合，它可分为多个层或子总体，也可予以分别检查。简言之，审计抽样是指审计人员在实施审计程序时，从审计对象总体中选取一定数量的样本进行测试，并根据测试结果推断总体。

二、审计抽样的特征

（一）审计抽样不同于详细审计

详细审计是指全面地审查审计对象中的全部项目，并根据审计结果形成审计意见。审计抽样是指审计人员对某类交易或账户余额中低于百分之百的项目实施审计程序，使所有抽样单元都有被选取的机会。值得注意的是，从审计对象总体中选取部分项目或有特殊重要性的全部项目进行审计，并对所选项目本身发表审计意见，则不是审计抽样。

（二）审计抽样不能完全等同于其他行业抽样

抽样是一个适用性较广的概念，不仅审计人员执行审计工作时使用抽样，意见调查、市场分析或科学研究都可能用到抽样。但是审计抽样不同于其他行业抽样，如审计抽样可能为某账户余额的准确性提供进一步佐证证据，审计人员通常只需要评价该账户余额是否存在重大错报，而不需要确定其初始金额，这些初始金额在审计抽样开始之前已由被审计单位记录并汇总完毕。而在运用抽样方法进行意见调查、市场分析或科学研究时，类似的初始数据在抽样开始之前通常并未得到累积、编制或汇总。

（三）审计抽样并非适用于所有的审计程序

审计人员拟实施的审计程序将对审计抽样产生重要影响。在风险评估程序、控制测试和实质性程序中，有些审计程序可以使用审计抽样，而有些审计程序则不可以使用审计抽样。通常，风险评估程序不涉及审计抽样，但如果审计人员在了解内部控制的设计和确定其是否得到执行，并计划和实施控制测试时，则会涉及审计抽样。在实施控制测试时，如果内部控制留下运行轨迹，审计人员可以考虑使用审计抽样，如在控制测试中审计抽样可以用于检查这一程序。但是，如果内部控制未留下运行轨迹，审计人员不宜使用审计抽样，可以通过询问、观察、重新执行和分析程序等获取有关控制运行有效性的审计证据。在实质性程序中，审计抽样仅适用于细节测试而不适用于分析性程序。

三、统计抽样与非统计抽样

按照抽样决策的依据不同，审计抽样可划分为统计抽样和非统计抽样。

（一）统计抽样

统计抽样是指以概率论和数理统计为理论基础进行随机抽样，并对所抽取的样本结果进行统计评价，将数理统计方法与审计工作相结合而产生的一种审计抽样方法。可见，统计抽样是指同时具备下列特征的抽样方法：①随机选取样本；②可以运用概率论评价样本结果，包括计量抽样风险。运用统计抽样可以使总体中每一单位都有被抽选的机会，使样本的特征尽可能近似总体的特征。此外，统计抽样还可以解决一个样本的适度数量问题。抽取的样本越多，越能接近于总体的质量特征，但需要花费更多的人力和时间；反之，如果抽取的样本过少，虽能节时省力，但抽样风险必然大。为了能做到既取得较好的效果，又有较高的效率，就必须抽取适度的样本量。审计人员正确地运用统计抽样，就可以解决这个问题。当然，如果审计人员采用的方法不符合统计抽样的定义，而只使用了统计方法的部分要素，则不能有效地计量抽样风险。需要注意的是，统计抽样也有其不足，如不能运用于对各种舞弊行为的专案审计，也不能运用于资料不全的单位审计，等等。

（二）非统计抽样

非统计抽样又称判断抽样，是指审计人员仅凭其专业经验，判断并选取样本的一种抽样方法。运用这种方法能否取得成效，取决于审计人员的职业经验和判断能力。经验丰富、判断准确，就会有成效；经验缺乏、判断不准，缺乏客观性，就会影响审计工作的效果。但事实上，正确的判断不可能来自主观的空想，而只能来自周密的、必要的调查和对实际情况的研究分析。因此，审计人员在运用该方法时，只有深入实际调查研究，掌握各方面的情况，才有可能做出正确的判断。否则，就会出现要么样本量过大，费时费力；要么样本量过小，盲目地冒过大的抽样风险，得出错误的审计结论。因此，现代审计常使用统计抽样。当然，非统计抽样如果设计得当，也可取得与设计适当的统计抽样同样的效果。因此，审计人员有时也用非统计抽样，或结合运用这两种审计抽样。

（三）统计抽样与非统计抽样的选择

统计抽样与非统计抽样的根本区别在于，统计抽样运用概率论原理能够客观有效地量化抽样风险，并通过调整样本规模精确地控制抽样风险，还有助于审计人员高效地设计样本，计量所获取证据的充分性，以及定量评价样本结果。现代审计广泛运用统计抽样有其一定的理论依据。一是有科学的数学依据。统计抽样要利用高等数学。在审计抽样时，如果选取样本适当，那么根据审查样本的结果，运用概率论的原理，可以通过样本显示出与总体性质近似的现象，即可通过抽取的样本推断总体。二是有健全的内部控制依据。企业具有健全的内部控制，则发生错误和舞弊的可能性必然会减少。因此，企业健全的内部控制为统计抽样的运用提供了前提和依据。三是有合理的经济依据。现代企业机构庞大，业务频繁，在这种情况下，如采用详查法，不仅费时费力，还要支出大量的审计费用，为节约有限的审计资源，需要以抽样法代替详查法。

值得注意的是，非统计抽样和统计抽样的选用，主要涉及的是审计程序实施的范围，并不影响运用于样本审计程序的选择，也不影响单个样本项目证据的适当性，以及审计人员对发现的样本错误所做的适当反应，这些事项都需要审计人员运用其职业经验和专业判断。

统计抽样与非统计抽样的关系如图 10-1 所示。

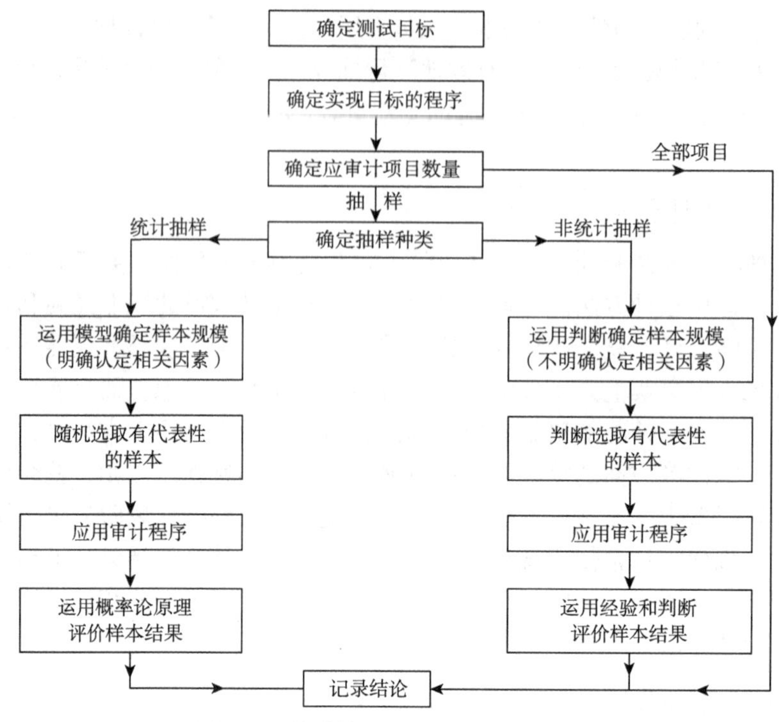

图 10-1　统计抽样与非统计抽样的关系

四、审计抽样风险及其控制

（一）审计抽样风险

在运用审计抽样的过程中，有两类风险因素可能影响样本的选择和测试，并导致总体特征的推断出现偏差，进而导致错误的审计结论，即抽样风险和非抽样风险。

1. 抽样风险

抽样风险是指审计人员依据抽样结果得出的结论，与审计对象总体特征不相符合的可能性。由于采用抽样审查方法，并非对总体中 100%的项目进行审查，而只是对抽取的样本进行审查，并以样本特征推断总体特征，由此得出的审计结论和总体实际情况之间必然存在差异，这是产生抽样风险的主要原因。抽样风险与样本量成反比，样本量越大，抽样风险越低。无论进行控制测试还是实质性程序，审计人员都应关注抽样风险。具体来说，抽样风险可以分为两种类型。

1）控制测试中的抽样风险

审计人员在实施控制测试时，应当关注下列抽样风险。

第一，信赖不足风险。信赖不足风险是指抽样结果使审计人员没有充分信赖应予信赖的内部控制的风险（可能性）。这种风险一般会导致审计人员执行额外的审计程序，降低审计效率。

第二，信赖过度风险。信赖过度风险是指抽样结果使审计人员对内部控制的信赖超过了其实际上可予以信赖的风险（可能性）。这种风险影响审计效果，并可能导致审计人员形成不正确的审计结论。

2）实质性程序中的抽样风险

审计人员在实施实质性程序时，应关注下列抽样风险。

第一，误拒风险。误拒风险也称Ⅰ类风险或 α 风险，是指抽样结果表明或使审计人员推断某一重大错报存在而实际上并不存在的风险（可能性）。这种风险一般会导致审计人员执行额外的审计程序，降低审计效率。

第二，误受风险。误受风险也称Ⅱ类风险或 β 风险，是指抽样结果表明或使审计人员推断某一重大错报不存在而实际上存在的风险（可能性）。这种风险影响审计效果，并可能导致审计人员形成不正确的审计结论。

由此可见，上述风险会影响审计的效率或效果。其中，信赖不足风险与误拒风险可能导致审计人员执行额外的审计程序，从而降低审计效率。信赖过度风险与误受风险可能导致审计人员形成不正确的审计结论，从而使审计工作无法达到预期的效果。因此，信赖过度风险与误受风险对审计人员而言是最危险的风险，因为它可能导致审计人员发表不恰当的审计意见，使得审计无法达到预期的效果，审计人员对该类风险应予以特别关注。而信赖不足风险和误拒风险则属于保守风险，审计效率虽然不高，但其效果一般能够保证。

抽样风险对审计工作的影响见表 10-1。

表 10-1 抽样风险对审计工作的影响

审计测试	抽样风险种类	对审计工作的影响
控制测试	信赖不足风险	效率
	信赖过度风险	效果
实质性程序（细节测试）	误受风险	效果
	误拒风险	效率

2. 非抽样风险

非抽样风险是指审计人员由于采用不适当的审计程序或方法，或因误解审计证据等而未能发现重大误差的可能性。非抽样风险的成因如下：人为错误，如未能找出样本文件中的错误等；实施了不适合于审计目标的审计程序或方法；错误解释样本结果。非抽样风险对审计工作的效率和效果都有一定的影响，非抽样风险无法量化，但审计人员应当通过对审计工作适当的计划、指导和监督，坚持质量标准控制，努力降低非抽样风险。

（二）审计抽样风险的控制

1. 对Ⅰ类风险的控制

信赖不足风险和误拒风险都是将正确判断为错误的风险，我们称其为Ⅰ类风险或 α 风险。该类风险出现时，审计总体实际上是正确的，或者不存在重大实质性错误，但是审计人员根据样本的审查结果判断得出审计总体是错误的或者存在重大实质性错误的结论，从而拒绝了原本认为审计总体是正确的或者没有重大实质性错误而应予以接受的审计结论。该类风险主要与审计效率相关，它将直接导致测试范围扩大，样本规模增加，使审计效率下降。

对Ⅰ类风险最为有效的控制方法就是扩大审查的样本规模，因为扩大样本规模，可以提高样本对审计总体特征的代表性，从而使抽样结果更为有效。这种方法不仅符合公认审计准则的要求，被审计单位也愿意接受，它们希望审计人员更充分地审核总体项目，以表明自己有关总体的报告是正确的。因此，在抽样审计中，通常采用增大样本规模的方法来控制和降低审计人员可能承担的Ⅰ类风险水平。

2. 对Ⅱ类风险的控制

与Ⅰ类风险相对应，信赖过度风险和误受风险都是将错误判断为正确的风险，我们称其为Ⅱ类风险或β风险。该类风险出现时，审计总体实际上是错误的，或者存在重大实质性错误。但是审计人员根据样本的审查结果判断得出审计总体是正确的或者没有重大实质性错误的结论，从而接受了实质上是错误而应予拒绝的审计总体。该类风险主要与审计效果相关，它将直接导致错误的和不可靠的审计结论，使审计质量下降。

Ⅱ类风险直接影响审计质量，而且不易被审计人员较早地察觉，审计人员依据样本审查结果接受了它，而被审计单位往往不会提出异议，当在审计过程后期发现了潜在的Ⅱ类风险时，往往为时已晚，常常使审计人员十分被动。因此，对Ⅱ类风险的控制更加重要。

控制Ⅱ类风险最为有效的方法就是改进抽样方法。因为抽样方法越科学，抽样过程的精度就越高，抽样结果的可靠程度也越高。只有这样，才能有效地将Ⅱ类风险控制在审计人员可以接受的范围之内，以保证审计工作质量。

第二节　审计抽样的实施程序

一、审计抽样的基本程序

审计抽样工作的实施过程中，审计人员应当考虑审计程序的目标和抽样总体的属性，根据所获取审计证据的性质，以及与该审计证据相关的可能的误差情况或其他特征，界定误差构成条件和抽样总体，并评估总体的预计误差率或误差额，以便合理设计审计样本，适当确定样本规模。选择合理的样本选样方法，并对所选样本进行审查，基于样本特征推断总体特征，从而形成针对总体的审计结论。

（一）明确审计目标

审计人员在设计样本准备开展审计抽样工作时，应当根据审计目标，尤其是具体审计目标，考虑其所要获取审计证据的特征及构成误差的条件，以确定所采用的审计抽样方法。这里，最为关键的是要根据具体审计目标界定“误差”。一般来说，在控制测试中，误差是指审计人员认为使控制程序失效的所有控制失效事件，通常将其界定为会计记录的虚假户、经济业务的记录未进行复核、审批手续不全等各类差错；在实质性程序中，通常将误差界定为误报货币金额的绝对值或相对比率。根据有关审计准则的界定，在实施控制测试时，误差是指控制偏差；在实施细节测试时，误差是指错报，总误差则用来表示偏差率或错报总额。

（二）确定审计对象总体及抽样单位

在实施抽样之前必须先确定审计对象总体的范围及具体抽样单位。

1. 审计对象总体

审计对象总体是审计人员为形成审计结论，拟采用抽样方法的有关会计或其他资料的全部项目，即应在哪些项目中进行抽样。审计对象总体的确定十分重要，事关审计目的的实现和抽样结果的准确性。在确定审计对象总体时应注意：①审计对象总体必须与具体的审计目标相关。确定审计对象总体的范围必须与具体审计目标直接相关，只有这样从总体中抽取样本进行审查，再用审查结果推断总体特征的结论才能实现具体审计目标。②审计对象总体中项目的同质性。审计对象总体中的项目应具备相同或相类似的性质，如果完全不同质的项目存在于一个总体中，就会影响抽样结果的可靠性。③审计对象总体中项目的可辨识性。审计对象总体中的项目应具备明显的、共同的、可辨识的标志，以利于抽样方法的实施。例如，这些项目是否有预先的编号，以及排序如何都将影响具体抽样方法的选择。④审计对象总体中项目的充分性。审计对象总体中的项目必须达到一定的数量，一是为保证证据的充分性，二是为保证抽样的准确性。当总体中的项目很少时，就不能实施抽样。

2. 抽样单位

审计人员应当根据审计目标及被审计单位实际情况确定抽样单位。例如，审计人员在确定被审计单位应收账款账面价值时，可以将货币单位（元）作为抽样单位，也可以将每个应收账款明细账账户余额作为抽样单位。在对被审计单位的购货业务进行控制测试时，还可以把每一张发票作为抽样单位。在此基础上，审计人员可以根据不同的要求，运用适当的方法，从审计对象总体中选择若干抽样单位以组成适量、有效的样本。样本是否适量，受到拟对内部控制的信赖程度、可接受的信赖过度风险、预期总体误差及可容忍误差等多个因素的影响；样本是否有效，则取决于审计人员的职业经验与专业判断。

3. 关注总体和分层

审计人员在设计样本时，应当重视总体和分层。

（1）总体。审计人员应当确保总体的适当性和完整性。如果在实施审计程序时使用被审计单位生成的信息，审计人员应当获取与该信息的准确性和完整性有关的审计证据。在实施审计抽样时，审计人员应当实施相应的审计程序，以确保实施审计抽样所依据的全部信息足够完整和准确。

（2）分层。分层是将某一个审计对象总体划分为若干具有相似特征的子总体（层）或次级总体的过程，每个子总体由一组具有相同特征（通常为货币金额）的抽样单元组成。审计人员利用分层可以降低每一层中项目的差异性，从而在抽样风险没有成比例增加的前提下减小样本规模。审计人员在进行分层时，应当注意以下几点：①必须有事先能够确定的、有形的、具体的差别（特征），以明确区分不同的层次；②总体中的每一抽样单位必须属于一个层次，并且只属于该层次，即每一抽样单位只能属于一个层；③必须能够事先确定每一层中抽样单位的准确数字。审计人员可以按经济业务重要性或经济业务类型对总体进行分层。对某一层中的样本项目实施审计程序的结果，只能用于推断构成的项目，若对总体做出结论，审计人员应当考虑与构成总体的其他层有关的重大错报风险。

（三）确定样本规模

从审计对象总体中抽取样本的数量称为样本规模。在审计抽样中，样本规模过小不能反映出总体的特征，而样本规模过大则会加大审计成本，失去抽样的意义。因此，确定样本规模十分重要。在非统计抽样中，审计人员凭借经验来确定样本规模。在统计抽样中，样本规模的确定有五个决定因素。

（1）总体数量。总体数量对样本规模只有很小的影响，当总体规模超过 5 000 个单位时，对样本规模几乎没有影响，当总体规模无穷大时，样本规模将不受总体数量的影响。

（2）预期总体误差。预期总体误差是指总体偏差水平（误差率），它对样本规模有重大和直接的影响。总体偏差水平越高，需要的样本规模就应越大。审计人员应根据前期审计发现的误差、被审计单位经营业务和经营环境的变化、内部控制的评价及实施分析程序的结果等，确定审计对象的预期总体误差。如果存在总体预期误差，审计人员应当选取较大的样本量。

（3）审计结论的精确度。抽样审查是对总体中一部分样本进行审查，并非全部审查，因此，从样本特征推断的总体特征与实际的总体特征之间必然存在着抽样误差。审计结论的精确度就反映了审计人员可以接受的这一误差的最大值，它与样本规模成反比。审计结论的精确度越小，样本规模就应越大，反之就应越小。

（4）审计结论的可靠程度（可信赖程度）。审计结论的精确度说明了样本推断结论与总体实际情况间的差异，而审计结论的可靠程度则说明总体实际情况必定落在这一误差范围内的可能程度，即通过统计抽样所得出的审计结论的可信赖程度。可信赖程度是测定样本可信水平的尺度，通常用预计抽样结果能够代表审计对象总体特征的百分比来表示。审计结论的可信赖程度与抽样规模成正比，审计结论的可靠程度越高，抽样规模就越大，反之则越小。可信赖程度主要取决于被审计单位的内部控制。内部控制越健全有效，则可信赖程度越高；反之，可信赖程度越低。例如，抽样结果有 90%的可信赖程度，则指抽样结果有 90%的可能性能够代表总体特征，有 10%的可能性不能够代表总体特征。可见，可信赖程度与风险是互补的。

（5）可容忍误差。可容忍误差是审计人员认为抽样结果可以达到审计目标，从而愿意接受的审计对象总体的最大误差，即审计人员可接受的总体的最大误差。对此，审计人员应当在计划审计阶段，根据审计重要性原则，合理地予以确定。可容忍误差越小，需选取的样本规模就相应越大。

在实施控制测试时，误差是指控制偏差，可容忍误差则是指审计人员不改变对内部控制的可信赖程度，而所愿意接受的最大误差，即只要被审计单位内部控制在运行中实际偏离程度低于审计人员可以接受的偏离规定控制要求的最大比率，审计人员仍可以维持其对内部控制的可信赖程度。这种审计人员可以接受的内部控制运行偏离规定控制要求的最大比率即可容忍误差。

在实施细节测试时，误差是指错报，可容忍误差则是指审计人员能够对某一账户余额或经济业务分类做出合理评价，而所愿意接受的最大金额误差，即可容忍错报，其金额小于或等于审计人员针对所审计的某类交易或账户余额而使用的审计重要性水平。总误差用来表示偏差率或错报总额。

总之，审计人员无论进行控制测试还是细节测试，可容忍误差越小，其所选取的样本规模就越大；反之，可容忍误差越大，其所选取的样本规模就越小。

（四）选取样本项目

确定了总体范围和样本规模后，就应开始实施选取样本项目，即从总体中选取一定数量的样本。选取样本项目的方法很多，按照是否运用随机原则，可以分为统计抽样法和非统计抽样法两类。随机原则是指在选取样本时，总体项目被选中与否完全由概率因素决定，主观因素不起任何作用，因而每一个总体项目都有同等被选中的机会。一般来讲，样本项目的选取越遵循随机原则，其样本对总体的代表性就越大。

（五）审查样本项目

审计人员抽取了样本之后，要对每一个样本进行审查，从而获得样本的误差率，并将这一样本误差率与预期总体误差率进行比较，以确定所使用的样本规模是否合适，如不合适则应做适当调整。一般来讲，样本误差率与预期总体误差率如果大致相同，则说明对总体中的误差估计恰当，预期总体误差率较为正确，表明样本规模符合抽样要求；如果样本误差率小于预期总体误差率，则说明对总体中的误差估计过分，预期总体误差率过大，以此确定的样大规模也过大，但也无缩小样本规模的必要；如果样本误差率大于预期总体误差率，则说明对总体中的误差估计不足，预期总体误差率过小，以此确定的样本规模也过小，此时必须以样本误差率代替预期总体误差率，重新确定样本规模并选样审查；如得出的样本误差率仍大于预期总体误差率，则应重复以上操作，直至样本误差率小于或等于预期总体误差率为止。若经过几次扩大选样仍达不到要求，则注册会计师应根据职业判断决定提高预期总体误差率或放弃抽样，转为扩大实质性测试。注册会计师应将上述审查和比较过程的最终审查结果记录下来，作为推断总体特征，即总体误差率的依据。

（六）形成审计结论

审计抽样的最终目的不在于抽取和审查样本，而是希望通过审查样本，从样本特征推断总体特征，从而形成针对总体的审计结论，即根据样本的审查结果，了解样本误差率，以此去推断总体误差率，并计算在预先确定的可靠程度之上，样本推断结果与实际情况之间的误差有多大，并将这一误差控制在审计人员可以接受的范围之内，从而获得切合实际的审计结论。因此，审计人员在根据样本审查结果直接推断总体错报的基础之上，再考虑抽样误差和抽样风险的因素之后，即可得出总体中存在错报的估计值。

审计人员根据上述得出的总体中的错报估计值与事先为该总体计划的审计重要性水

平相对照，如果没有超出审计重要性水平，则可认定该总体中的错报数额是可以接受的；相反，总体中的错报数额就是不可以接受的。此时，审计人员可以采取以下几项措施。

（1）暂时不采取任何措施，等到其他项目的审计测试完成之后，综合考虑错报的累计数对各财务报表项目和财务报表整体的影响，再确定错报数额是否可以被接受。

（2）在特定领域内扩大测试范围，如果审计人员对错报的分析表明造成大多数错报的原因相同，或者审计人员为了谨慎起见希望寻求降低抽样风险的途径，此时就可以扩大计划的测试范围，而抽样误差和总体的可接受程度则需按照新的测试结果重新确定。

（3）要求被审计单位调整账户余额，将错误的账户余额进行调整之后，总体中已发现的错报水平会下降，此时需要重新考虑抽样误差和错报的估计余额。

二、样本选取方法

选取样本时，只有从抽样总体中选出具有代表性的样本项目，审计人员才能根据样本的测试结果推断有关总体的结论。因此，不管使用统计抽样还是非统计抽样，在选取样本时，审计人员应当使总体中的每个抽样单元都有被选取的机会。在统计抽样中，审计人员有必要使用适当的随机选样方法，如简单随机选样或系统随机选样。在非统计抽样中，审计人员通常使用近似于随机选样的方法，如随意选样。样本选取的基本方法包括随机数表选样法、系统选样法、分层选样法、货币单位选样法、整群选样法。

（一）随机数表选样法

随机数表选样法是指利用随机数表选取样本项目的一种随机选样方法。随机数表也称乱数表，它是由随机生成的由 0~9 十个数字组成的数表，每个数字在表中出现的次数是大致相同的，它们出现在表上的顺序是随机的，表 10-2 就是五位随机数表的一部分。

表 10-2　五位随机数表（部分）

行	列							
	1	2	3	4	5	6	7	8
1	88454	05314	37958	20961	00667	38371	13811	09475
2	11732	01537	16520	39518	45761	02929	11790	39662
3	65641	96481	12790	04362	31108	05648	29074	29621
4	04824	85676	08751	68113	01476	19116	19650	39962
5	31722	36619	06948	28126	14479	16111	12229	19923
6	64181	45927	39218	30005	02515	19113	19809	09812
7	86713	56813	28746	43039	18808	05512	29837	10123
8	35137	29671	75764	019810	21654	18888	39886	27295
9	36298	38701	48743	21547	09192	28886	09166	32035

随机数表选样法的具体步骤如下。

（1）对总体项目进行编号。审计人员在运用随机数表时，应以每一项目都有不同的编号为前提，并将表中数字与总体项目之间建立一一对应关系。编号的目的在于确定总体项目的标志并确定所使用随机数的位数。一般情况下，编号可以利用总体项目中原有的某些编号，如凭证号、支票号、发票号等。在没有事先编号的情况下，审计人员需要按一定的方法进行编号。例如，40 页、每页 50 行组成的应收账款明细表，可以采用四位数字编号，前两位由 01~40 的整数组成，表示该记录在明细表中的页数，后两位数字由 01~50 的整数构成，表示该记录的行次。这样，编号 0423 表示第 4 页第 23 行的记录。所需使用的随机数表的位数一般由总体项目数或编号数决定，如本例中可采用四位随机数表，也可以采用五位随机数表的前四位数字或者后四位数字。

（2）确定选择样本的起点和方向。从随机数表中任选一行或一列，按照一定的方向（上下左右均可）依次查找符合总体项目编号要求的数字，即为选中的号码，与此号码相对应的总体项目即为样本项目，一直持续到选足所需的样本量为止。审计人员在随机数表中选取数字时，既可以从任何地方开始，又可以按任何方向进行，但起点和方向一经确定不得改变，且必须依次进行选取。

现用表 10-2 举例说明如何使用随机数表进行选样。假定审计人员对某企业连续编号 400~4 000 的银行存款支出凭证进行随机选样，希望选取一组样本规模为 18 的样本。首先，审计人员确定只用随机数表所列数字的前 4 位数与银行存款支出凭证号码一一对应。其次，确定第 3 行第 2 列为起点，自上至下、从左到右依次选取表 10-2 中数字的前 4 位数，则可选出 3661，2967，3870，3795，1652，1279，0875，0694，3921，2874，2096，3951，0436，2812，3000，2145，3110，1447 这 18 个数字。在选取过程中，凡是前 4 位数在 400 以下或者 4000 以上的，因为银行存款支出凭证号码没有一一对应关系，均被舍弃，如 9648，8537，0066，0147 等，因为在总体中找不到与之相对应的编号。前 4 位数在 400 以上 4000 以下的数字，才有可能被选中。据此选出 18 个数字后，即可选取编号及其对应的 18 张银行存款支出凭证作为选定样本进行审查，简单随机选样在统计抽样和非统计抽样中均适用。

（二）系统选样法

系统选样法也称等距选样法，是指先计算选样间隔，确定选样起点，然后按选样间隔，顺序地选取样本。抽样间距的计算公式如下：

$$抽样间距=总体规模/样本规模 \tag{10-1}$$

例如，如果销售发票的总体范围是 652~3151，设定的样本量是 125，那么抽样间距为 20［（3151−652+1）÷125］。审计人员必须从第一个间隔（652~671）中随机选取一个样本项目，作为抽样随机起点。如果随机起点是 661，那么其余的 124 个项目是 681（661+20），701（681+20），……以此类推，直至第 3141 号。

使用系统选样法，为了使总体中的每一个抽样单元被选取的机会相等，要求总体必须是随机排列的，如果抽样单元在总体内的分布具有某种规律性，则样本的代表性就可能较差，容易发生较大的偏差。例如，某建筑公司的员工工资清单按照项目组分类，每个项目组的工资均按照 1 个项目负责人和 9 个项目组成员的顺序排列，如果将员工工资清单作为总体，抽样间距为 10，随着随机起点的不同，选择的样本要么包括所有的项目负责人，要么一个项目负责人都不包括。样本无法同时包括项目负责人和项目组成员，自然不具代表性。为克服系统选样法的这一缺点，可采用两种办法：一是增加随机起点的个数；二是在确定选样方法之前对总体特征的分布进行观察。如果发现总体特征的分布呈随机分布，则采用系统选样法；否则，可考虑使用其他选样方法。

（三）分层选样法

分层选样法是按照一定标准将总体划分为若干层次或类型，然后对每一层次或类型进行随机抽样的方法。严格来讲，分层选样法并非一种独立的样本选择方法，它必须结合随机数表选样法等方法使用。分层选样法的特点是依据审计人员的判断，将总体分成若干性质相近的层次，然后再进行随机抽样。审查各层次时，对每一层次所使用的方法并不局限于随机抽样法。

分层选样法的优点主要在于，它使审计人员将样本选择与总体中的关键项目联系起来，可理解为非统计抽样与统计抽样的综合运用，并能针对不同的层次采用适当的技术。而且，由于分层选样法将相对同质的项目划分为一类，可提高样本在其所在层次的代表性。在针对相同总体选择同样规模的样本时，分层选样法比纯粹的随机选样产生的误差小。对于情况比较复杂、项目之间特征差异较大的总体的样本选择，分层选样法更具有优越性。

例如，对企业库存材料进行测试时，依据库存材料的价值作为分层标准，然后针对不同层次采用不同的测试方法（表 10-3）。

表 10-3　分层选样示意

层次	分层标准	测试规模	抽样方法
1	价值高、使用频繁	100%	详查法
2	价值中等、比较重要	30%	随机数表选样法
3	价值低	5%	系统选样法

（四）货币单位选样法

货币单位选样法是以总体金额（元）作为样本单位进行选择的一种方法。在该方法下总体中的每个货币单位被选中的机会相同，总体中某一项目被选中的概率等于该项目的金额与总体金额的比率。项目金额越大，被选中的概率就越大。应用货币单位选样法的步骤如下。

（1）将负数金额从总体中删除。

（2）计算得出总体项目的累计金额表。

（3）根据所需的样本规模，按照随机数表选样法或系统选样法选取随机数字。

（4）找出选取的随机数字在累计金额表中的位置，与此相对应的项目即为样本项目。

例如，欲从 9 张销售发票组成的总体中选择 4 张进行测试，已知 9 张发票总计金额为 5 000 元，总体项目单位的累计金额见表 10-4。

表 10-4 总体项目单位的累计金额 单位：元

项目号	记录金额	累计金额
1	524	524
2	1 176	1 700
3	416	2 116
4	215	2 331
5	604	2 935
6	965	3 900
7	404	4 304
8	340	4 644
9	356	5 000

采用系统选样法计算的抽样间距=5 000/4=1 250（元）

在第一个间距内选择随机数 500，则选出的 4 个样本数额为 500、1 750、3 000、4 250，这 4 个数分别包含在第 1 张、第 3 张、第 6 张、第 7 张销售发票的累计金额之内，选择样本即为这 4 张发票。

在货币单位选样法下，高金额项目被选中的机会较大。因此，它一般适用于总体中错误多为高估错误（如应收账款多记）且其记录值不为零或不为负数的情形。因为存在低估错误的记录被选中的机会一般较小，记录值为零或负数的则完全没有被选中的机会，所以，应用货币单位选样法不易发现该类错误。

（五）整群选样法

整群选样法是先将总体项目按某一标注分成若干群，然后使用随机数表选样法或系统选样法，按群选取样本项目的一种选择方法。整群选样法与其他选样方法的差别主要在于它不是一个一个地选取样本项目，而是成组成群地选取样本项目。

例如，将全年的现金支出凭单按星期划分为 52 组，从中选出 5 个星期进行审查。如果利用前面的随机数表（表 10-2），从第 1 行第 1 列的后两个数字开始，按照从左到右的顺序选样，那么被选中的星期数为 14、11、32、37、20，即样本应由第 11 个、第 14 个、第 20 个、第 32 个、第 37 个星期的现金支出凭单组成。

整群选样法使用起来比较方便，但样本的代表性较差。一般在需要的样本项目较多，且样本特征呈均匀分布的情况下，适宜采用该方法。

第三节 统计抽样方法

审计人员应根据具体情况并运用职业判断，选择合适的审计抽样方法。根据审计抽样所了解的总体特征的不同，统计抽样方法又可以分为属性抽样和变量抽样。

一、属性抽样

属性抽样是指在精确度界限和可靠程度一定的条件下，为了测定总体特征的发生频率而采用的一种方法。根据健全性测试与控制测试的目标和特点所采用的审计抽样，通常称为属性抽样。审计人员通过对样本的审核来推断错误或舞弊的发生频率，以证明被审计单位的内部控制是否存在并得到有效的执行，并与以前相比较来核实内部控制的变化。

属性抽样的方法主要有固定样本量抽样、停–走抽样和发现抽样三种。

（一）固定样本量抽样

固定样本量抽样是一种使用最为广泛的属性抽样，常用于估计审计对象总体中某种偏差发生的比例。一般情况下，固定样本量抽样的基本步骤如下。

1. 根据审计目标定义审计对象总体

控制测试的总体目标是评价内部控制结构审计和执行的有效性，对于每一类业务或不同的控制环节应确定一个或多个具体审计目标。审计对象总体应由被测试的某一类业务或凭证构成，必须与具体审计目标相关，并保持所构成项目的同质性。

审计对象总体就是作为抽样对象的全部被审计事项的范围。在确定审计对象总体时，首先要明确审计目标，审计目标不同，被抽查的总体就不同；其次，要明确审计对象总体的时间界限，通常以月度、季度、年度或经济业务活动的周期作为总体的时间范围。

2. 定义“属性”和“可容忍误差率”

属性抽样中“属性”的确定十分关键，审计的目的决定了属性的含义，对减少某个具体审计目标相关的控制风险所需的每项控制程序，都应确定为一个属性。例如，在测试与固定资产“存在与发生”目标的相关控制风险时，可以确定属性为“固定资产账实相符”。确定属性必须十分谨慎，因为它们是以后确定控制偏差数量的依据。以购货付款业务为例，正常的内部控制应当包括核对验收报告与购货发票，然后再核准支付货款，因此，对于每张发票和验收报告，凡属下列情况之一的，均可以定义为偏差的属性：①未附验收单的发票；②与验收单记载的内容不符的发票；③计算有误的发票；④要素不全的发票；⑤涂改、伪造的发票。

如前所述，“可容忍误差率”是审计人员认为抽样结果可以达到审计目的所愿意接受的审计对象总体的最大偏差率。在运用属性抽样审计进行控制测试时，可容忍误差率是指审计人员不改变对内部控制的可信赖程度而愿意接受的最大误差发生率。其界限主要取决于被测试的内部控制的重要程度、差错的性质、金额和对差错属性的定义。

3. 确定样本规模

根据统计理论，属性抽样中样本规模由总体规模、预期总体误差率、要求审计结果的精确度和可信赖程度（可靠性程度）四个因素决定。

（1）总体规模在 5 000 个抽样单位以下时，总体规模越大，所需样本规模越大。当总体规模超过 5 000 个抽样单位时，总体规模对样本规模没有影响。

（2）预期总体误差率。因为事先不知道总体误差率，只能使用预期总体误差率，它是审计人员根据审计对象的审计重要性、对内部控制的信赖程度和职业判断，预先确定的总体中误差发生的频率。预期总体误差率越大，所需样本规模越大。

（3）要求审计结果的精确度是指样本结果误差的允许范围，即所要求的抽样推断结果与总体实际情况之间的误差范围。精确度越高，所需样本规模越大。精确度的确定要考虑误差属性的性质，对重要的误差属性的发生率的推断应要求较高的精确度，在推断次要的误差属性的发生率时，可适当地降低精确度。

（4）可信赖程度也称为可靠性程度，是指总体特征落入精确限度内的概率，它一般是抽样风险的补数。可信赖程度越高，所需样本规模也越大。可信赖程度的确定主要取决于审计人员对内部控制的评价，对效果不好的内部控制下的抽样审计结论应要求较高的可信赖程度，以便减小抽样风险；对有效的内部控制制度，可适当地降低可信赖程度。经常采用的可信赖程度是 90%和 95%。

实际工作中，可使用样本规模确定表来确定测试所需的样本规模（表 10-5）。首先，根据确定可信赖程度选择适当的表格；其次，根据可容忍误差率和预期总体误差率来查表，表 10-5 交叉点上的数字即为所需的样本规模，括号内数字表示预期误差数。这里假定可信赖程度为 95%，可容忍误差率为 4%，预期总体误差率为 1.50%时，查表确定应选取的样本规模为 192 项，样本中的预期误差数为 3。如果发现样本中的误差超过 3 个，就说明抽样结构不能支持审计人员对其内部控制的预期可信赖程度。

表 10-5　样本规模确定表（可信赖程度 95%）

预期总体误差率	可容忍误差率										
	2%	3%	4%	5%	6%	7%	8%	9%	10%	15%	20%
0	149（0）	99（0）	74（0）	59（0）	49（0）	42（0）	36（0）	32（0）	29（0）	19（0）	14（0）
0.25%	236（1）	157（1）	117（1）	93（1）	78（1）	66（1）	58（1）	51（1）	46（1）	30（1）	22（1）
0.50%	*	157（1）	117（1）	93（1）	78（1）	66（1）	58（1）	51（1）	46（1）	30（1）	22（1）
0.75%	*	208（1）	171（1）	93（1）	78（1）	66（1）	58（1）	51（1）	46（1）	30（1）	22（1）
1.00%	*	*	156（1）	93（1）	78（1）	66（1）	58（1）	51（1）	46（1）	30（1）	22（1）
1.25%	*	*	156（1）	124（2）	78（1）	66（1）	58（1）	51（1）	46（1）	30（1）	22（1）
1.50%	*	*	192（3）	124（2）	103（2）	88（2）	77（2）	51（1）	46（1）	30（1）	22（1）
1.75%	*	*	227（4）	153（3）	103（2）	88（2）	77（2）	51（1）	46（1）	30（1）	22（1）
2.00%	*	*	*	181（4）	127（3）	88（2）	77（2）	68（2）	46（1）	30（1）	22（1）
2.25%	*	*	*	208（5）	127（3）	88（2）	77（2）	68（2）	61（2）	30（1）	22（1）
2.50%	*	*	*	*	150（4）	109（3）	77（2）	68（2）	61（2）	30（1）	22（1）
2.75%	*	*	*	*	173（5）	109（3）	95（3）	68（2）	61（2）	30（1）	22（1）
3.00%	*	*	*	*	195（6）	129（4）	95（3）	84（3）	61（2）	30（1）	22（1）
3.25%	*	*	*	*	*	148（5）	112（4）	84（3）	61（2）	30（1）	22（1）
3.50%	*	*	*	*	*	167（6）	112（4）	84（3）	76（3）	30（1）	22（1）
3.75%	*	*	*	*	*	185（7）	129（5）	100（4）	76（3）	40（2）	22（1）
4.00%	*	*	*	*	*	*	146（6）	100（4）	89（4）	40（2）	22（1）
5.00%	*	*	*	*	*	*	*	158（8）	116（6）	40（2）	30（2）
6.00%	*	*	*	*	*	*	*	*	179（11）	50（3）	30（2）
7.00%	*	*	*	*	*	*	*	*	*	68（5）	37（3）

*表示样本规模太大，因而在多数情况下不符合成本和效益原则

注：括号内数字表示可接受的误差数；本表假设总体为大总体

4. 随机选取样本

抽样方法应能保证样本的代表性，保证抽样审计结果的可靠性。抽样方法包括随机数表选样、系统选样、分层选样、货币单位选样、整群选样等，可按前节所述的各种随机选样方法选取样本。

5. 审查样本

审计人员要对样本进行审阅、核实，并将审查中发现的错误情况记入工作底稿。用发现的样本错误数除以样本规模得出样本误差率，并将这一样本误差率与预期总体误差率进行比较，以确定所使用的样本规模是否合适，如不合适则应做适当调整。

6. 抽样结果评价

（1）分析样本误差。如果经审查分析，审计人员确信上述样本误差确系误差，也无欺诈、舞弊或逃避内部控制的情形，且对实质性程序及其他测试无影响，由于发现的样本误差数未超过预期误差数，审计人员可据此得出结论：总体误差率（推断）不超过 4%的可信赖程度为 95%。如果审计人员通过抽样查出的样本误差数为 4，即使没有欺诈、舞弊或逃避内部控制的情形，但因样本误差数超过预期误差数 3，从而使得样本量增至 227 项，预期总体误差率为 1.75%，也表明审计人员不能以 95%的可信赖程度保证推断总体误差率不超过 4%，对此，审计人员应降低对内部控制的可信赖程度，并考虑实施其他审计程序，如扩大实质性程序范围、增加样本量，或不再进行抽样审计而代之以详细审计等。审计人员在审查样本时若发现有欺诈、舞弊或逃避内部控制的情形，则应采用其他审计程序，以便彻底揭露该类性质比较严重的误差，并应及时通知被审计单位管理层采取措施制止该类误差的再次发生。

（2）推断总体误差。样本误差率并不直接代表总体误差率，因为存在抽样误差。根据样本情况推断总体，一般是以根据样本特征做出的误差率直接加减一定的精确度区间来进行的。在属性抽样中，样本误差率加减精确度区间即为样本属性的推断值，即精确度的上限和下限。在实际工作中，审计人员只关心精确度上限，即在一定可信赖程度（可靠性程度）下，总体误差率的上限，这可以通过查“抽样结果评价表”（略）得知。例如，在可信赖程度为 95%的情况下，当样本误差数为 3 时，推断的总体误差率为 3%；当样本误差数为 4 时，推断的总体误差率为 4%；当样本误差数为 5 时，推断的总体误差率为 5%。

当样本误差数为 3 时，推断的总体误差率为 3%，小于可容忍误差率，审计人员可以得出结论：总体误差率不超过 4%的可信赖程度为 95%。当样本误差数为 4 时，推断的总体误差率为 4%，等于可容忍误差率，审计人员应当重新考虑信赖过度风险，并考虑是否有必要增加样本规模或执行替代审计程序。当样本误差数为 5 时，推断的总体误差率为 5%，大于可容忍误差率，审计人员应该降低对内部控制的可信赖程度，并实施其他审计程序。

固定样本量抽样步骤如图 10-2 所示。

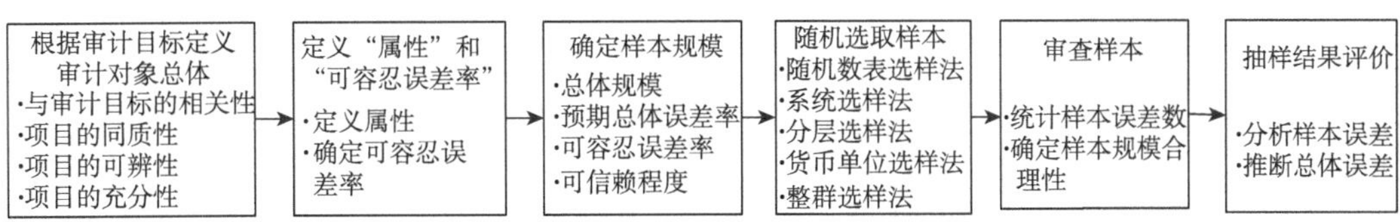

图 10-2 固定样本量抽样步骤

（二）停–走抽样

停–走抽样是以预期总体误差为零开始，通过边抽样边评价来完成审计抽样工作的一种属性抽样方法。这种抽样方法是固定样本量抽样的一种修正形式，能够较为有效地提高工作效率，降低审计成本。与固定样本量抽样相比，停–走抽样不一定要把样本全部抽出，所抽出的样本规模一般不超过所确定的初始样本规模的 3 倍。

实际工作中，运用停–走抽样一般包括下列三个步骤：首先，确定可容忍误差率及风险水平；其次，确定初始样本规模，通常根据所确定的可容忍误差率和风险水平查表（如表 10-6 所示）获得；最后，进行停–走抽样决策，通常是利用停–走抽样决策表（如表 10-7 所示）进行决策。每一步骤完成后，审计人员都需要决定是停止抽样还是继续下一个步骤。由于这种方法的样本规模是不固定的，抽查到哪一步结束，应根据审计人员对审查结果是否满意而定，故被称为停–走抽样。

表 10-6 停–走抽样初始样本规模表

风险水平 \ 样本规模 \ 可容忍误差率	10%	9%	8%	7%	6%	5%	4%	3%
2.5%	37	42	47	53	62	74	93	124
5%	30	34	38	43	50	60	75	100
10%	24	27	30	35	40	48	60	80

表 10-7 停–走抽样决策表

步骤	累计样本规模	如果累计误差是以下数字就停止	如果累计误差是以下数字（或其中之一）就增加样本规模	如果累计误差是以下数字就转到第 5 步
1	60	0	1，2，3，4	4
2	96	1	2，3，4	4
3	126	2	3，4	4
4	156	3	4	4
5	以样本误差率作为总体误差率采用固定样本量抽样			

这里举例具体说明该种方法的实际应用。假定审计人员确定的可容忍误差率为 4%，风险水平为 10%，通过查表（表 10-6），可确定初始样本规模为 60，则停–走抽样决策过程如下。

如果审计人员在 60 个初始样本单位中找出了 1 个误差（即误差数为 1），则可通过查表 10-8，得到相应的风险系数为 3.9（即表 10-8 中风险水平 10%所在的第 3 行与误差数 1 所在的第 2 列的交叉处），再将该风险系数与样本规模相比较，可推断出在风险水平为 10%情况下的预期总体误差率为 6.5%（即预期总体误差率=风险系数/样本规模=3.9/60）。显然，推断的总体误差率 6.5%高于可容忍误差率 4%，审计人员需要增加样本量。那么，究竟样本规模扩大到多少为适量？为了使预期总体误差率不超过可容忍误差率，在风险系数既定的情况下，审计人员将风险系数与可容忍误差率相比较，则可求得所需适当的样本规模为 98 个（即风险系数 3.9 除以可容忍误差率 4%）。也就是说，审计人员需要增加 38 个样本单位。在对增加的 38 个样本单位进行审计后，若未发现误差，则审计人员可有 90%的把握确信预期总体误差率不超过 4%。

表 10-8 停–走抽样样本规模扩展及总体误差评价表

风险系数 / 误差数 / 风险水平	0	1	2	3	4	5	6	7	8	9	10
2.5%	3.7	5.6	7.3	8.8	10.3	11.7	13.1	14.5	15.8	17.1	18.4
5%	3.0	4.8	6.3	7.8	9.2	10.6	11.9	13.2	14.5	16.0	17.0
10%	2.4	3.9	5.4	6.7	8.0	9.3	10.6	11.8	13.0	14.3	15.5

注：预期总体误差率=风险系数/样本规模

如果审计人员首次对 60 个样本单位进行审计时，发现有 2 个误差，则按上述方法推断出预期总体误差率为 9%（即风险系数 5.4 除以样本规模 60），大大高于可容忍误差率。于是，审计人员决定增加样本规模至 135 个，即增加 75 个。审计人员在对增加的 75 个样本单位进行审计后，若未发现误差，则仍可以有 90%的把握确信预期总体误差率不超过 4%；若又发现了 1 个误差，则总体误差率为 4.96%（即风险系数 6.7 除以扩展后的样本规模 135），仍超过可容忍误差率 4%。此时，审计人员应在下列两者间进行选择：再扩展样本规模至 168 个（即风险系数 6.7 除以可容忍误差率 4%）或将上述过程得出的结果作为选用固定样本量法抽样的预期总体误差率，而改变抽样方式。一般而言，样本规模不宜扩大到初始样本规模的 3 倍以上。

停–走抽样步骤如图 10-3 所示。

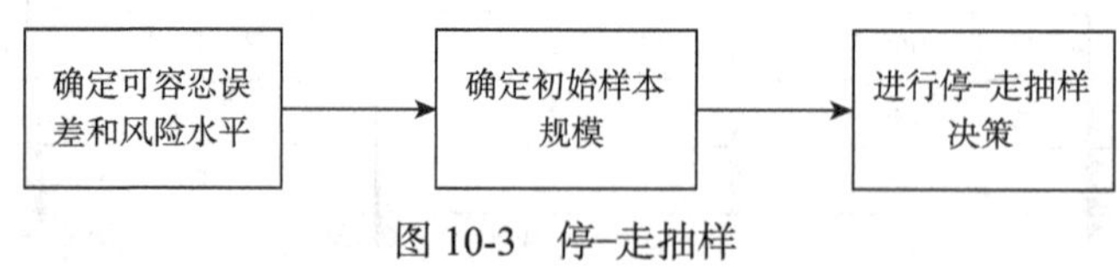

图 10-3 停–走抽样

（三）发现抽样

发现抽样又称显示抽样。发现抽样是在既定的可信赖程度下，在假定误差以既定的误差率存在于总体中的情况下，至少查出一项误差的抽样方法。发现抽样基于下面的理论假定：如果总体误差率等于或高于某一个特定比率，那么至少可找出一个误差。发现抽样是属性抽样的一种特殊形式，主要用于查找重大舞弊事项。假如总体中存在着一定发生率的舞弊事项，那么，在相当容量的样本中，至少可以发现一个舞弊事项。若对样本的审查结果没有发现舞弊事项，则可以得出结论：在既定可信度下，总体中舞弊事项的发生率，不超过原先假定的发生率。我们知道，若总体中存在着发生率很低（如 0.1%）的舞弊事项，那么采用抽样审计方法不能确保一定能发现这种行为。但发现抽样能以较高的可信度，保证我们发现总体中存在的发生率很低的舞弊事项。因此，发现抽样适用于当怀疑总体中存在某种舞弊事项时。

发现抽样与固定样本量抽样的步骤基本相同，不同之处有两点。

第一，为了达到发现抽样的目的，在做抽样计划时，必须设定预期总体误差率为 0，样本规模的确定仍需利用属性抽样时使用的样本规模确定表（表 10-5）。例如，审计人员对某企业现金收支凭证进行审查，在可信赖程度为 95%，预期总体误差率为 0，可容忍误差率为 2%时，查表 10-5 可知样本规模为 149。

第二，在审查样本时，只要发现一个误差，则审计人员就达到了发现抽样审计的目的，这时就应停止抽查，执行全面审查。如果在全部 149 张凭证中没有发现虚假凭证，那么审计人员就能以 95%的可信度，保证总体中的舞弊事项在 2%以下。换言之，这时审计人员有 95%的把握确信总体中不存在虚假凭证或虚假凭证的发生率在 2%以下。

二、变量抽样

变量抽样是指用来估计总体金额或错误金额而采用的一种方法。根据实质性程序的目标和特点所采用的审计抽样，通常称为变量抽样。它作为一种方法而被采用，需要审计人员检查财务报表各项目数据的真实性和正确性来取得所需的直接证据，以支持和得出审计结论。用于实质性程序的变量抽样，通常有单位平均值估计抽样、比率估计抽样、差额估计抽样等方法。

（一）变量抽样的基本方法

1. 单位平均值估计抽样

单位平均值估计抽样是通过抽样审查确定样本的平均值，进而推断总体的平均值和总值的一种变量抽样方法。在该方法下，要先确定样本中每个项目的审计值并计算样本的单位平均值，然后以样本的单位平均值乘以总体规模作为总体价值估计值，再按精确度区间对抽样结果做出评价。

2. 比率估计抽样

比率估计抽样是以样本实际价值与账面价值之间的比率关系来估计总体实际价值与账面价值之间的比率关系，然后再以该比率乘以总体账面价值，从而求出总体实际价值的估计金额的一种抽样方法。比率抽样的计算公式如下：

$$\text{比率}=\frac{\text{样本实际价值之和}}{\text{样本账面价值之和}} \tag{10-2}$$

$$\text{估计的总体价值}=\text{总体账面价值}\times\text{比率} \tag{10-3}$$

当错报与账面价值成比例关系时，通常可以运用比率估计抽样。

3. 差额估计抽样

差额估计抽样是以样本实际价值与样本账面价值的平均差额来估计总体实际价值与账面价值的平均差额，然后再以该平均差额乘以总体项目个数，从而求出总体实际价值与账面价值差额的一种抽样方法。差额估计抽样的计算公式如下：

$$平均差额=\frac{样本实际价值与账面价值的差额}{样本量} \quad (10\text{-}4)$$

$$估计的总体差额=平均差额\times 总体项目个数 \quad (10\text{-}5)$$

当错报与账面价值不成比例时，通常可以运用差额估计抽样。

【例 10-1】 假设被审计单位的应付账款账面总值为 5 000 000 元，共计 4 000 个账户，注册会计师希望对应付账款总额进行估计，现选出 200 个账户，账面价值为 240 000 元，审计后认定的价值为 247 500 元。

使用比率估计抽样时，注册会计师确定的实际价值与账面价值的比率为 1.031 25（247 500÷240 000），因此，估计的总体价值为 5 156 250（5 000 000×1.031 25）元。

使用差额估计抽样时，平均差额为 37.5 元［（247 500−240 000）÷200］，估计的总体差额为 150 000 元（37.5×4 000），因此，估计的总体价值为 5 150 000（5 000 000+150 000）元。

（二）变量抽样的基本步骤

1. 确定审计目标

变量抽样一般用于测试账户余额记录的正确性。例如，现假定审计人员欲测试某被审计单位应收账款总账余额的正确性。该单位应收账款余额为 1 340 000 元(账面价值)，由 3 000 个顾客的账户余额合计构成。

2. 确定总体和抽样单位

变量抽样下的总体一般由构成某一账户余额的各单个记录组成，相应地，各单个记录则成为抽样单位。上述举例中的总体是被审计单位应收账款明细账的 3 000 个余额记录，各明细账记录是抽样单位。

3. 确定样本规模

采用单位平均值估计抽样时，样本规模的大小受总体规模、预期总体标准差、可容忍误差和审计结论可信赖程度等因素的影响。总体标准差是衡量总体中个别项目值在总体平均值周围的变异或离散程度的尺度。其计算公式如下：

$$总体标准差=\frac{\sum_{i=1}^{n}\left(X_i-\bar{X}\right)^2}{N} \quad (10\text{-}6)$$

其中，X_i 为第 i 个项目的数值；$\bar{X}$ 为总体平均值；N 为总体规模。

总体中各项目之间差异越大，总体标准差越大；反之，总体标准差越小。在单位平均值估计抽样中，预期总体标准差越大，则要求的样本规模越大。在实际工作中，通常可以在正式抽样之前预先选取 30~50 个较小的样本，并以这些样本的实际值为基础计算出这些样本的标准差，作为预期总体标准差。

可容忍误差是审计人员认为抽样结果可以达到审计目标所愿意接受的审计总体的最大误差。可容忍误差受审计重要性判断的影响。审计人员确定为重要的金额越大，则确定的可容忍误差也可以越大。可容忍误差与预期总体误差的差额称为计划的抽样误差，计划的抽样误差越大，所需的样本规模越小。由此可知，其他条件不变的情况下，可容忍误差越大，所需的样本规模越小；预期总体误差越大，所需的样本规模也越大。

可靠性程度对样本规模的影响与属性抽样一样，要求的可靠性程度越高，所需样本规模就越大。

单位平均值估计抽样下的样本规模可采用如下公式计算：

$$n' = \left(\frac{U_r \times S \times N}{P}\right)^2 \qquad (10\text{-}7)$$

$$n = \frac{n'}{1 + \frac{n'}{N}} \qquad (10\text{-}8)$$

其中，U_r 为可靠性系数；S 为预期总体标准差；N 为总体规模；P 为计划的抽样误差（即可容忍误差减去预期总体误差）；n' 为放回抽样时的样本规模；n 为不放回抽样时的样本规模。

放回抽样是指样本被选中后再将其放回总体之后，还有被选中的机会。审计工作中，通常采用不放回抽样。可靠性系数可从表 10-9 中查出。

表 10-9　可靠性系数表

可靠性程度	可靠性系数
80%	1.28
85%	1.44
90%	1.65
95%	1.96
99%	2.58

假定审计人员通过预先选取 30 个样本计算出其预期总体标准差为 100 元，可容忍误差确定为 60 000 元；根据以往经验，预计应收账款总账余额记录的误差，即预期总体误差为 18 000 元，则可知计划的抽样误差为（60 000−18 000）=42 000（元）。审计人员要求的可靠性程度为 95%，由表 10-9 可知相应的可靠性系数为 1.96，则：

$$n' = (1.96 \times 100 \times 3\,000 \div 42\,000)^2 = 196$$

$$n = \frac{196}{1 + \frac{196}{3\,000}} = 184 \text{（个）}$$

因此，所需的样本规模为 184 个。

4. 选取样本并对样本进行测试

选取样本并对样本进行测试，得出各样本的实际值（即经审计确定的正确数值）及样本实际值的平均值和标准差。假定审计人员对样本进行测试后计算出样本实际值合计为 81 328 元，实际值的平均值为 442 元（81 328/184）。样本实际值的标准差的计算结果假定为 90 元。

5. 评价抽样结果

采用单位平均值估计抽样时，对抽样结果的评价要先根据样本平均值与总体规模得出总体的点估计值，然后根据实际抽样误差得出总体的区间估计值。实际抽样误差和总体的区间估计值采用式（10-9）计算：

$$P_1 = U_1 \times \frac{S_1}{\sqrt{n_1}} \times N \times \sqrt{1-\frac{n_1}{N}} \tag{10-9}$$

$$I = E \pm P_1 \tag{10-10}$$

$$E = N \times \bar{V} \tag{10-11}$$

其中，P_1 为实际抽样误差；S_1 为样本的标准差；n_1 为样本规模：N 为总体规模；I 为总体的区间估计值；E 为总体的点估计值；$\bar{V}$ 为样本审计值的平均值。

该例中，通过抽样推断总体值应在 1 288 197~1 363 863 元，应收账款账面值为 1 340 000 元，处于总体的区间估计值之内，说明账面记录值可以接受。如果账面记录值没有落在总体的区间估计值之内，则审计人员应分析原因，采取扩大样本规模或要求被审计单位调整账面值并重新评价抽样结果等措施。

第四节　大数据环境下的审计抽样

企业内外部海量数据的涌现及数据存储、大数据分析处理技术的快速发展，将会对传统审计抽样分析产生重要影响。

一、大数据环境对审计抽样的颠覆性影响

（一）“样本=总体”的总体审计

受制于审计时间、审计成本及相关数据分析处理能力的限制，审计人员不可能收集和分析所有数据，那么，审计抽样就是必不可少的审计技术方法，目的就是用最少的数据得到最多的信息。在大数据环境下，随着数据的存储、采集能力的提升，以及相关审计大数据分析模型、理论方法和技术工具的成熟，审计部门有足够的数据分析处理和存储能力。由于“样本=总体”大数据审计思维模式更强调数据的完整性和混杂性，审计人员将不再局限于“局部”和“精确”的数据，而是从更大、更全面的角度理解被审计单位的“全貌”，以更加接近被审计单位的客观真相。审计人员将不再依赖于审计重要性水平进行重点核查，而是采用全部样本，体验大数据的简单分析胜过小数据复杂分析的全新审计分析思路。

（二）更加注重数据间的相关关系分析

审计信息化大力推行的进程中，传统审计模式中，审计人员习惯于根据以往审计经验设计分析思路，然后再收集数据来验证不同数据之间的钩稽关系，从而发现审计疑点，更多关注的是数据间的因果关系。然而，在大数据环境下，侧重因果的数据分析方法在大数据中受到挑战，因为数据量太大，需要考虑的因素太多，“建立在相关关系分析基础上的预测才是大数据的核心”，“只需知道是什么就够了，没必要知道为什么”。就审计领域而言，审计人员在长期审计过程中积累的宝贵知识和经验，可以通过知识表示的方式，构建审计数据仓库中的知识库、模型库和方法库，构建智能化的审计决策支持系统，采集的海量数据可以自动根据模型判断被审计单位业务的真实性和合理性，为实现智能化审计提供条件。审计大数据环境下种类繁多的审计模型更多体现的是数据的相关关系而非因果关系，根据这些相关关系进行挖掘、预测，并通过先进的可视化工具将审计分析结果直观地展现出来，可以更好地提升审计价值。

（三）更加注重非结构化数据的审计分析

在以往的审计工作中，审计人员主要获取被审计单位财务、业务等结构化数据进行分析，而对于文档、合同等非结构化的文本数据，主要通过人工审阅的方式加以分析。大数据环境下，审计人员能够从内外部获取与被审计单位有关的各种资料，包括大量文档、图片、视频等非结构化数据，这些非结构化数据具有存储容量大、增长速度快、价值密度低等特点。审计人员如何高效地查找、分析海量异构的非结构化数据，如何实现非结构化数据的自动摘要、分类建议及聚类分析，如何系统整合结构化、半结构化和非结构化数据，这些均向现有审计提出了巨大的挑战。

二、大数据环境下审计模式的变革

（一）大数据、云计算助推持续性审计与监控

伴随着云计算、大数据、物联网、区块链、数据分析与可视化、流程自动化及人工智能等创新技术在会计、审计和财务领域的广泛应用，审计人员亟须使用新的理论方法和技术架构，处理应对持续自动生成大量即时可访问数据的挑战，亟须使用新方法来分析和审计这些“大数据”，以便对企业运营管理过程及其内部控制执行情况进行持续审计与监控，尽早识别潜在的问题和风险，及时加以改进和完善。此外，持续性报告和基于网络财务信息的可获得性，使得传统定期审计报告模式将可能转变为实时审计报告模式，唯有通过持续性审计与持续性监控有效结合，来降低审计人员的负担，提升审计活动的效率与价值。

持续性审计与监控技术利用流程自动化技术，基于大数据分析的异常侦测技术，以及过程挖掘技术持续探测内部控制的遵循情况和有效性，能够提供近乎实时的审计监督。自动化、智能化审计技术的应用，极大地提升了审计效率，减轻了审计人员的工作负担，使得审计人员能够将更多精力投入更需要专注于专业判断与价值创造的工作中。

（二）大数据、云计算技术促进总体审计模式的应用

因难以收集和分析被审计单位的全部经济业务数据，现有审计模式在风险评估基础上主要依赖于审计抽样，从局部样本着手来推断审计对象的整体情况。这种抽样审计模式由于其固有局限性，忽视了大量和具体的业务活动，难以完全发现和揭示被审计单位的重大舞弊行为，隐藏着重大的审计风险。而大数据、云计算技术不仅提供数据分析处理的技术手段，而且为审计人员实施总体审计模式提供可行的思路和工具。利用大数据、云计算技术对数据的跨行业、跨企业搜集和分析，可以搜集和分析被审计单位的所有数据，而这种总体审计模式，可以避免审计抽样风险，将对现有审计产生颠覆性的影响。而且，总体审计模式能够收集总体的所有数据，通过对数据更深层次、更多维度、更细微具体的分析，能够洞察隐藏在细节数据背后的规律性认知，为审计决策提供更具价值的建议。

（三）大数据、云计算技术促进审计成果的综合应用

目前，审计成果的主要载体是标准化格式的审计报告，由于其格式固定、内容单一、信息含量不高，严重制约了审计报告决策有用性价值的发挥。随着大数据、云计算技术在审计中的广泛应用，审计成果除了审计报告外，还包括审计过程中审计人员基于海量数据的挖掘分析，从中找出财务、业务和经营管理等方面的内在规律、共性问题和发展趋势，增强价值发现和洞察力，为被审计单位的管理者、投资者和其他利益相关者提供有价值的建议。另外，随着人工智能、机器学习和认知理论等在审计领域的应用，审计人员将审计过程中积累的知识和经验，通过知识表示和规则表达的方式智能化地留存在系统中，通过机器人流程自动化和智慧合约的方式，为企业的运营管理提供持续性的监控和风险预警。同时，基于案例推理的思想，会计师事务所可以将审计人员的审计成果与被审计单位相关审计问题建立关联，构建审计专家系统，为会计师事务所后续承接类似业务提供专业指导和辅助支持，提高审计工作的效率。

（四）大数据、云计算技术促进相关关系证据的应用

审计人员在审计过程中，应根据充分、适当的审计证据发表审计意见，出具审计报告。但是，在大数据、云计算环境下，审计人员在享受高效获取相关审计证据便利的同时，也面临海量数据的甄别、筛选与可靠性验证等困惑。现有审计模式下，审计人员搜集审计证据时的思维路径都是基于因果关系的，大数据技术提供了前所未有的跨领域、可供量化的维度，使得审计问题大量的相关信息能够得以记录和计算分析，因此，大数据环境下将会更多地运用相关关系分析来搜集和发现审计证据。在大数据、云计算技术环境下，审计人员能搜集到的审计证据大多是电子证据，电子证据本身非常复杂，易于被篡改和滥用，而且不同来源、不同类型、不同形式的数据在可靠性、决策价值等方面存在巨大差异，审计人员如何从长期依赖因果关系转变成为利用相关关系来搜集和发现审计证据，并高效整合集成不同相关证据来服务于相关审计决策是亟须解决的重要议题。

本章小结

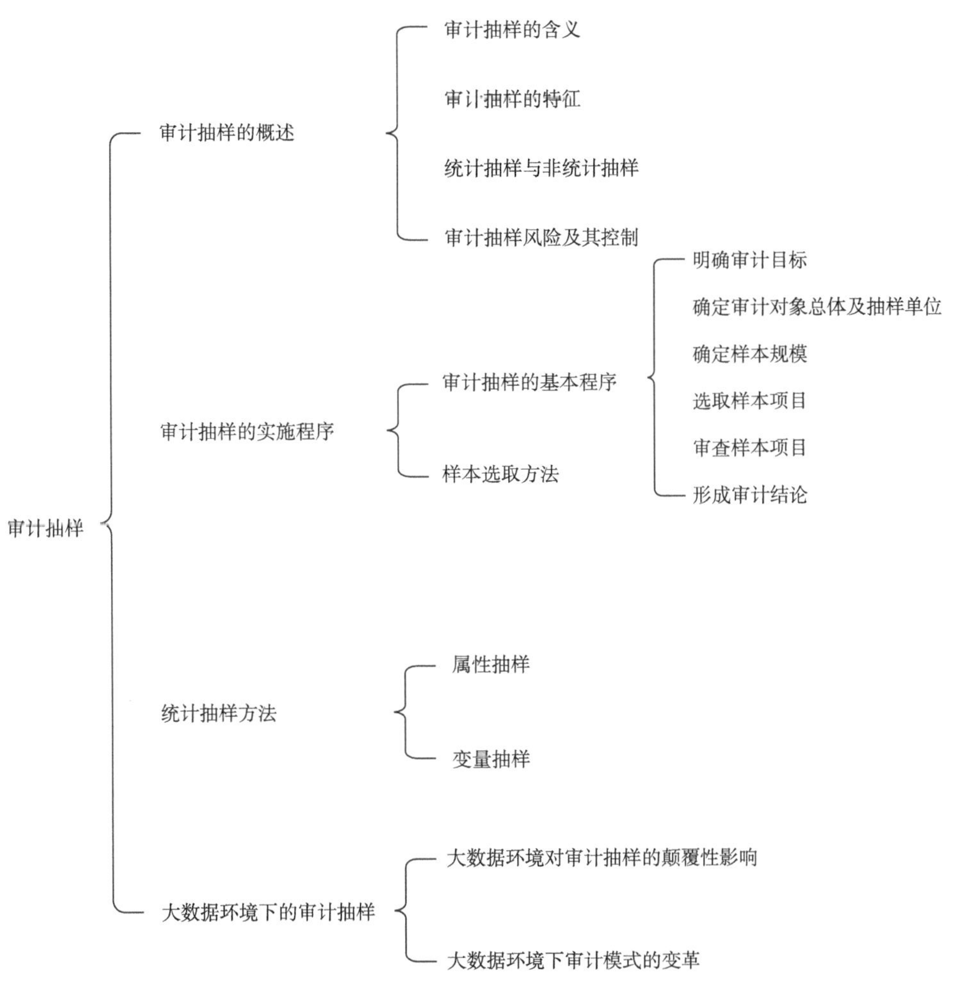

复习思考题

1. 什么是统计抽样与非统计抽样？简述二者各有什么优点和缺点。
2. 什么是审计抽样？
3. 什么是非统计抽样？该方法具有什么特点？审计人员在运用时需要注意什么？
4. 抽样风险和非抽样风险的含义分别是什么？抽样风险和非抽样风险有哪些具体表现形式？各自对审计结果有何影响？
5. 审计人员如何控制各种抽样风险？

6. 设计样本时应考虑哪些因素？

7. 在统计抽样中，确定样本规模应该考虑哪些基本因素？

8. 在统计抽样中经常采用的样本选取方法主要有哪几种？

9. 运用随机数表选样法的选样步骤是怎样的？

10. 系统选样法如何使用？该方法有哪些特点？

11. 什么是属性抽样？它最适合在哪类审计测试中使用？属性抽样有哪几种基本方法？

12. 什么是变量抽样？它最适合在哪类审计测试中使用？变量抽样有哪几种基本方法？

第十一章

完成审计工作与审计报告

完成审计工作是整个审计业务过程的最后阶段，是审计人员在执行了对各项交易及账户余额测试后而在编制和签发审计报告前进行的综合性审计测试工作，其对审计报告将产生重要影响。审计报告是注册会计师根据相关执业准则的要求，在实施了必要的审计程序后出具的，用于对被审计单位财务报表发表审计意见的书面文件，是审计工作的最终成果。

学习目标

- 了解审计人员完成审计工作的意义和主要内容
- 掌握在审计报告中沟通关键审计事项
- 理解审计报告基本内容与审计意见的形成基础
- 掌握出具不同类型审计意见的决策条件
- 了解强调事项段阐述的内容及强调事项的条件

第一节　完成审计工作

完成审计工作阶段，审计人员要评价审计结果，确定审计意见，提出审计报告。该阶段做出的决定，对审计报告有着直接而重要的影响。完成审计工作阶段的主要内容包括期初余额审计、复核或有事项和期后事项，取得被审计单位与律师声明书；评价审计结果，复核审计工作底稿；确定审计意见，与被审计单位沟通，提出审计报告；等等。

一、期初余额审计

审计人员首次接受委托对被审计单位的财务报表进行审计，必然会涉及财务报表期初余额如何审计的问题。如果对期初余额审计过于详细，势必增加审计成本；如果不对期初余额进行审计，则影响对本期财务报告发表适当的审计意见。因此，审计人员首次接受委托涉及的财务报表余额，或在需要发表审计意见的当前财务报表使用了前期财务报表的数据时，应进行适当的审计。

（一）期初余额的定义

期初余额是指审计人员初次接受委托时，所审会计期间期初已存在的余额，它以上期的期末余额为基础，反映了前期交易、事项及其会计处理的结果。期初余额是本期财务报表的基础，往往会对本期财务报表产生重要的影响。理解期初余额，需要把握以下特征。

（1）期初余额是所审计会计期间期初已存在的余额。期初已存在的余额是由上期结转至本期的金额，或是上期期末余额调整后的金额。期初余额与上期期末余额是一体两面的。

（2）期初余额反映了前期交易、事项及其会计处理的结果。期初余额应以客观存在的经济业务为依据，是被审计单位在以前会计期间发生的交易、事项及其会计人员对此处理的结果。

（3）期初余额与审计人员首次接受委托相联系。首次接受委托是指会计师事务所在被审计单位上期财务报表未经独立审计，或由其他会计师事务所审计的情况下接受的审计委托。

审计人员进行财务报表审计时，一般无须专门对期初余额发表审计意见，但审计人员应当保持应有的职业谨慎，充分考虑期初余额对所审财务报表的影响程度，合理运用专业判断，以确定期初余额的审计范围。判断期初余额对所审报表的影响程度应主要着眼于以下三个方面：①上期期末结转至本期的金额；②上期所采用的会计政策；③上期期末已存在的或有事项和承诺。基于这三个方面，确定期初余额对财务报表的影响。

（二）期初余额的审计程序

审计人员可根据期初余额对所审计财务报表的影响程度，合理运用专业判断，确定其审计目标、审计范围，实施适当的审计程序，并充分考虑相关审计结论对其所审计财务报表发表审计意见的影响。

在执行首次审计业务时，审计人员针对期初余额的目标是，获取充分、适当的审计证据，以确定：①期初余额是否含有对本期财务报表产生重大影响的错报；②期初余额反映的恰当的会计政策是否在本期财务报表中得到一贯运用，或会计政策的变更是否已按照适用的财务报告编制基础做出恰当的会计处理和充分的列报和披露。

为达到上述期初余额的审计目标，审计人员应当阅读被审计单位最近期间的财务报表和相关披露，以及前任审计人员出具的审计报告（如有），获取与期初余额相关的信息。为确定期初余额是否包含对本期财务报表产生重大影响的错报，审计人员应当通过采取下列措施，获取充分、适当的审计证据：①确定上期期末余额是否已正确结转至本期，或在适当的情况下已做出重新表述；②确定期初余额是否反映对恰当会计政策的运用；③实施一项或多项审计程序。

审计人员实施的一项或多项审计程序包括：①如果上期财务报表已经审计，查阅前任注册会计师的审计工作底稿，以获取有关期初余额的审计证据；②评价本期实施的审计程序是否提供了有关期初余额的审计证据；③实施其他专门的审计程序，以获取有关期初余额的审计证据。

如果实施以上审计程序后不能对期初余额得出满意结论，审计人员可以实施以下程序：对流动资产和流动负债，审计人员通常可以通过本期实施的审计程序获取部分审计证据；对于存货，审计人员还应当按照相关规定，实施追加的审计程序；对非流动资产和非流动负债，审计人员通常检查形成期初余额的会计记录和其他信息。在某些情况下，审计人员可向第三方函证期初余额，或实施追加的审计程序。

二、对持续经营的考虑

（一）持续经营假设基本含义

持续经营假设是指被审计单位在编制财物报表时，假定其经营活动在可预见的将来会继续下去，不必终止经营或破产清算，可以在正常的经营过程中变现资产、清偿债务。可预见的将来，通常是指资产负债表日后 12 个月。

对于持续经营假设，审计人员的责任是评价被审计单位按照持续经营假设编制会计报表的合理性，并考虑是否需要提请管理层在会计报表中披露持续经营能力的重大不确定性。因此，在编制审计计划、实施审计程序及评价审计结果时，审计人员应当保持应有的职业谨慎，合理运用专业判断，充分关注可能导致对被审计单位持续经营能力产生重大疑虑的事项或情况。

（二）持续经营假设对审计计划的影响

在编制审计计划时，审计人员应当考虑是否存在可能导致对被审计单位持续经营能力产生重大疑虑的事项或情况，以便与管理层讨论持续经营假设的合理性。审计人员应当充分关注被审计单位在财务、经营等方面存在的可能导致对被审计单位持续经营能力产生重大疑虑的事项或情况。

被审计单位在财务方面存在的可能导致对其持续经营能力产生疑虑的事项或情况通常包括：①无法偿还到期债务；②无法偿还即将到期且难以展期的借款；③无法继续履行重大借款合同中的有关条款；④存在大额的逾期未缴税金；⑤累计经营性亏损数额巨大；⑥过度依赖短期借款筹资；⑦无法获得供应商的正常商业信用；⑧难以获得开发必要新产品或进行必要投资所需资金；⑨资不抵债；⑩营运资金出现负数；⑪经营活动产生的现金流量净额为负数；⑫大股东长期占用巨额资金；⑬重要子公司无法持续经营且未进行处理；⑭存在大量长期未做处理的不良资产；⑮存在因对外巨额担保等或有事项引发的或有负债。

被审计单位在经营方面存在的可能导致对其持续经营能力产生疑虑的事项或情况通常包括：①关键管理人员离职且无人替代；②主导产品不符合国家产业政策；③失去主要市场、特许权或主要供应商；④人力资源或重要原材料短缺。

被审计单位在其他方面存在的可能导致对其持续经营能力产生疑虑的事项或情况通常包括：①严重违反有关法律、法规或政策；②异常原因导致停工、停产；③有关法律、法规或政策的变化可能造成重大不利影响；④经营期限即将到期且无意继续经营；⑤投资者未履行协议、合同、章程规定的义务，并有可能造成重大不利影响；⑥因自然灾害、战争等不可抗力因素遭受严重损失。

在获取对被审计单位的了解时，审计人员必须考虑是否存在事项或情况和相关审计风险可能导致对被审计单位持续经营能力的重大怀疑。

（三）持续经营假设对实施审计程序的影响

在执行审计程序时，审计人员仍然应当了解事项或情况和相关审计风险的证据，假如确认了该类事项或情况，审计人员除了执行审计程序外，还需要考虑它们是否影响审计人员对重大错报风险的评估。

在执行风险评估程序时，审计人员需要考虑与持续经营假设相关的事项或情况，因为这会使审计人员花费更多时间与管理层讨论，复核管理层对已确认的持续经营事项的计划和决议。

在评估重大错报风险时，当识别出可能导致对持续经营能力产生重大疑虑的事项或情况时，审计人员应当实施进一步审计程序。

三、或有事项的审计

或有事项在被审计单位财务报表日虽不能确定，但审计人员应提请被审计单位以恰当的方式加以处理。被审计单位应根据其对或有事项的正确理解与合理判断，做出相应的会计处理，如作为或有负债应计项目，或者在财务报表附注中披露等，以便提供对外部利害关系人决策有用的财务信息。如果被审计单位不接受建议，审计人员应当根据其重要性程度，确定是否在审计报告中反映。如何合理判断和适当处理或有事项，需要审计人员保持应有的职业谨慎，并具备相当的专业判断力。

（一）或有事项的含义

或有事项是指由过去某一特定事项或交易引起或形成的一种现存状况，其结果需通过未来不确定事项的发生或不发生才能决定或予以证实。或有事项的存在一般有三个先决条件：①由目前情况引起的、某一外部当事人未来可能的支付；②未来支付的金额尚不确定；③结果将由某些未来事件确定。

或有事项按其性质和成因主要分为两类：①直接或有事项，即被审计单位直接可能发生的潜在支付，包括被审计单位的未决诉讼、未决索赔、税务纠纷、产品质量担保等；②间接或有事项，即被审计单位因第三方的原因可能发生的潜在支付，包括应收票据贴现、应收账款抵押贷款、通融票据背书及为他人提供的债务担保等。

（二）或有事项的审计程序

或有事项的审计是为了确定或有事项的存在性与完整性，尤其是要发现未予记录的或有事项，而其他项目的审计则主要是为了核实业已记录资料的公允性、正确性、合法性。鉴于或有事项的主要特性及审计目标，或有事项的审计程序主要包括以下几方面。

1. 向被审计单位管理层询问

由于或有事项由被审计单位管理层直接负责，审计人员向管理层询问有可能获得有关这些事项的主要信息，并应索取有关资料。

（1）询问管理层确定、评价与控制或有事项的方针、政策和工作程序。

（2）取得管理层书面声明，保证其已按照会计准则的规定，对全部或有事项做了恰当反映。

（3）取得管理层有关或有事项的全部文件资料和凭证。

（4）取得被审计单位与银行之间的往来函件、贷款协定及担保条件，以查找有关应收票据贴现、应收账款抵押借款、通融票据背书转让及产品质量保证（含产品安全保证）等或有事项。

（5）取得被审计单位有关债务等或有事项的其他说明资料。

2. 向被审计单位的法律顾问或律师函证

审计人员通过向被审计单位的法律顾问或律师函证，以获取其确认证据，表明其对资产负债表日已存在的及资产负债表日至复函日存在的或有事项的意见。

3. 向被审计单位开户银行及与其有业务往来的银行函证

审计人员通过向被审计单位开户银行及与其有业务往来的银行函证，以了解有关应收票据贴现及贷款担保等或有事项的情况。

4. 复核税务机关的税收结算报告

审计人员通过复核上期和审计期间税务机关的税收结算报告，以检查有无税款拖延及税务纠纷等或有事项的情况。

5. 复核现存的审计工作底稿

审计人员通过复核现存的审计工作底稿，以寻找任何可以说明或有事项的资料。

6. 查阅被审计单位董事会和股东大会的会议记录

审计人员通过查阅被审计单位董事会和股东大会的会议记录，以确定是否有关于诉讼、未决诉讼及其他或有事项的记录。

7. 查寻被审计单位对未来事项和有关协议的承诺

审计人员通过查寻被审计单位对未来事项和有关协议的承诺，如被审计单位是否做出了按某一价格购买原料或租赁设备的承诺，或按某一固定价格出售商品的承诺，以确定有关或有事项的情况，因为承诺与或有事项密切相关。

值得指出的是，在审计实务中，不少或有事项的审计是作为其他审计事项的一个组成部分，而不是在临近审计工作结束时作为一个单独的审计事项。即使在临近工作结束时对或有事项进行审计，大多也属于复核，并非首次审计。因此，在或有事项的审计程序中，复核是一种重要的审查与取证方法。

四、期后事项的处理

审计人员关注期后事项，是因为期后事项有可能影响审计人员对财务报表所发表的审计意见。

（一）期后事项的含义

期后事项是指财务报表日至审计报告日之间发生的事项及审计人员在审计报告日后

知悉的事实。具体而言，期后事项包括：截至审计报告日发生的事项；审计报告日后至财务报表报出日前发现的事实；财务报表报出后发现的事实。财务报表是指财务报表涵盖的最近期间的日期。审计报告日是指审计人员按照相关审计准则的规定在对财务报表出具的审计报告上签署的日期，旨在向财务报表使用者表明审计人员已考虑其知悉的、截止审计报告日发生的事项和交易的影响，通常指审计人员完成外勤审计工作的日期。财务报表报出日是指审计报告和已审计财务报表提供给第三方的日期。财务报表批准日是指构成整套财务报表的所有报表（包括相关附注）已编制完成，并且被审计单位的董事会、管理层或类似机构已经认可其对财务报表负责的日期。

期后事项的主要时间节点如图 11-1 所示。

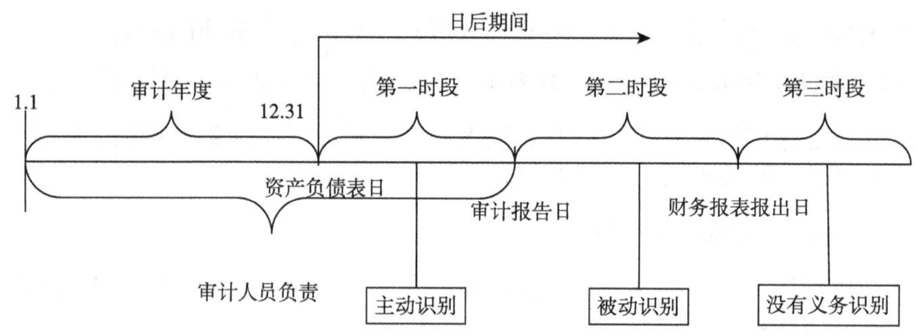

图 11-1 期后事项的主要时间节点

（二）期后事项的审计程序

1. 第一时段期后事项：资产负债表日至审计报告日之间

1）主动识别第一时段期后事项

对于第一时段期后事项，审计人员负有主动识别的义务，应当设计专门的审计程序来识别其中需要在财务报表中调整或披露的事项，并根据这些事项的性质判断其对财务报表的影响，进而确定是进行调整还是披露。但是，审计人员不需要对之前已实施审计程序并已得出满意结论的事项执行追加审计程序。

2）用以识别第一时段期后事项的审计程序

（1）了解管理层为确保识别期后事项而建立的程序。

（2）询问管理层和治理层，确定是否已发生可能影响财务报表的期后事项。例如，是否已发生新的承诺、借款或担保，是否计划出售或购置资产，等等。

（3）查阅被审计单位的所有者、管理层和治理层在资产负债表日后举行会议的纪要，在不能获取会议纪要的情况下，询问该类会议讨论的事项。

（4）查阅被审计单位最近的中期财务报表（如有）。

（5）查阅被审计单位在资产负债表日后最近期间内的预算、现金流量预测和其他相关的管理报告。

（6）就诉讼和索赔事项询问被审计单位的法律顾问，或扩大之前口头或书面查询的范围。

（7）必要时获取涵盖特定期后事项的书面声明以支持其他审计证据。

3）知悉第一时段期后事项时的考虑

如果识别出对财务报表有重大影响的期后事项，审计人员应当确定这些事项是否按照适用的财务报告编制基础的规定在财务报表中得到恰当反映。

（1）如果所知悉的期后事项属于调整事项，审计人员应当确定被审计单位是否已对财务报表做出适当的调整。

（2）如果所知悉的期后事项属于非调整事项，审计人员应当确定被审计单位是否在财务报表附注中予以充分披露。

2. 第二时段期后事项：审计报告日后至财务报表报出日之间

1）被动识别第二时段期后事项

在审计报告日后，审计人员没有义务针对财务报表实施任何审计程序。但是，在这一阶段，被审计单位的财务报表并未报出，管理层有责任将发现的可能影响财务报表的事实告知审计人员。当然，审计人员还可能从媒体报道、举报信或者证券监管部门问询函等途径获悉影响财务报表的期后事项。

2）知悉第二时段期后事项时的考虑

（1）管理层修改财务报表时的处理。如果管理层修改财务报表，审计人员应当根据具体情况对有关修改实施必要的审计程序，获取充分、适当的审计证据，以验证管理层根据期后事项所做出的财务报表调整或披露是否符合适用的财务报告编制基础的规定，并针对修改后的财务报表出具新的审计报告。新的审计报告日不应早于修改后的财务报表被批准的日期。

如果管理层对财务报表的修改仅限于反映导致修改的期后事项的影响，被审计单位的董事会、管理层或类似机构也仅对有关修改进行批准，审计人员可选用下列处理方式之一。

a. 修改审计报告。针对财务报表修改部分增加补充报告日期，从而表明注册会计师对期后事项实施的审计程序仅限于财务报表相关附注所述的修改。对管理层做出修改前的财务报表出具的原审计报告日期保持不变。有关补充报告日期的示例如下："除附注×所述事项的日期为［仅针对附注、所述修改的审计程序完成日期］之外，（原审计报告日）"。

b. 出具新的或修改的审计报告，在强调事项段或其他事项段中说明审计人员对期后事项实施的审计程序仅限于财务报表相关附注所述的修改。

（2）管理层不修改财务报表且审计报告未提交时的处理。如果认为管理层应当修改财务报表而没有修改，并且审计报告尚未提交给被审计单位，审计人员应当发表非无保留意见，然后提交审计报告。

（3）管理层不修改财务报表且审计报告已提交时的处理。如果认为管理层应当修改财务报表而没有修改，并且审计报告已经提交给被审计单位，审计人员应当通知管理层和治理层在财务报表做出必要修改前不要向第三方报出。否则，审计人员应当采取适当措施，以设法防止财务报表使用者信赖该审计报告。例如，针对上市公司，审计人员可以利用证券传媒等刊登必要的声明，防止使用者信赖审计报告。

3. 第三时段期后事项：财务报表报出日之后

1）没有义务识别第三时段的期后事项

审计人员没有义务针对第三时段期后事项实施任何审计程序。

2）知悉第三时段期后事项时的考虑

第三时段期后事项需要审计人员采取行动应满足两个条件：一是该类期后事项在审计报告日已经存在；二是该事实如果被审计人员在审计报告日前获知，可能影响审计报告。

在这种情况下，审计人员应当与管理层和治理层讨论该事项，确定财务报表是否需要修改，如果需要修改，询问管理层将如何在财务报表中处理该事项。

（1）管理层修改财务报表时的处理。如果管理层修改了财务报表，审计人员应当采取以下必要的措施。

a. 根据具体情况对有关修改实施必要的审计程序。例如，查阅法院判决文件，复核会计处理或披露事项，确定管理层对财务报表的修改是否恰当。

b. 复核管理层是否采取在证券报纸、网站刊登公告等措施来确保所有收到原财务报表和审计报告的人士了解这一情况。

c. 延伸实施审计程序，并针对修改后的财务报表出具新的审计报告。新的审计报告日不应早于修改后的财务报表被批准的日期。

d. 在特殊情况下修改审计报告或提供新的审计报告，并增加强调事项段或其他事项段，提醒财务报表使用者关注财务报表附注中有关修改原财务报表的详细原因和审计人员提供的原审计报告。

（2）管理层未采取任何行动时的处理。如果管理层没有采取必要措施确保所有收到原财务报表的人士了解这一情况，或者没有接受审计人员修改财务报表的建议，审计人员应当设法防止财务报表使用者信赖该审计报告。

五、管理层声明

审计人员在执行财务报表审计业务时，应当向被审计单位管理层获取适当声明，即管理层声明，并将其作为审计证据形成审计工作底稿。

（一）管理层声明的含义

管理层声明是指被审计单位管理层向审计人员提供的关于财务报表的各项陈述，用以确认某些事项或支持其他审计证据。管理层声明包括口头声明和书面声明，而书面声明作为审计证据通常比口头声明可靠，管理层的书面声明大多指管理层声明书，书面声明不包括财务报表及其认定，以及支持性账簿和相关记录。

注册会计师的目标如下：①向管理层获取其认为自身已履行编制财务报表和向注册会计师提供完整信息的责任的书面声明；②如果注册会计师认为有必要或其他审计准则有要求，通过书面声明支持与财务报表或具体认定相关的其他审计证据；③恰当应对管理层提供的书面声明或管理层不提供注册会计师要求的书面声明的情况。

（二）针对管理层责任的书面声明

针对财务报表的编制，审计人员应当要求管理层提供书面声明，确认其根据审计业务约定条款，履行了按照适用的财务报告编制基础编制财务报表并使其实现公允反映（如适用）的责任。

针对提供的信息和交易的完整性，审计人员应当要求管理层就下列事项提供书面声明：①按照审计业务约定条款，已向审计人员提供所有相关信息，并允许审计人员不受限制地接触所有相关信息及被审计单位内部人员和其他相关人员；②所有交易均已记录并反映在财务报表中。

审计人员应当要求管理层按照审计业务约定条款中对管理层责任的描述方式，在书面声明中对管理层责任进行描述。

（三）其他书面声明

除《中国注册会计师审计准则第 1341 号——书面声明》和其他审计准则要求的书面声明外，如果审计人员认为有必要获取一项或多项其他书面声明，以支持与财务报表获取一项或多项具体认定相关的其他审计证据，审计人员应当要求管理层提供这些书面声明。

（四）对书面声明可靠性的疑虑及管理层不提供要求的书面声明

1. 对书面声明可靠性的疑虑

如果对管理层的胜任能力、诚信、道德价值观或勤勉尽责存在疑虑，或者对管理层在这些方面的承诺或贯彻执行存在疑虑，审计人员应当确定这些疑虑对书面或口头声明和审计证据总体的可靠性可能产生的影响。

如果书面声明与其他审计证据不一致，审计人员应当实施审计程序以设法解决这些问题。如果问题仍未解决，审计人员应当重新考虑对管理层的胜任能力、诚信、道德价值观或勤勉尽责的评估，或者重新考虑对管理层在这些方面的承诺或贯彻执行的评估，并确定书面声明与其他审计证据的不一致对书面或口头声明和审计证据总体的可靠性可能产生的影响。

如果认为书面声明不可靠，审计人员应当采取适当措施，确定其对审计意见可能产生的影响。

2. 管理层不提供要求的书面声明

如果管理层不提供要求的一项或多项书面声明，审计人员应当：①与管理层讨论该事项；②重新评价管理层的诚信，并评价该事项对书面或口头声明和审计证据总体的可靠性可能产生的影响；③采取适当措施，确定该事项对审计意见可能产生的影响。

六、与治理层沟通

审计人员应当与治理层就识别出的可能导致被审计单位持续经营能力产生重大疑虑的事项或情况进行沟通，除非治理层全部成员参与管理被审计单位。与治理层的沟通应当包括下列方面：①这些事项或情况是否构成重大不确定性；②在财务报表编制和列报中运用持续经营假设是否适当；③财务报表中的相关披露是否充分。

（一）治理层

治理层是指对被审计单位战略方向和管理层履行经营管理职责负有监督责任的组织和人员。管理层是指对被审计单位经营活动的执行负有管理责任的人员。管理层负责编制财务报表，并受到治理层的监督。

近年来，所有权与经营权分离引发的委托代理问题，使得现代公司治理日益成为当前经济、金融、会计、法律等学科高度关注的一个热点问题，同时也是政府相关职能部门、资本市场诸多参与者、公司高管等实务界非常重视的实践问题，并成为国家经济政策的热点，引发世界性的研究和实践课题。公司治理不同于公司管理。公司管理讨论的是如何管理公司，它是对公司生产经营活动进行计划、组织、指挥、协调、控制和决策等一系列活动的总称，目的是科学合理利用公司的人、财、物等资源，实现公司的既定目标。公司治理关注的是在存在委托代理关系的情况下，如何让管理公司的人（代理人）像管理自己公司那样去管理公司，公司治理研究的是所有权与经营权分离情况下的“代理问题”。

公司治理与公司管理的根本区别在于，后者不存在代理问题或不考虑代理问题，而前者是因为代理问题产生出来的一门学问。代理之所以会成为一个问题，是因为作为委托人的股东和作为代理人的管理层之间的目标不一致、信息不对称及股东和经理人之间的契约不完备，由此引发过度投资、在职消费、信息操作、大股东利益侵占等公司治理问题。为此，亟须设计一些有效的公司治理机制，来缓解股东和管理层之间、大股东和小股东之间、股东和债权人之间等的多种代理问题。

现有的公司治理机制可以大致分为内部机制和外部机制：内部机制设立决策、执行、监督三权分立的治理结构，主要包括股权结构、董事会、经理层激励及负债和分红等；而外部机制主要包括法律机制、声誉机制和市场机制，其中，市场机制又包括控制权市场竞争、经理人市场竞争及产品市场竞争等。

（二）与治理结构中的相关人员沟通

我国上市公司均按照《中华人民共和国公司法》及证券交易所上市规则的要求，建立了股东大会、董事会、经理层和监事会各司其职、相互制衡的组织架构。上市公司董事会可以按照股东大会的有关决议，设立战略、审计、薪酬与考核、提名等专门委员会。

审计人员应当确定与被审计单位治理结构中的哪些适当人员进行沟通，在确定与哪些适当人员进行沟通时，应当利用在了解被审计单位及其环境时获取的有关治理结构和治理过程的情况。如果审计人员与治理层下设组织（如审计委员会）或个人沟通，应当确定是否还需要与治理层整体进行沟通。

（三）沟通的事项

审计人员应就下列事项与治理层沟通：①审计人员与财务报表审计相关的责任；②计划实施的审计的范围和时间安排的总体情况；③审计中发现的一些重大问题；④其他沟通事项。

第二节 在审计报告中沟通关键审计事项

对审计期望差距的重新审视明确了审计报告应满足用户更高的信息需求。英国财务报告委员会（Financial Reporting Council，FRC）于 2014 年、国际审计与鉴证准则理事会于 2015 年、美国公众公司会计监督委员会（Public Company Accounting Oversight Board，PCAOB）于 2017 年等相继发布了新的审计报告模式，确定用户对审计报告的更多信息需求，要求上市公司披露关键审计事项［KAMS（key audit matters）或 CAMS（critial audit matters）］，而不是简单二元的“标准意见”和“非标准意见”，以提高外部审计的感知价值。为顺应国际审计准则的变革，中国审计准则委员会于 2016 年 12 月 23 日发布了《中国注册会计师审计准则第 1504 号——在审计报告中沟通关键审计事项》等 12 项中国注册会计师审计准则（新审计报告准则），新审计报告准则的最大变化就是在上市公司审计报告中增加关键审计事项的披露，以应对社会公众对增加审计报告信息含量的诉求。

一、关键审计事项的定义

关键审计事项是指注册会计师根据职业判断认为对当期财务报表审计最为重要的事项。关键审计事项选自与治理层沟通的事项。沟通关键审计事项，旨在通过提高已执行审计工作的透明度来增加审计报告的沟通价值。沟通关键审计事项能够为财务报表预期使用者提供额外的信息，以帮助其了解注册会计师根据职业判断认为对本期财务报表审计最为重要的事项。沟通关键审计事项还能够帮助财务报表预期使用者了解被审计单位，以及已审计财务报表中涉及重大管理层判断的领域。此外，在审计报告中沟通关键审计事项，还能够为财务报表预期使用者就与被审计单位、已审计财务报表或已执行审计工作相关的事项进一步与管理层和治理层沟通提供基础。

在审计报告中沟通关键审计事项以注册会计师已就财务报表整体形成审计意见为背景。在审计报告中沟通关键审计事项并不能代替下列事项：①适用的财务报告编制基础要求管理层在财务报表中做出的披露，或为使财务报表实现公允反映而做出的披露（如适用）；②注册会计师按照《中国注册会计师审计准则第 1502 号——在审计报告中发表非无保留意见》的规定，根据审计业务的具体情况发表非无保留意见；③当可能导致对被审计单位持续经营能力产生重大疑虑的事项或情况存在重大不确定性时，注册会计师按照《中国注册会计师审计准则第 1324 号——持续经营》的规定进行报告；④就单一事项单独发表的意见。

二、确定关键审计事项

注册会计师应当从与治理层沟通的事项中确定在执行审计工作时重点关注过的事项。在确定时，注册会计师应当考虑下列方面：①按照《中国注册会计师审计准则第 1211 号——通过了解被审计单位及其环境识别和评估重大错报风险》的规定，评估的重大错报风险较高的领域或识别出的特别风险；②与财务报表中涉及重大管理层判断（包括被认为具有高度不确定性的会计估计）的领域相关的重大审计判断；③当期重大交易和事项对审计的影响。

注册会计师应当从根据上述考虑确定的、在执行审计工作时重点关注过的事项中，确定哪些事项对当期财务报表审计最为重要，从而构成关键审计事项。

关键审计事项确认的主要流程如图 11-2 所示。

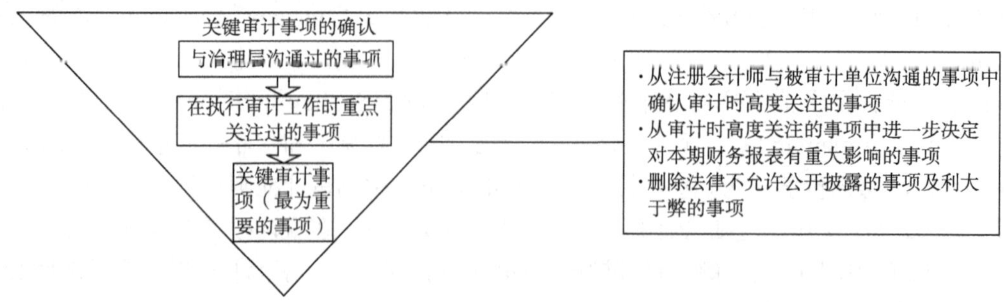

图 11-2 关键审计事项确认的主要流程

三、沟通关键审计事项

注册会计师应当在审计报告中单设一部分，以“关键审计事项”为标题，并在该部分使用恰当的子标题逐项描述关键审计事项。关键审计事项部分的引言应当同时说明下列事项：①关键审计事项是注册会计师根据职业判断，认为对当期财务报表审计最为重要的事项；②关键审计事项的处理是以对财务报表整体进行审计为背景的，注册会计师对财务报表整体形成审计意见，而不对关键审计事项单独发表意见。

如果某些事项导致注册会计师发表非无保留意见，注册会计师不得在审计报告的关键审计事项部分沟通该事项。

在审计报告的关键审计事项部分逐项描述关键审计事项时，注册会计师应当分别索引至财务报表的相关披露（如有），并同时说明下列内容：①该事项被认定为审计中最为重要的事项之一，因而被确定为关键审计事项的原因；②该事项在审计中是如何被应对的。

除非存在下列情形之一，注册会计师应当在审计报告中逐项描述关键审计事项：①法律法规禁止公开披露某事项；②在极其罕见的情形下，如果合理预期在审计报告中沟通某事项造成的负面后果超过产生的公众利益方面的益处，注册会计师确定不应在审计报告中沟通该事项。如果被审计单位已公开披露与该事项有关的信息，则本项规定不适用。

导致非无保留意见的事项，或者导致对被审计单位持续经营能力产生重大疑虑的事项或情况存在重大不确定性，就其性质而言都属于关键审计事项。然而，这些事项不得在审计报告的关键审计事项部分进行描述。注册会计师应当按照适用的审计准则的规定报告这些事项，并在关键审计事项部分提及形成保留（否定）意见的基础部分或与持续经营有关的重大不确定性部分。

如果存在下列情况之一，注册会计师应当在审计报告的“关键审计事项”部分进行说明：①如果注册会计师根据被审计单位和审计业务的具体情况，确定不存在需要沟通的关键审计事项；②仅有的需要沟通的关键审计事项是导致非无保留意见的事项，或者导致对被审计单位持续经营能力产生重大疑虑的事项或情况存在重大不确定性。

注册会计师应当就下列事项与治理层沟通：①注册会计师确定的关键审计事项；②根据被审计单位和审计业务的具体情况，注册会计师确定不存在需要在审计报告中沟通的关键审计事项（如适用）。

关键审计事项表达应注意的核心要点如图 11-3 所示。

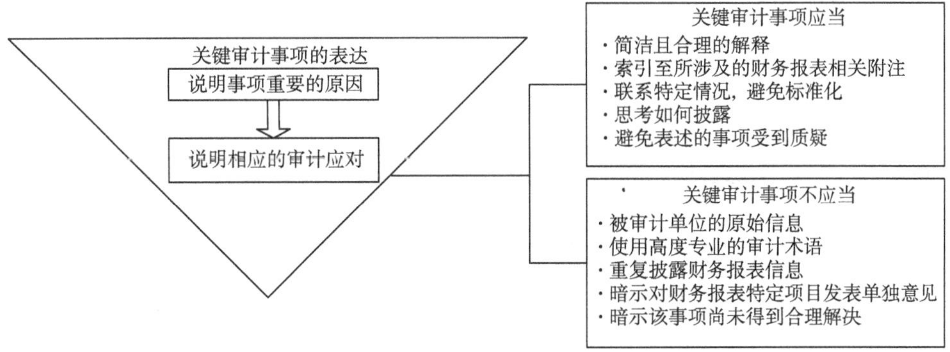

图 11-3　关键审计事项表达应注意的核心要点

拓展阅读：《中国注册会计师审计准则第 1504 号——在审计报告中沟通关键审计事项》的实施状况

截至 2017 年 4 月 30 日，在 2016 年度的 96 家 A+H 股上市公司审计报告中，除 1 家无法表示意见外，其余 95 家公司均采用了新审计报告准则，93 家披露了关键审计事项。截至 2018 年 4 月 30 日，在 2017 年度的 A+H 股上市公司审计报告中，99 家公司采用了新审计报告准则沟通关键审计事项。为了更加清晰地理解关键审计事项本质内涵，掌握关键审计事项确定的主要流程及表达的核心要点，系统分析关键审计事项披露对被审计单位、会计师事务所及报告使用者等利益相关主体的系统性影响，吴勇等（2018）从关键审计事项类型、数量分布、行业分布、会计师事务所分布及事项信息含量特征等方面，全面分析了第 1504 号准则的实施现状，读者可以拓展阅读《新审计报告中关键审计事项的确定、表达与披露研究》。

第三节　审 计 报 告

一、审计报告的定义

审计报告是审计人员根据有关规范的要求，在对约定事项实施了必要的审计程序后出具的，用于对被审计单位财务报表发表审计意见的书面文件。也就是说，审计报告是具体承办审计事项的审计人员或审计机构在实施审计后，就审计工作的结果向其委托人、授权人或其他法定报告对象提交的书面文件。它是审计工作和结果的综合反映，是体现审计成果的主要形式。

（1）就民间审计而言，审计人员应当按照审计准则的要求，在实施了必要的审计程序后，对财务报表实施总体性复核，以经过核实的审计证据为依据，评价根据审计证据得出的结论，形成审计意见，出具审计报告。因此，审计报告是指审计人员（如注册会计师）根据审计准则的规定，在实施了必要的审计程序后，对被审计单位的经济责任履行情况做出审计结论，对财务报表发表审计意见的书面文件。审计报告是审计工作的最终结果，具有法定证明效力。

（2）就政府（国家）审计而言，政府（国家）审计的审计报告是审计机关实施审计后，对被审计单位的财政收支、财务收支的真实、合法、效益发表审计意见的书面文件。根据《审计法》的规定，我国国家审计的审计报告包括审计组的审计报告和审计机关的审计报告两种。审计组的审计报告是审计组对审计事项实施审计后，就审计实施情况和审计结果向派出的审计机关提交的书面报告。审计机关的审计报告则是审计结果的最终载体和全面反映，是审计机关对被审计单位的财政收支或者财务收支的真实、合法、效益发表审计意见的审计结论性法律文书。

（3）就内部审计而言，内部审计报告是指内部审计人员根据审计计划对被审计单位实施必要的审计程序后，就被审计事项做出审计结论、提出审计意见和审计建议的书面文件。内部审计人员应当在审计实施结束后，以经过核实的审计证据为依据，形成审计结论、意见和建议，出具审计报告。如有必要，内部审计人员可以在审计过程中提交期中报告，以便及时采取有效的纠正措施改善业务活动、内部控制和风险管理。

二、审计报告的作用

审计报告是对审计过程和结果的集中总结，是完成审计任务的重要标志。编写与签发审计报告，是表明审计人员完成审计业务的一个重要步骤，是总结性的审计工作，具有重要作用。

（1）审计报告是审计人员完成审计任务，表达审计意见的主要方式。审计报告是审计人员完成所有必要的审计程序，在获取充分、恰当的审计证据的基础上，对审计证据进行整理、分析和总结后出具的，是一个去粗取精、去伪存真，从而形成审计结论，对审计工作进行全面总结的过程。

（2）审计报告是向利益相关者传达所需信息的重要手段。审计人员通过审计，可以对被审计单位出具不同类型审计意见的审计报告，以增加财务报表信息使用者对财务报表的信赖程度，能够在一定程度上为被审计单位的股东、债权人、管理者及金融机构、政府部门等利益相关者传递所需的信息。例如，投资者根据审计报告做出投资决策，能够减少投资风险；审计报告是财政、税收等政府部门了解企业真实情况的重要依据，为相关税收征管及相关政策决策提供依据；审计报告可以为银行等金融机构了解客户的资信状况提供证明，为相关信贷决策提供依据。

（3）审计报告是明确审计人员责任的重要条件。审计人员签发了审计报告，就表明审计人员完成了审计工作，履行了相应的审计责任，并愿意对审计报告做出的审计结论和发表的审计意见承担法律责任。如果审计人员虽然实施了相应的审计程序，形成了相应的审计结论，但没有签发审计报告，则表明审计人员不愿意承担审计法律责任，审计任务没有最终完成。

三、审计报告的类型

（一）标准审计报告和非标准审计报告

按照审计报告的格式，审计报告可分为标准审计报告和非标准审计报告。

（1）标准审计报告。标准审计报告是指格式和措辞基本统一的审计报告。审计职业界认为，为了避免混乱，统一、规范审计报告的格式和措辞是很有必要的。如果审计报告的格式和措辞不一，运用的术语含义相异，使用者势必难以准确地理解其含义。

（2）非标准审计报告。非标准审计报告是指格式和措辞不统一，可以根据具体审计项目及其审计的具体情况来决定的审计报告，也就是标准审计报告以外的其他审计报告。

（二）外部审计报告和内部审计报告

按照审计工作的范围和主体，审计报告可分为外部审计报告和内部审计报告。

（1）外部审计报告。外部审计报告是指由被审计单位外部的政府审计机关或民间审计组织出具的审计报告。当然，政府审计机关的审计报告一般不对外公布，但根据审计报告做出的审计决定是对外公开的。目前，包括政府审计机关的审计报告在内的政府审计信息公开已成为国际惯例。

（2）内部审计报告。内部审计报告是指由组织内部相对独立的审计机构出具的审计报告，该类审计报告不对外公布。

（三）公布目的审计报告和非公布目的审计报告

按照审计报告的使用目的，审计报告可分为公布目的审计报告和非公布目的审计报告。

（1）公布目的审计报告。公布目的审计报告一般是用于对企业投资者、债权人等非特定利害关系人公布的审计报告。在出具该种审计报告时，应同时附送已审计的财务报表。

（2）非公布目的审计报告。非公布目的审计报告一般是用于经营管理、合并或业务转让、融通资金等特定目的而实施审计的审计报告。该种审计报告是分发给特定使用者的，如经营者、合并或业务转让的关系人、提供信用的金融机构等。

（四）通用目的审计报告和特殊目的审计报告

按照审计工作的性质与报告目的，审计报告可分为通用目的审计报告和特殊目的审计报告。

（1）通用目的审计报告。通用目的审计报告是指用于对被审计单位整套财务报表，尤其是对年度财务报表发表审计意见的审计报告。该种审计报告旨在为满足广大使用者共同需求而表达审计人员对被审计单位财务报表反映的财务状况、经营成果及现金流量情况是否合法、公允的客观意见。

（2）特殊目的审计报告。特殊目的审计报告是指审计人员执行特殊目的审计业务所出具的审计报告。它主要包括：①对按照特殊基础编制的财务报表出具的审计报告。这种特殊基础是指编制财务报表时因特殊目的而采用会计准则和相关会计制度以外的其他基础，如收付实现制基础、计税基础、监管机构的报告要求等。②对财务报表组成部分出具的审计报告。财务报表的组成部分、包括财务报表特定项目、特定账户或特定账户的特定内容等。审计人员应当提请被审计单位不应在该种审计报告后附送整套财务报表，以免使用者误识。③对合同的遵守情况出具的审计报告。这里的遵守情况，意指对法规、合同所涉及的财务会计规定的遵守情况。④对简要财务报表出具的审计报告。简要财务报表是指根据已审计的财务报表所编制的一种简化的财务报表。该种审计报告应当在强调事项段说明，简要财务报表应当与已审计财务报表及审计报告一并阅读。

（五）简式审计报告和详式审计报告

按照审计报告的详简程度，审计报告可分为简式审计报告和详式审计报告。

（1）简式审计报告。简式审计报告又称短式审计报告，是指审计人员对应公布的财务报表进行审计后所编制的简明扼要的审计报告。其所反映的内容是非特定多数的利害关系人共同认为的必要的审计事项，它具有记载事项为法令或审计准则所规定的特征，具有标准的格式。因此，该种审计报告一般适用于公布目的，如会计师事务所出具的财务报表审计报告。

（2）详式审计报告。详式审计报告又称长式审计报告，是指审计人员对审计对象所有重要的经济业务和情况都要进行详细的说明与分析的审计报告。它主要用于帮助被审计单位改善经营管理，其内容比简式审计报告丰富、详细。该种审计报告一般适用于非公布目的，如内部审计报告和政府审计报告。

审计报告的分类如表 11-1 所示。

表 11-1　审计报告的分类

分类标准	具体类型
按照审计报告的格式	标准审计报告
	非标准审计报告
按照审计工作的范围和主体	外部审计报告
	内部审计报告
按照审计报告的使用目的	公布目的审计报告
	非公布目的审计报告
按照审计工作的性质与报告目的	通用目的审计报告
	特殊目的审计报告
按照审计报告的详简程度	简式审计报告
	详式审计报告

四、审计报告的内容格式

审计报告应当采用书面形式，应当包括下列要素：标题；收件人；审计意见；形成审计意见的基础；关键审计事项；管理层及治理层对财务报表的责任；注册会计师对财务报表审计的责任；按照相关要求，履行其他报告责任（如适用）；注册会计师的签名和盖章；会计师事务所的名称、地址和盖章；报告日期。注册会计师应当在审计报告中对与持续经营相关的重大不确定性、关键审计事项、被审计单位年度报告中包含的除财务报表和审计报告之外的其他信息进行报告。

（一）标题

审计报告的标题应当统一规范为“审计报告”。

（二）收件人

审计报告应当按照审计业务约定书的要求载明收件人。

（三）审计意见

审计意见部分应当包括以下内容：指出被审计单位名称；说明财务报表已经审计；指出构成整套财务报表的每一财务报表的名称；提及财务报表附注；指明构成整套财务报表每一张报表的日期或涵盖的期间。如果对财务报表发表无保留意见，除非法律法规另有规定，审计意见应当使用“我们认为，财务报表在所有重大方面按照[适用的财务报告编制基础（如企业会计准则等）]编制，公允反映了[……]”的措辞。

（四）形成审计意见的基础

该部分包括以下内容：说明注册会计师按照审计准则的规定执行了审计工作；提及审计报告中用于描述审计准则规定的注册会计师责任的部分；声明注册会计师按照与审计相关的职业道德要求独立于被审计单位，并按照这些要求履行了职业道德方面的其他责任；说明注册会计师是否相信获取的审计证据是充分、适当的，为发表审计意见提供了基础。

（五）关键审计事项

该部分先对关键审计事项的性质和背景进行解读，关键审计事项是指注册会计师根据职业判断，认为在当期财务报表审计中至关重要的事项。这些事项是对财务报表整体进行审计并形成意见的背景下进行处理的，注册会计师不对这些事项提供单独的意见。

在描述关键审计事项时，需要索引至所涉及的财务报表相关附注，并说明以下内容。

（1）注册会计师为何认为该事项对于审计至关重要，构成了关键审计事项。

（2）在审计中对该事项是如何处理的。

（六）管理层及治理层对财务报表的责任

应当说明管理层负责下列方面。

（1）按照适用的财务报告编制基础编制财务报表，使其实现公允反映，并设计、执行和维护必要的内部控制，以使财务报表不存在舞弊或错误导致的重大错报。

（2）评估被审计单位的持续经营能力和使用持续经营假设是否适当，并披露与持续经营相关的事项（如适用）。对该评估责任的说明应当包括描述在何种情况下使用持续经营假设是适当的。

治理层负责监督被审计单位的财务报告过程。

（七）注册会计师对财务报表审计的责任

（1）说明注册会计师的目标是对财务报告整体是否不存在舞弊或错误导致的重大错报获取合理保证，并出具包含审计意见的审计报告；说明合理保证是高水平的保证，但并不能保证按照审计准则执行审计在某一重大错报存在时总能发现；说明错报可能是舞弊或错误所致。

（2）说明在按照审计准则执行审计工作的过程中，注册会计师运用职业判断，并保持职业怀疑；通过说明注册会计师的责任，对审计工作进行描述。

（八）按照相关要求，履行其他报告责任

包括注册会计师在集团审计业务中的责任，注册会计师与治理层就计划的审计范围、时间安排和重大审计发现等进行沟通，包括沟通注册会计师在审计中识别的值得关注的内部控制缺陷等需履行的其他报告责任。

（九）注册会计师的签名和盖章

项目合伙人的姓名应当包含在对上市实体整套通用目的财务报表出具的审计报告中，并且由注册会计师签名和盖章。

（十）会计师事务所的名称、地址和盖章

审计报告应载明会计师事务所的名称和地址，并加盖会计师事务所的公章。

（十一）报告日期

审计报告日不应早于注册会计师获取充分、适当的审计证据，并在此基础上对财务报表形成审计意见的日期。在确定审计报告日时，注册会计师应当确信已获取下列两方面的审计证据：构成整体财务报表的所有报表（包括相关附注）已编制完成；被审计单位的董事会、管理层或类似机构已经认可其对财务报表负责。

对按照适用的财务报告编制基础（如《企业会计准则》）编制的财务报表出具的无保留意见审计报告范例如下。

审 计 报 告

ABC 股份有限公司全体股东：

一、对财务报表出具的审计报告

（一）审计意见

我们审计了 ABC 股份有限公司（简称 ABC 公司）财务报表，包括 20×1 年 12 月 31 日的资产负债表，20×1 年度的利润表、现金流量表、股东权益变动表及相关财务报

表附注。我们认为，后附的财务报表在所有重大方面按照《企业会计准则》的规定编制，公允反映了 ABC 公司 20×1 年 12 月 31 日的财务状况及 20×1 年度的经营成果和现金流量。

（二）形成审计意见的基础

我们按照中国注册会计师审计准则的规定执行了审计工作。审计报告的“注册会计师对财务报表审计的责任”部分进一步阐述了我们在这些准则下的责任。按照中国注册会计师职业道德守则，我们独立于 ABC 公司，并履行了职业道德方面的其他责任。我们相信，我们获取的审计证据是充分、适当的，为发表审计意见提供了基础。

（三）关键审计事项

关键审计事项是根据我们的职业判断，认为对本期财务报表审计最为重要的事项。这些事项是在对财务报表整体进行审计并形成意见的背景下进行处理的，我们不对这些事项提供单独的意见。

按照《中国注册会计师审计准则第 1504 号——在审计报告中沟通关键审计事项》的规定描述每一关键审计事项。

（四）管理层和治理层对财务报表的责任

管理层负责按照《企业会计准则》的规定编制财务报表，使其实现公允反映，并设计、执行和维护必要的内部控制，以使财务报表不存在舞弊或错误导致的重大错报。

在编制财务报表时，管理层负责评估 ABC 公司的持续经营能力，披露与持续经营相关的事项（如适用），并运用持续经营假设，除非计划清算 ABC 公司、停止营运或别无其他现实的选择。

治理层负责监督 ABC 公司的财务报告过程。

（五）注册会计师对财务报表审计的责任

我们的目标是对财务报表整体是否不存在舞弊或错误导致的重大错报获取合理保证，并出具包含审计意见的审计报告。合理保证是高水平的保证，但并不能保证按照审计准则执行的审计在某一重大错报存在时总能发现。错报可能是舞弊或错误导致的，如果合理预期错报单独或汇总起来可能影响财务报表使用者依据财务报表做出的经济决策，则通常认为错报是重大的。

在按照审计准则执行审计的过程中，我们运用了职业判断，保持了职业怀疑。我们同时：

（1）识别和评估舞弊或错误导致的财务报表重大错报风险；对这些风险有针对性地设计和实施审计程序；获取充分、适当的审计证据，作为发表审计意见的基础。由于舞弊可能涉及串通、伪造、故意遗漏、虚假陈述或凌驾于内部控制之上，未能发现舞弊导致的重大错报的风险高于未能发现错误导致的重大错报的风险。

（2）了解与审计相关的内部控制，以设计恰当的审计程序，但目的并非对内部控制的有效性发表意见。

（3）评价管理层选用会计政策的恰当性和做出会计估计及相关披露的合理性。

（4）对管理层使用持续经营假设的恰当性得出结论。同时，根据获取的审计证据，就可能导致对 ABC 公司持续经营能力产生重大疑虑的事项或情况是否存在重大不确定性得出结论。如果我们得出结论认为存在重大不确定性，审计准则要求我们在审计报告中提请报表使用者注意财务报表中的相关披露；如果披露不充分，我们应当发表非无保留意见。我们的结论基于审计报告日可获得的信息。然而，未来的事项或情况可能导致 ABC 公司不能持续经营。

（5）评价财务报表的总体列报、结构和内容（包括披露），并评价财务报表是否公允反映相关交易和事项。

我们与治理层就计划的审计范围、时间安排和重大审计发现（包括我们在审计中识别的值得关注的内部控制缺陷）等事项进行沟通。

我们还就遵守关于独立性的相关职业道德要求向治理层提供声明，并就可能被合理认为影响我们独立性的所有关系和其他事项，以及相关的防范措施（如适用）与治理层进行沟通。

从与治理层沟通的事项中，我们确定哪些事项对本期财务审计最为重要，因而构成关键审计事项。我们在审计报告中描述这些事项，除非法律法规禁止公开披露这些事项，或在极其罕见的情形下，如果合理预期在审计报告中沟通某事项造成的负面后果超过在公众利益方面产生的益处，我们确定不应在审计报告中沟通该事项。

二、按照相关法律法规的要求报告的事项

本部分的格式和内容，取决于法律法规对其他报告责任的性质的规定。法律法规规范的事项（其他报告责任）应当在本部分处理，除非其他报告责任与审计准则所要求的报告责任涉及相同的主题。如果涉及相同的主题，其他报告责任可以在审计准则所要求的同一报告要素部分中列示。当其他报告责任和审计准则所要求的报告责任涉及同一主题，并且审计报告中的措辞能够将其他报告责任与审计准则所要求的报告责任予以清楚地区分（如差异存在）时，允许将两者合并列示（即包含在“对财务报表出具的审计报告”部分中，并使用适当的副标题）。

××会计师事务所　　　　中国注册会计师（项目合伙人）：×××
（公章）　　　　　　　　　　　（签名并盖章）
中国××市　　　　　　　　中国注册会计师：×××
　　　　　　　　　　　　　　　（签名并盖章）
　　　　　　　　　　　　　　二〇××年×月×日

五、“互联网+”环境下审计报告模式变革

“互联网+”为审计服务的重点从财务审计向管理审计转变提供了机遇。传统的审计服务仅提供简单、标准化的审计信息，“互联网+”审计服务将逐渐转变为重点提供

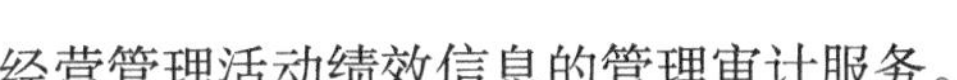

经营管理活动绩效信息的管理审计服务。

（一）个性化审计报告内容

目前，审计人员的审计成果主要是提供单一的审计报告，其格式固定，内容简洁，信息含量较少，不能满足企业内外部不同利益主体的个性化需求。随着“互联网+”在审计中广泛应用，审计人员的审计成果除了审计报告外，还有在审计过程中采集、挖掘、分析和处理的大量的资料和数据，可以提供给被审计单位用于改进经营管理，促进审计成果的综合应用，增强综合审计成果的应用效果。

满足审计对象的个性化需求，是“互联网+”时代的重要特征。审计人员对“互联网+”思维与技术的应用，促进了审计成果的进一步综合应用。首先，审计人员通过应用“互联网+”思维与技术，可以将审计中发现的问题分类别进行分析和处理，从不同的角度、不同的层面整合提炼，以满足投资者、债权人、供应商和其他利益相关者的需求。同时，对带有共性、普遍性、倾向性的问题进行挖掘，总结其规律性与相关性，有利于各种利益主体对被审计单位进行深入了解。其次，审计人员通过审计中获取的大量数据和信息，从中找出财务、业务和经营管理等方面的内在规律和发展趋势，为被审计单位董事会和经理层提供数据证明、关联分析和相关建议，从而促进完善公司治理、内部控制和其他管理制度，促进被审计单位管理水平的提高。再次，审计人员将审计成果进行智能化留存，将问题数据化并固化到系统中，以便计算或判断问题的发展趋势，供被审计单位进行预警使用。

（二）持续性监控与审计模式

传统的静态报表已不能满足企业运营管理所需，应从反映过去的描述性功能转化为预测未来的预测性分析，财务的功能也应由对过去交易和事项的反映转化为更加关注企业未来的发展成长及价值创造，财务的核心职能应包括对治理、营运效率、策略性成长及战略性决策的支持。特别是随着互联网技术的发展，许多跨国性集团企业可以采取跨区域分工协作，综合考虑生产要素、市场、人力资源等因素，在全球范围内遴选不同地点设立制造公司、销售公司、研发中心及信息技术服务中心等，并通过服务共享的方式，统一配置采购、销售、财务、会计和信息技术服务等资源，使得对基础性财务和会计核算的岗位需求大幅减少，更多的是对数据驱动的价值分析、价值管理、价值创造和价值鉴证等职能的需求。

大数据环境下，大数据分析与商务智能技术能够很好地进行预测性趋势分析，获取数据背后的规律性认知，提升管理洞察力，从而能够为战略决策提供有价值的咨询建议。基于大数据分析技术，建立持续性监控与审计监督机制，通过对信息技术系统、作业流程、交易及控制执行过程持续地搜集审计证据，确保所有交易处理合规、控制制度有效执行，并能对风险实现及时预警和高效管控（秦荣生，2014）。

第四节 审计意见类型

一、无保留意见审计报告

（一）无保留意见审计报告的签发条件

无保留意见是指当注册会计师认为财务报表在所有重大方面按照适用的财务报告编制基础编制并实现公允反映时发表的审计意见。注册会计师经过审计后，认为被审计单位财务报表符合下列所有条件，注册会计师应当出具无保留意见的审计报告。

（1）财务报表已经在所有重大方面按照适用的财务报告编制基础编制，公允反映了被审计单位的财务状况、经营成果和现金流量。

（2）注册会计师已经按照中国注册会计师审计准则的规定计划和实施审计工作，在审计过程中未受到限制。

综合起来，注册会计师出具无保留意见审计报告的条件：一是财务报表按照财务报告编制基础编制；二是注册会计师的审计范围没有受到重大限制。

（二）评价财务报表应考虑的内容

注册会计师应当就财务报表是否在所有重大方面按照适用的财务报告编制基础编制并实现公允反映形成审计意见。针对财务报表整体是否不存在舞弊或错误导致的重大错报，注册会计师应当得出结论，确定是否已就此获取合理保证。在得出结论时，注册会计师应当考虑下列方面：①是否已获取充分、适当的审计证据；②未更正错报单独或汇总起来是否构成重大错报；③财务报表是否在所有重大方面按照适用的财务报告编制基础编制并实现公允反映。

在评价财务报表是否在所有重大方面按照适用的财务报告编制基础编制时，注册会计师应当特别评价下列内容。

（1）财务报表是否充分披露了选择和运用的重要会计政策。

（2）选择和运用的会计政策是否符合适用的财务报告编制基础，并适合被审计单位的具体情况。

（3）管理层做出的会计估计是否合理。

（4）财务报表列报的信息是否具有相关性、可靠性、可比性和可理解性。

（5）财务报表是否做出充分披露，使预期使用者能够理解重大交易和事项对财务报表所传递的信息的影响。

（6）财务报表使用的术语（包括每一财务报表的标题）是否适当。

在评价时，注册会计师应当考虑被审计单位会计实务的质量，包括表明管理层的判断可能出现偏向的迹象。

在评价财务报表是否实现公允反映时，注册会计师应当考虑下列方面。

（1）财务报表的整体列报、结构和内容是否合理。

（2）财务报表（包括相关附注）是否公允地反映了相关交易和事项。

无保留意见审计报告应当以“我们认为”作为意见段的开头，并使用“在所有重大方面公允反映了”等专业术语。

二、保留意见审计报告

（一）签发保留意见审计报告的条件

当存在下列情形之一时，注册会计师应当发表保留意见审计报告。

（1）在获取充分、适当的审计证据后，注册会计师认为错报单独或汇总起来对财务报表影响重大，但不具有广泛性。

（2）注册会计师无法获取充分、适当的审计证据以作为形成审计意见的基础，但认为未发现的错报（如存在）对财务报表可能产生的影响重大，但不具有广泛性。

（二）保留意见审计报告的基本内容与专业术语

保留意见审计报告的基本内容除了包括无保留意见审计报告的基本内容外，还应当将“形成审计意见的基础”这一标题修改为“形成保留意见的基础”，在该部分包含对导致发表保留意见的事项的描述。

如果财务报表中存在与具体金额（包括财务报表附注中的定量披露）相关的重大错报，注册会计师应当在形成审计意见的基础部分说明并量化该错报的财务影响。如果无法量化财务影响，注册会计师应当在该部分说明这一情况。如果财务报表中存在与叙述性披露相关的重大错报，注册会计师应当在形成审计意见的基础部分解释该错报错在何处。如果财务报表中存在与应披露而未披露信息相关的重大错报，注册会计师应当：①与治理层讨论未披露信息的情况；②在形成审计意见的基础部分描述未披露信息的性质；③如果可行并且已针对未披露信息获取了充分、适当的审计证据，在形成审计意见的基础部分包含对未披露信息的披露，除非法律法规禁止。

如果无法获取充分、适当的审计证据而导致发表保留意见，注册会计师应当在形成审计意见的基础部分说明无法获取审计证据的原因。

当由于财务报表存在重大错报而发表保留意见时，注册会计师应当根据适用的财务报告编制基础在审计意见部分说明：注册会计师认为，除形成保留意见的基础部分所述事项产生的影响外，财务报表在所有重大方面按照适用的财务报告编制基础编制，并实现公允反映。

当无法获取充分、适当的审计证据而导致发表保留意见时，注册会计师应当在审计意见部分使用“除……可能产生的影响外”等措辞。

三、否定意见审计报告

（一）签发否定意见审计报告的条件

否定意见是指注册会计师认为财务报表没有在所有重大方面按照适用的财务报告编制基础编制，未能实现公允反映被审计单位的财务状况、经营成果和现金流量而发表的审计意见。否定意见说明被审计单位的财务报表不能信赖，因此，无论是注册会计师，还是被审计单位都不希望发表该类意见。因而在审计实务中发表否定意见的情况极其罕见。

在获取充分、适当的审计证据后，如果认为错报单独或汇总起来对财务报表的影响重大且具有广泛性，注册会计师应当发表否定意见。

（二）否定意见审计报告的基本内容与关键措辞

否定意见审计报告的基本内容除了包括无保留意见审计报告的基本内容外，还应当将“形成审计意见的基础”这一标题修改为“形成否定意见的基础”，在该部分包含对导致发表否定意见的事项的描述，说明注意到的、将导致发表否定意见的所有其他事项及其影响。在发表否定意见时，注册会计师应当对审计意见部分使用恰当的标题“否定意见”。

当发表否定意见时，注册会计师应当根据适用的财务报告编制基础在审计意见部分说明：注册会计师认为，由于形成否定意见的基础部分所述事项的重要性，财务报表没有在所有重大方面按照适用的财务报告编制基础编制，未能实现公允反映。

当发表否定意见时，注册会计师应当在形成否定意见的基础部分说明：注册会计师获取了充分、适当的审计证据以作为形成否定审计意见的基础。

四、无法表示意见审计报告

（一）签发无法表示意见审计报告的条件

无法表示意见是指注册会计师不能就被审计单位财务报表整体是否在所有重大方面按照适用的财务报告编制基础编制，以及是否公允反映其财务状况、经营成果和现金流量发表审计意见，也即对被审计单位的财务报表既不发表无保留意见或保留意见，也不发表否定意见。

注册会计师发表无法表示意见，不同于注册会计师拒绝接受委托，它是在注册会计师实施了必要的审计程序后所形成的结论。注册会计师发表无法表示意见，不是注册会计师不愿意发表无保留、保留或否定意见，而是一些重大限制使得注册会计师无法实施必要的审计程序，未能对一些重大事项获得充分、适当的审计证据，从而不能对财务报表整体发表意见。

如果无法获取充分、适当的审计证据以作为形成审计意见的基础，但认为未发现的错报（如存在）对财务报表可能产生的影响重大且具有广泛性，注册会计师应当发表无法表示意见。

在极其罕见的情况下，可能存在多个不确定事项。尽管注册会计师对每个单独的不确定事项获取了充分、适当的审计证据，但由于不确定事项之间可能存在相互影响，以及可能对财务报表产生累积影响，注册会计师不可能对财务报表形成审计意见。在这种情况下，注册会计师应当发表无法表示意见。

典型的审计范围受到限制的情况如下：①未能对存货进行监盘；②未能对应收账款进行函证；③未能取得被投资企业的财务报表；④内部控制极度混乱，会计记录缺乏系统性与完整性，等等。

在承接审计业务后，如果注意到管理层对审计范围施加了限制，且认为这些限制可能导致对财务报表发表保留意见或无法表示意见，注册会计师应当要求管理层消除这些限制。如果管理层拒绝消除这些限制，除非治理层全部成员参与管理被审计单位，注册会计师应当就该事项与治理层沟通，并确定能否实施替代程序以获取充分、适当的审计证据。

如果无法获取充分、适当的审计证据，注册会计师应当通过下列方式确定其影响：①如果未发现的错报（如存在）可能对财务报表产生的影响重大，但不具有广泛性，注册会计师应当发表保留意见；②如果未发现的错报（如存在）可能对财务报表产生的影响重大且具有广泛性，以至于发表保留意见不足以反映情况的严重性，注册会计师应当在可行时解除业务约定（除非法律法规禁止）；如果在出具审计报告之前解除业务约定被禁止或不可行，注册会计师应当发表无法表示意见。如果解除业务约定，注册会计师应当在解除业务约定前，与治理层沟通在审计过程中发现的、将会导致发表非无保留意见的所有错报事项。

（二）无法表示意见审计报告的基本内容与关键措辞

无法表示意见审计报告的基本内容，在标准无保留意见审计报告基本内容的基础上进行多方面的修正。

在发表无法表示意见时，注册会计师应当对审计意见部分使用“无法表示意见”作为标题。

在审计意见部分，只强调“我们接受委托”，而非“我们审计了……”。

将“形成审计意见的基础”这一标题修改为“形成无法表示意见的基础”，在该部分包含对导致发表无法表示意见的事项的描述，说明注册会计师无法获取审计证据的原因，以及注意到的、将导致发表无法表示意见的所有其他事项及其影响。

当由于无法获取充分、适当的审计证据而发表无法表示意见时，注册会计师应当：①说明注册会计师不对后附的财务报表发表审计意见；②说明由于形成无法表示意见的基础部分所述事项的重要性，注册会计师无法获取充分、适当的审计证据以作为对财务报表发表审计意见的基础；③修改财务报表已经审计的说明，改为注册会计师接受委托审计财务报表。

当注册会计师对财务报表发表无法表示意见时，审计报告中不应当包含无保留意见审计报告中的下列要素：①提及审计报告中用于描述注册会计师责任的部分；②说明注册会计师是否已获取充分、适当的审计证据以作为形成审计意见的基础。

当由于无法获取充分、适当的审计证据而发表无法表示意见时，注册会计师应当修改无保留意见审计报告中对注册会计师责任的表述，并仅能包含如下内容：①说明注册会计师的责任是按照中国注册会计师审计准则的规定，对被审计单位财务报表执行审计工作，以出具审计报告；②由于形成无法表示意见的基础部分所述的事项，注册会计师无法获取充分、适当的审计证据以作为发表审计意见的基础；③说明注册会计师在独立性和职业道德其他要求方面的责任。

当对财务报表发表无法表示意见时，注册会计师不得在审计报告中包含关键审计事项部分，除非法律法规另有规定。

五、在审计报告中增加强调事项段

（一）强调事项段的含义和增加条件

审计报告的强调事项段是指审计报告中的一个段落，该段落提及已在财务报表中恰当列报或披露的事项，但根据注册会计师的判断，该事项对财务报表使用者理解财务报表至关重要。

增加强调事项段应当同时符合两个条件：①对财务报表使用者理解财务报表至关重要，但被审计单位已在财务报表中恰当列报或披露，且注册会计师已获取充分、适当的审计证据证明该事项在财务报表中不存在重大错报，不影响审计意见；②该事项未被确定为在审计报告中沟通的关键审计事项。

（二）可以增加强调事项段的情形

是否需要增加强调事项段，取决于注册会计师的职业判断。可能需要增加强调事项段的情形包括：①异常诉讼或监管行动的未来结果存在不确定性；②在财务报表日至审计报告日之间发生的重大期后事项；③在允许的情况下，提前应用对财务报表有广泛影响的新会计准则；④存在已经或持续对被审计单位财务状况产生重大影响的特大灾难；⑤其他重大不确定事项。

（三）增加强调事项段的限制

为规范强调事项段的使用，审计准则做了三方面的规定：一是强调事项段不能过多使用；二是强调事项段不能代替审计意见；三是强调事项段不能代替管理层应当做出的披露。

（四）强调事项段的处理

在审计报告中增加强调事项段，注册会计师应当指明，强调事项段的内容仅用于提醒财务报表使用者关注，并不影响已发表的审计意见，以防止审计报告使用者误认为强调事项是对审计意见的修正。注册会计师同时采取下列措施：①将强调事项段作为单独的一部分置于审计报告的适当位置；②使用“强调事项”或其他适当标题；③明确提及被强调事项及相关披露的位置，以便能够在财务报表中找到对该事项的详细描述；④指出审计意见没有因该强调事项而改变。

强调事项段在审计报告中的位置取决于拟沟通信息的性质，以及与审计报告的其他要素相比较，该信息对财务报表预期使用者的相对重要程度。当强调事项段与适用的财务报告编制基础相关时，可以将强调事项段紧接在“形成审计意见的基础”部分之后，以便为审计意见提供合适的背景信息；当审计报告中包含“关键审计事项”部分时，基于注册会计师对强调事项段中信息的相对重要程度的判断，强调事项段可以紧接在关键审计事项部分之前或之后。注册会计师还可以在“强调事项”标题中增加进一步的背景信息，如“强调事项——期后事项”，以将强调事项段和关键审计事项部分描述的每个事项予以区分。

下面是被审计单位发生火灾对生产设备造成影响而增加强调事项段的无保留意见审计报告。

审 计 报 告

ABC 集团股份有限公司全体股东：

一、审计意见

我们审计了 ABC 集团股份有限公司（简称 ABC 集团）的财务报表，包括 20×6 年 12 月 31 日合并及公司的资产负债表，20×6 年度合并及公司的利润表、合并及公司的现金流量表和合并及公司的股东权益变动表及财务报表附注。

我们认为，后附的 ABC 集团财务报表在所有重大方面按照《企业会计准则》的规定编制，公允反映了 ABC 集团 20×6 年 12 月 31 日合并及公司的财务状况，以及 20×6 年度合并及公司的经营成果和现金流量。

二、形成审计意见的基础

……（与无保留意见审计报告的部分相同）。

三、强调事项

我们提醒财务报表使用者关注，财务报表附注×描述了火灾对 ABC 集团的生产设备造成的影响。本段内容不影响已发表的审计意见。

四、关键审计事项

……（与无保留意见审计报告的部分相同）。

五、其他信息

……（与无保留意见审计报告的部分相同）。

六、管理层和治理层对财务报表的责任

……（与无保留意见审计报告的部分相同）。

七、注册会计师对财务报表审计的责任

……（与无保留意见审计报告的部分相同）。

××会计师事务所（特殊普通合伙）　　中国注册会计师（项目合伙人）：×××
（公章）
（签名并盖章）

中国××市　　中国注册会计师：×××（签名并盖章）

六、审计意见类型的决策

审计报告标准化和规范化后，审计报告的撰写就演变成审计意见类型的决策。注册会计师在收集和评价审计证据的基础上确定审计意见类型时，主要考虑两个方面的问题，即审计范围是否受到限制和财务报表的反映是否合法与公允，并运用一个重要概念——审计重要性。

（一）审计范围受到限制对审计意见的影响

审计范围受到限制，可能导致注册会计师无法获取期望的审计证据。

如果审计范围受到限制，导致注册会计师不能获取所期望的审计证据，但影响并不重大，所获取的审计证据已经充分、适当，足以形成对财务报表的审计意见时，则注册会计师可以发表无保留意见。

如果审计范围受到限制，导致注册会计师不能获取充分、适当的审计证据，虽影响重大，但不是非常重大和广泛，则注册会计师应当发表保留意见。

如果审计范围受到的限制非常严重，其影响非常重大和广泛，导致注册会计师不能获取充分、适当的审计证据，则注册会计师应当发表无法表示意见。

（二）财务报表的反映是否合法与公允对审计意见的影响

财务报表的反映不合法或不公允，可能有下列情形之一，或同时存在：没有遵循适用的财务报告编制基础的规定；财务报表披露不充分。

1. 没有遵循适用的财务报告编制基础的规定

没有遵循适用的财务报告编制基础的规定会导致财务报表存在错报，即注册会计师在审计过程中已识别但尚未更正的错报。

如果尚未更正错报没有超过审计重要性水平，注册会计师认为不会影响财务报表使用者的经济决策或判断，即错报是不重大的，则可以发表无保留意见；如果尚未更正错报超过了审计重要性水平，注册会计师认为在某些方面可能会影响财务报表使用者的经济决策或判断，即错报是重大的，但就财务报表整体而言仍然是公允的，则可以发表保留意见；如果尚未更正错报远远超过了审计重要性水平，其涉及面广，影响非常重大，以致财务报表整体公允性存在重大问题，会影响绝大部分财务报表使用者的经济判断或决策，则应当发表否定意见。

2. 财务报表披露不充分

如果财务报表披露不充分，注册会计师认为在某些方面可能会影响财务报表使用者的经济决策或判断，即错报是重大的，但就财务报表整体而言仍然是公允的，则可以发表保留意见；如果财务报表披露严重不足，其影响非常重大，会严重误导财务报表使用者的经济决策或判断，则应当发表否定意见。

审计意见类型与审计重要性的关系如图 11-4 所示。

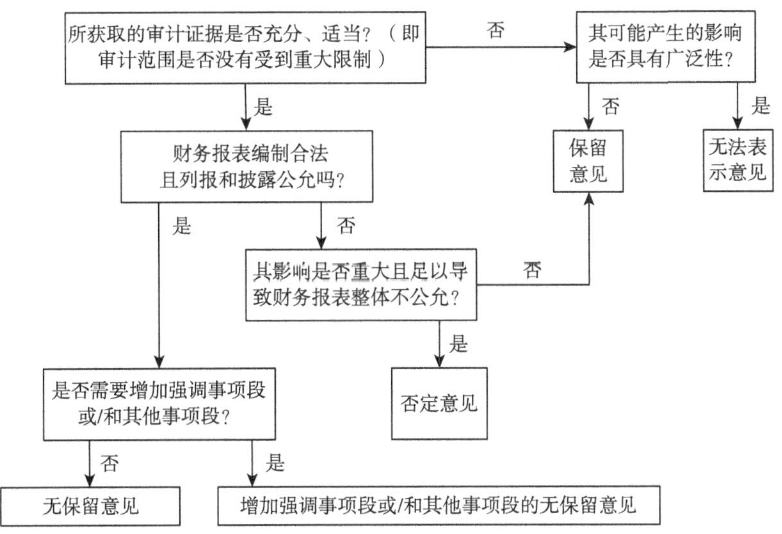

图 11-4　审计意见类型与审计重要性的关系

非无保留审计意见类型决策简表见表 11-2。

表 11-2　非无保留审计意见类型决策简表

导致发表非无保留意见的事项的性质	这些事项对财务报表产生或可能产生影响的广泛性	
	重大但不具有广泛性	重大且具有广泛性
财务报表存在重大错报	保留意见	否定意见
无法获取充分、适当的审计证据	保留意见	无法表示意见

拓展阅读：中国上市公司财务报表审计报告审计意见类型

基于中国注册会计师协会发布的审计快报数据，了解我国上市公司财务报表审计报表意见的分布情况。

在证券交易所出具的 3 512 份上市公司 2017 年度财务报表审计报告中，无保留意见的审计报告 3 452 份，保留意见的审计报告 37 份，无法表示意见的审计报告 23 份。在 3 452 份无保留意见审计报告中，39 家上市公司被出具了带强调事项段的无保留意见审计报告，33 家上市公司被出具了带持续经营相关重大不确定性事项段的无保留意见审计报告（表 11-3）。

表 11-3　2013~2017 年度上市公司财务报表审计报告意见类型总体情况

年度		无保留意见审计报告				非无保留意见审计报告				总计
		无保留意见	强调事项段	持续经营或其他事项段	小计	保留意见	无法表示意见	否定意见	小计	
2017	数量/份	3 380	39	33	3 452	37	23	0	60	3 512
	比例	96.24%	1.11%	0.94%	98.29%	1.05%	0.65%	0	1.71%	100.00%
2016	数量/份	3 031	75	0	3 106	21	10	0	31	3 137
	比例	96.62%	2.39%	0	99.01%	0.67%	0.32%	0	0.99%	100.00%
2015	数量/份	2 738	82	0	2 820	16	6	0	22	2 842
	比例	96.34%	2.89%	0	99.23%	0.56%	0.21%	0	0.77%	100.00%
2014	数量/份	2 569	71	0	2 640	18	9	0	27	2 667
	比例	96.33%	2.66%	0	98.99%	0.67%	0.34%	0	1.01%	100.00%
2013	数量/份	2 450	57	0	2 507	23	7	0	30	2 537
	比例	96.57%	2.25%	0	98.82%	0.91%	0.28%	0	1.18%	100.00%

资料来源：中国注册会计师协会行业发展研究资料

本 章 小 结

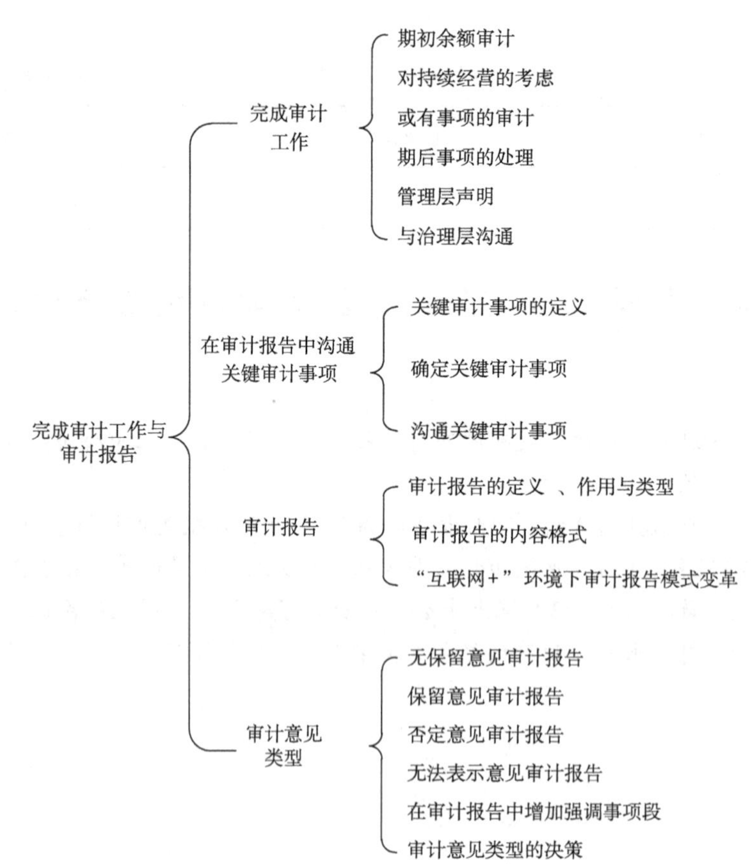

复习思考题

1. 完成审计工作主要包括哪些具体工作？

2. 什么是关键审计事项？如何确定关键审计事项？

3. 注册会计师如何在财务报表审计报告中沟通关键审计事项？

4. 沟通关键审计事项会对审计产生哪些深远影响？

5. 注册会计师财务报表审计报告的基本结构和内容是什么？

6. 注册会计师发表无保留意见的条件是什么？

7. 无保留意见审计报告与增加强调事项段的无保留意见审计报告的结构、内容和措辞有什么不同？

8. 注册会计师在什么情况下可以签发增加强调事项段的无保留意见审计报告？

9. 注册会计师签发保留意见审计报告的条件是什么？

10. 无保留意见审计报告与保留意见审计报告在结构、内容和措辞方面的主要区别是什么？

11. 注册会计师签发否定意见审计报告的条件是什么？发表保留意见和否定意见审计报告发表条件的异同点有哪些？

12. 注册会计师签发无法表达意见审计报告的条件是什么？辨析无保留意见、保留意见、否定意见、无法表示意见四种意见类型审计报告发表条件的异同点？

13. 辨析无保留意见、保留意见、否定意见、无法表示意见四种意见类型审计报告在结构、内容、措辞等方面的异同点。

第十二章

销售与收款循环审计

本章重点介绍销售与收款循环的相关凭证和会计分录、内部控制测试、实质性程序等内容。

学习目标

- 熟悉财务报表审计实务概述
- 熟悉销售与收款循环概述
- 掌握销售与收款循环内部控制及其测试
- 掌握销售与收款循环实质性程序

第一节　财务报表审计实务概述

一、财务报表审计的目标和范围

就注册会计师审计而言，财务报表审计的目标是注册会计师通过实施审计工作，对财务报表是否在所有重大方面按照适用的财务报告编制基础编制发表审计意见。具体来说，就是对被审计单位财务报表的合法性和公允性发表审计意见。

合法性是指财务报表的编制和列报是否在所有重大方面符合适用的财务报告编制基础。在进行合法性的审计评价时，应当考虑下列内容：①财务报表是否披露了选择和使用的重要会计政策；②选择和使用的会计政策是否符合适用的财务报告编制基础，并适合被审计单位的具体情况；③管理层做出的会计估计是否合理；④财务报表列报的信息是否具有相关性、可靠性、可比性和可理解性；⑤财务报表是否做出了充分披露，使财务报表预期使用者能够理解重大交易和事项对财务报表所传递信息的影响；⑥财务报表使用的术语（包括每一财务报表的标题）是否适当。

公允性是指财务报表是否在所有重大方面公允反映了被审计单位的财务状况、经营成果和现金流量。在进行公允性的审计评价时，应当考虑下列内容：①财务报表经管理层做出调整后，与注册会计师对被审计单位及其环境的了解是否一致；②财务报表的整体列报、结构和内容是否合理；③财务报表（包括相关附注）是否公允地反映了相关交易和事项。

财务报表审计的范围是指为实现财务报表的审计目标，注册会计师根据审计准则和职业判断实施的恰当的审计程序的总和。因此，财务报表审计的范围主要由审计准则和国家有关法律法规来确定。此外，审计业务约定事项也可能影响财务报表的审计范围。具体来说，财务报表审计的范围是与财务报表相关的所有事项，包括被审计单位影响和记录其财务状况、经营成果和现金流量的全部经济活动，会计凭证、会计账簿、财务报表等相关会计资料，以及有关计划、预算、经济合同、会议记录等其他相关经济资料。凡是与被审计单位财务报表相关的，以及影响注册会计师做出职业判断的所有方面，均属于财务报表审计的范围。

二、财务报表审计的主要程序

财务报表审计主要由风险评估程序、控制测试、实质性程序（包括细节测试和实质性分析程序）组成。

（一）风险评估程序

风险评估程序是为了解被审计单位及其环境，以识别和评估财务报表层次和认定层次的重大错报风险而实施的审计程序，包括询问被审计单位管理层和内部其他相关人员、分析程序、观察和检查程序。其具体内容请参见本书第五章“审计程序与审计方法”、第六章“审计证据与审计工作底稿”和第八章“风险评估与应对”的相关内容。

（二）控制测试

控制测试是为了验证被审计单位内部控制设计和执行的有效性所执行的测试，包括内部控制的设计测试和执行测试。其具体内容请参见本书第九章“内部控制及其评价”的相关内容。

（三）实质性程序

实质性程序是为了针对已识别和评估的重大错报风险设计和实施的，以发现认定层次的重大错报及其错报金额的审计程序，包括对各类交易、账户余额、列报和披露的细节测试及实质性分析程序。在本书第五章、第八章，以及第十二章至第十六章详细阐述了实质性程序。

三、实质性程序的性质

实质性程序包括细节测试及实质性分析程序。

（一）细节测试

细节测试就是对各类交易、账户余额、列报和披露所设计和实施的，以验证其认定是否恰当的测试，以实现与认定相关的审计目标。认定是管理层对财务报表各组成要素的确认、计量、列报和披露做出的明确或隐含的表达。

审计人员对各类交易和事项运用的认定包括：①发生，记录的交易和事项已发生，且与被审计单位有关；②完整性，所有应当记录的交易和事项均已记录；③准确性，与交易和事项有关的金额及其他数据已恰当记录；④截止，交易和事项均记录于正确的会计期间；⑤分类，交易和事项已记录于恰当的账户。

对账户余额运用的认定包括：①存在，记录的资产、负债和所有者权益是存在的；②权利和义务，记录的资产由被审计单位拥有或控制，记录的负债是被审计单位应当履行的偿还义务；③完整性，所有应当记录的资产、负债和所有者权益均已记录；④计价和分摊，资产、负债和所有者权益以恰当的金额包括在财务报表中，与之相关的计价和分摊调整已恰当记录。

对列报和披露运用的认定包括：①发生及权利和义务，披露的交易、事项和其他情况已发生，且与被审计单位有关；②完整性，所有应当包括在财务报表中的披露均已包括；③分类和可理解性，财务信息已被恰当的列报和描述，且披露内容表达清楚；④准确性和计价，财务信息和其他信息已公允披露，且金额恰当。

（二）实质性分析程序

实质性分析程序是分析程序在实质性程序中的运用，主要针对在一段时期内存在可预期的大量交易的情形，以及期末账户余额合理性的分析。具体运用请见第十二章至第十六章相关的主要账户的实质性程序。

四、财务报表的审计组织

内部控制测试通常按照业务循环，采用审计抽样的方法进行，其目的在于确保审计质量，提高审计效率。业务循环是指处理某类经济业务的工作程序和先后顺序。在组织实施财务报表审计中，可将被审计单位的日常业务活动分为多个业务循环。本书以工业企业为例，将其业务循环划分为五个循环，即销售与收款循环、采购与付款循环、生产与存货循环、投资与筹资循环。现金收支业务与前述五个业务循环均有密切关系，但又相对独立，且其内部控制又具有鲜明特征，因而将货币资金审计单独作为一个业务循环。

实质性程序既可按财务报表项目，也可按业务循环组织实施。按财务报表项目组织实施的审计，称为分项审计法；按业务循环组织实施的审计，称为循环审计法。前者因与被审计单位会计账户设置体系及财务报表项目一致，具有操作简便的优点，但存在与按业务循环所实施的内部控制测试脱节的缺点；后者与按业务循环所实施的内部控制测试直接联系，可加深审计人员对经济业务的理解，且便于审计人员合理分工，以提高审计工作效率和效果。此外，审计人员在对被审计单位财务报表进行审计的同时，也需要对被审计单位内部控制进行审计，此时通常采用整合审计方式，即将财务报表审计与内部控制审计整合在一起同时进行审计。因而，组织实施财务报表审计大多采用循环审计法。本书也按循环审计法来组织编写。

五、循环审计法的一般程序

本书第十二章至第十六章的结构分为如下三部分：概述、相关内部控制及其测试、主要账户的实质性程序。

（一）概述

该部分主要简述某一业务循环涉及的主要业务和凭证及账户、可能导致重大错报风险的因素、具体审计目标。

（二）相关内部控制及其测试

该部分阐述相应业务循环的内部控制要点和如何对其进行执行测试。内部控制执行测试的基本程序和方法相似，均包括询问、检查书面记录和文件、观察和重新执行等。

（三）主要账户的实质性程序

该部分主要介绍业务循环主要账户的审计目标和如何对其实施实质性程序，对主要账户的交易、账户余额、列报和披露进行实质性程序，其主要程序如下：①取得或编制该账户发生额和余额明细表，并进行必要的复核；②对其发生额和余额实施分析程序，验证其总体合理性，并确定审计重点；③审阅重点明细账户，初步验证其发生额和余额的合理性和真实性；④抽查相关会计凭证，验证重点业务发生额的真实性和正确性及分类的恰当性；⑤对该账户业务发生额实施截止测试，验证期末截止的正确性；⑥实施监盘或函证程序，验证其发生额或期末余额的可靠性；⑦执行期末资产减值测试，验证相关资产减值准备计提的充分性；⑧审查该账户发生额或期末余额在财务报表中的列报和披露，验证其恰当性与充分性。此外，如果涉及被审计单位管理层选择的会计政策和做出的会计估计的，审计人员还需要评价其会计政策的合规性和会计估计的合理性及披露的恰当性。

第二节 销售与收款循环概述

由第一节所述，本书采用循环审计法，并将企业的交易和账户余额划分为销售与收款循环、生产与存货循环、采购与付款循环、投资与筹资循环及货币资金审计等业务循环。审计的重要性概念要求注册会计师在审计时必须综合考虑财务报表各项目的性质及其相互关系，即注册会计师在最终判断被审计单位财务报表是否公允反映时，必须综合考虑审计发现的各业务循环的错报对财务报表产生的影响。因此，在审计理论与实务中，应当注意各业务循环之间的内在联系，也要把握其与主要报表项目之间的对应关系。

企业销售产品或提供劳务以获取收入是企业赖以生存和发展的根本。企业销售与收款循环审计主要指企业接受销售订单，向客户销售商品或提供劳务并取得货款或者劳务收入的过程。这一过程对企业而言，其重要性是不言而喻的：该循环涉及了收入和资产项目，因此，既影响利润表项目，又影响资产负债表项目。因此，销售与收款循环审计也是财务报表审计中十分重要的内容。研究表明，财务报告的欺诈大部分涉及的是不恰当地确认收入。这些欺诈具体包括为了满足财务分析师的预期而做的盈余管理、在经营和利润目标的压力下高估收入等。基于上述情况，销售与收款循环审计显得更加重要。

销售与收款循环是从企业向客户提供商品或劳务，直到收回货款的有关活动所组成的业务循环。就工业企业来说，其涉及的主要业务或事项有：①销售交易，包括接受顾客订单与签订销售合同、批准赊销信用、按销售单供货、按销售单装运货物、向顾客开具账单、记录销售收入等；②收款交易，包括向客户收取款项及收到款项后办理和记录现金、银行存款等；③销售调整交易，包括审批、办理和记录销货退回、销货折扣与折让；④核销坏账事项，即将确实无法收回的应收账款，经过批准后予以核销，但需“账销案存”；⑤计提坏账准备事项，即按照企业应收款项坏账准备计提政策的规定计提坏账准备。

一、涉及的主要凭证、会计分录和会计账户

（一）销售与收款循环涉及的主要凭证和会计分录

在内部控制系统比较健全的企业，处理销售与收款业务通常需要使用很多凭证和会计记录。典型的销售与收款循环所涉及的主要凭证和会计记录有以下几种。

（1）客户订货单。客户订货单即客户提出的书面购货要求。企业可以通过销售人员或其他途径，如采用电话、信函、网上订货，以及向现有及潜在客户发送订货单等方式接受订货，取得客户订货单。

（2）销售单。销售单是列示客户所订商品的名称、规格、数量及其他与客户订货单有关资料的表格，作为销售方内部处理客户订货单的依据。

（3）发运凭证。发运凭证即发运货物时编制的，用以反映发出商品的规格、数量和其他有关内容的凭据。发运凭证的一联寄送给顾客，其余联（一联或数联）由企业保留。这种凭证可用作向客户开票收款的依据。

（4）销售发票。销售发票是一种用来表明已销售商品的规格、数量、销售金额、运费和保险费的价格、开票日期、付款条件等内容的凭证。销售发票的一联寄送给客户，其余联由企业保留。销售发票也是在会计账簿中登记销售业务的基本凭证。

（5）商品价目表。商品价目表是列示已经授权批准的、可供销售的各种商品的价格清单。

（6）贷项通知单。贷项通知单是一种用来表示销货退回或经批准的折让引起的应收销货款减少的凭证。这种凭证的格式通常与销售发票的格式相同，只不过它不是用来说明应收账款的增加，而是用来说明应收账款的减少。

（7）应收账款明细账。应收账款明细账是用来记录每个客户各项赊销、现金收入、销货退回及折让的明细账。各应收账款明细账的余额合计数应与应收账款总账的余额相等。

（8）营业收入明细账。营业收入明细账是一种用来记录销货业务的明细账。它通常记载和反映不同类别的销货总额（如按销售商品的品种、类别等）。

（9）折扣与折让明细账。折扣与折让明细账是一种用来核算企业销售商品时，按销售合同的规定，为了及早收回货款而给予顾客的销货折扣和因商品品种、质量等原因而给予客户的销货折让情况的明细账。

（10）汇款通知书。汇款通知书是一种与销售发票一起寄给客户，由客户在付款时再寄回销货单位的凭证。这种凭证注明客户的姓名、销售发票号码、销货单位开户行账号及金额等内容。如果客户没有将汇款通知书随货款一并寄回，一般应由收受邮件的人员在拆邮件时再代编一份汇款通知书。采用汇款通知书能使现金立即存入银行，可以提高对资产保管的控制。

（11）现金日记账和银行存款日记账。现金日记账和银行存款日记账是用来记录应收账款的收回或现销收入，以及其他各种现金、银行存款收入和支出的日记账。

（12）现金盘点表。现金盘点表是列示收银机内的现金和支出的明细表，用来调节其总数和收银机打印出的总数。

（13）坏账审批表。坏账审批表是一种用来批准将某些应收款项注销为坏账，仅在企业内部使用的凭证。

（14）客户月末对账单。客户月末对账单是一种定期寄送给客户的用于购销双方定期核对账目的凭证。客户月末对账单上应注明应收账款的月初余额、本月各项销货业务的金额、本月已收到的货款、各贷项通知单的数额及月末余额等内容。

（15）转账凭证。转账凭证是指记录转账业务的记账凭证，它是根据有关转账业务的原始凭证编制的。

（16）收款凭证。收款凭证是指用来记录现金和银行存款收入业务的记账凭证。

（二）销售与收款循环中涉及的主要财务报表账户

销售与收款循环中涉及的主要财务报表账户如下：①损益类账户，如主营业务收入、其他业务收入、其他业务成本、税金及附加、资产减值损失、销售费用等；②资产类账户，如现金、银行存款、应收账款、应收票据、坏账准备、库存商品等；③负债类账户，如预收账款、应交税费［增值税（销项税额）、消费税、资源税］等明细账户等。

销售与收款循环中涉及的主要财务报表账户具体见表 12-1。

表 12-1 销售与收款循环中涉及的主要财务报表账户

资产负债表	利润表
应收账款	主营业务收入
坏账准备	税金及附加
应收票据	销售费用
预收账款	其他业务收入
应交税费	其他业务成本

二、涉及的业务主要活动

了解企业在销售与收款循环中的主要业务活动，对销售与收款循环审计十分必要。企业的销售与收款循环主要由企业与客户交换商品或劳务、收回现金等经营活动组成，涉及销售业务、收款业务（包括现销和应收账款收回）、销售调整业务（包括销售折扣、折让和退回，坏账准备的提取和冲销）等内容。每一项业务均需经过若干步骤（或程序）才能完成。

1. 接受客户订单

客户向企业寄送订单提出订货要求，是整个销售与收款循环的起点。订单管理部门应区分现购和赊购，赊购订单只有在符合企业管理层授权标准的情况下才能接受。企业管理层一般都列出了已准予赊销的客户名单。订单管理部门的职员在决定是否同意接受某客户的订单之前，应追查该客户是否已被列在该名单中。如果客户未被列入该名单，则通常需要订单管理部门的主管来决定是否接受该订单。企业在批准了客户订单之后，通常应编制一式多联的销售单。

2. 批准赊销信用

批准赊销信用是由信用管理部门根据企业管理层的赊销政策及对每个客户已授权的信用额度进行的。信用管理部门的职员在收到订单管理部门的销售单后，应将销售单的金额与该客户已授权的赊销信用额度扣除其迄今尚欠账款余额后的差额进行比较，以决定是否继续给予赊销。执行人工赊销信用检查时，应合理划分工作责任，以切实避免销售人员为增加销售而使企业承担不适当的信用风险。企业应对每个新客户进行信用调查，包括获取信用评级机构对客户信用等级的评定报告。批准或不批准赊销，都要求被授权的信用部门人员在销售单上签署意见，再将签署意见后的销售单返回订单管理部门。

3. 按销售单供货

企业管理层通常要求仓库只有在收到经过批准的销售单时才能供货。设计这项控制程序的目的是防止仓库在未经授权的情况下擅自发货。因此，已批准销售单的副联通常应送达仓库，作为仓库按销售单供货和发货给装运部门的授权依据。

4. 按销售单发运

装运部门职员应在经授权的情况下装运产品，使企业按销售单装运与按销售单供货的职责相分离。发运部门职员在装运之前，还必须进行独立验证，以确定从仓库收到的商品都附有已批准的销售单，并且所装运商品与销售单相符。

5. 向客户开具账单

开具账单包括编制和向客户寄送事先连续编号的销售发票。为了降低开具账单过程中出现遗漏、重复、错误计价或其他差错的风险，应设立以下控制程序。

（1）开具账单部门的职员在编制每张销售发票之前，应独立检查是否存在装运凭证和相应的经批准的销售单。

（2）应依据已授权批准的商品价目表编制销售发票。

（3）独立检查销售发票计价和计算的正确性。

（4）将装运凭证上的商品总数与相对应的销售发票上的商品总数进行比较。

6. 记录销售

在手工会计系统中，记录销售的过程包括区分赊销、现销，按销售发票编制转账凭证或现金、银行存款收款凭证，再据以登记销售明细账和应收账款明细账或现金、银行存款日记账。

记录销售的控制程序包括以下内容。

（1）只依据附有有效装运凭证和销售单的销售发票记录销售。这些装运凭证和销售单应能证明销货交易的发生及其发生的日期。

（2）控制所有事先连续编号的销售发票。

（3）独立检查已处理的销售发票上的销售金额与会计记录金额的一致性。

（4）记录销售的职责应与前面说明的处理销货交易的其他功能相分离。

（5）对记录过程中涉及的有关记录的接触予以限制，以减少未经授权批准的记录的发生。

（6）定期检查应收账款的明细账与总账的一致性。

7. 办理和记录现金、银行存款收入

这项功能涉及有关货款收回，现金、银行存款的记录及应收账款减少的活动。在办理和记录现金、银行存款收入时，最应关心的是货币资金失窃的可能性。货币资金失窃可能发生在货币资金收入登记入账之前或入账之后。处理货币资金收入时最重要的是要保证全部货币资金都必须如数、及时地记入现金、银行存款日记账或应收账款明细账，并如数、及时地将现金存入银行。在这方面，汇款通知单发挥着十分重要的作用。

8. 办理和记录销货退回、销货折扣与折让

客户如果对商品不满意，销货企业一般都会同意接受退货，或给予一定的销货折让；客户如果提前支付货款，销货企业则可能会给予一定的销货折扣。发生该类事项时，必须经授权批准，并应确保与办理该事项有关的部门和职务各司其职，分别控制实物流和会计处理。在这个方面，严格使用贷项通知单会起到关键的作用。

9. 注销坏账

不管赊销部门的工作如何主动，客户因宣告破产、死亡等原因而不支付货款的事仍时有发生。销货企业若认为某项货款再也无法收回，就必须注销该笔货款。对于这些坏账，正确的处理方法应该是获取货款无法收回的确凿证据，经适当审批后及时进行会计调整。

10. 提取坏账准备

坏账准备的提取数额必须能够抵补企业以后无法收回的本期销货款。

销售与收款循环中主要业务活动、对应的凭证及账户、相关部门、相关认定、重要控制点的关系见表 12-2。

表 12-2 销售与收款循环中主要业务活动、对应的凭证及账户、相关部门、相关认定、重要控制点的关系

主要业务活动	对应的凭证及账户	相关部门	相关认定	重要控制点
1. 接受客户订单	客户订货单、销售单	销售单管理部门	销售交易的发生	客户名单已被授权批准
2. 批准赊销信用	销售单	信用管理部门	应收账款净额的计价和分摊	信用管理部门签署意见
3. 按销售单供货	销售单	仓库	—	收到经过批准的销货单才供货
4. 按销售单发运	销售单、发运凭证	发运部门	销售交易的发生、完整性	供货和运货职能相分离
5. 向客户开具账单	销售单、发运凭证、商品价目表、销售发票	开具账单部门	销售交易的发生、完整性、计价和分摊	销售发票连续编号
6. 记录销售	销售发票及附件、转账凭证、收款凭证、销售明细账、应收账款明细账、库存现金和银行存款日记账	会计部门	销售交易的发生、完整性、计价和分摊	销售发票连续编号、记录销售与处理销售职能分离、定期独立检查并向客户寄送对账单
7. 办理和记录现金、银行存款收入	汇款通知书、收款凭证、库存现金和银行存款日记账	会计部门	销售交易的发生、完整性、计价和分摊	利用汇款通知书加强货币资金控制
8. 办理和记录销货退回、销售折扣与折让	贷项通知单	会计部门、仓库	销售交易的发生、完整性、计价和分摊	必须经授权处理，分别控制实物流和会计处理
9. 提取坏账准备	—	会计部门	销售交易的计价和分摊	—
10. 注销坏账	坏账审批表	赊销部门、会计部门	销售交易的计价和分摊	审批后及时做会计调整

三、可能导致重大错报风险的因素

销售与收款循环是企业生产经营的一个重要业务循环。收入的确认会影响与之相关的成本、利润、资产（如应收账款、坏账准备）等项目，并对审计的真实性、合理性产生重大影响。因此，在审计中应将营业收入作为高风险审计领域，选择相对较低的重要性水平。销售与收款循环常见的可能导致重大错报风险的因素包括以下几方面。

（1）故意虚构销售业务，以虚增收入和利润。

（2）故意隐瞒销售收入，以少缴流转税和所得税并形成“小金库”。

（3）销售业务控制不严导致虚计销售收入，以调节利润。

（4）信用政策不合理，盲目赊销，导致形成大量的应收账款甚至呆账、坏账。

（5）长期不与客户核对应收账款，导致应收账款记录不准，甚至出现销售人员侵吞销售收入款项的舞弊行为。

（6）应收账款清理不积极，资金被长期占用甚至导致了大量的呆账、坏账。

（7）销售成本结转不实，导致调节利润。

（8）收款方式选用不当，造成坏账。

（9）销售费用支出失控，销售凭证保管不严，给舞弊留下空间。

（10）故意多计提或少计提坏账准备，以调节利润。

（11）故意不恰当地将应收款项作为坏账核销，以备下一年度转回，增加下一年度

的利润。

尤其应当注意的是，收入确认舞弊风险是导致财务报表重大错报风险的重要因素之一，在审计过程中，尤其要重视实施充分的审计程序，识别和评估收入确认舞弊风险，发现和揭露收入业务中可能存在的重大错误和舞弊行为。

四、具体审计目标

销售与收款循环审计的具体目标如表 12-3 所示。

表 12-3 销售与收款循环审计的具体目标

管理层认定	一般审计目标	项目审计目标
—	总体合理性	（1）企业当期销售收入总额总体合理，没有重大错报的迹象 （2）企业应收账款、应收票据、预收账款等账户余额总体合理，没有重大错报的迹象
存在或发生	存在或发生	（1）所有账面记录的销售业务均已确实发生 （2）已记录的应收账款应收票据、预收账款等确实存在 （3）财务报表中所有列报和披露的销售收入、应收账款、应收票据和其他情况均已发生，且与被审计单位有关
完整性	完整性	（1）本期发生的所有赊销、现销和销售调整业务均已登记入账 （2）所有应收账款、应收票据等均已入账，并代表企业对客户的全部求偿权 （3）所有应包括在财务报表中的销售收入、应收票据及应收账款、预收账款等均已列报和披露
权利和义务	权利和义务	（1）所有已入账的及财务报表列报和披露的应收账款、应收票据确归企业所有，除已被露的情况外，被审计单位对其所有权没有受到其他限制 （2）所有已入账的及财务报表列报和披露的预收账款确属企业应承担的法律义务
准确性	准确性	（1）销售折扣、折让和退回估计正确 （2）应收账款预计可收回，坏账准备的计提比例恰当，计提金额充分
计价和分摊	计价和分摊	应收账款、应收票据和销售业务都已计入恰当的期间
截止	截止	销售收入、应收账款、应收票据等入账金额正确，明细账合计数与总数、报表数一致；相关财务信息和其他信息已在财务报表中公允列报和披露，且金额恰当
分类	分类	（1）各项销售收入的分类正确，并计入恰当的账户 （2）应收账款和预收账款、其他应收款已恰当区分，并计入恰当的账户 （3）相关信息已在财务列表中恰当列报和披露，且已恰当分类
可理解性	可理解性	销售收入、应收账款、应收票据、预收账款等在财务报表中的列报和披露表述清楚，易于理解

第三节 销售与收款循环内部控制及其测试

一、销售与收款循环内部控制

企业销售与收款循环的内部控制，包括销售循环的内部控制和收款循环的内部控制。

（一）销售循环的内部控制

1. 适当的职责分离

适当的职责分离有利于防止、发现并纠正各种错误和舞弊，企业的销售循环也需要适当的职责分离。因此，企业应当建立销售循环的岗位责任制，明确相关部门和岗位的职责、权限，确保办理销售循环的不相容岗位相互分离、互相制约和彼此监督。销售循环的不相容岗位主要包括：批准赊销信用与销售、发货开票；发送货物与开票、记账；批准销售退回与折让，批准坏账注销与收款、记账；编制和寄送客户对账单与记账；执行内部检查与业务办理、记录；销售收入、应收账款记录与收款；等等。具体来说，企业的销售循环业务涉及批准、发货、开票、收款、记录等多个方面，为保证销售业务符合企业利益，发出的商品物资安全到位，应收款项及时正确地收取，销售与收款应有明确的分工，尤其是销售、发货、收款和记录应由不同的职能部门或人员负责。鉴于此，企业必须进行职责分工，主要的职责分工如下。

（1）批准赊销信用与销售、发货开票相互独立，防止销售部门为增加业绩而放宽信用标准，导致企业信用风险加大，并防止向不符合信用标准的客户进行赊销，增加坏账风险。

（2）发送货物与开票、记账相互独立，防止发货未经批准，销售业务没有被记录或商品被盗窃，并防止商品被窃而通过篡改记录加以掩饰。

（3）批准坏账注销与收款、记账相互独立，以及批准销售的退回、折让与记账相互独立，防止不符合规定的坏账被批准，并防止收到的货款被贪污。

（4）销售收入、应收款的记录与收款相互独立，防止客户所付款项被贪污，并防止篡改记录加以掩饰。

（5）编制和寄送客户对账单与收款、记账相互独立，以检查销售收款业务中的错误和舞弊。

（6）内部检查与相关的执行和记录相互独立，以保证内部检查和核对独立、有效。

2. 信息传递程序控制

企业建立并实施对销售循环的处理和记录及其内部控制的检查监督制度，是实现内部控制目标不可或缺的一项控制措施，其工作内容主要包括：检查销售循环相关岗位及人员的设置情况，查明是否存在不相容职务混岗的现象；检查销售循环授权批准制度的执行情况，查明授权批准手续是否健全，是否存在越权审批的行为；检查销售的管理情况，查明信用政策和销售政策的执行是否符合规定；检查收款的管理情况，查明销售收入的入账是否及时，应收账款的催收是否有效，坏账核销和应收票据的管理是否符合规定；检查销售退回的管理情况，查明销售退回的手续是否齐全，退回货物的入库是否及时；检查监督有关单据、凭证和文件的使用和保管情况；等等。建立健全销售与收款循环的内部控制，要求企业管理层对相关的信息传递程序严格实施有效的控制。这些控制包括以下几个方面。

（1）授权程序。有效的内部控制要求销售与收款循环的各个环节都必须经过适当的授权批准，主要包括：企业提供信用前要对客户进行调查并经授权批准，以控制信用风险；只有在授权批准后才能发送货物，以防止向虚构的或者无力支付货款的客户发货；销售价格、销售条件、运费、退货和折让要经过授权批准，以防止销售价格、退货和折让背离企业定价等经营管理政策；由保管票据以外的主管人员批准应收票据承兑、违约票据冲销；审批人应当根据授权批准制度的规定在授权范围内进行审批，不得超越审批权限，以防止审批人决策失误造成严重损失。

（2）文件和记录的使用。为了健全业务审批、财产保管和便于记录，需合理设计并使用各种文件和记录。关键性的销货单、销售发票、发运凭证等都应事前按顺序编号使用并清点，以防止遗漏开票或记录，防止重复开票或记账。例如，收到订单之后，立即编制一式几联的销货单，分别用于批准销货、批准发货、记录发货数量，向客户开具发票单；定期编制并向客户寄送对账单；对每个客户建立应收账款明细账。

（3）独立检查。为了防止各环节发生差错和舞弊，需由内部审计人员或其他人员对销售业务的处理和记录进行独立核查：检查销货单、销货发票、提货单是否正确、一致；检查已批准的销售业务是否编制了销货单；定期检查销售日记账和总分类账、应收账款明细账和总分类账、现金及银行存款日记账和总分类账是否一致，出现差异时，应编制调节表进行调节；核对汇款通知单、收款单、存款单等，以保证每笔收到的货款均已登记。针对具体的内部控制目标，企业宜采取相应的内部控制检查程序。

3. 实物控制

企业销售与收款循环中的实物控制包括：①限制非授权人员接近存货，货物的发出必须有经批准的销货单；对于退货也要加强实物控制，由收货部门进行验收并填写验收报告单和入库单。②限制非授权人员接近各种记录和文件，防止伪造和篡改会计资料。在赊销方式下，企业和客户之间的货款结算还包括应收票据，要加强对应收票据的实物控制，保管票据及经管现金与一般会计职责要分离。

4. 定期寄出对账单

企业应安排专人（出纳、销售及应收账款记录之外的人员）按月向客户寄出对账单，督促客户履行合约。对于核对中发现的不符账项，应由不负责资金管理、不记录收入和应收款项的专人来处理。在现销方式下，除了可以省略赊销信用的批准环节外，其他各环节和赊销方式相似。企业应加强现金收取环节的控制，防止现金在记录之前或之后被贪污或挪用。收到现金时，应立即填制有关凭证，收取现金的职责与记账职责要分离。有关现金的控制在第十六章“货币资金审计”中加以阐述。在分期收款方式下，企业要严格调查客户的信用，经主管人员批准后方可销售，对每一笔分期收款销售业务需连续记录，密切关注各期货款回收情况，对逾期未收到的货款应积极催收，并单独设置“分期收款发出商品”账户记录发出商品。

（二）收款循环的内部控制

鉴于销售和收款交易同属一个较大范围的循环，二者联系紧密，因而收款循环内部控制的原理与销售循环内部控制是相同的或相通的。

企业在收款循环的内部控制方面，还应注意以下几点。

（1）企业应按照《现金管理暂行条例》《支付结算办法》等有关规定，及时办理销售的收款业务。

（2）企业应将销售收入及时入账，不得账外设账，不得擅自坐支现金，销售人员应当避免接触销售现款。

（3）企业应当建立应收账款账龄分析制度和逾期应收账款催收制度。销售部门应当负责应收账款的催收，财会部门应当督促销售部门加紧催收，对催收无效的逾期应收账款，可通过法律程序予以解决。

（4）企业应按客户设置应收账款台账，及时登记每一客户应收账款余额增减变动情况和信用额度使用情况。对长期往来客户应当建立起完善的客户资料，并对客户资料及时更新以实行动态管理。

（5）企业对于可能成为坏账的应收账款应当报告有关决策机构，审查并确定其是否确认为坏账；对于各项坏账，应查明原因并明确责任，且在履行规定的审批程序后做出会计处理。

（6）企业对于注销的坏账应进行备查登记，做到“账销案存”；对于注销后又收回的坏账，应及时入账，防止形成账外款。

（7）企业应收票据的取得和贴现必须经保管票据以外的主管人员的书面批准，并由专人保管应收票据，对即将到期的应收票据，应及时向付款人提示付款；对已贴现票据，应在备查簿中登记以便日后追踪管理，并应制定逾期票据的冲销管理程序和逾期票据追踪监控制度。

（8）企业应定期通过函证等方式核对应收账款、应收票据、预收款项等往来款项，如有不符，应查明原因并及时进行处理。

二、销售与收款循环内部控制测试

本书阐述的各业务循环的控制测试和实质性程序均为定性的而非定量的，审计人员在具体审计时，应结合被审计单位具体情况，正确运用职业判断和审计抽样技术，合理确定审计测试的样本量。作为进一步审计程序，控制测试并非在任何情况下都需要实施，但存在下列两种情形之一时，审计人员应当实施控制测试：①在评估认定层次的重大错报风险时，预期控制的运行是有效的，即审计人员无须测试针对销售与收款循环的所有控制活动，只有在认为控制设计合理、能够防止或发现并纠正认定层次的重大错报风险的情况下，审计人员才有必要对控制运行的有效性实施测试。②仅实施实质性程序不足以提供认定层次充分、适当的审计证据。另外，在审计工作中，审计人员既可以被审计单位内部控制目标为起点进行控制测试，也可以识别的重大错报风险为起点实施控制测试。

对被审计单位销售与收款循环实施控制测试时，审计人员应注意以下几点。

（1）审计人员应把测试重点放在被审计单位是否设计了由人工执行或计算机系统运行的更高水平的调节和比对控制，是否生成了例外报告，管理层是否及时调查并采取了管理措施，而不是只测试员工执行数据输入的预防性控制。

（2）审计人员应询问管理层用来监控销售与收款交易的关键业绩指标，如销售额和毛利率预算、应收账款平均收款期等。

（3）审计人员应考虑通过执行分析程序和截止测试，可以对应收账款的存在、准确性和计价等认定获取多大程度的保证。如果能获得充分保证，则意味着不需要执行大量的控制测试。

（4）审计人员在条件允许并希望将重大错报风险评估为低的情况下，需对被审计单位重要的控制（尤其是易出现高舞弊风险的现金收款和存款的控制）的运行有效性进行测试，因为这些大多采取人工控制，其主要的审计程序可能包括观察控制的执行，检查每日现金汇总表上是否有执行比对控制的员工的签名，询问针对不一致的情况所采取的措施，等等。

（5）如果审计人员拟信赖的内部控制是由计算机执行的，则需就以下事项获取审计证据：一般控制的设计和运行的有效性；认定层次控制的特定应用，如收款折扣的计算；采用人工控制的后续措施，如将打印输出的现金收入日记账与对应的由银行盖章的存款记录进行比对，以及根据银行存款对账单按月调节现金收入日记账等。

（6）审计人员需评估控制是否能实施有效的管理，并发现和纠正重大错误和舞弊。如果将重大错报风险评估为中或高，审计人员可能仅仅需要在对控制活动的处理情况进行询问时记录对控制活动的了解，并检查已实施控制的相关证据。

（7）审计人员如在期中实施了控制测试，则应在年末审计时选择项目测试控制在剩余期间的运行情况，以保证控制在整个会计期间持续运行有效。

需要指出的是，审计人员通常可使用的审计程序有询问、观察、检查、重新执行和穿行测试等主要类型，但在进行控制测试时应根据特定控制的性质选择所需实施审计程序的类型。另外，上述有关实施销售与收款循环控制测试的基本要求，就原理而言，对其他各个业务循环的控制测试同样适用，因而在后续各章涉及其他业务循环的控制测试时将不予赘述。下面就销售与收款循环的内部控制，择要阐述其相应的控制测试。

（1）对于职责分离的控制，审计人员通常通过观察被审计单位有关人员的活动，以及与这些人员进行讨论，来实施职责分离的控制测试。

（2）对于授权审批的控制，审计人员主要通过检查凭证在几个关键点上是否经过审批，以测试授权审批方面的控制效果。

（3）对于充分的凭证和记录及凭证预先编号的两项控制，审计人员通过清点各种凭证进行控制测试。例如，从营业收入明细中选取样本，追查至相应的销售发票存根，进而检查其编号是否连续，有无不正常的缺号发票和重号发票，这种测试程序可同时提供有关发生和完整性认定（目标）的证据。

（4）对于按月寄出对账单的控制，审计人员通常通过观察指定人员寄送对账单，并检查客户复函档案，可有效地进行控制测试。

（5）对于内部核查程序的控制，审计人员可通过检查内部审计人员的报告，或检查其他独立人员在其核查的凭证上的签字来实施控制测试。

在审计实务中，审计人员可通过收集和审阅有关的资料、文件，结合实地观察并采用适当的方法来了解和描述内部控制，并在此基础上对销售与收款循环进行控制测试。具体来说，其工作内容主要包括以下方面。

（1）检查不相容职责的划分，即走访、观察信用部门与应收款项处理部门是否独立，或是否分别由不同的人员负责；抽取销售退回或折让发票，审查其是否由业务记录以外的人员批准；验证坏账冲销是否经过收款业务和记账业务以外的人员批准；了解应收款项账簿记录人员与出纳人员的职责分工。

（2）检测制度执行情况，即向有关人员调查、询问、实地观察、抽验有关文件资料，测试检查有关发票制度、发货制度、结算制度的实际执行情况。例如，抽查销售发票副联是否附有发运凭证、订单，查明销售发票是否经过授权审批，评价内部控制的健全性和有效性，揭示违反规定的某些做法，等等。

（3）审查销售合同，即采用抽查法对销售合同签订的必要性、签约的程序和形式的合法性、合同内容的完整性、合同中有关双方权利和义务条款的明确性，以及合同的履行情况进行审查和评价。

（4）观察对账单寄出情况，即通过观察对账单是否按期寄出，查明该环节控制的执行情况。

（5）审查有关凭证上内部核查的标记，即审查业务记录的会计凭证及明细账，评价内部核查的有效性。

（6）抽查账龄分析表，即抽查账龄分析表，检查其是否按期编制，对于超过还款期限且金额较大的客户,应追查有无信用调查报告与批准文件,是否由独立部门或人员进行检查。

（7）审查销货折扣与收款的合理性，即查阅有关制度并询问相关人员，了解被审计单位销货折扣事项，同时抽验部分应收款项账簿记录和销货发票，并与相应的银行存款日记账或现金日记账核对，揭露不符合折扣政策的项目。

（8）审查坏账损失的账簿记录及相应的手续，即验证数额较大的坏账损失，查明有无经过正式的批准，是否由企业授权的主管批准，查明批准的原因及坏账损失的计算依据，揭露某些人员利用记录贪污现金并加以掩盖的行为，必要时，对已注销的应收款项可采取函证方式加以证实。

在上述控制测试的基础上，审计人员应明确销售与收款循环的审计目标，并围绕审计目标收集充分、适当的审计证据，进一步实施销售与收款环节的实质性程序。

测试、评价销售与收款循环控制风险的考虑如表 12-4 所示。

表 12-4 测试、评价销售与收款循环控制风险的考虑

主要业务活动	关键控制点	防范的错报	可能的控制测试
1. 接受客户订单	（1）确定客户在已批准的客户清单上 （2）每次销售都有已批准的销售单	可能将商品销售给了未经授权的客户	审查已批准的客户清单和销售单
2. 批准信用	（1）信用部门必须对所有新顾客做信用调查 （2）在销售前，检查客户的信用额度 （3）要求被授权的信用部门人员在销售单上签署意见	承担了不适当的信用风险	（1）询问对新客户做信用调查的程序 （2）核对信用额度与销售情况 （3）审查赊销信用是否经适当的授权批准
3. 按销售单发货、装运货	（1）发货、装运货都需有已批准的销售单 （2）按销售单发货和装运货的职责相分离 （3）每次装运货都编制装运凭证	（1）所发出、装运的货物可能和被订购的货物不符 （2）可能有未经授权的发出、装运的货物	（1）观察发货、装运货的职责分工情况 （2）审查装运凭证及独立稽核的证据

续表

主要业务活动	关键控制点	防范的错报	可能的控制测试
4. 开账单给客户	(1)每张发票必须有与之对应的装运凭证和已批准的销售单 (2)每张装运凭证必须有与之相配合的销售发票 (3)由独立人员对销售发票的编制做内部核查	(1)可能对虚构的交易开单或重复开单 (2)有些装运凭证可能没有开销售单 (3)销售发票可能计价错误	(1)将发票核对至装运凭证和已批准的销售单 (2)追查装运凭证至销售发票 (3)检查和计算发票的计价
5. 记录销售	(1)销售发票与销售账户和客户账户的金额一致 (2)每月定期给客户寄送对账单	(1)发票可能未入销售账户和顾客账户 (2)发票可能过到错误的顾客账户	(1)复核独立检查证据 (2)观察月末对账单情况
6. 办理和记录库存现金、银行存款收入	(1)采用汇款通知单 (2)独立检查入账、过账的金额与每日现金汇总表的一致性 (3)定期编制银行存款余额调节表	(1)货币资金失窃 (2)收款记录错误	(1)核对发运凭证与相关的销售发票和主营业务收入明细账及应收账款中的分录 (2)审查银行存款余额调节表

第四节 销售与收款循环实质性程序

销售与收款循环的实质性程序，与企业的内部控制目标直接关联，可作为证明具体审计目标的证据，其主要目的在于确定循环业务中与该具体控制目标有关的金额是否正确。虽然实质性程序与关键的内部控制及常用的控制测试没有必然的关系，但有关交易的实质性程序的性质、时间安排和范围，在一定程度上取决于关键的内部控制是否存在和控制测试的结果。在确定交易的实质性程序时，有些程序可普遍运用，而有些程序则应视企业内部控制的健全、有效程度而定。

在审计实务中，审计人员应重点关注被审计单位销售与收款循环的重大错报风险。企业销售与收款循环的重大错报风险通常是高估收入和应收账款，从而高估利润，粉饰财务状况。与销售与收款循环相关的重大错报风险主要存在于销售交易、现金收款交易的发生、完整性、准确性、截止和分类认定，以及会计期末应收账款、货币资金和应交税费的存在、权利和义务、完整性、计价和分摊认定。审计人员应充分关注可能表明被审计单位存在重大错报风险的事项和情况，考虑这些事项和情况导致的风险是否重大，以及该风险导致财务报表发生重大错报的可能性，并且应确定所识别的重大错报风险是与特定的某类交易、账户余额、列报和披露的认定相关，还是与财务报表整体广泛相关进而影响多项认定。此外，审计人员还应将所了解的控制与特定认定相联系，且考虑对识别的销售与收款交易、账户余额、列报和披露认定层次的重大错报风险予以汇总和评估，以确定进一步审计程序的性质、时间安排和范围。也就是说，审计人员针对重大错报风险实施实质性程序，就是为了获取关于发生、完整性、准确性、截止、存在、权利和义务、计价和分摊、分类等多项认定的审计证据，审计人员对销售与收款循环实施的实质性程序，包括实质性分析程序和细节测试。

一、实质性分析程序和细节测试

一般来说，审计人员在对交易和账户余额进行细节测试之前，通常实施实质性分析程序，以便利用分析程序指引细节测试，提高审计效率，也符合成本和效益原则。实质性分析程序是指用作实质性程序的分析程序。在某些审计领域，如果数据之间具有稳定的预期关系，审计人员可以单独使用实质性分析程序获取充分、适当的审计证据。就实施销售与收款循环的实质性分析程序而言，审计人员通常进行的工作（程序）包括以下方面。

（1）识别需要运用实质性分析程序的交易或账户余额。在销售与收款循环中，通常需要运用实质性分析程序的交易或账户余额，包括销售交易、收款交易、营业收入项目和应收账款项目等。

（2）确定期望值及可接受的差异额。审计人员应在了解企业经营活动、市场份额和外部环境的基础上，结合其对营业额、毛利率和应收账款等的合理预期，确定有关的期望值和管理层使用的关键业绩指标，并考虑这些指标的适当性和监督过程，确定可接受的差异额。

（3）识别需进一步调查的差异并调查异常数据关系。审计人员应计算实际和期望值之间的差异，并调查异常数据关系。这通常涉及以下一些比率并需进行分析比较：①观察月度（或每周）的销售记录趋势，并与往年及预算相比较，对于发现的任何异常波动都应与管理层讨论，如有必要还应做进一步的调查；②将销售毛利率与以前年度和预算相比较，如果被审计单位各种产品售价不同，则应将每种产品或者相近毛利率的产品组进行分类比较，对于发现的任何重大差异都要与管理层沟通；③将应收账款周转率和存货周转率与以前年度相比较，所发现的未预期的差异可能是诸如未记录销售、虚构销售记录或截止问题等多种因素导致的；④对于异常的销售及其记录，如大额销售、未从销售记录过入总账的销售，以及临近年末的异常销售记录等，应认真进行检查。

（4）调查重大差异并做出判断。与预期相联系，在分析有关指标后，审计人员如认为存在未预期的重大差异，则可能需要对营业收入发生额和应收账款余额实施更详细的细节测试。

（5）总结并形成结论。审计人员应当评价和判断实质性分析程序是否能够提供充分、适当的审计证据，或需要对交易和账户余额实施细节测试以获取进一步的审计证据。

就实施销售与收款循环的细节测试来说，通常，审计人员从业务流程的主要交易中选取样本，检查其支持性证据，并对主要交易实施截止测试。交易的细节测试，有些适用于各个审计项目，有些则取决于被审计单位内部控制的健全程度和审计人员实施控制测试的结果，从而可能只适用于某些审计项目。当然，下述的细节测试（程序）并未包含交易全部的细节测试（程序），其中的有些程序可实现多项而非一项控制目标，交易的细节测试（程序）包括销售交易的细节测试（程序）和收款交易的细节测试（程序）。

（一）销售交易的细节测试

（1）登记入账的销售交易真实。对此，审计人员一般应关注以下三类可能的错误：未曾发货却已将销售交易登记入账；销售交易重复入账；向虚构的客户发货并作为销售交易登记入账。前两类可能是有意或无意的错误，而最后一类错误肯定是有意的。通常，将不真实的销售登记入账的情况极少，其后果却很严重，因为这会导致资产和收入的高估。

为了发现不真实的销售，审计人员需要判断并认定可能发生错误之处。就“发生”这一目标而言，审计人员通常只有在认为内部控制存在薄弱环节时才实施细节测试。因此，测试的性质取决于潜在的控制弱点的性质。例如，针对未曾发货却已将销售交易登记入账这类错误的可能性，审计人员可从营业收入明细账中抽取若干笔分录，追查有无发运凭证及其他佐证，借以查明有无事实上没有发货却已登记入账的销售交易，如果对发运凭证等的真实性也有怀疑，就有必要进一步追查存货的永续盘存记录，测试存货余额有无减少。又如，针对销售交易重复入账这类错误的可能性，审计人员可通过检查企业的销售交易记录清单以确定是否存在重号、缺号。再如，针对向虚构的客户发货并作为销售交易登记入账这类错误发生的可能性，审计人员应当检查营业收入明细账中与销售分录相应的销货单，以确定销售是否履行赊销和发货的审批手续。在审计实务中，检查上述高估销售错误的另外一个有效办法，是追查应收账款明细账中贷方发生额的记录。如果应收账款最终得以收回或者收到合理的退货，则销售交易的初始入账记录一般是真实的；如果贷方发生额是注销坏账，或者直到审计时货款仍未收回，就必须详细追查相应的发运凭证和客户订单等，因为这些迹象表明可能存在虚构的销售交易。

（2）已发生的销售交易均已登记入账。销售交易的审计一般侧重于检查高估资产与收入的问题，因而通常无须对完整性目标实施交易的细节测试。当然，如果内部控制不健全（如被审计单位没有由发运凭证追查至营业收入明细账这一独立内部核查程序），就有必要对完整性目标实施交易的细节测试。从发货部门的档案中选取部分发运凭证并追查至有关的销售发票副本和营业收入明细账，是测试未开票发货的有效程序。为了确信全部发运凭证均已归档，通常需要检查发运凭证的顺序编号的完整性。

需要指出的是，由原始凭证追查至明细账，有别于从明细账追查至原始凭证：前者用来测试遗漏的交易，后者用来测试不真实的交易。由此可见，测试“发生”的起点是明细账，即从营业收入明细账中抽取一个发票号码样本，追查至销售发票存根发运凭证及客户订单，而测试“完整性”的起点则是发运凭证，即从发运凭证中选取样本，追查至销售发票存根和营业收入明细账，以确定是否存在遗漏事项。

（3）登记入账的销售交易均已正确计价。销售交易计价的准确性，包括按订货数量发货、按发货数量准确地开具账单，以及将账单上的数额准确地记入会计账簿。在具体审计中，对这三项内容一般都要进行细节测试，以确保其准确无误。

复算会计记录中的数据是典型的细节测试（程序）。其工作内容具体包括：以营业收入明细账中的会计分录为起点，将所选择的交易业务的合计数与应收账款明细账和销售发票存根进行比较核对；销售发票存根上所列的单价一般还要与经过批准的商品价目表进行比较核对，对有关的金额小计和合计数也要进行复算；发票中列出的商品的规格、数量和客户代码等，应与发运凭证比较核对。另外，如果将计价“准确性”目标的控制测试和细节测试相比较，则可有力说明有效的内部控制有利于节约审计时间。由于计价目标的控制测试往往只需审核签字或其他内部核查的证据，在内部控制有效的情况下，细节测试的样本量可以减少，因而审计成本也因控制测试的成本较低而大为降低。

（4）登记入账的销售交易分类恰当。企业的销售如有现销和赊销，审计人员则应注意检查现销时是否借记了应收账款、收回应收款时是否贷记了营业收入，以及是否将固定资产等营业资产的销售混作正常销售。在具体审计中，审计人员可通过审核原始凭证确定具体交易业务的类别是否恰当，并以此与账簿的实际记录相比较，从而将销售分类恰当性测试与计价准确性测试一并进行。

（5）销售交易的记录及时。发货后应尽快开具账单并登记入账，以防止无意中漏记销售交易，确保其记入正确的会计期间。在进行计价准确性细节测试时，一般要将所选取的提货单或其他发运凭证的日期与相应的销售发票存根、营业收入明细账和应收账款明细账上的日期相比较，如发现有重大差异，则说明被审计单位可能存在销售截止期限上的错误。

（6）销售交易已正确地记入明细账并汇总。如果应收账款明细账的记录不正确，则影响被审计单位收回账款的能力，因而企业将全部赊销业务正确地记入应收账款明细账非常重要；同样，企业的营业收入明细账也应正确加总并过入总账，以保证财务报表准确。在具体审计中，通常应加总营业收入明细账，并将加总数和一些具体内容分别追查至营业收入总账、应收账款明细账或现金、银行存款日记账，以检查在销售过程中是否存在错报问题。

（二）收款交易的细节测试

收款交易的细节测试的范围在一定程度上取决于关键控制是否存在和控制测试的结果。由于销售交易与收款交易同属一个较大范围的业务循环，二者在经济活动中密切相连，收款交易的一部分测试可与销售交易的测试一并进行。当然，收款交易也有一定的特殊性，由此决定了收款交易的另外一部分测试仍需单独实施。

销售与收款循环审计，主要是针对营业收入和应收款项（如应收账款、应收票据等）进行审查，下面分别加以阐述。

二、营业收入的审计

营业收入包括销售商品收入、提供劳务收入和让渡资产使用权收入等，即企业在销售商品、提供劳务等主营业务活动中所产生的收入，以及除主营业务活动以外的其他经营活动（包括出租固定资产、出租无形资产、出租包装物和商品、销售材料、用材料进行非货币性交换或债务重组等）实现的收入。营业收入的审计是指对企业在生产经营活动中，因销售商品、提供劳务等而取得的收入的真实性、完整性和合法性的审查。审计人员在审计时，尤其应注意查明企业有无虚增收入的问题，如企业确认从未发生过的销货收入、将委托他人销售的商品记录为实现收入、发生在会计期间以后的销售提早确认、发送在产品确认为收入、在客户需要或同意发货之前发送产品、虚构发票、向没有下订单的客户发货、发送货物的数量多于客户订购的数量、把发送给本企业仓库的货物记录为销售、把退回商品记录为商品销售等。

一般来说，营业收入的审计目标如下：①证实营业收入的真实性，即根据权责发生制原则审查并证实企业营业收入的确认是否符合现行会计准则及制度，记录的金额是否实际发生，查明是否存在尚未发货却已记作收入、营业收入重复记账及向虚构的客户发货并作为收入入账的问题；②确认营业收入计价与分类的正确性，即审查各项收入的分类是否合规、合理，查明有无相互混淆、影响应纳税额及利润正确性的情况；③审查营业收入记录的完整性和正确性，即检查企业取得的营业收入是否及时、完整地记入有关账户，销售中发生的销售退回、销售折扣和折让业务是否按规定进行账务处理，营业收入是否已记录于正确的会计期间，查明有无混淆不同会计期间营业收入的界限，以及人为调节企业营业收入的现象；④确定营业收入是否已按照现行会计准则及制度的规定在财务报表中做恰当的列报和披露等。

主营业务收入确认的审核内容及目的如表 12-5 所示。

表 12-5　主营业务收入确认的审核内容及目的

审核内容	审核目的
① 抽查部分主营业务收入的原始凭证（发票、运单等）与主营业务收入明细账核对 ② 将各种收入明细账与相关的记账凭证和原始凭证核对 ③ 抽取部分发票与产成品明细账、分期收款发出商品明细账及主营业务收入明细账核对 ④ 将已确认并已记录入账的收入与日记账、应收账款明细账及产成品明细账核对 ⑤ 检查销售发票是否完整无缺、连续编号	① 核实已实现的收入，并检查是否已经如数入账 ② 证实所记录的收入是否均已实现并确属本期 ③ 检查发出数量与销售数量是否一致 ④ 确定销售数量、金额和时间是否相符 ⑤ 核实有无涂改、断号或“大头小尾”现象

对于营业收入的审计，审计人员应进行的工作主要包括以下方面。

1. 运用分析程序检查营业收入总体合理性及完整性

分析程序在销售与收款循环审计中具有重要的作用。审计人员通过分析被审计单位重要的比率和收入变动趋势，查明财务指标是否存在异常变动，有无发生异常事项或异常情况，等等。例如，进行比率分析，即将被审计单位年度内各期营业收入的实际数与计划数或预算数相比较，了解营业收入完成计划或预算情况；比较本期各月营业收入的波动情况，了解有无出现异常现象；将行业平均毛利率和以前年度平均值进行比较，分析年末最后一个月销售额占总销售额的比例、销售折扣占赊销收入的比例、销售退回和折让占销售的比例等，判断有无发生异常情况；等等。又如，进行趋势分析，即将被审计单位营业收入变化趋势与行业趋势、经济状况相比较，并将本期毛利率与上年同期、行业平均毛利率相比较，以了解其变动趋势；计算本期重要产品和重要客户的销售额和毛利率，分析本期与上期有无明显变化；分析各月销售并与以前年度及同期预算相比较，查明是否存在季度末或年末销售激增的现象；分析判断有无超出经验惯例和行业平均水平给予客户的折扣等情况。如果单独分析生产线或某个具体部门，趋势分析的意义会更大（如依据营业收入与营业成本、销售费用或行业总营业收入增长等之间的联系，通过回归分析或交叉比较来估计生产线的月营业额，并评价其与以前结果之间的关系以判断收入的合理性），即通过审查账户与某些因素的相关关系，收集该账户的相关信息，进而测试和评价营业收入是否合理。再如，通过存货监盘和收入比较分析，可获取营业收入记录是否完整及营业收入在整体上是否合理的证据，对于一些异常或有重大差异的项目，确定进一步审查的范围与方法，以便查明有无故意漏记收入或人为多记收入及分类不当等情况（如被审计单位有正值净利润而经营活动现金流量为负值，则应收账款和存货有虚增的可能）。

2. 获取或编制营业收入明细表，并索取产品出库存根、销售发票副本及各种收入明细账

复核加计营业收入明细表是否正确，并与总账数、明细账合计数及财务报表数核对是否相符，检查以非记账本位币结算的营业收入的折算汇率及折算金额是否正确；将产品出库存根、销售发票副本及各种收入明细账相互核对，检查有无混淆营业收入与其他业务收入、营业外收入界限的现象。

3. 审阅一定数量的单证和有关账表，查明营业收入计入与营业成本结转的真实性及完整性

通过审阅一定数量的产品发运单、销售发票副本、各种结算单据、有关明细账及生产进度表等，核实企业是否遵循了权责发生制和配比原则，并根据生产经营与结算方式的具体特点，真实、完整地计入营业收入、结转营业成本，审计人员应重点检查主营业务收入的确认条件和方法是否符合会计准则等有关规定，前后期是否一致，并关注周期性、偶然性的收入是否符合既定的收入确认原则和方法；对于其他业务收入，应着重检查其内容是否真实、合法，收入确认原则及账务处理是否符合规定，并择要抽查原始凭证予以核实。需要指出的是，对主营业务收入实施实质性程序，主要应测试被审计单位是否依据有关标准与条件正确确认了产品销售收入。被审计单位采取的销售（结算）方式不同，确认销售的时点也不同，审计人员应据以进行审查，并注意相关事项。

对于交款提货销售，应重点检查被审计单位是否收到货款或取得收取货款的权利，发票单和提货单是否已交给购货单位，并注意查明有无扣压结算凭证并将当期收入转入下期入账，或收入虚计、开具假发票，虚列购货单位并将当期未实现收入作为本期收入记账，在下期再予以冲销的现象；对于预收账款销售，应重点检查被审计单位是否收到了货款，商品是否已经发出，并注意查明是否存在货款已收并发出商品的交易不入账而转为下期收入，或开具虚假出库凭证、虚增收入的现象；对于托收承付结算销售，应重点检查被审计单位是否发货，托收手续是否办妥，货物发运凭证是否真实，托收承付结算回单是否正确；对于委托其他单位代销，应结合代销单位采用的方式（视同买断或收取手续费），重点检查并查明有无商品未销售、编制虚假代销清单、虚增本期收入的现象；对于递延收款销售，应重点检查收入金额是否按合同或协议价款的公允价值确定，其与公允价值之间的差额是否在合同或协议期间内采用实际利率法摊销，并计入当期损益；对于长期工程合同收入，应重点检查收入计算和确认方法是否符合有关规定，核对应计收入与实际收入是否一致，并注意查明有无随意确认收入、虚增或虚减本期收入的情况；对于委托外贸企业代理出口（代理制）销售，应重点检查代办发运凭证和银行交款凭证是否真实，并注意查明有无内外勾结出具虚假发运凭证或虚假银行交款凭证的情况；对于转让土地使用权和销售商品房应重点检查已办理的移交手续是否符合规定要求，发票结算账单是否已交给对方，并注意查明有无编造虚假移交手续，采用“分层套写”、开具虚假发票，从而高价出售、低价入账，从中贪污货款的行为（如果事先与买方签订了不可撤销合同开发房地产，则应检查其是否按建造合同的处理原则进行了处理）；对于售后回购、售后租回、以旧换新销售，审计人员应重点检查其收入确认和计算方法是否符合有关规定，并注意查明是否存在附有回购协议或日后租回协议的销售按照收到的货款计入收入，从而虚增收入和利润的问题。由此可见，前述应重点检查和注意查明的事项、问题及情况，表明实质性程序非常重视和强调潜在或可能的舞弊迹象或指标，诸如年度截止期前后的交易、会计年度最后一个月的销售条件比以前月份对客户更加有利等，因此，审计人员应分析所有接近年末发生的大额销售或异常销售，核对有关的原始凭证，或直接向客户确认交易条件。

4. 核查营业收入的真实性和账务处理的正确性

在审查企业营业收入时，应核查其收入的真实情况及账务处理过程。审计人员通常抽取部分销售发票，追查销货合同、营业收入明细账、分类账，检查其记录、过账、加总是否正确一致，并与“应收账款”“应收票据”“银行存款”等账户核对相符。对此，审计人员的主要工作内容，具体包括审查发票和销货合同、审查营业收入记账的正确性，核实销售交易的营业收入截止期，审查销售退回、销售折让和销售折扣，确定营业收入在财务报表中列报和披露的正确性及恰当性，等等。

1）审查发票和销货合同

发票和销货合同是审查营业收入的主要原始依据，但因其数量大、类型多，一般只适宜抽查。在审查发票时，审计人员应重点检查发票的真伪、编号、使用、作废，以及记载的内容，并注意查明发票簿的连续编号是否完整无缺，发票是否按规定顺序使用、填制，有无刮、改、涂、擦，作废发票是否加盖“作废”章并全联保存，是否与销货合同相符。通常，审计人员应抽查其中的部分发票，审查其购货单位、商品名称、销售单价、数量、金额与销货合同是否一致，将其与发货记录相核对以检查仓库发出商品的品名、规格、数量、购货单位等与发票是否相符，并注意查明售给关联方或关系密切客户的产品计价是否合理，有无按高价或低价结算以转移利润的问题。在审查销货合同时，审计人员应重点检查销货合同的期限与内容，并注意查明销货合同的履行情况。

在审计实务中，应注意有无特殊的销售行为，如附有销售退回条件的商品销售、售后回购、售后租回、委托代销、以旧换新销售、出口销售、分期收款销售等，并选择恰当的审计程序进行审核。对于附有销售退回条件的商品销售，如能合理估计退货部分，则应确定其是否按估计不会退货部分确认收入；如对退货部分不能做合理估计，则应确定其是否在退货期满时确认收入；对于售后回购，应分析其实质并判断其属于销售交易还是融资行为，检查企业是否按有关规定确认和计算收入，并注意查明是否存在虚增收入和利润的问题；对于以旧换新销售，应检查其销售的商品是否按商品销售确认收入，回收的商品是否作为购进商品处理；对于出口销售，应检查其是否按离岸价格、到岸价格或成本加运费价格等不同成交方式处理，并注意查明确认收入的时点和金额是否正确；对于售后租回，应分析售后租回形成的是融资租赁还是经营租赁，若系前者则重点检查是否对售价与资产账面价值之间的差额予以递延，并作为折旧费用的调整按该项租赁资产的折旧进度进行分摊；若系后者则重点检查是否对售价与资产账面价值之间的差额予以递延，并作为租金费用的调整按与确认租金费用相一致的方法进行分摊，若有确凿证据表明售后租回交易系按公允价值达成，则重点检查是否将售价与资产账面价值之间的差额计入当期损益。

2）审查营业收入记账的正确性

实施审查时可采用时间抽样，即选取审计期内某几个时间段，对全部产品的营业收入进行检查。在具体检查时，可按结算方式的不同选用不同的方法与相关账户进行对比、核查。例如，以现金或支票结算方式销售产品时，可将销货发票与营业收入明细账、现金日记账、银行存款日记账相核对；以分期收款方式销售产品时，可核查是否按期转入营业收入明细账，并按银行对账单收款项目检查已收货款是否转入银行存款日记账；以商业汇票结算方式销售产品时，可将银行对账单（或银行收款通知单）及结算凭证与营业收入明细账与应收票据、应收票据备查簿、应收款等账簿进行核对。此外，审计人员还应将业务收支明细表中“营业收入”栏的金额与营业收入明细账贷方发生额中各种产品的金额及总额核对相符。

营业收入的发生额取决于销售数量和销售单价，因此，审计人员应进一步审查企业销售数量与销售单价的正确性。对于销售数量的审查，应重点检查其与发货数量是否相符，并注意查明有无退货的问题。对于销售单价的审查，则应获取产品价格目录，重点抽查售价是否符合价格政策，并注意查明销售给关联方或关系密切的重要客户的产品价格是否合理，有无按低价或高价结算以转移利润的问题。此外，还应注意查明有无以下情况或问题：不计算联产品、副产品和残次品的营业收入及加价部分的收入；将营业收入列入往来账户长期挂账，不通过营业收入有关账户核算；只记收入不转成本，或少记、不记收入，只转成本；等等。

3）核实销售交易的营业收入截止期

截止期的核实在审计实务中被广泛运用，它对于审查存货、对外投资、期间费用、货币资金等具有重要意义，其在销售交易的营业收入审查中尤为重要。对销售交易的营业收入实施截止测试，其目的主要在于确定被审计单位营业收入的会计记录归属期是否正确，应记入本期的营业收入是否被延至下期或下期的营业收入是否被提前至本期入账。在营业收入审计中，审计人员应注意把握三个关键日期，即发票开具日期（或收款日期）、记账日期及发货或提供劳务日期。其中，发票开具日期是指开具增值税专用发票或普通发票的日期；记账日期即被审计单位确认营业收入实现并将该笔经济业务记入营业收入账户的日期；发货日期则是仓库开具出库单并发出库存商品的日期。检查三者是否归属于同一适当会计期间是营业收入截止测试的关键所在。如果这三个关键日期属同一会计期间，则表明记录是正确的。例如，发货运单显示货物是在本期发运的，而相应的收入是在下一会计期间计入的，则表明本期收入被低估；相反，收入在本期入账，而相应的产品出库单存根与运单或提货单日期是在下一会计期间，则表明本期收入被高估。审计人员对不正当的收入记录要进行调整，在确定了正确的截止期之后，再做进一步的审查。

在审计实务中，审计人员围绕上述三个关键日期，可考虑从不同的起点并选择不同的路径实施营业收入的截止测试。审查时既可从（明细）账簿记录开始追查结算日前后的会计凭证，也可从结算日前后的销售发票开始追查发运凭证和（明细）账簿记录，还可从发运凭证开始追查销售发票和（明细）账簿记录，具体见表12-6。

表 12-6　营业收入的截止测试的三条审计路径对比

起点	路径	目的	优点	缺点
账簿记录	从资产负债表日前后若干天的账簿记录查至记账凭证，检查发票存根与发货凭证	证实已入账收入是否在同一期间开具发票并发货，有无多记收入，防止高估营业收入	比较直观，容易追查至相关凭证记录	缺乏全面性和连贯性，只能查多记，无法查漏记
销售发票	从资产负债表日前后若干天的发票存根查至发货凭证与账簿记录	确认已开具发票的货物是否已发货并于同一会计期间确认收入，防止低估营业收入	较全面、连贯，容易发现漏记收入	较费时、费力，有时难以查找相应的发货及账簿记录，不易发现多记收入
发运凭证	从资产负债表日前后若干天的发货凭证查至发票开具情况与账簿记录	确认收入是否已记入恰当的会计期间，防止低估营业收入	较全面、连贯，容易发现漏记收入	较费时、费力，尤其是难以查找相应的发货及账簿记录，不易发现多记收入

（1）以账簿记录为起点，即从资产负债表日前后若干天的账簿记录追查至记账凭证，检查发票存根与发运凭证，以证实已入账的收入是否在同一期间开具发票并发货，有无多记收入的情况。显然，它比较直观，容易追查至相关凭证记录，以确定其是否应在本期确认收入，尤其是在连续审计两个以上会计期间时，检查跨期收入较为方便，也可提高审计效率。但它缺乏全面性和连贯性，能查多记而无法查少记，尤其是在本期漏记收入延至下期而审计时被审计单位尚未及时登账的情况下，不易发现应记未记本期收入的问题。因此，选择这个起点及路径实施截止测试，主要是为了防止高估营业收入。

（2）以销售发票为起点，即从资产负债表日前后若干天的发票存根追查至发运凭证与账簿记录，确认已开具发票的货物是否已发货并于同一会计期间确认收入。例如，抽取若干张在资产负债表日前后开具的销售发票的存根，追查至发运凭证和记录，查明有无漏记收入的现象。可见，它比较全面、连贯，容易发现漏记收入；但较为费时、费力，有时难以查找相应的发货及账簿记录，不易发现多记收入。鉴于此，审计人员应重点检查相应的发运凭证是否齐全，查看被审计单位的发票领购（尤其是普通发票的领购和使用情况）以重点检查发票存根是否完整，并注意查明被审计单位有无隐瞒票证，有无报告期内已做收入而下期初用红字冲回且无发货、收货记录，从而调节前后期利润的情况。因此，选择这个起点及路径实施截止测试，主要是为了防止低估营业收入。

（3）以发运凭证为起点，即从资产负债表日前后若干天的发运凭证追查至发票开具情况与账簿记录，确认营业收入是否已记入恰当的会计期间，其优缺点与第二种路线的类似，但在具体实施中还应考虑被审计单位的会计政策，以便做出恰当的处理。因此，选择这个起点及路径实施截止测试，主要也是为了防止低估营业收入。

当然，它们并非彼此孤立，也非互相排斥。在审计实务中，审计人员可同时将其应用于同一被审计单位的财务报表审计中，甚至可在同一营业收入审计中同时运用。在现实经济生活中，不同被审计单位的情况各异，其管理层的意图也不相同，有的可能会多记收入，而有的则可能少记收入，甚至同一被审计单位在不同的会计期间也不相同。因此，为提高审计效率，审计人员应凭借其专业经验，结合所掌握的具体情况，做出正确、合理的判断，选择并用适宜的路径以实施更为有效的营业收入截止测试。

4）审查销售退回、销售折让和销售折扣

在企业商品销售业务中，经常会出现销售退回、销售折让和销售折扣现象，而这又往往被有些企业用作调节营业收入和利润水平的手段。有的企业在第四季度记录有大量的销售，但年度结束后便有大量的销售退回；如果该企业把退回的商品重新作为新商品销售，则表明存在舞弊的可能。因此，在进行营业收入的审计时，审计人员应当给予应有的关注。

（1）销售退回的审查。首先，应审查销售退回原因的合理性，在审查销售退回时，审计人员应重点检查销售退回的原因及其合理性，以及有关的批准手续，注意查明是否存在内外勾结、营私舞弊，从而给企业带来经济损失的问题。在市场需求变化或价格波动的情况下，如果购货单位（买方）购入产品后因产品滞销或价格下跌而要求退货以转嫁损失，则是不合理的。其次，应审查销售退回账务处理的正确性。根据现行的有关规定，企业发生并确认销售退回时，不论属于本年度还是属于以前年度的销售，都应冲减本期营业收入，同时冲减营业成本，并增加库存产成品，而发生的销售退回费用，则应作为期间费用处理。在审查销售退回时，审计人员应重点检查相关手续是否符合规定，并结合原始销售凭证以查明其账务处理是否正确。为此，审计人员一方面应将营业收入明细账与退货凭证、退货入库凭证进行核对，若有退货凭证但营业收入明细账中未做记录，则说明有可能存在虚增营业收入、调高利润水平的问题，如在营业收入明细账中有销售退回的记录而无相关退货的原始凭证，则说明有可能存在隐匿营业收入、虚减利润、偷逃税金的问题；另一方面，应将营业收入明细账与营业成本明细账、产成品明细账等相互核对，以确定销售退回账务处理的正确性，查明有无只冲减当期营业收入而未相应冲减营业成本，或因计算错误而多冲销营业收入、营业成本等进而导致当期利润不真实、不正确的问题。最后，应审查销售退回业务的真实性。在现实经济生活中，有些企业为追求本期销售计划的完成，往往采用期末虚构销售并开出“空头发票”而下期期初再冲回的手段弄虚作假。因此，审计人员应重点检查期末及下期期初发生的销售退回业务的真实性，并结合对应收账款的函证程序以查明是否存在未取得对方认可的大额销售，同时结合存货项目审计以查明销售退回的真实性。此外，如果能取得资产负债表日后所有的销售退回记录，不但有利于进行营业收入的截止测试，以查明是否存在提前确认收入的情况，而且有助于审查销售退回业务，以查明业务是否真实、账务处理是否正确。

（2）销售折让与销售折扣的审查。销售折让是指企业产品售出后，购买者发现产品品种、规格、质量不符合要求，不要求退货而提出在价格上给予折让的业务；销售折扣则是企业为了扩大销售和及时收回货款，按照一定条件给予购买单位一定比例折扣（减少的价款）的业务。销售折让与销售折扣，虽其起因不尽相同且表现形式也不尽一致，但都是对收入的抵减，均影响收入和利润的确认与计量，因而也称为销售折让与折扣，审计人员应重视销售折让与折扣的审计。

销售折让与折扣的实质性程序主要包括：获取或编制明细表，复核加计正确，并核对相符；取得有关文件资料，抽查授权批准情况并与执行情况相核对，查明有无授权批准，是否合法、真实；检查销售折让与折扣是否及时足额提交对方；检查有关账务处理是否正确；等等。具体来说，审计人员应先取得或编制销售折让与折扣明细表，复核加计其正确性，并将其与财务报表总分类账、明细账核对相符，在此基础上再进一步审查有关销售折让与折扣业务的真实性、比例的合理性，以及账务处理的正确性。首先，应审查销售折让与折扣业务的真实性。审计人员可通过审阅有关凭证，取得并抽查有关文件资料，检查授权批准情况，并将其与实际执行情况相核对，以查明有无授权批准，审核手续是否完备，进而确认该项业务是否真实合规。对销售折让与折扣金额大的项目，应当重点进行审查。其次，应审查销售折让与折扣比例的合理性。销售折让与折扣均冲减当期营业收入，进而影响企业利润数额，因而销售折让与折扣的比例应当合理并符合有关规定。审计人员可通过对销售折让与折扣原因的调查和分析，进行必要的函证，以确定合理的销售折让与折扣比例，再通过对比，如发现异常应做进一步分析，进而判明销售折让与折扣的比例是否合理。最后，应审查销售折让与折扣账务处理的正确性。根据现行的有关规定，企业发生的销售折让与折扣应作为本期营业收入的抵减项目处理。在审查销售折让与折扣时，审计人员应重点检查营业收入明细账和有关记账凭证，查明销售折让与折扣是否及时足额提交对方，有无虚设中介、转移收入、私设账外账或“小金库”等情况进而确定其账务处理是否正确。如发现问题，应扩大范围，再行审查。

5）确定营业收入在财务报表中列报和披露的正确性及恰当性

企业的营业收入包括销售商品收入、提供劳务收入和让渡资产使用权收入等，可以划分为两类，即主营业务收入与其他业务收入。在营业收入的审计中，审计人员不仅应核查营业收入的真实性和账务处理的正确性，还应检查营业收入分类的合理性及列报和披露的正确性、恰当性，查明有无将主营业务收入与其他业务收入不做划分、划分不合理及混同列报和披露的情况。

三、应收款项的审计

应收款项的审计主要是审查应收款项的真实性、正确性，以及应收款项余额在财务报表中的公允性及列报和披露的恰当性。应收款项包括应收账款、应收票据、预付账款、其他应收款及长期应收款等，主要是应收账款与应收票据。企业无法收回或收回可能性极小的应收款项即为坏账，由于发生坏账而产生的损失称为坏账损失。企业应当定期或者至少于每年年度终了对应收款项进行全面检查，预计各项应收款项可能发生的坏账，对于没有把握能够收回的应收款项，应当计提坏账准备。对作为企业债权与流动资产的应收款项进行审计，对于保证财务报表的真实性、促使企业及时收回账款、维护购销双方的合法权益，都具有重要的意义。一般来说，应收款项的审计目标如下所示。

（1）确认应收款项与坏账损失的真实性。应收款项余额包括应收款项账面余额和相应的坏账准备两部分。与企业的其他业务不同，应收款项的真实性取决于企业的业务处理和记录是否正确，也取决于债务方所确认的债务义务是否真实。因此，审计人员应通过充分取证以查明或证实应收款项账面余额是否真实，记录的金额是否客观，有无虚挂账面的情况。就坏账损失而言，企业无论是否计提坏账准备，发生的坏账损失都会使企业资产减少。如果企业计提坏账准备，则坏账准备提取与坏账损失处理的恰当与否，会直接影响企业费用的真实性与利润的正确性。鉴于此，审计人员应查明提取的坏账准备是否正确、合理，坏账损失的核销是否真实、合规，是否确属收不回来的应收款项，有无贪污舞弊行为，在该会计期间账面记录的金额与实际发生的金额是否相同。

（2）确认应收款项计价与分类的正确性。企业的应收款项是由于销货业务而发生的，而在销货中可能会由于某些原因发生销售退回、销售折让与折扣等情况。这些情况的发生会抵减企业的营业收入，相应地抵减应收款项。因此，审计人员应在充分取证以确定销货业务发生的真实性，金额计算的正确性，以及销售退回、销售折让与折扣真实性的基础上，确保账面记录的金额是正确的，进而确认其账面记录的正确性。

（3）审核销售退回、销售折让与折扣的合法性。企业记录销售退回、销售折让与折扣的金额要符合国家统一的会计准则及制度的规定，审计人员应检查营业收入与应收款项的抵减情况，注意查明其是否合法，手续是否齐备，并注意揭露其中的营私舞弊行为。

（4）证实应收款项记录截止期的正确性。审计人员应审查结算日前后发生的应收款项业务，确认其是否记录于正确的会计期间。

（5）确定应收款项过账和汇总的正确性及在财务报表中列报和披露的恰当性。在财务报表中记录应收款项的金额应经过正确的过账和汇总，审计人员应查明应收款项的明细账记录是否正确，总分类账记录是否正确，总分类账与明细账记录是否一致，各种应收款项的冲销及坏账准备等账务处理是否正确，同时确认应收账款余额在财务报表中列报和披露的恰当性。下面以应收账款为例，阐述其实质性程序的具体内容。

应收账款是指企业因销售商品、提供劳务而形成的债权，即由于企业销售商品、提供劳务等，应向购货客户或接受劳务的客户收取的款项或代垫的运杂费，系企业在信用活动中形成的各种债权性资产，因而应结合销售交易来进行应收账款的审计。审计人员对应收账款进行审计，一般是为了确定：资产负债表中记录的应收账款是否存在；所有应当记录的应收账款是否均已记录；记录的应收账款是否确系被审计单位拥有或控制；应收账款是否可收回，坏账准备的计提方法和比例是否恰当，计提的坏账准备是否充分；应收账款及其坏账准备期末余额是否正确；应收账款及其坏账准备是否已按照国家统一的会计准则及制度的规定在财务报表中做恰当的列报和披露。当被审计单位存在以下情况时，应收账款审计风险会增加，审计人员应予以充分关注：会计期末后应收账款的异常调整、客户投诉及应收账款函证的差异（因对条件、价格或数量有争议）、应收账款明细账或销售日记账的异常分录、遗失或更改原始凭证或没有在合理期间提供原始凭证、经营活动产生了收益但缺少经营现金流等。

就应收账款审计而言，审计人员应实施的实质性程序主要包括以下内容。

1. 获取或编制应收账款明细表

审计人员应获取或编制应收账款明细表，复核加计其正确性，将其与总账数和明细账合计数核对相符，并结合坏账准备与报表数核对相符。对于被审计单位外币应收账款，审计人员应检查其增减变动采用的折算汇率、具体折算及账务处理是否正确、前后各期的方法是否一致。如有贷方余额的项目，则应查明原因，必要时应建议做重分类调整。审计人员应结合其他应收款、预收款项等往来项目的明细余额，查明有无同一客户多处挂账、异常余额或与销售无关的其他款项（如代销账户、关联方账户或员工账户）及其原因，必要时应提出调整建议。对重要的欠款单位，应加以标识，并计算其欠款合计数占应收账款余额的比例。需要指出的是，应收账款明细表应包括客户名称、欠款金额、拖欠时间等内容。如果应收账款明细表是由企业内部自行编制的，审计人员就要对其独立性、可信性加以证实，并对明细表总数进行验算，将其与应收账款总账数和报表数进行比较，如果三者金额不一致，则要求财会部门找出差异所在及原因。另外，应收账款的报表数系应收账款账面数减去已计提相应的坏账准备后的净额，因而其报表数应当同应收账款总账数和明细账数分别减去与应收账款相应的坏账准备总账数和明细账数后的余额核对相符。此外，审计人员还应抽查应收账款明细账，并追查有关原始凭证，查证被审计单位有无不属于结算业务的债权。

2. 运用分析程序分析应收账款变动及其趋势

审计人员应运用分析程序，检查涉及应收账款的相关财务指标，分析应收账款与营业收入的变动，以验证其合理性。涉及应收账款的相关财务指标较多，如应收账款周转率（次数）、应收账款周转天数、每个主要客户的平均余额、应收账款占流动资产的百分比、应收账款账龄、坏账准备占应收账款的百分比、坏账费用占赊销净额的百分比等。审计人员应分析这些指标，并将本期应收账款的余额与上年相比、本期期末应收账款占本期销售额的比例与上年期末相比，或本期赊销收入净额占平均应收账款金额的比率与上年相比，以了解其变动趋势；审计人员应将其与管理层考核指标、同行业同期相关指标对比，以检查有无重大异常，据以发现不合常规的变动情况，从而确定进一步审核的重点。

3. 函证应收账款

向债务人函证应收账款，其目的在于证实债务人及资产的存在和应收账款账户余额的真实性、正确性，防止或发现被审计单位及其有关人员在销售交易中发生的错误或舞弊行为。审计人员应综合考虑被审计单位的经营环境、内部控制的有效性、应收账款账户的性质、被询证者处理询证函的习惯做法及回函的可能性等因素，以确定应收账款函证的范围和对象、方式、时间等，并对函证加以控制及分析（询证函及其回函）和评价函证结果。

（1）函证的范围和对象。审计人员应当对应收账款进行函证，除非有充分证据表明应收账款对被审计单位财务报表是不重要的，或者函证很可能是无效的。如果不对应收账款进行函证，则应在工作底稿中说明理由；如果认为函证很可能是无效的，则应实施替代审计程序，审计人员可考虑抽查有关原始凭据（如销售合同、销售订单、销售发票副本、发运凭证及回款单据等），以验证与其相关的应收账款的真实性。实际上，审计人员通常也不可能函证所有的应收账款，但应实施替代审计程序，以获取充分、适当的审计证据。例如，对有些购货单位因其性质、地点或其他原因不宜函证的，审计人员可通过检查有关合同、订单、货运单据、销售发票及其他单据，以证实应收账款确因实际销货而发生。函证的范围与对象主要取决于应收账款的重要性、内部控制的可靠性、以前期间的函证结果，以及具体的函证方式。又如，被审计单位内部控制有缺陷，以前函证发现重大差异或采用否定式函证，则应扩大函证的范围。一般情况下，以下项目应作为函证对象：大额或账龄较长的项目、与债务人发生纠纷的项目、关联方项目、主要客户（包括关系密切的客户）项目、交易频繁但期末余额较小甚至余额为零的项目，以及可能产生重大舞弊的非正常项目。

（2）函证的方式与时间。函证的方式具体有肯定式函证（或称积极式函证）与否定式函证（或称消极式函证）。在审计实务中，审计人员可根据具体情况灵活选用，也可将两种方式结合使用。肯定式函证是指被审计单位与被函证公司的往来账项等事项记录，无论是否相符，均要求被函证公司予以回复的一种函证方式。肯定式询证函的参考格式如图 12-1 所示。

编号：

××（公司）：

本公司聘请的××（审计机构）正在对本公司××年度财务报表进行审计，按照审计准则的要求，应当询证本公司与贵公司的往来款项等事项。请列示××年×月×日贵公司与本公司的往来款项余额。回函请直接寄至××(审计机构)。

回函地址：

邮编： 电话： 传真： 联系人：

本函仅为复核账目之用，并非催款结算。若款项在上述日期之后已经付清，仍请及时函复为盼。

（公司盖章）

年 月 日

（一）贵公司与本公司的往来账项列示如下：

截止日期	贵公司欠	欠贵公司	备注

（二）其他事项：

（公司盖章）

年 月 日

经办人：

图 12-1 肯定式询证函

否定式函证则指要求被函证公司只就不符的往来账项等事项记录予以回复的一种函证方式。否定式询证函的参考格式如图 12-2 所示。

编号：

××（公司）：

本公司聘请的××（审计机构）正在对本公司××年度财务报表进行审计，按照审计准则的要求，应当询证本公司与贵公司的往来款项等事项。下列数据出自本公司账簿记录，如与贵公司记录相符，则无须回复；如有不符，请直接通知××（审计机构），并请在空白处列明贵公司认为正确的信息。回函请直接寄至××（审计机构）。

回函地址：

邮编： 电话： 传真： 联系人：

（一）贵公司与本公司的往来账项列示如下：

截止日期	贵公司欠	欠贵公司	备注

（二）其他事项：

本函仅为复核账目之用，并非催款结算。若款项在上述日期之后已经付清，仍请及时核对为盼。

（公司盖章）

年 月 日

××（审计机构）：

上述信息不正确，具体差异如下：

（公司盖章）

年 月 日

经办人：

图 12-2 否定式询证函

就函证的时间而言，审计人员通常以资产负债表日为截止日，在资产负债表日后适当时间内实施函证。如果重大错报风险评估为低水平，审计人员则可选择资产负表日前适当日期为截止日实施函证，并对所函证项目自该截止日起至资产负债表日止发生的变动实施实质性程序。

（3）函证的控制及分析。审计人员通常利用被审计单位提供的应收账款明细账户名称及客户地址等资料编制询证函，并通过编制函证结果汇总表对选择被询证者、设计询证函及发出和收回询证函，保持有效的控制。审计人员实施函证后，应根据询证函及其回复情况对函证进行分析。审计人员通常应编制函证汇总分析表，注明被函证客户名称、金额、询证函签发日期、收回日期、认可金额、原因分析等，以编入审计工作底稿。审计人员应分析函证结果并做相应处理。

如果回函认可函证金额，则说明原账面记录的应收账款期末余额是真实、正确的，审计人员可将函证回函编入审计工作底稿，作为审计证据。

如果回函认可的金额与函证金额有差异，审计人员应对此进行分析，并查明产生差异的原因。产生差异的原因可能如下：第一，单方或双方记账错误。审计人员应核实相关货运单据、销售发票和其他单据，查明被审计单位的账面记录是否正确。第二，弄虚作假或舞弊。被审计单位可能虚增应收账款从而多计营业收入及利润，或低估应收账款从而少计营业收入、利润和少缴税金，审计人员应核实销货合同、销售发票和发货单位等，以查明有无弄虚作假或舞弊的情况。第三，购销双方入账时间不同。其表现形式如下：发出询证函时，债务人已经付款，而被审计单位尚未收到货款；发出询证函时，被审计单位的货物已发出并已做销售记录，但货物仍在途中，债务人尚未收到货物；债务人已将货物退回，而被审计单位尚未收到货物；债务人对收到货物的数量、质量或价格等有异议而全部或部分拒付货款。审计人员要针对不同情况，审核期后的现金日记账、银行存款日记账或相关销售退回的明细账记录，查明相关款项或退回的货物是否已经收到。如果应收账款因双方入账时间不同而产生的不符事项构成错报，审计人员应重新考虑所实施审计程序的性质、时间和范围。

如果未能在规定时期内收到（肯定式询证函的）回函，则应发出第二次询证函。二次发出询证函后仍未收到回函，就要做具体的分析与调查，一般可能有四种情况。第一，账款已付不愿回复。有的购货单位在已还购货账款后，往往不愿意回复询证函。对此，审计人员要核查结算日后1~2个月的现金日记账与银行存款日记账，注意账款是否收回，收回的金额与期末应收账款账面余额是否一致，揭露收回货款不入账，从中贪污或故意高估、低估结算日应收账款的行为。第二，坏账损失发生。购货单位如有重大财务困难或已破产清算，则销售单位可能或已发生坏账损失。对此，审计人员要向市场监督管理、财政、金融、信用等机构或部门了解客户的确切地点、财务状况与信用情况，确定应收账款还有可能收回的金额；如确属坏账，建议被审计单位按正常审批手续，报经批准后冲减坏账准备，调整有关账户。第三，购货单位不存在。被审计单位虚设应收账款户名（客户），虚构应收账款，凭空记账。对此，审计人员要认真加以核实，从中揭露被审计单位虚增营业收入和利润的舞弊目的，并要求其调整账户。第四，询证函丢失。有时，询证函可能在邮寄过程中发生丢失。对此，虑及审计时间的限制，审计人员可不再补寄询证函而通过查阅年终有关销货合同、销货发票、发货单和订单等，以查明应收账款是否真实、正确。

如果经多次发函后，审计人员仍没有收到回函，为验证该收账款的真实性与正确性，则可考虑实施替代审计程序，如审查相关合同、订单、销售发票副本、发运单、现金收入，以及被审计单位与其客户之间的书信往来等。

（4）函证结果的总结与评价。审计人员应根据收到的所有回函结果，编制应收账款函证结果汇总表（表 12-7），据以对函证及其结果进行总结与评价。一般包括：重新考虑对内部控制的原有评价是否适当，控制测试的结果是否适当，分析程序的结果是否适当，相关的风险评价是否适当；如果函证结果表明没有审计差异，则可合理地推论或认定全部应收账款总体是正确的；如果函证结果表明存在审计差异，则应合理地估算应收账款总额中可能出现的累计差错额，以及未被选中进行函证的也可考虑进一步扩大函证的范围。

表 12-7　应收账款函证结果汇总表

<table>
<tr><td colspan="3">被审计单位：</td><td colspan="2"></td><td colspan="2">制表：</td><td colspan="2"></td><td colspan="2">日期：</td><td></td></tr>
<tr><td colspan="3">结账日：</td><td colspan="2">年　月　日</td><td colspan="2">复核：</td><td colspan="2"></td><td colspan="2">日期：</td><td></td></tr>
<tr><td rowspan="2">询证函编号</td><td rowspan="2">债务人名称</td><td rowspan="2">债务人地址及联系方式</td><td rowspan="2">账面金额</td><td rowspan="2">函证方式</td><td colspan="2">函证日期</td><td rowspan="2">回函日期</td><td rowspan="2">替代程序</td><td rowspan="2">确认余额</td><td rowspan="2">差异金额及说明</td><td rowspan="2">备注</td></tr>
<tr><td>第一次</td><td>第二次</td></tr>
<tr><td></td><td></td><td></td><td></td><td></td><td></td><td></td><td></td><td></td><td></td><td></td><td></td></tr>
<tr><td></td><td></td><td></td><td></td><td></td><td></td><td></td><td></td><td></td><td></td><td></td><td></td></tr>
<tr><td></td><td></td><td></td><td></td><td></td><td></td><td></td><td></td><td></td><td></td><td></td><td></td></tr>
<tr><td colspan="3">合计</td><td></td><td></td><td></td><td></td><td></td><td></td><td></td><td></td><td></td></tr>
</table>

需要指出的是，审计人员应当将询证函回函作为审计证据纳入审计工作底稿管理，询证函回函的所有权归属其所在的审计机构，除法院、检察院及其他有关部门依法查阅审计工作底稿、审计人员协会对执业情况进行检查及前后任审计人员需要沟通等情形外，审计机构不得将询证函回函提供给其他单位及个人使用，也不得提供给被审计单位作为法律诉讼证据。

4. 获取或编制应收账款账龄分析表

审计人员应获取或编制应收账款账龄分析表（表 12-8），以便了解应收账款的可收回性，进而确定应收账款的可实现价值（或可收回金额）。应收账款账龄是指资产负债表中的应收账款，自销售实现并产生应收账款之日起至资产负债表日止所经历的时间。编制应收账款账龄分析表时，审计人员可考虑选择重要的客户及其余额列示，而将不重要的或余额较小的汇总列示。如果应收账款账龄分析表由被审计单位编制，审计人员可考虑提请被审计单位予以协助（即在应收账款账龄分析表上标出至审计时已收回的应收账款金额），并测试其计算的准确性。为了确定已收回的应收账款金额，审计人员对已收回金额较大的款项应进行审查（如核对收款凭证、银行对账单、销售发票等），并注意检查凭证的日期是否合理，分析收款时间与合同要素是否一致。

表 12-8　应收账款账龄分析表

年　月　日　　　　单位：

客户名称	期末余额	应收账款账龄			
		1 年以内	1~2 年	2~3 年	3 年以上
合计					

在审计实务中，审计人员应检查原始凭证（如销售发票、运输记录等）以确定应收账款账龄的准确性，可比较应收账款账龄分析表中的合计数与应收账款总分类账余额并调查重大调节项目，比较应收账款账龄分析表中的合计数减去已计提的相应坏账准备后的净额与资产负债表中的应收账款项目余额，以确定应收账款余额的正确性。除了应验证应收账款占用的资金数额以查明应收账款余额是否正确外，审计人员还应审查应收账款的账龄以判断和分析应收账款是否能够收回。一般来说，应收账款账龄越长，发生坏账的可能性越大；反之，发生坏账的可能性越小。审计人员据此可确定应收账款的可实现价值，对于账龄较长并超过一定时间的应收账款，应建议被审计单位加紧催收；对于经确认确实无法收回的应收账款，应建议被审计单位及时转作坏账处理，以便确定资产估价的正确性，并促进被审计单位加速资金周转。

5. 审核坏账准备的提取与使用及坏账的确认和处理

坏账准备系应收账款的抵减或对冲项目，其提取和使用是否合理、正确，影响着利润计算的真实性和财务报表的正确性，根据现行会计准则及制度的规定，企业应当在期末对应收款项（包括应收账款、应收票据、预付账款、其他应收款和长期应收款等）进行检查，并预计可能产生的坏账损失。企业通常采用备抵法核算坏账损失，计提坏账损失的具体方法由企业自行确定。坏账准备提取方法一经确定，不得随意变更，如需变更，应按程序报经批准及备案，并在财务报表附注中说明变更的内容和理由、变更的影响数等。企业采用账龄分析法计提坏账准备时，收到债务单位当期偿还的部分债务后，剩余的应收账款不应改变账龄，仍应按原账龄加上本期应增加的账龄确定；如存在多笔应收账款，且各笔应收账款账龄不同，收到债务单位当期偿还的部分债务则应逐笔认定所收到的应收账款；如确实无法认定，则按照先发生先收回的原则确定账龄，剩余应收账款的账龄按相同原则确定。当年发生或未到期、计划进行重组、与关联方发生的应收账款，以及其他已逾期但无确凿证据证明不能收回的应收账款，一般不能全额计提坏账准备。需要指出的是，企业与关联方发生的应收账款，如有确凿证据表明关联方（债务单位）已撤销、破产、资不抵债、现金流量严重不足等，并且不准备对应收账款进行重组或无其他收回方式的，也可全额计提坏账准备。

审计人员应当重视对被审计单位坏账准备的审查。现以应收账款相关的坏账准备为例，阐述坏账准备的审计。其实质性程序通常包括：取得或编制坏账准备明细表，复核加计其正确性，并将其与坏账准备总分类账数额、明细账合计数额核对相符；将应收账款坏账准备本期计提数与资产减值损失相应明细项目的发生额核对相符；检查应收账款坏账准备计提和核销的批准程序，取得书面报告等证明文件，评价计提坏账准备所依据的资料及方法；等等。审计人员应将坏账准备账户与应收账款账户相核对，以查明坏账准备的计提方法与比例是否恰当，计算金额是否正确，提取方法前后期是否一致，通过计算坏账准备余额占应收款项余额的比例，并将其与以前期间相核对，分析检查有无重大差异；对长期挂账的应收款项，应审查其明细账和原始凭证，查明被审计单位的账务处理是否适当。

不仅如此，审计人员还应注意对被审计单位坏账的审查。审计人员应审查被审计单位坏账的确认是否符合有关规定，了解和核查管理层估计与注销坏账的方法及其合理性，查明各项坏账的处理有无申请报告和审批文件，以确定其是否经授权批准，是否合规、正确；对金额巨大的坏账更应进行验证与核实，查明有无以此盗用企业资金的情况；对重新收回的已做坏账损失处理的应收账款，应审查其账务处理是否符合规，进而确定账务处理的正确性。

应收账款坏账实质性分析程序的要点如表 12-9 所示。

表 12-9　应收账款坏账实质性分析程序的要点

比较的内容	可能存在的信息（即注册会计师的合理疑问）
将本年超过一定限额的客户欠款余额合计与以前年度比较	应收账款方面出现差错
将本年发生的坏账损失占销售收入的百分比同以前年度比较	对难以收回的应收账款未提坏账准备
将本年末应收账款天数同上年比较	高估或低估坏账准备
将本年各类分龄账款占应收账款的百分比同以前年度比较	高估或低估坏账准备
将本年计提的坏账准备占应收账款的百分比同以前年度比较	高估或低估坏账准备

6. 审查应收账款的账务处理及列报和披露

审计人员应审查应收账款与其他应收款的分类，查明有无将其他应收款混淆计入应收账款的情况，并对其他应收款进行检查，以确定应收账款账务处理的正确性。此外，审计人员还应检查银行存款和银行借款等询证函的回函、会议纪要、借款协议和其他文件，确定应收账款是否已被贴现、质押或出售，查明应收账款贴现业务属质押还是出售，其账务处理是否正确。审计人员应向管理层询问那些后续期间仍未收回（尤其是数额大且长期过期）的应收账款的可收回程度，查明应收账款是否按减去已计提坏账准备的净额在财务报表中正确列示，坏账准备的会计政策和应收关联方的账款是否已在财务报表附注中恰当披露。

四、其他相关账户的审计

销售与收款循环中，其他相关账户包括预收账款、营业成本与销售费用、其他业务收入与其他业务成本等。销售与收款循环的审计，还应包括对这些相关账户的审查。

（一）预收账款的审查

预收账款是企业销售前预先收取的部分或全部款项。审计人员需要结合销售业务，对预收账款进行审查，查明预收账款发生和记录是否完整，期末余额是否正确，在财务报表中的披露是否恰当、正确。审查预收账款的实质性程序，主要包括以下方面。

（1）取得或编制预收账款明细表。对预收账款明细表加以复核，确定其正确性，并核对其期末余额合计数与报表数、总账数、明细账合计数是否相符。

（2）检查已转销的预收账款。在预收账款明细表上列出至审计日为止已转销的预收账款，重点对金额大的项目进行检查，核对记账凭证、发运凭证、销售发票等，并注意查明这些票证的日期与相应记录是否合理。

（3）抽查有关凭证。抽查预收账款有关的销售合同、发运凭证、收款凭证，查明已实现销售的商品是否及时冲销预收账款，以保证预收账款期末余额的正确性。

（4）函证预收账款。选择金额较大或账龄较长的项目、主要往来客户、关联单位等进行函证。对于回函中出现的不符情况，需查明原因并在审计工作底稿中加以记录，建议被审计单位做出调整；对于没有回函的，需再次函证或检查结算日后已冲销预收账款与发运凭证、销售发票是否一致，查明其是否真实、正确。

（5）检查长期挂账的预收账款。对于长期挂账的预收账款，审计人员需查明原因并加以记录，必要时应提请被审计单位进行调整。此外，审计人员还应结合对应应交税费的审查，查明相关的预收账款是否及时、足额计缴税金。

（6）检查预收账款在财务报表中披露的恰当性、正确性，对于预收账款存在的借方余额，应在财务报表中作为资产列报；其贷方余额则作为负债列报。查明预收账款的披露是否符合现行会计准则及制度的规定。

（二）营业成本与销售费用的审查

营业成本是指企业销售商品或提供服务的成本，销售费用是指企业商品销售中发生的运输费、装费、包装费、保险费、展览费、广告费，以及为销售本企业产品而专设销售机构的职工工资、福利费、业务费等经常性费用。审计人员通过分析与审查，以确定其内容的完整性，分类、归属及账务处理的正确性。

（1）获取或编制营业成本与销费用明细表。复核明细表的正确性，并将其与报表数、总账数、明细账合计数核对相符，检查明细项目的设置是否符合规定的核算范围和内容。

（2）运用分析程序分析营业成本与销售费用的变动及其趋势。有些账户的余额或发生额与其业务量直接相关，据以分析可以发现异常差异。如果审计人员有足够的证据认为控制风险较低且账户之间存在钩稽关系，则可使用分析性程序。例如，销售费用在合理的范围内下降，审计人员可以认为审计风险较低；如销售费用变动的幅度超出合理的范围，审计人员就应找出变化的原因，并进行调查（包括向有关人员询问和通过详细检查销售费用账户以找到确定的证据）。

（3）审查营业成本与销售费用的分类。审计人员审查分类业务时，应重点关注是否存在以下问题：混淆营业成本与销售费用的界限，将为生产产品领用的包装物费用和材料采购过程中支付的运输费、装卸费、包装费等计入销售费用，或者将应列入销售费用的费用计入生产成本或采购成本；混淆销售费用与应收账款的界限，把为客户代垫的运杂费计入销售费用；混淆销售费用与其他业务收支的界限，如将应计入营业收入的随同产品出售但单独计价的包装物销售收入错误地冲减销售费用；混淆销售费用与营业外收支的界限，如将应计入营业外收入的没收逾期未退包装物押金冲减销售费用；混淆销售费用与制造费用、管理费用的界限，将应计入制造费用、管理费用的有关人员的工资、福利费、差旅费、办公费等费用计入销售费用，或者将属于销售部门经常性的费用计入管理费用或制造费用。

（4）审查营业成本的计算。核实商品发出的成本计价方法，查明其不同期间是否一致，并结合生产与存货循环（业务）的审计，确定营业成本计算的正确性。

（5）审查销售费用的开支。检查销售费用项目设置和开支标准是否符合有关规定。将本期销售费用与上期相比较及本期各月销售费用之间相比较，以查明有无重大波动和异常的现象，并抽查重要或异常的销售费用，审查其原始凭证的合法性，同时注意查明有无将支付的回扣和提成计入销售费用、以广告样品的名义变相向职工发放实物、将招待馈赠费用列入展览费用等问题。

（6）检查营业成本与销售费用在财务报表中披露的恰当性、正确性。

（三）其他业务收入和其他业务成本的审查

其他业务收入和其他业务成本是指企业除商品销售以外的其他业务收入、其他业务成本，如材料销售、技术转让、让渡资产使用权、运输等非工业性劳务的收入或成本等。对其他业务收入和其他业务成本的审查，主要是审查其真实性、合法性。其他业务收入的审计目标与主营业务收入基本相同，但其他业务收入中有些发生频率低，有些系不定期收入，因此其控制环节不及主营业务收入全面、具体，一般也难以实施计划控制。其他业务收入的项目繁多，内容各异，各项目的实质性程序也不尽相同。审查其他业务收入和其他业务成本的实质性程序主要包括以下方面。

（1）获取或编制其他业务收入、其他业务成本明细表，复核其正确性，并将其与财务报表、总分类账、明细账相核对，检查是否相符。

（2）将本期其他业务收入、其他业务成本及其他业务利润与上期相比较，分析有无重大波动，如发生重大变化，应查明其原因。

（3）抽查金额较大的其他业务收入和其他业务成本项目，审查其原始凭证及相关审批授权手续，查明入账会计期间和账务处理的正确性。重点审查其他业务收入是否合法，是否按照收入确认原则进行账务处理；其他业务成本是否真实，是否符合配比原则。

（4）审查其他业务收入和其他业务成本中异常的收支项目，查明其真实性与合法性。

（5）审查让渡资产使用权收入，检查其确认是否符合有关规定，是否区分不同情况正确确定其金额。

（6）审查其他业务收入和其他业务成本截止期。业务量较大时，审计人员应对其他业务收入和其他业务成本实施截止期审查，检查结算日前后的销售发票、收据等，以确定截止期划分的正确性。

（7）检查其他业务收入、其他业务成本在财务报表中披露的恰当性、正确性。

相关账户审计的主要目标和实质性程序如表 12-10 所示。

表 12-10 相关账户审计的主要目标和实质性程序

账户名称	主要目标	实质性程序
应收票据	1. 确定应收票据是否存在 2. 确定应收票据是否归被审计单位所有 3. 确定应收票据增减变动的记录是否完整 4. 确定应收票据是否有效、能否收回 5. 确定应收票据期末余额是否正确 6. 确定应收票据在财务报表上的披露是否恰当	1. 获取或编制应收票据明细表，复核其加计数是否正确，并核对其期末合计数与报表数、总账数和明细账合计数是否相符 2. 监盘库存票据 3. 函证应收票据，证实其存在性和可收回性 4. 检查应收票据的利息收入是否正确入账，注意逾期应收票据是否已按规定停止计提利息 5. 对于已贴现应收票据，应审查其贴现额、贴现息的计算是否正确，会计处理方法是否恰当 6. 审查已贴现应收票据的贴现额与利息额的计算是否正确，会计处理方法是否恰当，复核、统计已贴现及已转让但尚未到期的应收票据的金额 7. 对以非记账本位币结算的应收票据，应检查其采用的折算汇率和汇兑损益处理的正确性 8. 确定应收票据是否已在资产负债表上恰当披露
预收账款	1. 确定预收账款的发生及偿还记录是否完整 2. 确定预收账款的期末余额是否正确 3. 确定预收账款在财务报表上的披露是否恰当	1. 获取或编制预收账款明细表，复核其加计数是否正确，并核对其期末合计数与报表数、总账数和明细账合计数是否相符 2. 抽查相关销售合同、仓库发运凭证、收款凭证，检查已实现销售的商品是否及时转销预收账款，以确保预收账款期末余额的正确性 3. 选择预收账款的重大项目函证 4. 检查预收账款长期挂账的原因，必要时提请被审计单位予以调整 5. 检查预收货款是否已在资产负债表上做恰当披露
应交税费	1. 确定应计和已交税费的记录是否完整 2. 确定应交税费的期末余额是否正确 3. 确定应交税费在财务报表上的披露是否恰当	1. 获取或编制应交税费明细表，复核其加计数是否正确，并核对其期末合计数与报表数、总账数和明细账合计数是否相符 2. 查阅相关文件，确认其在被审计期间的应纳税内容 3. 核对期初未交税费与税务机关认定数是否一致，如有差异应查明原因做出记录，必要时建议做适当的调整 4. 检查应交增值税、应交消费税、应交资源税、应交土地资源税的计算是否正确，是否按规定进行会计处理 5. 确定应交税费是否已在资产负债表上做恰当披露
税金及附加	1. 确定税金及附加的记录是否完整 2. 确定税金及附加的计算和会计处理是否正确 3. 确定税金及附加在财务报表上的披露是否恰当	1. 获取或编制税金及附加明细表，复核加计数是否正确，并核对其与报表数、总账数和明细账合计数是否相符 2. 确定被审计单位的纳税范围与税种是否符合国家规定 3. 检查税金及附加的计算及对应关系是否正确 4. 确定被审计单位减免税的项目是否真实，理由是否充分，手续是否完备 5. 确定税金及附加是否已在利润表上做恰当披露
销售费用	1. 确定销售费用的内容是否完整 2. 确定销售费用的分类、归属和会计处理是否正确 3. 确定销售费用在财务报表上的披露是否恰当	1. 获取或编制销售费用明细表，复核加计数是否正确，核对其报表数、总账数和明细账合计数是否相符，并检查其明细项目的设置是否符合规定的核算内容与范围，是否划清了销售费用和其他费用的界限 2. 检查销售费用各项目开支标准和内容是否符合有关规定，计算是否正确 3. 实施分析程序，将本期销售费用与上期进行比较，将本期各月销售费用进行比较，确认有无重大波动和异常情况，如有，应查明原因并做适当处理 4. 检查其原始凭证是否合法，会计处理是否正确，必要时可进行截止测试 5. 核对相关的钩稽关系，检查销售费用的结转是否正确、合规 6. 检查销售费用是否已在利润表上做恰当披露

本 章 小 结

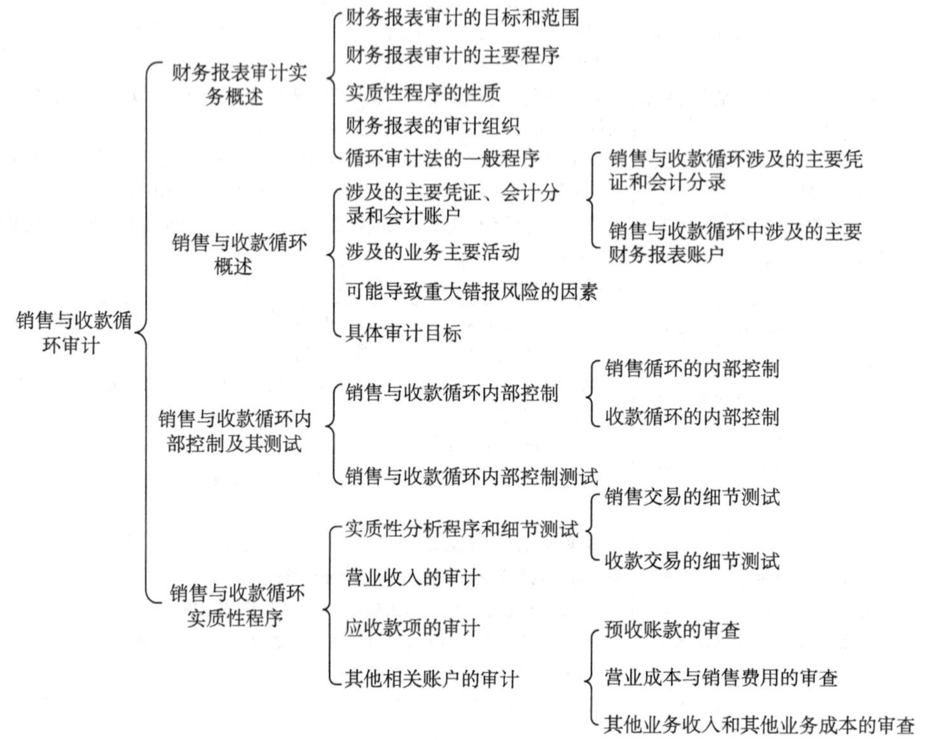

复习思考题

1. 销售与收款循环涉及哪些主要业务活动？对这些业务进行核算时，需要运用哪些会计科目？
2. 销售与收款循环涉及哪些主要凭证和会计分录？
3. 销售与收款循环审计的主要风险和具体审计目标是什么？
4. 销售与收款循环的内部控制关键点有哪些？如何对其进行控制测试？
5. 如何进行主营业务收入的实质性程序？
6. 审计人员为什么要进行应收账款函证？如何实施应收账款的函证？
7. 应收账款和坏账准备的实质性程序有哪些？
8. 如何实施虚构销售收入的专项审计程序？

第十三章 采购与付款循环审计

本章重点介绍采购与付款循环的相关凭证和会计分录、内部控制测试、实质性程序等内容。

学习目标

- 熟悉采购与付款循环的相关凭证和会计分录
- 掌握采购与付款循环内部控制及其测试
- 掌握采购与付款循环实质性程序

第一节　采购与付款循环概述

采购与付款循环是企业对外购置商品和劳务及付款的过程，主要涉及原材料、物料用品、加工劳务及机器设备等固定资产的购进和价款的支付。根据财务报表项目与业务循环的相关程度，采购与付款循环涉及的资产负债表项目主要有预付账款、固定资产、在建工程、工程物资、固定资产清理、无形资产、开发支出、商誉、长期待摊费用、应付票据、应付账款和长期应付款等。审计人员通过了解该业务循环的特点及内部控制，进行控制测试，分析和评价审计风险，拟订审计方案，进行余额和交易额的实质性程序。

采购与付款循环包括请购、订货、签订合同、验收、确认债务、付款等诸多环节，涉及业务广、相关账户多，对该审计需要花费较多的时间和人力。采购与付款循环审计涉及的资产和负债，在企业的资产负债中占有相当大的比重，管理上也存在一定的难度。因此，重视和加强采购与付款循环审计具有重要的意义。

采购与付款循环如图 13-1 所示。

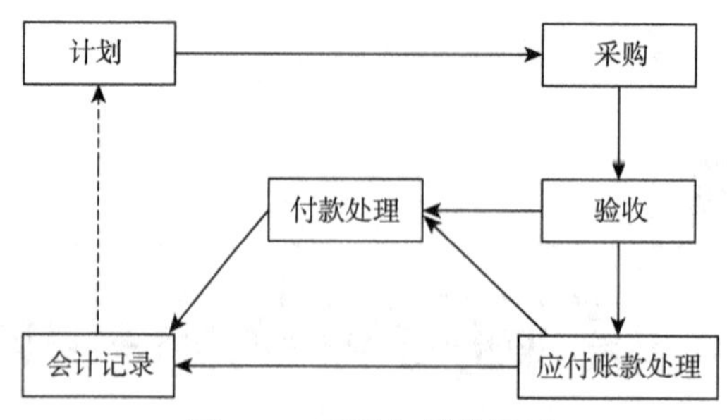

图 13-1 采购与付款循环

一、涉及的主要凭证、会计记录与会计账户

（一）涉及的主要凭证与会计记录

（1）请购单。请购单是由产品制造、资产使用等部门的有关人员填写，送交采购部门，申请购买商品、劳务或其他资产的书面凭证。请购单是证明有关采购交易的“发生”认定的凭据之一，也是采购交易轨迹的起点。请购单上应注明所要采购物品的种类、数量及请购人。可以由不同的人员提出请购申请，如原材料由仓库管理部门提出，物料用品由维修单位提出。

（2）订购单。订购单是由采购部门编制并提交供应商，用来记录企业准备采购的商品和劳务的名称、种类、数量、供应商名称、付款条件、价格及其他有关资料的书面凭证，主要用于表明商品和劳务采购的批准手续，并将其送交供应商以表明采购意愿。订购单应正确填写所需采购的商品和劳务的品名、数量、价格、供应商名称和地址等，预先按顺序编号并经被授权的采购人员签名。其正联应当送交供应商，副联应送至企业内部的验收部门、应付凭单部门和编制请购单的部门。随后，审计人员应独立检查订购单的处理，以确定是否确实收到商品并正确入账。这项检查与采购交易的“完整性”认定有关。

（3）订货合同。订货合同是用来明确购置品种、规格、数量、质量、供货日期、付款条件等供需双方责任、权利的书面文件。

（4）验收单。验收单是由验收部门在收到采购的商品时填制的载明所收商品的名称、种类、数量、供应商名称、订单号及其他资料的书面凭证。验收单要预先连续编号，以便进行有效控制。验收单是支持资产或费用及与采购有关的负债的“存在”或“发生”认定的重要凭证。定期独立检查验收单的顺序以确定每笔采购交易都已编制凭单，则与采购交易的“完整性”认定有关。

（5）卖方发票。卖方发票是由卖方提供的标明买方采购商品或劳务的种类、数量、价格、运费、现金折扣条件及开单日期的书面凭证。

（6）退货（或折让）通知单。退货（或折让）通知单是用来反映因退货或折让而减少向供应商付款金额的书面凭证。其格式与卖方发票基本相同，用于证明应付款项减项记录。

（7）付款凭单。付款凭单是用来建立正式记录、控制采购和支付债务的授权证明凭证。它既是付款凭单登记簿或采购日记账记录的基础，又是支付货款的依据。付款凭单正本必须随附卖方发票、验收单和订购单副本。企业编制付款凭单，是为了实现以下控制：确定供应商发票的内容与相关的验收单、订购单的一致性；确定供应商发票计算的正确性；编制有预先顺序编号的付款凭单，并附上因交易对象不同而有所不同的支持性凭证（如订购单、验收单和供应商发票等）；独立检查付款凭单计算的正确性；在付款凭单上填入应借记的资产或费用账户名称；由被授权人员在凭单上签字，以示批准照此凭单要求付款。可见，这些控制与“存在”“发生”“完整性”“权利和义务”“计价和分摊”等认定有关。

（8）支票。支票是企业开出的支付到期账款的凭单。

（9）采购日记账。采购日记账是以付款凭单为依据，记录采购业务，并对重要的采购类别分设专栏，以及设有应付款项、商品退回（或折让）等专栏的日记账。

（10）现金和银行存款日记账。现金和银行存款日记账是记录现金和银行存款收支、存取业务的序时账簿。

（11）材料采购明细账和总账。材料采购明细账和总账是记录材料采购业务的明细分类账与总分类账。

（12）原材料、包装物、低值易耗品明细账和总账。原材料、包装物、低值易耗品明细账和总账是记录原材料、包装物、低值易耗品增减及余额的明细分类账与总分类账。

（13）应付账款明细账、总账及应付票据明细账、备查簿。应付账款明细账和总账是记录应付账款增减业务的明细分类账与总分类账；应付票据明细账和备查簿是用来记录应付票据款增减业务的明细分类账与备查账簿。

（14）预付账款明细账和总账。预付账款明细账和总账是记录预付账款增减业务的明细分类账与总分类账。

（15）卖方对账单。卖方对账单是由卖方（供应商）按月编制，标明期初余额、本期购买、本期支付及期末余额的书面单据。由于卖方对账单是卖方（供应商）对有关业务的陈述，除了对有争议的事项和时间上的差异，被审计单位的应付款项明细账余额应与卖方对账单的余额一致。

（二）涉及的主要会计账户

采购与付款循环中涉及的业务主要影响资产负债表项目，主要包括应付账款、固定资产累计折旧、预付账款、固定资产减值准备、工程物资、在建工程、固定资产清理、应付票据等财务报表账户。

二、涉及的主要业务活动

采购与付款循环是由企业从购买商品或接受劳务开始，直到支付相关款项的活动所组成的业务循环。就工业企业而言，其涉及的主要业务活动如下：①财务交易，包括请购商品或劳务、编制订购单、验收商品、储存已验收的商品存货、确认并记录资产和负债；②付款交易，包括编制付款凭单、审核授权付款、支付款项、记录库存现金或银行存款支出等；③购货调整交易，如购货退回、折扣与折让等。采购与付款循环中主要业务活动、对应的凭证及账户、相关部门、相关认定、重要控制点的关系见表 13-1。

表 13-1 采购与付款循环中主要业务活动、对应的凭证及账户、相关部门、相关认定、重要控制点的关系

主要业务活动	对应的凭证及账户	相关部门	相关认定	重要控制点
1. 请购商品或劳务	请购单	仓库、其他部门	—	签字批准
2. 编制订购单	订购单	采购部门	完整性	订购单预先编号并经被授权的采购人员签名
3. 验收商品	订购单、验收单	验收部门	存在、完整性	验收单预先编号，一式多联
4. 储存已验收的商品存货	验收单	仓库部门	存在	保管与采购职责分离
5. 编制付款凭单	付款凭单、验收单、订购单、供应商发票	应付凭单部门	存在、完整性、计价和分摊	预先编号，并经过适当批准
6. 确认并记录负债	应付账款明细账、供应商发票、验收单、转账凭证、订购单	财会部门	存在、完整性、计价和分摊	记录库存现金收支人员不得经手库存现金、有价证券和其他资产
7. 支付并记录负债	付款凭单	应付凭单部门、财会部门	存在、完整性、计价和分摊	支票预先编号，相关凭证要注销
8. 记录库存现金、银行存款支出	库存现金和银行存款日记账、付款凭证	财会部门	存在、完整性、计价和分摊	账账核对，账证核对，独立编制银行存款余额调节表

三、可能导致重大错报风险的因素

采购与付款循环是企业生产经营的基本业务循环，它对企业多个资产负债表项目产生重大影响，尤其是存货项目和应付账款、预付账款、应付票据等项目，并间接影响利润表项目，如主营业务成本等。在采购与付款循环中，常见的可能导致重大错报风险的因素有以下几种。

（1）物资采购没有严格计划和审批程序，导致物资采购出现盲目性，造成存货积压。

（2）物资采购业务决策权过分集中于采购部门和采购人员，导致价格过高。

（3）没有严格验收和入库制度，导致入库物资出现数量短缺或质量问题。

（4）物资采购成本核算不合规、不正确，如将采购人员差旅费计入采购成本，或将运杂费计入期间费用，或将 A 物资的采购成本计入 B 物资的采购成本或相反，等等。

（5）已验收入库但发票未到的物资按暂估价入账，导致隐瞒应付账款。

（6）已验收入库且发票已到的物资故意推迟入账，故意隐瞒应付账款。

（7）长期未与供货单位就应付账款或预付账款核对，导致其账面记录不正确等。

四、具体审计目标

采购与付款循环审计的具体目标如表 13-2 所示。

表 13-2　采购与付款循环审计的具体目标

管理层认定	一般审计目标	项目审计目标
—	总体合理性	(1) 企业当期采购业务总额总体合理，没有重大错报的迹象 (2) 企业应付账款、应付票据、预付账款等账户余额总体合理，没有重大错报的迹象
存在或发生	存在或发生	(1) 所有已入账的采购业务均以实际发生 (2) 所有已入账的预付账款、应付账款、应付票据确实存在 (3) 在财务报表中列报和披露的所有预付账款、应付账款、应付票据等均确实存在，且与被审计单位有关
完整性	完整性	(1) 所有采购业务均已入账 (2) 所有预付账款、应付账款、应付票据等均已入账，并在财务报表中恰当列报和披露
权利和义务	权利和义务	(1) 被审计单位会计账簿中记录的、财务报表中列报和披露的预付账款均是其在资产负债表日所拥有的权利 (2) 被审计单位会计账簿中记录的、财务报表中列报和披露的应付账款、应付票据均是其在资产负债表日应承担的法律义务
计价和分摊	计价和分摊	(1) 所购入商品增加金额正确 (2) 应付账款、应付票据列示了正确的欠款金额
截止	截止	(1) 所有采购业务均已记录在恰当的会计期间 (2) 所有应付账款、应付票据均已记录在恰当的会计期间
准确性	准确性	物资采购、预付账款、应付账款、应付票据等账户入账金额正确、明细账与总账一致
分类	分类	(1) 所有物资采购均已恰当分类为原材料、低值易耗品、包装物等类别 (2) 应付账款、预付账款与其他应付款已恰当区分，并计入恰当账户
可理解性	可理解性	存货、应付账款、应付票据、预付账款等在财务报表中的列报和披露表述清楚，易于理解

第二节　采购与付款循环内部控制及其测试

一、采购与付款循环的内部控制

企业采购与付款循环的内部控制，包括采购循环的内部控制和付款循环的内部控制和固定资产的内部控制。

（一）采购循环的内部控制

1. 适当的职责分离

适当的职责分离有利于防止、发现并纠正各种错误和舞弊行为。企业的采购循环也需要适当的职责分离。因此，企业应当建立采购循环的岗位责任制，明确相关部门和岗位的职责、权限，确保办理采购循环的不相容岗位相互分离、互相制约和彼此监督。采购循环的不相容岗位主要包括：请购与审批；询价与确定供应商；采购合同的订立与审批；采购与验收；采购、验收与相关会计记录；等等。具体来说，企业的采购循环业务涉及采购、验收、保管、付款、记录等多个方面，为保证采购确系企业生产经营所需并符合企业利益，收到的采购商品安全完整，应付价款及时正确地支付给供应商，采购和付款需有明确的分工，尤其是采购、验收、付款和记录应由不同的职能部门或人员负责。大宗采购要有竞争性报价，并将采购人员在各个业务环节之间进行轮换。鉴于此，企业必须进行职责分工，主要的职责分工如下：①提出采购申请与批准采购申请相互独立，以加强对采购的控制；②批准请购与采购部门相互独立，以防止采购部门购入过量或不必要物资而损害企业的整体利益；③采购审批、合同签订、合同审核相互独立，防止虚列支出；④验收部门与财会部门相互独立，保证按实际收到的商品数额登记入账；⑤应付款项记账人员不能接触现金、有价证券和其他资产，以保证应付款项记录真实、正确；⑥内部检查与相关的执行和记录工作相互独立，以保证内部检查独立、有效。

2. 信息传递程序控制

企业应当建立并实施对采购循环内部控制的检查监督制度，其内容主要包括：采购循环相关岗位及人员的设置情况；采购循环授权批准制度的执行情况；应付账款和预付账款的管理情况；有关单据、凭证和文件的使用和保管情况；等等。建立健全采购循环的内部控制，要求管理层对相关的信息传递程序严格实施有效的控制。这些控制包括以下方面。

（1）授权程序。有效的内部控制要求采购循环的各个环节都必须经过适当的授权批准，主要包括：企业内部建立分级采购批准制度；只有经过授权的人员才能提出采购申请；采购申请需经独立于采购和使用部门以外的被授权人批准，以防止采购部门购入过量或不必要的商品，或者为取得回扣等个人私利而牺牲企业的整体利益。

（2）文件和记录的使用。为了满足业务审批、财产保管和便于记录的要求，需合理设计并使用各种文件和记录。收到购货发票时，企业的财会部门应将发票上所记的商品规格、数量、价格、条件及运费与订购单、验收单上的有关资料核对，相符后入账；对关键性凭证需预先编号，由经手人按编号归档保存，并由独立人员定期检查存档文件的连续性；订购单中需有足够的栏目和空间，详细反映订货的要求：需建立付款凭单制，以付款凭单作为支付货款的依据；需设置采购日记账，以及时、完整地记录所有的采购业务；企业需对每一个供应商设立应付款项明细账，并与总账平行登记。

（3）独立检查。为了确保实际收到的商品符合订购要求，企业需由独立于业务经办的人员对卖方发票、验收单、订购单、请购单进行独立检查。企业应定期核对采购日记账和应付款项明细账，检查付款凭单各项目填写是否与卖方发票一致；需由专人检查采购业务形成的负债的真实性、实有数额及到期日等。企业需按月向供应商取得对账单并与应付款项明细账核对调节，发生差异时查明原因。企业通过对账确保债务真实正确，维护企业和债权人双方利益。此外，企业需检查付款凭单计算的正确性及付款记录的及时性和正确性；由独立人员按月编制银行存款余额调节表，检查银行存款日记账记录的付款与银行对账单的一致性；定期检查采购日记账与总账、应付款项明细账与总账、银行存款日记账与总账的金额是否一致，出现差异时，应编制调节表进行调节。

（4）实物控制。企业在采购循环中的实物控制包括：①加强对已验收入库的商品的实物控制，限制非授权人员接近存货。验收部门人员应独立于仓库保管人员，同时加强对发生的退货的实物控制，货物的退回要有经审批的合法凭证。②限制非授权人员接近各种记录和文件，防止伪造和篡改会计资料。企业尤其应注意加强对支票的实物控制不得让核准或处理付款的人接触；对未签发的支票应确保保管安全；作废的支票予以注销或另加控制，防止重复开具支票。企业签发支票的有关控制包括：独立检查已签发支票的总额与所处理的付款凭单总额的一致性；应由被授权的财会部门的人员负责签发支票；被授权签发支票的人员应确定每张支票都附有一张已经适当批准的未付款凭单，并确定支票收款人姓名和金额与凭单内容的一致性；支票一经签发就应在其凭单和支持性凭证上用加盖印戳或打洞等方式将其注销，以免重复付款；支票签发人不应签发无记名甚至空白的支票；支票应预先顺序编号，以保证支出支票存根的完整性和作废支票处理的恰当性；应确保只有被授权的人员才能接近未经使用的空白支票。

（二）付款循环的内部控制

鉴于采购和付款交易同属一个较大范围的循环，二者联系紧密，因而付款循环内部控制的原理与采购循环内部控制是相通的。

通常，企业在付款循环的内部控制方面，主要应注意以下几点。

（1）企业应按照《现金管理暂行条例》《支付结算办法》等有关货币资金内部控制的规定办理采购的付款业务。

（2）企业财会部门在办理采购的付款业务时，应严格审核采购发票、结算凭证验收证明等相关凭证的真实性、完整性、合法性及合规性。

（3）企业应建立预付账款及定金的授权批准制度，加强对预付账款及定金的管理。

（4）企业应加强应付款项的管理，由专人按照约定的付款日期、折扣条件等管理应付款项；对于到期的应付款项，需经有关授权人员审批后方可办理结算与支付。

（5）签发支票需经过被授权人的签字批准，保证货款以真实金额向特定债权人及时支付。

（6）企业应建立采购商品的退货管理制度，对退货条件、退货手续、货物出库、退货款回收等做出明确规定，及时收回退货款。

（7）企业应定期与卖方（供应商）核对应付款项、预付款项等。如有不符，应查明原因，及时加以处理。

（三）固定资产的内部控制

在企业的业务循环划分中，固定资产业务可以归属于采购与付款循环。在内部控制方面，它与一般商品采购有共性，但又因不经常发生且往往金额较大而有其特性，因而需对其稍加阐述。以工商企业为例，其固定资产在资产总额中所占比例通常较大，固定资产的取得会影响企业的现金流量，其折旧、维修等费用又会影响企业的损益。鉴于此，工商企业等被审计单位应当建立健全固定资产的内部控制，其有关制度主要包括以下方面。

（1）固定资产预算。固定资产预算制度是固定资产内部控制的重要部分。通常，大中型企业应编制旨在预测与控制固定资产增减和合理运用资金的年度预算；小规模企业即使没有固定资产的年度预算，对其购建也要事先加以计划。

（2）授权批准。企业应建立完善有效的授权批准制度。企业的资本性预算，只有经过董事会等高层管理机构批准方能生效，固定资产的取得和处置需经企业管理层的书面认可等。

（3）账簿记录。除了设置固定资产总账外，企业还需设置固定资产明细账和固定资产卡片，按固定资产类别、使用部门和每项固定资产进行明细分类核算。所有固定资产的增减变化，均应有充分的原始凭证。

（4）职责分工。企业应明确划分有关固定资产的取得、记录、保管、使用、维修、处置等责任，并由专门部门和专人负责。

（5）区分资本性支出和收益性支出。企业应制定明确的书面标准，以区分资本性支出与收益性支出。

（6）固定资产的处置。企业固定资产的处置，如投资转出报废、出售等，均需经一定的申请报批程序。

（7）固定资产的定期盘点。企业应制定和实施固定资产定期盘点制度，以验证账面记载的各项固定资产是否存在、了解固定资产放置地点和使用状况，以及发现是否存在未入账的固定资产。

（8）固定资产的维护保养及定期检修。企业应制定和实施固定资产日常维护保养及定期检修制度，以防止某些因素导致固定资产的损失，并尽可能延长固定资产的使用寿命。

与固定资产密切相关，在建工程的内部控制也有其特殊性。在建工程的内部控制主要包括以下几点。

（1）岗位分工与授权批准。企业应进行明确、合理的分工，并有严格的授权批准制度，尤其应注意下列几点：①企业应建立工程项目业务的岗位责任制，明确相关部门和岗位的职责、权限，确保办理工程项目业务的不相容岗位相互分离、相互制约和彼此监督。工程项目业务不相容岗位一般包括：项目建议、可行性研究与项目决策；概预算编制与审核；项目实施与价款支付；竣工决算与竣工审计；等等。②企业应对工程项目相关业务建立并实施授权批准制度，明确审批人的授权批准方式、权限、程序、责任及相关控制措施，规定经办人的职责范围和工作要求。审批人应根据有关规定，在授权范围内进行审批，不得超越审批权限。经办人应当在职责范围内，按照审批人的批准意见办理工程项目业务。对于审批人超越授权范围审批的工程项目业务，经办人有权拒绝办理，并及时向审批人的上级授权部门报告。③企业应制定工程项目业务流程，明确项目决策、概预算编制、价款支付、竣工决算等环节的内部控制要求，并设置相应的记录或凭证，如实记载各环节业务的开展情况，确保工程项目全过程得到有效控制。

（2）工程项目决策控制。企业应建立并实施工程项目决策环节的内部控制制度，对项目建议书和可行性研究报告的编制、项目决策程序等做出明确规定，确保项目决策科学、合理、有效。

（3）工程项目概预算控制。企业应建立工程项目概预算环节的内部控制制度，对概预算的编制、审核等做出明确规定，确保概预算编制科学、合理、可行。

（4）工程项目价款支付控制。企业应建立工程进度价款支付环节的内部控制制度，对价款支付的条件、方式及会计核算程序做出明确规定，确保价款支付及时、足额、正确。

（5）工程项目竣工决算控制。企业应建立竣工决算环节的内部控制制度，对有关竣工的清理、决算、审计、验收等做出明确规定，确保竣工决算真实、完整、及时。

（6）工程项目监督检查。企业应建立并实施对工程项目内部控制的监督检查制度，明确监督检查机构或人员的职责权限，定期或不定期地进行检查。监督检查的内容主要包括：①工程项目业务相关岗位及人员的设置情况；②工程项目业务授权批准制度的执行情况；③工程项目决策责任制的建立及执行情况；④概预算控制制度的执行情况；⑤各类款项支付制度的执行情况；⑥竣工决算制度的执行情况。

二、采购与付款循环的控制测试

（一）采购循环的控制测试

通常，根据内部控制的性质，审计人员比较容易确定控制测试的类型。例如，如果要检查所发生的采购交易是否均已记录，则控制测试需检查订购单、验收单及应付凭单连续编号是否完整。具体来说，审计人员通过查阅关于物资采购、仓库保管、付款等方面的制度文件，走访并实地观察采购部门、仓库部门、验收部门和财会部门等，了解企业采购与付款管理的各方面制度是否健全、手续是否完备，观察验收职责是否独立于仓库保管和记账职责，观察采购职责是否与批准采购部门、验收货物部门分离，有无分级授权采购制度，主要控制环节是否有效。一个健全、有效的内部控制应该能够确保所有的采购都经过批准，能够密切跟踪长期合同，监督过度的请购并确认潜在的损失；由独立使用者检查存货请购的设计和维护；确认企业是否存在检查资产减值的程序；等等。在此基础上，审计人员可以抽查部分采购业务，以测试采购循环的内部控制，检查采购循环控制环节的设置与执行情况。在现实经济生活中，有些企业虚构供应商，为从来没有收到的商品付款，从而将资金转移到企业外部。因此，审计人员必须详细了解被审计单位与其供应商之间的关系，并抽查发货数量、时间和质量标准的重要合同。抽查的范围应根据重要性原则确定，而抽查的方法则是从采购业务档案中抽取订购单样本，重点审查采购物品较重要或金额较大的采购业务。

审计人员索取采购业务的各种文件资料，依照采购业务的正常程序追踪、进行相关的检查与验证。其检查与验证的内容包括以下几方面。

（1）核对请购单与订购单是否一致，请购单是否经过适当的授权人批准，订购单是否连续编号。

（2）核对采购合同上确定的价格、付款日期与财会部门核准的支付条件是否一致。

（3）检查合同是否经过有关部门审查，核对卖方发票上所购物品的数量、规格、品种与合同是否一致。

（4）抽验部分付款凭单，检查其是否附有请购单、订购单、验收单，付款凭单和验收单是否连续编号，验证验收环节的有效性和计算的正确性。

（5）核对采购合同、卖方发票、验收单与入库单是否一致。

（6）检查购入材料的计价是否正确，当被审计单位采用永续盘存制核算时，则应复核计价的正确性。

（二）付款循环的控制测试

审计人员在了解付款循环的基础上，可以抽查部分付款业务，以测试付款循环的内部控制，检查付款循环控制环节的设置与执行情况。通过抽查应付款项偿付业务，审计人员可以查明其付款的依据是否正确无误，付款及记录、过账是否及时，对应账户是否正确，有关现金折扣的处理是否符合规定。具体来说，付款循环的控制测试主要包括下列几点。

（1）了解应付款项记录、付款业务是否分开，了解有关凭证的传递过程；应付款项总账与明细账是否由不同人员记录；应付款项的记录人员与出纳人员的职责是否分开。

（2）抽查应付款项明细账，检查应付款项各明细账向银行存款（或现金）日记账和向总分类账的过账情况，证实应付款项会计记录内部控制的有效性；检查抽取的明细账过账时所附的原始凭证，如订购单、卖方发票、验收单和已付支票，检查原始凭证的合法性、正确性及核对原始凭证记载的金额与相关明细账的一致性，证实各有关部门内部控制的有效性。

（3）审核货款结算手续，检查应付款项明细账上金额与订购单、验收单、卖方发票是否完全一致。

（4）抽取部分支票，检查签发的支票是否有被授权人的签字，支票中各个项目与卖方发票是否一致。

（5）追查材料采购账簿、原材料账簿与银行存款日记账或应付款项账户的过账是否正确。

（6）审查现金折扣的合理性。若企业购货时的现金折扣单独记账，审计人员则可通过计算当期获得的现金折扣与进货总额的比率，并将该比率与以前各期相比较，以确定现金折扣的合理性。如果现金折扣比率显著下降，其原因可能有进货条件变更、未取得折扣或有关人员舞弊等，审计人员应对此给予应有的关注。

（7）检查应付票据内部控制。审计人员可以走访观察应付票据记录与业务经办是否独立，职责分工是否合理。签发票据、记录、付款有无仅一人负责的情况。如果票据仅由一人签发或名义上虽为两人而实际上其中一人已预先在票据上盖章，或将其印章交由有权签发票据的另一人代办，审计人员应对此特别注意。审计人员也可以抽查部分作废的、退回的票据，查明是否予以注销，是否编号保存。审计人员还可以了解应付票据总账与明细账是否定期核对，并且与债权人提供的有关记录相调节。

对每项采购与付款业务，审计人员都应该取得适当批准的证据，纸质文件可通过签字进行控制，计算机系统则可通过“限制进入”和“例外报告”实施控制。对这些控制的测试，审计人员可以在对数据处理控制进行全面审核时实施，而且可以通过对采购与付款申请的特别测试补充相应的测试。例如，审计人员可能审核进入日志，以确定是否存在未经授权的进入样本存在。

由此可见，审计人员在实施控制测试时，针对前已述及的该循环所涉及主要业务活动中的前几项，可分别抽取请购单、订购单和验收单，检查请购单和订购单是否得到适当审批，验收单是否有相关人员的签名，以及订购单和验收单是否按顺序编号，等等。

至于编制付款凭单、确认与记录应付款项这两项主要业务活动，被审计单位的内部控制通常要求应付账款记账员将采购发票所载信息与验收单、订购单进行核对，核对相符应在发票上加盖“相符”印戳。因此，审计人员在实施控制测试时，可以分别抽取订购单、验收单和采购发票，检查所载信息是否核对一致，发票上是否加盖了“相符”印戳。对于付款这项主要业务活动，有些被审计单位内部控制要求，由应付账款记账员负责编制付款凭证，并附相关单证，提交会计主管审批；在完成对付款凭证及相关单证的复核后，会计主管在付款凭证上签字，作为复核证据，并在所有单证上加盖“核销”印戳。因此，审计人员在实施控制测试时，应抽取付款凭证，检查其是否经由会计主管复核和审批，并检查款项支付是否得到适当人员的复核和审批。

对采购交易内部控制的测试和评价控制风险的过程，与第十二章的销售与收款循环的测试和评估过程相似。表 13-3 列示了测试、评价采购与付款循环控制风险的考虑。

表 13-3 测试、评价采购与付款循环控制风险的考虑

主要业务活动	关键控制点	防范的错报	可能的控制测试
1. 请购商品或劳务	（1）由经授权的专门机构或人员填制请购单 （2）每张请购单应经过对该类支出负预算责任的主管人员签字批准	可能请购过多的商品	检查授权和批准的情况
2. 编制订购单	订购单一式多联，并预先连续编号、经被授权的采购人员签名	可能有未经授权的采购	抽查订购单连续编号
3. 验收商品	收到货物时，应由独立于采购、仓储、运输职能的验收部门或人员点收，根据订购单验收商品，并编制一式多联的验收报告单	（1）可能收到未订购的商品 （2）收到商品的名称、数量、质量可能不符合要求	（1）检查验收报告单后附的请购单、订购单 （2）检查验收人员实际验收过程
4. 储存已验收的商品存货	（1）将保管与采购的其他职责相分离 （2）只有经过授权的人员才能接近保管的资产	商品可能被盗走	（1）检查入库单 （2）观察接近资产的情况
5. 编制付款凭单	每张凭单应与订购单、验收单和供应商发票相配合	可能对未订购的商品或未收到的商品编制凭单	检查与每张凭单相配合的订购单、验收单和供应商发票
6. 确认并记录负债	独立检查每日的凭单汇总表和有关记账凭证上的金额的一致性	凭单可能未入账	审查执行独立检查的证据，重新执行独立检查
7. 支付并记录负债	（1）支票签署人应复核支付性凭单的完整性和批准情况，支票签发后应立即盖章注销已付款凭单和支付性凭证 （2）独立检查支票金额与凭单的一致性 （3）支票签署人应控制邮寄支票	（1）可能对未授权的采购签发支票 （2）可能对一张凭证重复付款 （3）支票金额可能开错 （4）支票可能在签署后被篡改	（1）观察支票签署人对支付性凭证进行的独立检查 （2）检查已付款凭单上的“已付讫”印章 （3）重新执行独立检查 （4）询问邮寄程序，观察邮寄过程
8. 记录现金支出	（1）使用和控制预先编号的支票 （2）定期独立编制银行存款余额调节表 （3）独立检查支票的日期和记账的日期	（1）支票可能未入账 （2）记录支票时可能出错 （3）支票可能未及时入账	（1）检查使用和控制预先编号支票的证据 （2）审查银行存款余额调节表 （3）重新执行独立检查

（三）固定资产的控制测试

就被审计单位的固定资产而言，审计人员在实施控制测试时应注意下列几点。

（1）审计人员应检查固定资产投资预算及可行性项目论证报告，查明是否编制预算并进行论证，以及是否经适当层次审批；对实际支出与预算之间的差异及未列入预算的特殊事项，应检查其是否履行了特别的审批手续。如果固定资产的增减均有健全有效、经过批准的预算控制，审计人员则可适当减少有关实质性程序的工作量。

（2）除了应检查被审计单位固定资产授权批准制度是否完善，审计人员还应检查固定资产请购单及相关采购合同，查明是否得到适当审批和签署及授权批准制度是否切实得到执行。

（3）审计人员应检查固定资产的账簿记录制度，查明是否设置了一套完善的固定资产明细分类账和登记卡，以便分析固定资产的取得和处置、复核折旧费用和修理支出的列支等。

（4）审计人员应检查固定资产的职责分工制度，查明有无明确的职责分工制度，查明有无明确的职责分工制度，防止错误和舞弊，降低审计风险。

（5）审计人员应检查被审计单位是否遵循会计准则的要求合理区分资本性支出与收益性支出，这种区分是否适应被审计单位的行业特点和经营规模，并抽查实际发生与固定资产相关的支出时是否按照该种区分进行恰当的会计处理。

（6）审计人员应关注被审计单位是否建立了有关固定资产处置的分级申请报批程序；抽取固定资产盘点明细表，检查账实之间的差异是否经审批后及时处理；抽取固定资产报废单，检查报废是否经适当批准和处理；抽取固定资产内部调拨单，检查调入、调出是否已进行适当处理；抽取固定资产增减变动情况分析报告，检查是否经复核。

（7）审计人员应了解和评价被审计单位的固定资产定期盘点制度，并应注意查询盘盈、盘亏固定资产的处理情况。

（8）审计人员应抽取固定资产保险单盘点表，检查是否已办理有关保险及其合理性。

此外，企业的在建工程与固定资产密切相关。对在建工程实施控制测试时，审计人员应进行的工作主要包括以下几方面。

（1）审计人员应检查工程项目业务相关岗位及人员的设置情况，查明是否存在不相容职务混岗的现象。

（2）审计人员应检查工程项目业务授权批准制度的执行情况，查明重要业务的授权批准手续是否健全，是否存在越权审批的行为。

（3）审计人员应检查工程项目决策责任制的建立及执行情况，查明责任制度是否健全，奖惩措施是否落实到位。

（4）审计人员应检查工程项目概预算控制制度的执行情况，查明概预算编制的依据是否真实，是否按规定审核概预算。

（5）审计人员应检查与工程项目有关的各项支付制度的执行情况，查明工程项目款、材料设备款及其他费用的支付是否符合相关法规、制度及合同的要求。

（6）审计人员应检查工程项目竣工决算制度的执行情况，查明是否按规定办理竣工决算、实施决算审计。

在上述控制测试的基础上，审计人员应明确采购与付款循环的审计目标，并围绕审计目标收集充分、适当的审计证据，从而实施采购与付款循环的实质性程序。

第三节 采购与付款循环实质性程序

采购与付款循环的实质性程序，与企业的内部控制目标直接关联，可作为证明具体审计目标的证据，其主要目的在于确定循环业务中与该具体控制目标有关的金额是否正确。

在审计实务中，审计人员应重点关注被审计单位采购与付款循环的重大错报风险。企业采购与付款循环的重大错报风险通常是低估费用和应付账款，从而高估利润，粉饰财务状况。因此，审计人员应实施实质性程序。例如，对收到的采购商品和实际付款实施截止测试，以获取交易是否已被计入正确的会计期间的证据；又如，企业将采购的商品（资产）错误地分类，对本应资本化的予以费用化，或对本应费用化的予以资本化，这将影响企业的利润和资产或负债，这是采购与付款循环的另一项重大错报风险。此外，对于企业采购与付款循环中的付款交易，审计人员还应关注被审计单位是否存在未经授权或无效的付款，是否将应计入费用的付款有意或无意地冲销了不相关的应付账款。

审计人员针对重大错报风险实施实质性程序，就是为了获取关于发生、完整性、准确性、截止、存在、权利和义务、计价和分摊、分类等多项认定的审计证据。为此，审计人员应检查被审计单位管理层通常用于控制费用和应付账款的关键业绩指标，以识别重要类别的采购交易和应付账款余额；将有关资产或负债项目的期初余额与以前年度审计工作底稿核对相符；复核管理层对主要费用和负债项目，如采购支出、资产修理与维护支出、应付账款等出现的异常情况采取的措施；将期末余额或本期发生额与总账核对相符。在此基础上，审计人员可对采购与付款循环实施实质性程序，即实质性分析程序和细节测试。

一、实质性分析程序及细节测试

（一）实质性分析程序

就实施采购与付款循环的实质性分析程序而言，审计人员通常进行的工作（程序）包括以下方面。

（1）了解被审计单位的经营活动、供应商的背景沿革及行业惯例，确定应付账款和费用支出的期望值。

（2）将本期的应付账款余额组成与以前期间交易水平及预算相比较，确定采购商品和应付账款可接受的重大差异额。

（3）识别需要进一步调查的差异，并调查异常数据关系，诸如零余额的主要供应商、与周期趋势不符的费用支出等。这类程序通常包括：①观察月度（或每周）已记录采购总额趋势，与以前期间及预算相比较。对发现的任何异常波动，审计人员都必须与管理层讨论，如有必要，还应做进一步的调查。②将实际毛利与以前期间及预算相比较。如果被审计单位以不同的加价销售产品，则需要将相似利润水平的产品分组进行比较。对于任何重大的差异，审计人员都需要进行调查，因为毛利可能由于销售额、营业成本的错误而被歪曲，营业成本的错误又可能是受采购记录的错误影响。③计算记录在应付账款方面的赊购天数，并将其与以前年度相比较。超出预期的变化可能是诸如未记录采购、虚构采购记录或截止问题等因素造成的。④检查常规账户和付款。例如，租金、电话费和电费等日常发生的费用，通常是按月支付的。通过检查常规账户和付款，可以确定已记录的所有费用及其月度变动情况。⑤检查异常项目的采购。例如，大额采购，从不经常发生交易的供应商处采购，以及未通过采购账户而是通过其他途径记入存货和费用项目的采购，等等。⑥检查付款记录和付款趋势，以发现无效付款或金额不正确的付款。例如，审计人员通过查找并调查金额偏大的异常项目，可能发现重复付款或记入不恰当应付账款账户的付款。

（4）通过询问管理层和员工，来调查实质性分析程序得出的重大差异额是否表明存在重大错报风险，是否需要设计恰当的细节测试程序以识别和应对重大错报风险。

（5）判断和分析实质性分析程序是否能够提供充分、适当的审计证据，或需要对交易和账户余额实施细节测试以获取进一步的审计证据。

就实施采购与付款交易和相关账户余额的细节测试来说，当出现以下情形时，审计人员通常应考虑对采购与付款交易和相关账户余额实施细节测试：①重大错报风险评估为高水平，如存在非正常的交易，包括在期末发生对账户的非正常调整和缺乏支持性文件的关联方交易等；②实质性分析程序显示出未预期的趋势；③需要在财务报表中单独披露的金额或很可能存在错报的金额，如差旅费、修理维护费、广告费、咨询费等；④对需要在纳税申报表中单独披露的事项进行分析；⑤需要为有些项目单独出具审计报告，如当被审计单位需向国外特许权授予方支付特许权使用费时，有可能存在这种需要。

（二）交易的细节测试

交易的细节测试是从业务流程的主要交易中选取样本，检查其支持性证据。

（1）从被审计单位业务流程层面的主要交易中选取样本，检查其支持性证据：从采购和付款循环记录中选取样本，包括检查支持性的订购单、商品验收单、发运证和发票，追踪至相关费用或资产账户及应付账款账户；必要时，检查其他支持性文件，如交易合同条款；检查已用于付款的支票存根或电子货币转账付款证明及相关的汇款通知。如果付款与发票相对应，则可检查相关供应商发票，并追踪付款至相关的应付账款或费用账户。

（2）对主要交易实施截止测试。其中，采购交易的截止测试包括：选择已记录采购的样本，检查相关的商品验收单，保证交易已计入正确的会计期间；确定期末最后一份验收单的顺序号码并审查代码报告，以检测记录在本会计期间的验收单是否存在更大的顺序号码，或因采购交易被漏记或错误计入下一会计期间而在本期遗漏的顺序号码。付款交易的截止测试包括：确定期末最后签署的支票号码，确保其后的支票支付未被作为本期的交易加以记录；追踪付款至期后的银行对账单，确定其在期后的合理期间内被支付；询问期末已签署但尚未寄出的支票，考虑该项支付是否应在本期冲回，计入下一会计期间。寻找未记录的负债的截止测试则包括：确定被审计单位期末用于识别未记录负债的程序，获取相关交易已计入应付账款的证据；复核供应商付款通知和供应商对账单，获取发票被遗失或未计入正确的会计期间的证据；询问并确定在资产负债表日是否应增加一项应计负债；调查关于订购单、商品验收单和发票不符的例外报告，识别遗漏的交易或计入不恰当会计期间的交易；复核截至审计外勤结束日记录在期后的付款，查找其是否在年末前发生的证据；询问审计外勤结束时仍未支付的应付账款；检查在建工程的承建方的证明或质量监督报告，以获取存在未记录负债的证据；复核资本预算和董事会会议纪要，获取是否存在承诺和或有负债证据。

（三）余额的细节测试

余额的细节测试是复核付款通知并对账，以获取相关证据，或通过供应商证实。

（1）复核供应商的付款通知，与供应商对账，获取发票遗漏、未计入正确的会计期间的证据。审计人员应询问并检查对收费存在争议的往来信函，确定在资产负债表日是否应增加一项应计负债。

（2）在特殊情况下，审计人员需决定是否应通过供应商来证实被审计单位期末的应付款项余额。当然，这种情况通常只有在被审计单位对采购与付款交易的控制出现严重缺失，有关记录被毁损时，或者在审计人员怀疑存在舞弊或会计记录在火灾或水灾等自然灾害中遗失时才会发生。

采购与付款循环的审计，主要是针对应付款项（如应付账款、应付票据等）和固定资产进行审查，至于存货审计将在第十四章“生产与存货循环审计”中阐述。

二、应付账款的审计

应付账款是企业在正常经营过程中，因购买材料、商品和接受劳务供应等经营活动而应付给供应商的款项。审计人员应结合赊购交易进行应付账款的审计。

（一）应付账款的审计目标

应付账款的审计目标一般包括：确定资产负债表中记录的应付账款是否存在（存在认定）；确定所有应当记录的应付账款是否均已记录（完整性认定）；确定资产负债表中记录的应付账款是否为被审计单位应当履行的现时义务；确定应付账款是否以恰当的金额包括在财务报表中，与之相关的计价调整是否已恰当记录（计价认定）；确定应付账款是否已按照《企业会计准则》的规定在财务报表中做出恰当的列报。

具体的审计程序计划则需要根据评估的重大错报风险确定。对于一般以营利为导向的企业而言，采购与付款交易的重大错报风险常见的情况是通过低估费用和应付账款，高估利润，粉饰财务状况。但某些企业可能为平滑各年度利润，在经营情况和预算完成情况较好的年度倾向高估费用，则高估费用和负债可能是其相关年度审计时需要应对的重大错报风险。

（二）应付账款的主要审计程序

（1）获取或编制应付账款明细表，并执行以下工作：①复核加计是否正确，并与报表数、总账数和明细账合计数核对是否相符；②检查非记账本位币应付账款的折算汇率及折算是否正确；③分析出现借方余额的项目并查明原因，必要时，建议做重分类调整；④结合预付账款、其他应付款等往来项目的明细余额，检查有无针对同一交易在应付账款和预付款项同时记账的情况、异常余额或与购货无关的其他款项（如关联方账户或雇员账户）。

（2）函证应付账款。获取适当的供应商相关清单，如本期采购量清单、所有现存供应商名单或应付账款明细账，询问该清单是否完整并考虑该清单是否应包括预期负债等附加项目，选取样本进行测试并执行如下程序：①向债权人发送询证函。审计人员应根据审计准则的规定对询证函保持控制，包括确定需要确认或填列的信息、选择适当的被询证者、设计询证函，包括正确填列被询证者的姓名和地址，以及被询证者直接向审计人员回函的地址等信息，必要时再次向被询证者寄发询证函等。②将询证函回函确认的余额与已记录金额相比较，如存在差异，检查支持性文件，评价已记录金额是否适当。③对于未做回复的函证实施替代程序，如检查付款文件（如现金支出、电汇凭证和支票复印件）、相关的采购文件（如采购订单、验收单、发票和合同）或其他适当文件。④如果认为回函不可靠，评价其对评估的重大错报风险及其他审计程序的性质、时间安排和范围的影响。

（3）检查应付账款是否计入正确的会计期间，是否存在未入账的应付账款：①对本期发生的应付账款增减变动，检查相关支持性文件，确认会计处理是否正确；②检查资产负债表日后应付账款明细账贷方发生额的相应凭证，关注其验收单、购货发票的日期，确认其入账时间是否合理；③获取并检查被审计单位与其供应商之间的对账单及被审计单位编制的差异调节表，确定应付账款金额的准确性；④针对资产负债表日后付款项目，检查银行对账单及有关付款凭证（如银行汇款通知、供应商收据等），询问被审计单位内部或外部的知情人员，查找有无未及时入账的应付账款；⑤结合存货监盘程序，检查被审计单位在资产负债表日前后的存货入库资料（验收报告或入库单），检查相关负债是否计入正确的会计期间。

如果审计人员通过这些审计程序发现某些未入账的应付账款，应将有关情况详细记入审计工作底稿，并根据其重要性确定是否需建议被审计单位进行相应的调整。

（4）寻找未入账负债的测试。获取期后收取、记录或支付的发票明细，包括获取支票登记簿/电汇报告/银行对账单（根据被审计单位情况不同）及入账的发票和未入账的发票，从中选取项目（尽量接近审计报告日）进行测试并实施以下程序：①检查支持性文件，如相关的发票、采购合同/申请、收货文件及接受劳务明细，以确定收到商品/接受劳务的日期及应在期末之前入账的日期；②追踪已选取项目至应付账款明细账、货到票未到的暂估入账和/或预提费用明细表，并关注费用所计入的会计期间，调查并跟进所有已识别的差异；③评价费用是否被记录于正确的会计期间，并相应确定是否存在期末未入账负债。

（5）检查应付账款长期挂账的原因并做出记录，对确实无须支付的应付账款的会计处理是否正确。

（6）如存在应付关联方的款项：①了解交易的商业理由；②检查证实交易的支持性文件（如发票、合同、协议及入库和运输单据等相关文件）；③检查被审计单位与关联方的对账记录或向关联方函证。

（7）检查应付账款是否已按照《企业会计准则》的规定在财务报表中做出恰当列报和披露。

三、固定资产的审计

在进行固定资产审计时，审计人员应注意审查被审计单位的管理层有无利用固定资产账户操纵利润的情况：通过改变预计使用年限和净残值调整折旧额；将费用支出资本化；将融资租赁记为经营租赁；资产过时或减损、资产处置的记录不完整隐藏资产或负债，形成表外资产或负债；等等。

（一）固定资产的审计目标

固定资产的审计目标如下：①审查固定资产的真实性和完整性。固定资产通常价值较高，其对企业资产价值的影响较大，审计人员应查明固定资产的实际数量与其价值是否相符、账面数额是否真实，所有固定资产及其发生的金额是否均已记录于有关账户，是否存在遗漏。②查验固定资产的所有权。审计人员应审查和确定财务报表中列示的固定资产及其金额是否均为被审计企业所有，是否包括租入、代管或已抵押出让而被审计企业并无产权的固定资产。③确认固定资产分类、计价及折旧的正确性。审计人员应审核并证实被审计企业的固定资产是否按照有关规定正确分类并设立相应的明细账进行核算与管理，其入账价值，增加、减少、结存计价及记录的金额是否正确，选用的折旧方法是否符合有关要求及有无任意变动，折旧的计算是否正确，等等。④审核固定资产增减变动业务的合法性。审计人员应对被审计单位生产经营中各项固定资产的增减变动业务进行审核，查明其是否合法，并确保记录的交易符合有关规定。⑤确定固定资产等项目在财务报表中披露的恰当性，即审核列示于财务报表中的固定资产等有关项目，以确定其在财务报表中披露的恰当性。

对于固定资产的审计，审计人员应进行的工作主要包括以下内容。

（二）固定资产的主要审计程序

1. 审计人员应检查固定资产的分类及变动趋势

1）审计人员应编制或取得固定资产及累计折旧分类汇总表

固定资产及累计折旧分类汇总表，也称一览表或综合分析表（表 13-4），用以反映固定资产的期初余额、本期增加、本期减少、期末余额，以及累计折旧的折旧方法、折旧率、期初余额、本期增加、本期减少、期末余额等，它是有关固定资产及累计折旧审计的重要工作底稿。

表 13-4 固定资产及累计折旧分类汇总表

年 月 日

编报人： 日期：

被审计单位： 复核人： 日期：

固定资产类别	固定资产				累计折旧					
	期初余额	本期增加	本期减少	期末余额	折旧方法	折旧率	期初余额	本期增加	本期减少	期末余额
合计										

固定资产及累计折旧分类汇总表包括固定资产与累计折旧两部分，应按照固定资产类别分别填列。需要说明的是，对表 13-4 中的“期初余额”栏，审计人员应分以下三种情况审查期初余额并据以填列：①在被审计单位首次接受审计的情况下，由于被审计单位以往未经过审计，审计人员应对其期初余额进行较全面的审计，尤其是当被审计单位固定资产数量多、价值高、在资产总额中占比大时，更应全面审查被审计单位所有重要的有关的借方、贷方记录；②在被审计单位连续接受审计的情况下，审计人员应注意将其与上期审计工作底稿中的期末余额审定数核对相符；③在被审计单位变更审计机构的情况下，后任审计人员应查阅前任审计人员有关的工作底稿。

2）审计人员应检查固定资产分类是否正确，复核其加计的正确性

审计人员应将固定资产及累计折旧分类汇总表与有关的明细账、总分类账、财务报表相核对，以查明它们之间是否相符，如果不符应查明原因，并予以调整。

3）审计人员应通过分析有关比率及有关项目变动趋势，确定固定资产和折旧业务是否真实、账务处理是否正确、固定资产及折旧变动是否合理

常用的比率和变动项目及其分析包括以下几种。

（1）将固定资产总额除以全年总产量的比率与以前年度相比较，以查明有无业已减少的固定资产未在账面上予以注销、有无闲置的固定资产等。

（2）将本年度固定资产的增减数额与以前年度相比较，以查明有无差异、产生差异的原因及其合理性等。

（3）将本年度与以前年度、本年度各个月份的修理费用相比较，以确定资本性支出和收益性支出的区分是否正确、有无混淆这两类支出等。

（4）将本年度计提折旧额除以固定资产总额的比率与上年度相比较，以确定本年度折旧额的计算是否正确，并查明分类折旧的计算有无错误等。

（5）将各年度固定资产保险费相比较，以查明其变动有无异常，如有异常变动应分析原因及其合理性。

2. 审计人员应审查固定资产的入账价值及其正确性

按照现行会计准则及制度规定，企业的固定资产应当按成本进行初始计量。对固定资产入账价值的审查，就是要查明固定资产取得的实际成本是否真实、正确。企业取得固定资产的渠道与方式不同，其实际成本的确定与构成内容也不同，因此，审计人员应根据不同的情况，进行具体的审查。

对于购入的固定资产，审计人员应审查其入账价值是否按实际支付的买价、相关税费和使固定资产达到预定可使用状态前所发生的可归属于该项资产的运输费、装卸费、安装费和专业人员服务费等记账，有无将包装费、运杂费或安装成本记入生产成本或管理费用中，从而混淆固定资产成本与生产成本界限等情况。

对于自行建造的固定资产，审计人员应审查其入账价值是否按照建造过程中实际发生的全部支出记账，有无将固定资产建造过程中发生的料、工、费记入生产成本，或者将日常生产经营中发生的料、工、费记入固定资产价值中，从而造成固定资产价值不正确及当期损益不真实等情况。具体来说，审查的内容主要包括以下几方面。

（1）建造固定资产物资的审查。企业购入为工程准备的物资，应通过“工程物资”科目核算。审计人员应审查工程物资是否确实存在，查明其与账面记录是否一致等。

（2）预付工程价款的审查。企业出包工程，按规定可以预付承包单位工程价款，工程完工收到承包单位账单时，再补付或补记工程价款。对预付工程价款的审查，主要包括：出包工程是否合法，即审查是否履行招标程序，查明出包工程有无违法行为；预付工程价款及支付是否合规,即审查实际支付的预付工程价款是否与合同规定的比例相符，是否与工程的进度及占全部工程款的比例相适应；预付工程价款支付手续是否健全，即审查承包方收到预付工程价款后是否出具了正式的收据，收据的内容、数字是否正确，预付工程款是否存在；工程完工后结算是否正确，即审查工程完工后承包单位送来的账单，检查工程价款的计算是否合理、正确，确定需要补付或补记的工程价款；企业是否及时做了正确的账务处理，披露是否适当；等等。

（3）自行建造固定资产成本的审查。企业自行建造固定资产、改扩建固定资产、安装固定资产及固定资产大修理发生的各项支出均应通过“在建工程”和“固定资产”科目核算。企业建造固定资产在试运转过程中所取得的收入扣除税金后抵减建造固定资产开支，其净支出即为建造固定资产成本。对此的审查主要包括：①建造固定资产各项支出的合法性。企业建造固定资产所领用的物资、工人的工资、使用的本企业产品、辅助生产部门为其提供的水、电、设备安装、修理、运输等费用，以及工程进行试运转所发生的费用等，均应计入建造固定资产成本。审计人员应根据固定资产各有关明细账及相关凭证，审查各项开支是否合法，有无将不属于建造固定资产的一些开支记入了固定资产成本，或将建造固定资产开支列入生产成本等情况。②建造固定资产借款利息处理的合规性。对此，审计人员应注意审查被审计单位发生的工程借款利息，如系固定资产尚未达到预定可使用状态之前的，则应计入固定资产造价。③建造固定资产试运转过程中收入处理的完整性。审计人员应注意审查建造固定资产试运转中各项收入是否全部入账，有无收入不入账等情况，是否将收入扣除税金后冲减了工程成本，账务处理是否正确，等等。

（4）建造固定资产期末余额的审查。建造固定资产的期末余额，系尚未达到预定可使用状态的实际支出，以及尚未使用的工程物资的实际成本。对此，审计人员应按照“在建工程”和“固定资产”各明细科目所反映的内容分别审查，以确认其真实性、正确性，并确定建造固定资产减值准备是否适当，计提依据是否充分，账务处理是否正确。

（5）工程项目决算的审查。无论出包工程还是自行建造工程，工程完工都需编制竣工决算，并据以转入企业的固定资产。对工程项目决算，审计人员应主要审查：各项费用开支是否遵守了预算定额标准，资金的使用是否经济合理，有无弄虚作假及损失浪费等现象；项目完工的工作量是否符合要求，主要设备、辅助设备及应有零部件是否齐全；工程价款的计算方法是否符合标准，计算数额是否正确；完工验收情况是否达到了预期标准；产权关系是否明确；等等。

（6）借款费用的审查。审计人员应注意审查被审计单位借款费用的账务处理是否正确；已经计入固定资产价值的借款费用是否符合资本化的条件，有无将不应资本化的借款费用计入固定资产价值，资本化的借款费用金额是否正确；等等。

对于其他单位投资转入的固定资产，审计人员应审查其入账的价值是否按评估确认或者合同、协议约定的价值记账，合同、协议约定价值是否公允，有无影响固定资产价值正确性以及投入资本真实性的情况等。对于融资租入的固定资产，审计人员在审查其入账价值是否按租赁协议确定的设备价款、运输费、途中保险费、安装调试等支出记账，有无将规定的费用项目漏记、错记或多记，以及混淆经营租赁与融资租赁界限的情况等。对于在原有固定资产基础上进行改建、扩建的固定资产，审计人员应审查其入账价值是否按原有固定资产账面原值，减去改建、扩建过程中发生的变价收入，加上由于改建、扩建而增加的支出记账；有无将改建、扩建期间发生的料、工、费与生产成本或管理费用相混淆，或将改建、扩建中发生的固定资产变价收入不入账的情况等。对于接受捐赠的固定资产，审计人员应审查其入账价值是否按照同类资产的公允价值或根据所提供的有关凭证记账；包括在接受固定资产时发生的各项费用，有无未按同类资产的市场价格或所提供的有关凭证记账而仅仅是人为估计的结果；有无将接受固定资产时发生的一些费用计入管理费用,或者将企业的一些其他开支计入接受捐赠的固定资产价值的情况等。对于盘盈的固定资产，审计人员应审查其入账价值是否合理估价，有无随意估计价值的情况等。对于企业为取得固定资产而发生的借款利息支出和有关费用，以及外币借款的折合差额，审计人员应注意审查其在固定资产达到预定可使用状态之前发生的，是否计入了固定资产的价值；而在固定资产达到预定可使用状态之后发生的，是否计入了当期损益。

3. 审计人员应审查固定资产的增减变动及结存情况

1）核查固定资产的真实性

审计人员通过监盘可以证实各项固定资产是否确实存在。一般来说，对房屋、建筑物等固定资产，可以重点抽查验证；对安装使用设备，可以在小范围内抽查验证；对可移动的固定资产，则需在较大范围内抽查验证。在实施监盘前，将固定资产明细账与固定资产卡片相核对，以做到账卡相符。具体清查时，既要注意核查固定资产是否完整存在，如主机、辅机、应有的备件是否齐全，又要注意审查固定资产的维护保养情况，鉴定其新旧程度与账面记录是否一致，必要时请专家对其实际价值进行估价。在进行监盘后，应深入调查盘盈、盘亏的固定资产，如发现有凭证手续不全造成的账外资产则应补记入账，而对盘亏的固定资产，则要查明原因并进行必要的账务处理。

2）查验固定资产的所有权

对实存于企业的固定资产，审计人员需收集诸如发票、契约、产权证明书、财产税单等各种凭证，以确定固定资产确实为被审计单位所有。在初次审计中，审计人员需收集足够的证据，证明企业固定资产的归属，并将有关凭单复印件存入审计的永久性档案中。有的企业各项记录健全，相关购买合同、发票及证明所有权的各种证据大都可在有关档案资料中找到，但有的企业因机构变动、人员变更、制度变化等可能会发生证据不充足或资产移动放置错误等情况，审计人员需要采取通过各种方法搜集证据，以查明资产的所有权归属及抵押情况。当再次审计时，审计人员仍要查验固定资产的所有权，所采用的方法可与初次审计有所不同。例如，可根据内部控制情况抽取一部分资产记录与资产本身进行查对，尤其是对记录中的一些增减项目进行查对。

3）审查新增、减少的固定资产

企业新增固定资产，在账务处理上都应借记“固定资产”科目，但因其来源渠道不同，其所对应的贷方会计科目也不同。审计人员应注意审查以非现金资产抵债或以应收账款换入的固定资产和以非货币性交易换入的固定资产，是否按照会计准则的规定进行了账务处理。对减少的固定资产进行审查时，审计人员应调阅和分析涉及减少固定资产项目的明细账和会计凭证，按固定资产减少的不同情况，分别进行审查。针对报废的固定资产，审计人员应审查其是否达到了规定的使用年限，报废后的固定资产残值是否及时收回入库，报废固定资产净损失的计算是否正确，是否按规定计入了营业外支出，如属于提前报废的固定资产还应查明原因。对于出售的固定资产，审计人员应审查其出售价值是否合理，查明有无借职务之便以出售固定资产为名牟取私利的行为，固定资产出售后是否进行了正确的账务处理。至于盘亏的固定资产，审计人员应审查被审计单位是否及时进行了正确的账务处理。

4）审查融资租赁的固定资产

对被审计单位融资租赁的固定资产，审计人员应主要审查：租赁合同是否合法、合规，手续是否完备；固定资产的计价是否正确，买价、运杂费、途中保险费、安装费、竣工验收前利息费等是否按规定计入固定资产价值；是否按合同规定按期支付租金，支付租金时的账务处理是否正确；是否按期计提折旧，折旧计算是否正确；合同到期时的所有权转移，是否按合同中原定的条件进行。

5）证实期末的固定资产价值

对被审计单位期末列示于财务报表中的固定资产，审计人员应通过核实固定资产的入账价值、增加与减少、盘盈与盘亏等情况，以证实其价值的真实性与正确性。例如，在确认盘盈与盘亏的基础上，检查被审计单位是否将盘盈与盘亏的固定资产通过正确的账户核算。对于盘盈的固定资产，是否按重置价值入账，是否按其新旧程度计算累计折旧，并将其净值记入相应的账户；而对于盘亏的固定资产，是否根据固定资产账面价值进行了正确的转账处理。

6）检查固定资产披露的正确性和恰当性

对于固定资产的披露，审计人员既应审查列示于财务报表中的固定资产等有关项目，以确定其在财务报表中披露的恰当性，又要审查附注中是否披露与固定资产有关的信息。

这些信息包括：固定资产的确认条件、分类、计量基础和折旧方法；各类固定资产的使用寿命、预计净残值和折旧率；各类固定资产的期初和期末原价、累计折旧额及固定资产减值准备累计金额；当期确认的折旧费用；对固定资产所有权的限制、金额及用于担保的固定资产账面价值；准备处置的固定资产名称、账面价值、公允价值、预计处置费用和预计处置时间等。

4. 审计人员应审查固定资产折旧的适当性与正确性

1）审计人员可运用分析程序审查固定资产的折旧

审计人员运用的分析程序包括：将当年的折旧费用与以前年度折旧费用相比较；将应提折旧的固定资产乘以本期的折旧率，分析折旧计提总体是否合理；将本期计提的折旧额与固定资产原值的比例与上期相比较，以分析本期计提折旧额的合理性，并评价固定资产的新旧程度，估计可能发生的固定资产损失、使用年限的变更或折旧政策的变化；将成本费用中折旧费用明细账记录与“累计折旧”账户贷方的本期折旧计提额相比较，以查明计提折旧是否计入本期生产成本或期间费用，如发现差异应查明原因，差异较大时还需做出调整。

2）审计人员应审查被审计单位计提折旧的范围及使用的折旧方法

固定资产的折旧是按月初应提折旧的固定资产原值计提的。审计人员应审查计提折旧的固定资产范围是否适当，查明应计提的折旧是否都已计提，不应计提折旧的固定资产（如已提足折旧继续使用的固定资产和按规定单独入账的土地等）有无计提折旧。不仅如此，审计人员还应检查被审计单位的折旧计算单和“累计折旧”账户，查明所使用的折旧方法是否适当，有无任意变更折旧方法，等等。

3）审计人员应审查被审计单位折旧额的计算

审计人员应注意审查固定资产月初原值的确定是否正确，有无将本月新增的固定资产计提了折旧、本月减少的固定资产未提取折旧；应注意审查折旧率是否正确，是否符合各类固定资产使用年限的规定，因而应核实折旧率的确定并复核折旧额的计算。对已计提减值准备的固定资产，审计人员应按照账面价值与尚可使用年限重新计算确定其折旧率及折旧额，并结合“固定资产减值准备”账户，确认其折旧额计算的正确性。

5. 审计人员应审查固定资产的减值准备情况

按照《企业会计准则》的规定，企业应在期末或者至少在每年年度终了时，逐项检查固定资产。如果市价持续下跌，或技术陈旧、损坏、长期闲置等原因导致可收回金额低于账面价值，应将可收回金额低于其账面价值的差额作为固定资产减值准备。一般来说，当资产产生较少的现金流量时，表明该资产存在减值迹象，或通过现场观察，也可发现资产是否被充分地利用。对固定资产的减值准备，审计人员应主要审查：固定资产减值准备的计提方法及计提比例是否适当，计提数额是否充分；固定资产减值准备的增减变动记录是否完整；“固定资产减值准备”账户的期末余额是否正确；业已计提减值准备的固定资产是否按照账面价值和尚可使用年限调整了折旧计提金额；固定资产减值准备是否按照《企业会计准则》的要求进行了正确、恰当的披露等。

根据被审计单位固定资产的实际情况，审计人员可以选择表 13-5 所列指标进行分析。

表 13-5　固定资产实质性分析程序的要点

比较的内容	可能存在的信息（即注册会计师的合理疑问）
将本期折旧额与固定资产总成本的比率同上年比较	本期折旧计算方面的错误
将本期折旧额与制造费用的比率同上年比较	折旧计算方面的错误
将累计折旧占制造费用的比率同上年比较	累计折旧记录中的错误
将累计折旧与固定资产总成本的比率同上年比较	累计折旧核算中的错误
将每月或全年的低值易耗、维修费同上年比较	将应当资本化的项目计入本期费用
将制造费用与产量的比率同上年比较	闲置或已减少的设备未做账务处理
将本期与以前各期的固定资产增加和减少比较	判断差异产生原因的合理性
将固定资产原值与本期产品产量的比率同以前年度比较	固定资产闲置或已减少的设备未做账务处理
将固定资产的构成及增减变动与相关信息交叉核对	固定资产相关金额的合理性和准确性

在采购与付款循环中，除了上述会计账户外，还有预付账款、固定资产减值准备、工程物资、在建工程、固定资产清理和应付票据等其他相关账户，对这些账户的审计目标和实质性程序如表 13-6 所示。

表 13-6　其他相关账户的审计目标和实质性程序

账户名称	审计目标	实质性程序
预付账款	1. 确定预付账款是否存在 2. 确定预付账款是否归被审计单位所有 3. 确定预付账款增减变动的记录是否完整 4. 确定预付账款期末余额是否正确 5. 确定预付账款在财务报表上的披露是否恰当	1. 获取或编制预付账款明细表，复核其加计数是否正确，并核对其期末合计数与报表数、总账数和明细账合计数是否相符 2. 实施分析程序 3. 分析预付账款账龄及余额构成，正确确定函证对象，函证其余额是否正确 4. 检查预付账款长期挂账的原因 5. 关注是否存在预付关联方账款 6. 分析预付账款明细账余额方向，如出现贷方余额的项目，应查明原因，必要时建议做重分类调整 7. 检查预付账款是否已在资产负债表上恰当披露
固定资产减值准备	1. 确定固定资产减值准备的方法是否恰当，计提是否充分 2. 确定固定资产减值准备增减变动的记录是否完整 3. 确定固定资产减值准备期末余额是否正确 4. 确定固定资产减值准备的披露是否恰当	1. 获取或编制固定资产减值准备明细表，复核其加计数是否正确，并核对其期末合计数与报表数、总账数和明细账合计数是否相符 2. 检查固定资产减值准备的计提方法是否符合会计制度规定，前后各期是否一致，计提的依据是否充分，计提的数额是否恰当，相关会计处理是否正确 3. 实施分析程序，计算本期期末固定资产减值准备数额占期末固定资产原值的比率，并与期初比率比较。如有异常波动，查明原因，判断波动的合理性 4. 检查实际发生固定资产损失时，相应固定资产减值准备的转销是否符合有关规定，会计处理是否正确 5. 检查固定资产减值准备的披露是否恰当

续表

账户名称	审计目标	实质性程序
工程物资	1. 确定工程物资是否存在 2. 确定工程物资是否归被审计单位所有 3. 确定工程物资增减变动的记录是否完整 4. 确定工程物资期末余额是否正确 5. 确定工程物资在财务报表上的披露是否恰当	1. 获取或编制工程物资明细表，复核其加计数是否正确，并核对其期末合计数与报表数、总账数和明细账合计数是否相符 2. 盘点工程物资，确定其是否存在 3. 抽查相关原始凭证，检查其是否经过授权批准，会计处理是否正确 4. 检查有无与关联方的工程物资相关的购销业务，如有，应查明是否经过授权，是否按正常交易价格结算 5. 检查工程物资在资产负债表上的披露是否恰当，如果被审计单位是上市公司，应在其财务报表附注中分项列示各类工程物资的期初余额、期末余额
在建工程	1. 确定在建工程是否存在 2. 确定在建工程是否归被审计单位所有 3. 确定在建工程增减变动的记录是否完整 4. 确定计提在建工程减值准备的方法和比例是否恰当，在建工程减值准备的计提是否充分 5. 确定在建工程期末余额是否正确 6. 确定在建工程在财务报表上的披露是否恰当	1. 获取或编制在建工程明细表，复核其加计数是否正确，并核对其期末合计数与报表数、总账数和明细账合计数是否相符 2. 检查本期在建工程的增减变动情况，看其会计处理是否正确 3. 检查在建工程项目期末余额的构成内容，并实地观察工程现场，确定在建工程是否存在，查明是否存在实际已使用但未办理竣工决算手续、未及时进行会计处理的项目 4. 检查在建工程减值准备的计提 5. 检查在建工程合同，以确定是否存在与资本性支出有关的财务承诺 6. 检查在建工程在资产负债表上的披露是否恰当
固定资产清理	1. 确定固定资产清理的记录是否完整 2. 确定固定资产清理反映的内容是否正确 3. 确定固定资产清理的期末余额是否正确 4. 确定固定资产清理在财务报表上的披露是否恰当	1. 获取或编制固定资产清理明细表，复核其加计数是否正确，并核对其期末合计数与报表数、总账数和明细账合计数是否相符 2. 检查固定资产清理的发生是否有正当理由，是否经有关技术部门鉴定，其发生和转销是否经授权批准，相关会计处理是否正确 3. 检查固定资产清理是否有长期挂账现象，如有，应做出记录，必要时建议做适当的调整 4. 检查固定资产清理是否已在资产负债表上恰当披露
应付票据	1. 确定应付票据的发生和偿还记录是否完整 2. 确定应付票据期末余额是否正确 3. 确定应付票据在财务报表上的披露是否恰当	1. 获取或编制应付票据明细表，复核其加计数是否正确，并核对其期末合计数与报表数、总账数和明细账合计数是否相符 2. 函证应付票据 3. 实施分析程序，以证实应付票据的完整性和合理性，及时发现需要特别关注的方面 4. 检查应付票据备查簿，抽查若干重要原始凭证确定其是否真实，会计处理是否正确 5. 复核带息应付票据利息是否足额计提，其会计处理是否正确 6. 查明逾期未兑付应付票据的原因，是否已转入应付账款项目，其中带息应付票据是否已停止计息；确定是否存在抵押票据的情形，必要时，提请被审计单位予以披露 7. 关注是否存在应付关联方的票据 8. 审查外币应付票据的折算 9. 检查应付票据是否已在资产负债表上恰当披露

本 章 小 结

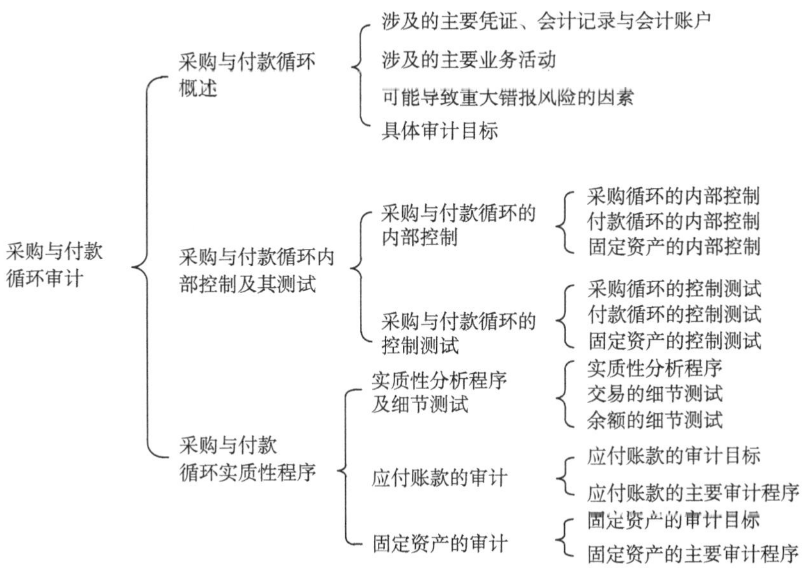

复习思考题

1. 采购与付款循环涉及哪些主要业务活动？对这些业务进行核算时，需要运用哪些会计科目？
2. 采购与付款循环涉及哪些主要凭证和会计分录？
3. 采购与付款循环中常见的可能导致重大错报风险的因素有哪些？审计中应如何关注？
4. 采购与付款循环审计的主要风险和具体审计目标是什么？
5. 采购与付款循环的内部控制关键点有哪些？如何对其进行控制测试？
6. 物资采购的审计目标与主要审计程序是什么？
7. 应付账款的审计目标是什么？应付账款的实质性程序是什么？
8. 固定资产的审计目标是什么？固定资产的实质性程序是什么？
9. 应付票据的审计目标是什么？应付票据的实质性程序是什么？
10. 预付账款的审计目标是什么？预付账款的实质性程序是什么？
11. 实质性分析程序在采购与付款循环审计中有哪些应用？

第十四章

生产与存货循环审计

本章重点介绍生产与存货循环的相关凭证和会计分录、内部控制测试、实质性程序等内容。

- 了解生产与存货循环的主要业务活动和主要特点
- 熟悉生产与存货循环的相关凭证和会计分录
- 熟悉生产与存货循环内部控制及其测试
- 掌握生产与存货循环实质性程序

第一节　生产与存货循环概述

生产与存货循环是企业处理有关生产成本计算和存货管理等业务的过程。它与销售与收款循环、采购与付款循环等业务循环密切关联，涉及材料采购、产品生产、货物存储、商品销售及薪酬支付等诸多业务，其中的采购业务、销售业务分别在第十三章“采购与付款循环审计”和第十二章“销售与收款循环审计”中加以阐述。根据财务报表项目与业务循环的相关程度，生产与存货循环涉及的资产负债表项目主要是存货。生产与存货循环中业务复杂、存货种类和数量繁多，计价方法各异，且生产成本与存货计价直接影响当期损益，其涉及的部门多、相关账户多，因而审计风险较高。为此，审计人员应给予高度重视，需安排较多的时间，了解该业务循环的特点及内部控制，实施控制测试，评估审计风险，拟订审计方案，进行账户余额和交易额的实质性程序。

一、生产与存货循环涉及的主要凭证与会计记录

以制造业为例，生产与存货循环通常涉及的主要凭证和会计记录主要包括以下方面。

（1）生产通知单。生产通知单也称生产任务通知单或生产指令，一般是由计划部门下达的制造产品等生产任务的书面文件，用以通知生产部门组织产品生产、供应部门组织材料供应、财会部门组织成本核算。生产通知单广义上也包括用于指导产品加工的工艺规程等，需预先连续编号。

（2）领料与发料凭证。领料与发料凭证是企业用以控制材料领发所采用的各种凭证，如领料单、限额领料单、领料登记簿、退料单、发料凭证汇总表、入库单等。

（3）产量和工时记录。产量和工时记录是用来登记和反映生产人员出勤日内完成的产品数量、质量和生产产品所耗费工时数量的原始记录，如工作通知单、工序进程单、工作班产量报告、产量通知单、产量明细表、废品通知单等。

（4）工薪汇总表及工薪费用分配表。工薪汇总表可用于反映工薪结算情况，并据以分配工薪费用；工薪费用分配表用以反映各生产单位各种产品所应负担的生产工人的工资和福利费。

（5）材料费用分配表。材料费用分配表是用来汇总反映各生产单位各种产品耗费的材料费用的原始记录。

（6）制造费用分配汇总表。制造费用分配汇总表是用来汇总反映各生产单位各种产品所应负担的制造费用的原始记录。

（7）成本计算单。成本计算单是按成本对象设置、用来归集各个成本计算对象所应承担的生产费用，并计算各成本计算对象的总成本和单位成本的文件，可以反映完工产品成本和期末在产品成本。

（8）存货明细账。存货明细账是根据出入库凭证登记、用来反映各种存货增减变动情况和期末库存数量及相关成本信息的会计记录，可据以进行明细分类核算和实物控制。

（9）存货盘点报告表。存货盘点报告表是由存货清查小组据实填制、用来记录并报告存货品种、规格、数量、质量情况的凭证，可以作为按规定报经有关部门批准后进行账务处理的原始依据。

生产与存货循环涉及的主要财务报表与账户见表 14-1。

表 14-1 生产与存货循环涉及的主要财务报表与账户

涉及的主要财务报表	账户
资产负债表	存货、存货跌价准备、应付职工薪酬、制造费用
利润表	主营业务成本

二、生产与存货循环涉及的主要业务活动

一般来说，企业应将各项职能活动分派给不同的部门或员工来完成，每个部门或员工都可独立检查其他部门或员工业务活动的正确性。前已述及，以制造业为例，生产与存货循环涉及材料采购、产品生产、货物存储、商品销售及薪酬支付等诸多业务，其主要业务活动包括计划和安排生产、发出原材料、生产产品、核算产品成本、储存产成品及发出产成品等，这些业务活动通常涉及计划、仓库、生产、销售、人事及财会等多个部门。

企业的生产与存货循环，其主要过程大致如下。

（1）制订和批准生产计划，即计划部门根据客户订单或销售预测等制订生产计划，交由被授权人员审批；决定授权生产后，签发有预先编号的生产通知单，安排生产部门生产或执行；编制材料需求报告，列出所需要的材料、零部件及其库存情况。

（2）申领材料和加工产品，即生产部门根据生产通知单填写领料单，经部门经理批准后交仓库部门领料；生产部门根据生产通知单将生产任务安排给生产工人，并将领取的材料交给生产工人加工，完工产品则交由生产部门清点，并经验收人员检验合格后入库或转下一工序继续加工。

（3）进行成本核算和存货动态管理，即财会部门设置会计账户控制材料的流动及成本形成，成本核算人员收集凭证、详细登记、汇总料工费及核算产品成本，并将生产控制与成本控制有机结合起来；保管人员根据入库单填写仓库货物登记簿并建立台账，及时反映货物的生产、供销、耗用、库存等情况，并与销售、财会等部门对账，仓库部门要及时通知财会部门入库情况，财会部门要及时进行相应记录，对于在库产品要有健全的保管与记录制度，并根据收发凭证进行存货的出入库并及时登记，保证账、卡、物相符。

（4）办理产品销售出库及存货报废核销。销售部门在接到客户订单并商定品种规格、数量质量、价格、交货期、结算方式后报主管人员批准，签订销售合同，开出销货单交由独立的发运部门装运产品，经授权人员批准后根据发运通知单发出产成品，再依据经批准的发运通知单编制出库单，并根据出库单登记产成品永续盘存记录；在各个环节发生的存货报废，都应由经办人员填写报废审批单，说明存货报废的具体情况，经部门主管审批后，交由有关部门组成的资产报废审核小组审核，出具鉴定意见后，送被授权人批准。

在生产与存货循环中主要涉及三类循环：一是生产循环，即企业将原材料投入生产到产成品验收入库有关活动组成的循环；二是仓储循环，即对存货的日常收发、储存与保管业务组成的循环；三是人力资源循环，即企业支付员工工报酬、福利、培训、保险等有关业务组成的循环。

与生产循环和仓储循环有关的主要业务活动及其适当的控制程序，具体阐述如下。

（1）计划和安排生产。计划部门根据客户订单或者对销售预测和产品需求的分析决定生产授权，如决定授权生产，则签发预先顺序编号的生产通知单。该部门通常应将发出的所有生产通知单顺序编号并加以记录控制，同时编制一份列示所需材料和零件及其库存的材料需求报告。

（2）发出材料。仓库部门根据来自生产部门的领料单发出材料，领料单上应列示所需材料的名称、规格、品种、数量，以及领料部门的名称。该领料单可以一料一单，也可以多料一单。在手工系统中，领料单通常一式三联：一联用于仓库部门发料后登记材料明细账，一联用于财会部门进行材料收发核算及成本计算，一联由领料部门保存。仓库部门发料后，将其中的一联连同材料交给领料部门，其余两联经仓库登记材料明细账后，送财会部门进行有关的核算。

（3）生产产品。生产部门在收到生产通知单及领取材料后，将生产任务分解至每一个生产工人，并将所领取的材料交给生产工人，据以执行生产任务。生产工人在完成生产任务后，将完成的产品交由生产部门查点，然后转交检验员验收并办理入库手续；或是将完成的产品移交下一个部门，以便进一步加工。

（4）核算产品成本。企业生产过程中的各种记录、生产通知单、领料单、计工单、入库单等文件资料都应汇集到财会部门，由财会部门对其进行检查和核对，以了解和控制生产过程中存货的实物流转；财会部门也要设置相应的会计账户，并会同有关部门对生产过程中的成本进行核算和控制。因此，企业必须建立健全成本会计制度，以提供原材料转为在产品、在产品转为产成品，以及按成本中心、分批次生产任务通知单或生产周期所消耗的料工费的分配与归集等详细资料，正确核算并有效控制产品成本。

（5）验收并储存产成品。企业产成品的入库，必须由仓库部门先行点验、检查及签收，签收后便将实际入库数量通知财会部门。此外，仓库部门还应根据产成品的品质特征分类存放，并填制标签。

（6）发出产成品。企业产成品的发出，必须由独立的发运部门持经有关部门核准的发运通知单装运，并编制出库单。该出库单至少一式四联：一联交仓库部门，一联由发运部门留存，一联送交客户，一联作为给客户开具发票的依据。

此外，与人力资源循环相关的主要业务活动及其适当的控制程序，具体阐述如下。

就工业企业来说，其涉及业务事项主要如下：①人力资源与报酬事项交易，包括员工招聘、培训、授权变动工资、编制出勤和计时资料、编制工资计算表、发放工资、计提与使用职工福利费、计提与缴纳社会保险基金等；②产品制造与生产事项，包括编制生产计划、下达生产指令、领出原材料、生产产品、核算生产成本、核算在产品等；③存货的收发与保管事项，包括存货的验收入库、日常保管、发出等。

三、可能导致重大错报风险的因素

生产循环、仓储循环与人力资源循环是企业生产经营的基本循环，它对资产负债表中的“存货”“应付职工薪酬”等项目，利润表中的“主营业务成本”“管理费用”等项目产生重大影响。该循环中常见的可能导致重大错报风险的因素包括以下方面。

（1）在计算应付职工薪酬时，有关人员可能虚构员工名单，故意多计算工资，然后将虚列工资据为己有或形成“小金库”。

（2）在计算员工应缴个人所得税时，有意或无意出现错误，少计算个人所得税。

（3）故意多计提或少计提职工福利费、职工教育经费、工会会费、社会保险费、内退职工薪酬与福利等，以虚减或虚增管理费用，人为调节损益。

（4）没有正确划清生产成本与非生产成本的界限，如将生产领用原材料成本计入在建工程成本、将车间生产耗用水电费用计入管理费用；或相反，将在建工程领用原材料成本计入生产成本、将行政管理部门耗用水电费用或领用的其他物资的成本计入生产成本。

（5）期末以假领料的方式大量虚增原材料成本，从而虚增产品成本。

（6）未对期末在产品进行盘点，按估计数计算期末在产品盘存数，虚估在产品完工程度，从而导致在产品成本计算不正确。

（7）产品成本计算方法没有保持一贯性，产品成本计算不正确，多算或少算完工产品成本。

（8）物资收发过程中没有严格准确的计量，造成多发或少发；没有定期或不定期盘点存货，造成物资账实不符。

（9）存货存在积压、毁损、变质的情况，但未按会计政策规定足额计提存货减值准备。

（10）发出存货计价方法未保持一贯性，发出存货金额的计算不正确，故意多结转或少结转发出存货成本，从而低估或高估期末存货金额和当期利润。

四、具体审计目标

生产与存货循环审计的具体目标如表 14-2 所示。

表 14-2 生产与存货循环审计的具体目标

管理层认定	一般审计目标	项目审计目标
—	总体合理性	（1）企业当期职工薪酬、生产等业务总体合理，没有重大错报的迹象 （2）企业主要产品单位成本、总成本总体合理，没有重大错报的迹象 （3）存货期末余额总体合理，没有重大错报的迹象
存在或发生	存在或发生	（1）所有已入账的职工薪酬、生产、存货收发业务均已实际发生 （2）所有已入账的生产成本均已实际发生 （3）所有账面记录的存货确实存在 （4）财务报表中列报和披露的所有存货、应付职工薪酬和其他情况均已发生或存在，且与被审计单位有关
完整性	完整性	（1）所有已发生的职工薪酬、生产、存货收发业务均已入账 （2）生产中所有已耗费的物资与人工均已入账 （3）所有期末结存的存货均已记录入账 （4）所有应包括在财务报表中的存货、应付职工薪酬和其他情况等均已列报和披露
权利和义务	权利和义务	（1）在资产负债表日的所有存货均为企业所拥有 （2）应付职工薪酬等是企业在资产负债表日所应承担的法律义务
计价和分摊	计价和分摊	（1）存货减值准备的计提金额恰当，存货账面价值恰当 （2）发出存货的计价正确，产品生产成本的计算正确
截止	截止	所有职工薪酬交易、生产事项、仓储事项均已记录在恰当的会计期间
准确性	准确性	（1）存货、生产成本、应付职工薪酬等账户入账金额正确、明细账与总账一致 （2）与存货、应付职工薪酬等相关的财务信息和其他信息已在财务报表中恰当列报和披露，且金额恰当
分类	分类	（1）所有存货均已恰当分类为原材料、低值易耗品、产成品等类别 （2）与存货、应付职工薪酬等相关的财务信息和其信息已在财务报表中恰当列报和披露
可理解性	可理解性	存货、应付职工薪酬等在财务报表中的列报和披露表述清楚，易于理解

第二节 生产与存货循环内部控制及其测试

一、生产与存货循环的内部控制

在实务中，为识别、控制企业生产与存货循环的风险，企业设计和执行的生产与存货循环的关键控制包括以下内容。

（一）不相容岗位分离的控制

企业应当建立存货业务的岗位责任制，明确内部相关部门和岗位的职责、权限，确保办理存货业务的不相容岗位相互分离、制约和监督。存货的不相容岗位包括下列内容：

存货的请购与审批、执行；存货的采购与验收、付款；存货的保管与相关会计记录；存货发出的申请与审批、会计记录；存货处置的申请与审批、会计记录。

（二）计划和安排生产的控制

计划和安排生产的控制包括下列内容：定期编制生产计划并根据订单或市场动态和存货分析及时调整；根据批准的生产计划编制生产通知单；生产通知单经过控制部门批准；使用和控制预先编号的生产通知单。企业应当对存货业务建立严格的授权批准制度，明确审批人对存货业务的授权批准方式、权限、程序、责任和相关控制措施，规定经办人办理存货业务的职责范围和工作要求。

（三）发出材料的控制

发出材料的控制包括下列内容：仓库发出材料要求有经过审批的发料单；采用限额领料单，超限额领料需办理审批手续；剩余材料办理月末假退料手续；材料耗用汇总表包括在生产活动报告中。

（四）生产产品的控制

生产产品的控制包括下列内容：物化劳动和所有耗费经过正确计量；生产活动经过正确记录；已完工产品经过本工序相关人员审批后转移。

（五）储存产成品的控制

储存产成品的控制程序如表 14-3 所示。

表 14-3　储存产成品的控制程序

程序	具体措施
严格的存货保管管理	（1）所有存货集中管理 （2）存货的防盗措施周密 （3）设有专职的存货保管人员 （4）存货的分拣、堆放、仓储条件等良好 （5）仓库存货按种类性质集中堆放并标记 （6）寄存品、委托加工商品独立管理、堆放 （7）废弃、损坏和滞销存货独立管理并定期报告 （8）委托外单位加工的存货，其收、发、存情况由专人登记和控制，委托单位核对
存货的入库履行验收手续	（1）存货的入库履行验收手续，对名称、规格、型号、数量、质量和价格等逐项核对 （2）存货根据经审核的入库单登记入账
及时、准确记录存货	（1）仓库建立存货收、发、存台账制度并及时登记 （2）原材料和产成品的收、发、存月报表根据当月的入库单和领料单等分别汇总编制 （3）财会部门与仓库部门定期对账，并及时分析、根据审批调整相关差异 （4）存货的数量由负责存货记录之外的独立人员核证
建立永续盘存制度并严格执行	（1）所有存货均设有永续盘存记录 （2）建立定期盘点制度，并核对账面数与实存数差异 （3）存货的盘盈和盘亏经适当的批准后及时调账
存货管理有相关保护性制度	（1）限制只有经过授权的人员才能接近原材料和产成品存货 （2）存货的保险制度适当

（六）发出产品的控制

发出产品的控制包括下列内容：仓库根据经批准的领料单发货；发出商品根据销货单、销售发票、提货联或运货单发货；存货出门验证制度。

（七）产品成本核算的控制

产品成本核算的控制程序如表 14-4 所示。

表 14-4 产品成本核算的控制程序

程序	具体措施
生产过程中文件资料由财会部门统一汇集	（1）生产过程中的文件资料经审核后向财会部门报送 （2）财会部门依据经审核的文件资料进行成本核算 （3）基础文件资料由专门部门负责保管
成本的归集准确完整	（1）材料耗用根据审核后的材料消耗月报表金额入账 （2）人工成本耗用经审核无误的工资费用分配表正确入账 （3）制造费用的归集严格按规定办理，前后期一致
成本的分配合理、准确	（1）材料成本差异按规定的方法分配，前后期一致 （2）材料成本差异及时向有关管理人员报告，以便调查和跟踪控制 （3）直接人工成本按规定的方法分配，前后期一致 （4）制造费用按规定的方法分配，前后期一致 （5）生产成本按规定的方法在产成品与在产品之间进行分配，前后期一致
会计记录完整、准确，并计入适当的会计期间	（1）编制分配制造成本到在产品的分录所使用的资料与生产报告的资料一致 （2）编制结转已完工产成品成本到产成品的分录所使用的资料与生产报告的资料一致 （3）定期独立检查存货明细账与总账余额的一致性 （4）定期独立盘点在产品、产成品，并将实际盘点数量与账面数量相比较
存货的计价方法合理，并保持一贯性制度	（1）存货的计价方法恰当，前后期一致 （2）期末对未到存货暂估入账 （3）产品销售成本计算符合制度规定，与相关收入配比 （4）存货计价方法的确定与变更经过审批

（八）验收的控制

外购存货入库前一般应经过以下验收程序。

（1）检查订货合同、入库通知单、供货企业提供的材质证明、合格证、运单和提货通知单等原始单据与待检验货物是否相符。

（2）对拟入库存货的交货期进行检验，确定外购货物的实际交货期与订购单中的交货期是否一致。

（3）对待验货物进行数量复核和质量检验，必要时可聘请外部专家协助进行。

（4）对验收后数量相符、质量合格的货物办理相关入库手续，对经验收不符合要求的货物，应及时办理退货或索赔。对不经仓储直接投入生产或使用的存货，应当采取适当的方法进行检验。

拟入库的自制存货，生产部门应组织专人对其进行检验，只有检验合格的产成品才可以作为存货办理入库手续。由生产车间发出至客户、实物不入库的产成品，以及采购后实物不入库而直接发至使用现场的外购存货，应当采取适当方法办理出入库手续。

（九）保管的控制

保管的控制包括下列内容。

（1）存货管理部门对入库的存货应当建立存货明细账，详细登记存货类别、编号、名称、规格型号、数量和计量单位等内容，并定期与财会部门就存货品种数量和金额等进行核对。

（2）存货的存放和管理应指定专人负责并进行分类编目，严格限制其他无关人员接触存货，入库存货应及时记入收、发、存登记簿或存货卡片，并详细标明存放地点。

（3）入库记录不得随意修改。若确需修改入库记录，应当经有效授权批准。

（4）对于已售商品退货的入库，仓库部门应根据销售部门填写的产品退货凭证办理入库手续，经批准后，对拟入库的商品进行验收。因产品质量问题发生的退货，应分清责任，妥善处理。对于劣质产品，可以选择修复、报废等措施。

（5）企业应当加强存货的日常保管工作，具体程序如下：①因业务需要分设仓库的情形，应当对不同仓库之间的存货流动办理出入库手续；②应当按仓储物资所要求的储存条件储存，并建立和健全防火、防潮、防盗与防变质等措施；③贵重物品、生产用关键备件、精密仪器和危险品的仓储，应当实行严格审批制度。

（十）应付职工薪酬的控制

（1）职责分离，以防止超越一般标准向职工支付薪酬，或向不存在的职工支付薪酬（如人力资源部门与财务部门应实行严格的职责分离）。

（2）授权与审批，即人力资源部门应负责职工的招聘与解雇，而有关的支付率、扣减率及员工加班应经过有关人员的批准；凭证与记录，即财务部门的凭证与记录应当与人力资源部门的相关信息定期沟通，并严格区分计时工资与计件工资。

（3）凭证的审核，即凭证的审核应与凭证的记录严格分开，至于较小单位的财务审核可直接由财务经理负责。

（4）内部稽查，即薪酬的计算应当接受独立验证，将审批薪酬总额与汇总报告相比较，而管理层成员或其他负责人应当复核工薪金额以避免可能的错报等。对该项内部控制，审计人员需重视可能存在的重大错报风险，其原因主要如下：在职工薪酬表上，虚构职工名单；职工没有付出劳动而获得薪酬；随意更改职工的薪酬确定标准；计算职工扣除数及薪酬账务处理中出现错误；运用电子货币转账系统时，银行账户不正确；实际支付薪酬时，支付给了不正确的职工；职工的薪酬没有及时支付而被挪作他用；等等。

二、生产与存货循环内部控制测试

（一）生产与存货循环内部控制测试的方法

对生产与存货循环内部控制取得了解并加以记录的程序，与其他交易循环的程序相同。这些程序包括询问、检查、观察、考虑以往同被审计单位交往的经验等。表 14-5 列示了被审计单位生产与存货循环内部控制问卷调查表。

表 14-5　生产与存货循环内部控制问卷调查表

被审计单位：东方机械　　调查者：李×华　　调查日期：20×2/02/05　　索引号：Y4-3

被调查者：周×彤（职务：仓库管理员）　　复核员：吴　×　　复核日期 20×2/03/10

主要业务活动	提出问题	是	否	不适用	备注
计划和控制生产	（1）生产通知单是否经过生产计划和控制部门批准 （2）是否使用和控制预先编号的生产通知单				
发出原材料	（1）仓库发出材料是否要求有已签字的发料单 （2）材料耗用汇总表是否包括在生产活动报告中				
加工生产产品	（1）是否使用记工单来记录生产产品所耗用的人工小时 （2）人工耗用汇总表是否包括在生产活动报告中				
转移已完工产品到产成品库	最后的转移单是否由产成品仓库人员在收到已完工产品时签字				
保护制造性存货	（1）是否限制只有经过授权的人员才能接近原材料和产成品存货 （2）是否使用签字的转移单控制在产品在生产过程中的实务移动				
确定和记录生产成本	（1）制造费用分配率和标准成本是否经管理层批准 （2）差异是否及时向有关生产管理人员报告				
保持存货余额的正确性	（1）是否定期独立检查制造性存货明细账与总账余额的一致性 （2）是否定期独立盘点制造性存货，并将实际盘点数量与账面数量比较				
应付职工薪酬	（1）员工离职是否立即通知财会部门 （2）工资增减是否经过核准并通知财会部门 （3）工资表是否由专人编制并由专人复核 （4）工资记录是否经常与人事部门的资料核对 （5）是否定期计提与工资相关的经费与保险费 （6）是否及时足额缴纳各项社会保险费				

（二）生产与存货循环的控制测试

在审计实务中，审计人员可以以识别的重大错报风险为起点实施控制测试。表 14-6 列举了生产与存货循环的风险、主要控制和控制测试程序。

表 14-6　生产与存货循环的风险、主要控制和控制测试程序

主要业务活动	风险	主要控制	控制测试
计划和控制生产	生产规模可能不适当，可能生产过剩导致存货滞销，或者产量不足导致存货脱销	计划和生产进度由生产部门监控，并取得生产经理批准	检查授权生产的证据
发出原材料	原材料的发出可能未经授权或者发出用于生产的原材料可能不正确	按已批准生产通知单和签字的发料凭证发出原材料	审查发料凭证，并将其与生产通知单进行比较
加工生产产品	直接人工小时可能未记入生产通知单	使用计工单记录完成生产通知单耗用的直接人工小时	观察计工单的使用和计时程序
转移已完工产品到产成品库	（1）产成品仓库保管人员可能声称未从生产部门收到产品 （2）存货可能在仓库中被盗 （3）在产品可能在生产过程中被盗	（1）产成品仓库保管人员收到产品时在最后一张转移单上签字 （2）仓库加锁并限制只有经授权的人员才能接近 （3）使用签字的转移单控制生产部门之间产品的移动	（1）审查最后一张转移单上的授权签名 （2）观察保安程序 （3）观察程序，审查转移单

续表

主要业务活动	风险	主要控制	控制测试
记录生产的产品	(1)可能使用不适当的制造费用分配率和标准成本 (2)可能未记录分配生产支出到各产品生产成本 (3)可能未结转已完工产品的成本到产成品	(1)管理层批准制造费用分配率和标准成本；及时报告并调节差异 (2)将编制分录所使用的资料与每日生产活动报告资料相调节 (3)将编制分录使用的资料与已完工生产报告资料相调节	(1)询问有关确定和批准分配率与标准，以及报告和调查差异的程序 (2)审查调节的情况
保管存货和维护存货主文档	记录的存货数量可能与实际存货数量不一致	定期或持续执行存货盘点，调整存货主文档中的存货余额和总分类账的余额	检查存货盘点和记录中的存货余额
应付职工薪酬	(1)可能虚构员工名单，故意多计算工资 (2)故意多计提或少计提职工福利费等，以虚减或虚增管理费用	通过职责分离、凭证和记录控制、凭证审核和内部稽核等予以控制	以选择若干月份的薪酬汇总表或从薪酬单中选取若干样本进行检查

对薪酬交易内部控制的测试和评价控制风险的过程，表 14-7 列示了对可能错报的必要控制和可能执行的控制测试的代表项目。

表 14-7　测试、评价薪酬交易控制风险的考虑

主要业务活动	主要的控制点	防范的错报	可能的控制测试
1. 雇用员工	雇用任何一个新员工均由人事部门授权	可能有虚构员工列入薪酬计算表	审查新雇用员工的授权表
2. 授权变动薪酬	每次变动薪酬均由人事部门授权	薪酬额增加可能未经授权	询问有关授权变动薪酬率的程序
	人事部门通知薪酬部门所有离职情况	可能对已离职员工继续支付薪酬	审查薪酬部门的离职通知
3. 编制出勤和计时资料	使用打卡机程序，并监督记工单的批准	员工可能领取了超过工作时数的薪酬	观察打卡程序；审查记工单主管批准情况
4. 编制薪酬计算表	薪酬部门派专人负责独立检查计算的正确性	员工薪酬可能计算错误	检查凭证的编制与观察独立检查证据；重新执行部分独立检查
5. 记录薪酬	薪酬部门应独立检查员工编号和工作时数的有效性	员工编号可能无效，工作时数可能不合理	观察独立检查的证据，并重新执行部分独立检查
	财会部门应指派专人复核分类和计算的正确性	人工成本分配汇总表的分类和计算可能产生的错误	询问复核程序并审查汇总表
	财会部门应定期复核入账的正确性	入账可能产生错误	询问复核程序，并重新执行独立检查
6. 支付薪酬和保管未领薪酬	在发放薪酬时确认员工身份，制定未领薪酬保管制度	薪酬可能发错了员工，未领薪酬发生错误	观察薪酬发放；观察未领薪酬的保管
7. 填写个人收入所得税申报表	指派专人负责按时填写申报表	所得税申报表可能未及时填写	询问有关程序并审查申报表

如果被审计单位生产与存货循环的内部控制不存在或尽管存在但未得到遵循，或者控制测试的工作量可能大于实施控制测试所减少的实质性程序工作量，则审计人员可能无须继续实施控制测试，而直接实施实质性程序。

第三节 生产与存货循环实质性程序

一、生产与存货交易的实质性分析程序

实质性分析程序可包括下列内容：①根据对被审计单位的经营活动、供应商的发展历程、贸易条件、行业惯例和行业现状的了解，确定营业收入、营业成本、毛利率及存货周转和费用支出项目的期望值；②根据本期存货余额组成、存货采购、生产水平与以前期间和预算的比较，定义营业收入、营业成本和存货可接受的重大差异额；③比较存货余额和预期周转率；④计算实际数和预计数之间的差异，并同管理层使用的关键业绩指标进行比较；⑤通过询问管理层和员工，调查实质性分析程序得出的重大差异额是否表明存在重大错报风险，是否需要设计恰当的细节测试程序以识别和应对重大错报风险。

实施实质性分析程序的目的在于获取支持相关审计目标的证据。因此，审计人员在具体实施上述分析程序时还应当注意以下几个方面。

（1）使用计算机辅助审计方法下载被审计单位存货主文档和总分类账户，以便计算财务指标和经营指标，并将计算结果与期望值进行比较。例如，审计人员利用所掌握的、适用于被审计单位的销售毛利率知识，判断各类产品的销售毛利率是否符合期望值，存货周转率或者周转能力是否随着重要存货项目的变化而变化。

（2）按区域分析被审计单位各月存货变动情况，并考虑存货变动情况是否与季节性变动和经济因素变动一致。

（3）对周转缓慢或者长时间没有周转（如超过半年），以及出现负余额的存货项目单独摘录并列表。

（4）由于可能隐含重要的潜在趋势，审计人员应当注意不要过分依赖计算的平均值。各个存货项目的潜在重大错报风险可能并不一致，实质性分析程序应该用来查明单项存货或分类别存货的一些指标关系。

二、生产与存货交易的细节测试

（一）交易的细节测试

（1）审计人员应从被审计单位存货业务流程层面的主要交易流中选取样本，检查其支持性证据。例如，从存货采购、完工产品的转移、销售和销售退回记录中选取样本：①检查支持性的供应商文件、生产成本分配表、完工产品报告、销售和销售退回文件；②从供应商文件、生产成本分配表、完工产品报告、销售和销售退回文件中选取一个样本，追踪至存货总分类账户的相关分录；③重新计算样本涉及的金额，检查交易经授权批准而发生的证据。

（2）对期末前后发生的采购、销售退回、销售和产品存货转移等主要交易流实施截止测试。确认本期期末存货收发记录的最后一个顺序号码，并详细检查随后的记录，以检测在本会计期间的存货收发记录中是否存在更大的顺序号码，或因存货收发交易被漏

记或计入下一会计期间而在本期遗漏的顺序号码。

（二）存货余额的细节测试

存货余额的细节测试内容很多。例如，观察被审计单位存货的实地盘存；通过询问现有存货是否存在寄存情形，或者审计单位存货在盘点日是否被寄存在他人处，获取最终的存货盘点表，并对存货的完整性、存在和计量进行测试；检查、计算、询问和函证存货价格；检查存货的抵押合同和寄存合同；检查、计算、询问和函证存货的可变现净值；等等。

三、存货的实质性程序

（一）存货的审计目标与认定的关系

生产与存货循环的实质性程序的目标是认定，以存货为例说明审计目标与认定之间的对应关系，如表 14-8 所示。

表 14-8　存货的审计目标与认定之间的对应关系

审计目标	财务报表认定				
	存在	完整性	权利和义务	计价和分摊	表达与披露
A. 资产负债表中记录的存货是存在的	√				
B. 所有应当记录的存货均已记录		√			
C. 记录的存货由被审计单位拥有或控制			√		
D. 存货以恰当的金额包括在财务报表中，与之相关的计价调整已恰当记录				√	
E. 存货已按照《企业会计准则》的规定在财务报表中做出恰当列报和披露					√

（二）存货可供选择的实质性程序

如果存货对财务报表是重要的，审计人员应当实施审计程序，以对存货的存在和状况获取充分、适当的审计证据。存货可供选择的实质性程序包括实施存货监盘程序、实施实质性分析程序、实施存货计价测试、实施生产成本计算测试、实施存货减值测试、实施存货截止测试，下面具体说明这几种与存货相关的实质性程序。

1. 实施存货监盘程序

存货盘点是被审计单位的责任，审计人员的责任是针对存货的存在和状况获取充分、适当的审计证据，包括实施存货监盘等审计程序。存货监盘是审计人员实施的观察、询问和检查有形资产等单项审计程序的集合。存货监盘涉及的程序，既可用作控制测试，也可用作实质性程序，主要取决于审计人员的风险评估结果、审计方案和实施的特定程序。

下面介绍存货监盘的具体工作，包括存货监盘实施的程序、时间，以及由第三方控制的情形、存货监盘不能执行的情形等问题。

1）监盘前、中、后实施的程序

监盘前编制存货监盘计划可采取以下步骤：①复核或与管理层讨论其存货盘点计划，

评价其能否合理地确定存货的数量和状况。②根据被审计单位的存货盘存制度和相关内部控制的有效性，评价其盘点时间是否合理。若盘点日和资产负债表日不一致，应当考虑两者的间隔情况，评价对内部控制的信赖能否将盘点日的结论延伸到资产负债表日；确定采用实地盘存制时盘点日是否与资产负债表日一致；确定对存放在不同地点的相同存货项目是否同时盘点。③如果认为被审计单位的存货盘点计划存在缺陷，应当提请被审计单位调整。④完成被审计单位盘点计划调查问卷。⑤了解存货项目的重要程度及存放场所。⑥了解与存货相关的内部控制。⑦评估与存货相关的重大错报风险和重要性。⑧查阅以前年度的存货监盘工作底稿。⑨与管理层讨论以前年度存货存在的问题及目前存货的状况。⑩考虑实地查看存货的存放场所，特别是金额较大或性质特殊的存货。⑪若存在特殊存货，考虑是否需要利用专家的工作或其他审计人员的工作。⑫编制存货监盘计划，并将计划传达给每一位监盘人员。

监盘中实施观察和检查程序的步骤：①在被审计单位盘点存货前，观察盘点现场。确定应纳入盘点范围的存货是否已经适当整理和排列；确定存货是否附有盘点标识；对未纳入盘点范围的存货查明未纳入的原因。②检查所有权不属于被审计单位的存货。取得其规格、数量等有关资料；确定这些存货是否已分别存放、标明；确定这些存货未被纳入盘点范围。③在被审计单位盘点人员盘点时进行观察。确定被审计单位盘点人员是否遵守盘点计划；确定被审计单位盘点人员是否准确地记录存货的数量和状况；关注存货发送和验收场所，确定这里的存货应包括在盘点范围之内还是排除在外；关注存货所有权的证据，如货运单据及商标等；关注所有应盘点的存货是否均已盘点。④检查已盘点的存货。从存货盘点记录中选取项目追查至存货实物，从存货实物中选取项目追查至存货盘点记录；以测试盘点记录的准确性和存货盘点的完整性。⑤对以包装箱等封存的存货，考虑要求打开箱子或挪开成堆的箱子。⑥当发现重大盘点错误时，考虑扩大监盘范围。⑦对那些没有盘点的其他项目，复印或列出明细信息，以便它们能与存货清单一致。⑧对检查发现的差异进行适当处理。查明差异原因；及时提请被审计单位更正；如果差异较大，应当扩大检查范围或提请被审计单位重新盘点。

监盘后完成存货监盘报告的步骤：①在被审计单位存货盘点结束前，再次观察盘点现场，以确定所有应纳入盘点范围的存货是否均已盘点。②在被审计单位存货盘点结束前，取得并检查已填用、作废及未使用的盘点表单及号码记录。确定其是否连续编号，如盘点表未预先编号，记录已使用盘点表的数量或进行复印；提请被审计单位划去盘点表上所有空白部分；查明已发放的表单是否均已收回；与存货盘点汇总记录进行核对；必要时将盘点表上的事项与检查记录进行核对。③取得并复核盘点结果汇总记录，形成存货盘点报告，完成存货监盘报告。评估其是否正确地反映了实际盘点结果；确定盘点结果汇总记录中未包括所有权不属于被审计单位的货物；选择盘点结果汇总记录中的项目，查至原始盘点表，以确定没有混入不应包括在内的存货项目；选择价值较大的存货项目，与上期相同项目的库存数量进行比较、获取异常变动的信息。④如果存货盘点日不是资产负债表日，应当实施适当的审计程序，确定盘点日与资产负债表日之间存货的变动是否已做出正确的记录；编制存货抽盘核对表，将盘点日的存货调整为资产负债表日的存货，并分析差异。

2）存货监盘的时间

存货监盘的时间要根据被审计单位存货系统及其内部控制的有效性来决定。在定期盘点制下，存货数量通过实地盘点确定，所有的盘点都在某一特定日期进行。该日期应是资产负债表日或者是接近资产负债表日的某一天，审计人员在这一天通常应该在场。在永续盘存制下，实地盘点可以在期中进行，并将实地盘点数与存货记录相核对。如果被审计单位永续记录保持良好，并定期与实地盘点结果进行比较，审计人员则可到场只观察代表性样本存货的实地盘点。在这种情况下，该项审计程序既可能在被审计期间执行，也可能在该期间结束之后进行。如果在被审计期间执行，则还应对盘存日至期末的永续记录加以测试；如果在被审计期间结束之后的时间执行，应尽量使盘点的时期接近会计期末，并编制从盘点日至期末的存货余额调节表，以验证会计期末存货余额的正确性。

3）执行抽查盘点

审计人员抽查盘点的范围，部分取决于被审计单位职员执行存货盘点时的谨慎程度和存货的性质及其构成。通常情况下，审计人员将存货分层，将价值高的存货全部盘点，对于其他存货项目则选取代表性样本进行盘点，但一般不低于存货总数的10%。审计人员可利用永续盘存记录来确认价值高的存货项目并选取测试项目。审计人员进行抽查盘点时应在工作底稿上记录其盘点结果，并完整、正确地说明盘点项目的有关信息（如存货编号、计量单位和存放地点等），如表14-9所示。这些资料很重要，不仅有利于审计人员比较抽查盘点结果和被审计单位盘点的结果，而且有利于事后追查盘点数至存货汇总表和永续存货记录。在比较时，如果有差异发生，审计人员必须对此做进一步的调查，除应督促被审计单位更正外，还应扩大抽查盘点的范围，如果发现差错过大，则应要求被审计单位重新盘点。审计人员通过抽查盘点存货和进行有关的比较，可为存货的存在及被审计单位盘点、存货汇总表及永续存货记录的准确性提供证据。

表14-9　原材料抽查盘点表

被审计单位：A企业　　　　W/P索引：E-2

资产负债表日：2014年12月23日　　　　编制人：小王　日期：2013年12月23日

复核人：小米　日期：2015年1月3日

盘点标签号码	存货表号码	存货		盘点结果/千克		差异/千克
		号码	内容	被审计单位	审计人员	

4）存货由第三方保管和控制的情形

如果由第三方保管或控制的存货对财务报表是重要的，审计人员应当实施下列一项或两项审计程序，以获取有关该存货存在和状况的充分、适当的审计证据。

（1）向持有被审计单位存货的第三方函证存货的数量和状况。

（2）实施检查或其他适合具体情况的审计程序。例如，实施或安排其他审计人员实施对第三方的存货监盘（如可行）；获取其他审计人员或服务机构审计人员针对用以保证存货得到恰当盘点和保管的内部控制的适当性而出具的报告；检查与第三方持有的存货相关的文件记录，如仓储单，当存货作为抵押品时，要求其他机构或人员进行确认。

5）存货监盘不能执行的情形

如果在存货盘点现场实施存货监盘不能执行，审计人员应当实施替代审计程序（如检查盘点日后出售、盘点日之前取得或购买的特定存货的文件记录），以获取有关存货存在性认定的充分、适当的审计证据。如果不能实施替代审计程序，在审计报告中发表非无保留意见。

2. 实施实质性分析程序

审计人员可从以下几方面执行实质性分析程序。

（1）基于对被审计单位及其环境的了解，通过进行以下比较，同时考虑有关数据间关系的影响，以建立用于分析程序的期望值：①按品种分析重要存货项目各月单位成本的变动趋势；②分析重要存货项目各月材料成本差异率的变动趋势；③根据被审计单位现有生产能力，分析本期产量与生产能力匹配关系；④计算本期主要产品的直接材料、直接人工和制造费用占生产成本的比例，分析本期及较上年同期的变化趋势。

（2）确定可接受的差异额。

（3）将实际情况与期望值相比较，识别需要进一步调查的差异。

（4）如果其差额超过可接受的差异额，调查并获取充分的解释和恰当的佐证审计证据（如通过检查相关的凭证）。

（5）评估分析程序的测试结果。

3. 实施存货计价测试

该项测试所取得的证据主要与计价和分摊认定有关。审计人员可以通过复核永续存货记录和询问被审计单位来确定存货成本计算的依据与方法。计价的一致性可借助上一年度的审计工作底稿或以前年度的财务报表来确定。验证存货计价这一步骤还包括复核过时和损坏商品的计价，以保证其计价不超过财务报表日的净变现价值（表 14-10）。支持单位成本的证据随存货的性质不同而不同。审计人员可从以下几方面执行存货计价测试。

表 14-10 存货计价审计表（永续盘存记录、重新计算）

日期	品名及规格	购入			发出			余额		
		数量	单价	金额	数量	单价	金额	数量	单价	金额

1. 计价方法说明
2. 情况说明及审计结论

（1）检查被审计单位存货的计价方法是否符合会计准则的规定，前后期是否一致。

（2）检查存货的入账基础和计价方法是否正确，自存货明细表中选取适量样本（按品种）：①以实际成本计价时，将其单位成本与购货发票核对，并确认存货成本中不包含增值税；②以计划成本计价时，将其单位成本与材料成本差异明细账及购货发票核对，复核入库存货的材料成本差异金额是否正确，同时关注被审计单位计划成本制定的合理性；③检查进口存货的外币折算是否正确，检查相关的关税、增值税及消费税的会计处理是否正确。

（3）检查存货发出计价的方法是否正确：①以实际成本计价的，复核发出存货的金额计算是否正确；以计划成本计价的，复核发出存货应负担的材料成本差异是否正确。②编制本期发出材料汇总表，与相关科目钩稽核对，并复核月发出材料汇总表是否正确。

（4）结合存货的监盘，检查期末有无货到单未到的情况，若有，应查明是否已暂估入账，其暂估价是否合理。

4. 实施生产成本计算测试

审计人员可从以下几方面实施生产成本计算测试。

（1）了解被审计单位的生产工艺流程和成本核算方法，检查成本核算方法与生产工艺流程是否匹配，前后期是否一致并做出记录。

（2）抽查成本计算单，检查直接材料、直接人工及制造费用的计算和分配是否正确，并与有关佐证文件（如领料记录、生产工时记录、材料费用分配汇总表和人工费用分配汇总表等）进行核对：①获取并复核生产成本明细汇总表的正确性，将直接材料与材料耗用汇总表、直接人工与职工薪酬分配表、制造费用总额与制造费用明细表及相关账项的明细表核对，并做交叉索引；②检查车间在产品盘存资料，与成本核算资料核对，检查车间月末余料是否办理假退料手续；③获取直接材料、直接人工和制造费用的分配标准与计算方法，评价其是否合理和适当，以确认在产品中所含直接材料、直接人工和制造费用是合理的。

（3）获取完工产品与在产品的生产成本分配标准和计算方法，检查生产成本在完工产品与在产品之间及完工产品之间的分配是否正确，分配标准和方法是否适当，与前期比较是否存在重大变化，该变化是否合理。

5. 实施存货减值测试

审计人员可从以下几方面实施存货减值测试。

（1）根据成本与可变现净值孰低的计价方法，测试存货跌价准备所依据的数据的准确性、完整性、相关性、假设及计提方法，考虑是否有确凿证据为基础计算确定存货的可变现净值，检查计提存货跌价准备的合理性，关注前后期计提方法是否一致。

（2）考虑不同存货的可变现净值的确定原则，复核其可变现净值计算的正确性：①对用于生产而持有的原材料，检查是否以所生产的产成品的估计售价减去至完工时估计将要发生的成本、估计的销售费用和相关税费后的金额作为其可变现净值的确定基础。②对于库存商品和用于出售而持有的原材料等存货，检查是否以该存货的估计售价减去估计的销售费用和相关税费后的金额作为其可变现净值的确定基础。③对于为执行销售合同而持有的库存商品等存货，检查是否以合同价格作为可变现净值的确定基础；如果被审计单位持有库存商品的数量多于销售合同订购数量，超出部分的库存商品可变现净值是否以一般销售价格作为可变现净值的确定基础。

（3）抽查计提存货跌价准备的项目，其资产负债表日后售价是否低于账面价值。

6. 实施存货截止测试

销售循环和采购循环截止测试对于确定所有接近年底发生的交易都已记录在正确的会计期间相当重要。例如，在起运点交货方式下，年末在途存货应列入当年的存货和应付账款；但在目的地交货方式下，年末在途存货则不应列入当年存货和应付账款。同样，起运点交货方式下的年末在途销售应列为销售，而不应包括在期末存货中。在目的地交货方式下的年末在途销售，则应列为存货，不作为销售。因此，这些截止测试获得的证据与存货的存在、完整性认定有关。存货的截止测试主要从入库和出库两个方面进行考虑。

1）入库的截止测试

（1）在资产负债表日前后存货明细账借方发生额中各选取适量样本，与入库记录（如入库单、购货发票或运输单据）核对，以确定存货入库被记录在正确的会计期间。

（2）在资产负债表日前后的入库记录（如入库单、购货发票或运输单据）中各选取适量样本与存货明细账的借方发生额进行核对，以确定存货入库被记录在正确的会计期间。

（3）存货成本的截止测试：在资产负债表日前后的制造费用明细账借方发生额中各选取适量样本，确定有无跨期现象。

2）出库的截止测试

（1）在资产负债表日前后存货明细账的贷方发生额中各选取适量样本，与出库记录（如出库单、销货发票或运输单据）核对，以确定存货出库被记录在正确的会计期间。

（2）在资产负债表日前后的出库记录（如出库单、销货发票或运输单据）中各选取适量样本，与存货明细账的贷方发生额进行核对，以确定存货出库被记录在正确的会计期间。

四、应付职工薪酬的实质性程序

（一）审计目标

应付职工薪酬的审计目标主要包括：确定资产负债表中记录的应付职工薪酬是否存在、是否发生；确定所有应记录的应付职工薪酬是否均已记录；确定记录的应付职工薪酬是否为被审计单位应当履行的现时义务；确定应付职工薪酬是否以恰当的金额包括在财务报表中，与之相关的计价调整是否已恰当记录；确定应付职工薪酬是否已按照《企业会计准则》的规定在财务报表中做恰当列报。鉴于应付职工薪酬的主要特点及可能存在的较少错误，审计人员一般会实施常用的实质性分析程序以搜集证据。分析性测试包括为了解企业的核心流程和相关财务处理所进行的前后期比较、财务与非财务信息的比较、比率分析等。如果被审计单位连续多年接受审计，审计人员可根据以往积累的分析记录，结合有关影响因素，如职工结构的变化、职工人员的变更、季节性用工的变更、产能产量的变更及形势变化导致用工的变化等，对本年度工薪进行分析预测。如果不能合理预测工薪，审计人员就应当详细检查其所抽取的月薪样本，发现大额或非正常的项目以做进一步调查。例如，超出正常工薪的数额、额外的工作时间及不存在或很少的工薪扣除等。审计人员应当就未预期变化获取管理层的解释，并检查相关的文档或职工工薪记录以证实该解释。

（二）实质性程序

（1）获取或编制应付职工薪酬明细账，检查原始凭证中职工薪酬的计算是否准确，并将其与总分类账数、财务报表数核对相符。

（2）对本期职工薪酬执行分析程序。首先，考虑需运用分析程序的项目。审计人员应关注并分析以下项目及其变动情况：在掌握被审计单位人员变动数的基础上，分析被审计单位各部门各月工资总额是否发生大的变动，检查其变动是否在合理的范围内；比较本期与上期的工资总额变动数，检查其变动是否合理，若不合理，要求被审计单位予以解释；检查职工缴纳社会保险情况，是否存在少缴、缓缴或漏缴的情况；将人力资源部门的职工人数和工资总额与出纳所记录的人数和工资数相核对，检查两者是否一致，是否存在多报职工人数、多领工资及私设“小金库”的问题；检查本期应付职工薪酬余额与上期余额是否有较大的变动，如果存在较大的变动，要求被审计单位予以解释。其次，确定可以接受的差异数。确立有关数据的期望标准值，并将实际值与期望值进行比较，找出差异及其存在的原因。如果差异超出正常合理的范围，则应进一步审查。最后，评价分析程序的结果。

（3）审查工资、奖金、津贴及补贴。对于工资、奖金、津贴及补贴，审计人员应注意以下几点：检查是否正确计提了工资和奖金等，工资发放是否符合国家相关规定；审查“管理费用”“销售费用”“制造费用”等科目的二级明细科目，检查是否以劳务费、差旅费、会议费、招待费等名义，套取现金，发放工资性质的福利；检查工资费用的分摊方法是否符合规定，除了因解除与职工劳动关系应给予补偿而直接计入管理费用外，其他工资费用是否计入了相应的科目，是否存在不同科目之间转移工资费用的现象，例如，本应由产品（或劳务）成本承担的职工薪酬，却计入了在建工程，而应由在建工程负担的职工薪酬，却计入了固定资产等；检查工资发放金额和代扣款项是否正确。

（4）检查各种基金计提和支付金额是否准确，账务处理是否合理，计提依据是否充分，包括社会保险费（医疗、养老、失业、工伤、生育保险）、住房公积金、工会经费、职工教育经费是否直接在费用中列支。

（5）审查非货币性福利的发放。对于非货币性福利的发放，审计人员应注意以下几点：向职工提供住房补贴等是否在规定渠道列支，是否代扣代缴了各种款项；企业自产产品发放给职工的实物，是否根据该产品的公允价值，计入相关资产成本或当期损益，同时确认应付职工薪酬；对于难以认定受益对象的非货币性福利，是否直接计入当期损益和应付职工薪酬，并代扣代缴各种税款。

（6）审查辞退职工福利的发放。对于辞退职工福利的发放，审计人员应注意以下几点：对于自愿接受裁减的员工，检查接受裁减建议的职工数量、辞退补偿标准，以及提取的辞退福利负债金额是否正确；对于职工没有选择权的辞退计划，检查按辞退职工数量、辞退补偿标准计提的辞退福利负债金额是否正确；对于职工辞退工作在一年内完成，但付款时间超过一年的辞退福利，是否按折现后的金额计量，折现率的选择是否正确；检查计提辞退福利负债的会计处理是否正确，是否将计提金额计入了当期的管理费用；检查辞退福利支付凭证是否真实正确。

（7）审查职工的股份支付。对于职工的股份支付，审计人员应注意以下几点：授予职工股份后立即可行权的以现金结算的股份支付，是否在授予日以承担负债的公允价值计入了相关成本或费用；在可行权日后以现金结算的股份支付，当期公允价值的变动金额，是否计入了公允价值变动损益；完成等待期内的服务或达到规定业绩条件后才可行权的以现金结算的股份支付，在等待期内每个资产负债表日，是否以可行权情况的最佳估计为基础，按照承担负债的公允价值金额，将当期取得的服务计入成本或费用，而在资产负债表日，后续事件发生后当期可承担债务的公允价值与以前估计不同的，是否进行了调整，并在可行权日调整至可行权的实际水平；可行权日，实际以现金结算的股份支付金额及账务处理是否适当。

（8）审查资产负债表日后事项中，应付职工薪酬是否需要调整。

（9）检查应付职工薪酬（如各种工资、奖金、津贴、各种职工医疗保险等）在资产负债表中的披露是否恰当。一般来说，需要在附注中披露的信息包括：应支付给职工的薪酬、奖金、津贴和补贴，以及期末应付未付的金额；应为职工缴纳的医疗、养老、失业、工伤和生育等保险；应为职工缴纳的住房公积金及其期末应付未付的金额；应支付的因解除劳动关系给予的补偿及其期末应付未付的金额。

在生产与存货循环中，与存货项目相关的账户，除了以上介绍的账户外，还有材料采购、原材料、包装物、低值易耗品、材料成本差异、库存商品、委托加工物资及存货跌价准备等账户。对这些账户实施实质性程序见表 14-11。

表 14-11 相关账户实质性程序

账户名称	实质性程序
材料采购	（1）获取或编制材料采购明细表，复核其加计数是否正确，并核对其期末合计数与报表数、总账数和明细账合计数是否相符 （2）检查期末材料采购，核对有关凭证，对大额材料采购，追查至相关的购货合同及购货发票，复核采购成本的正确性，并抽查期后的入库情况 （3）检查有无跨期现象，如有应做出记录，必要时进行调整 （4）如采用计划成本核算，注意检查相关的材料成本差异发生额的计算是否正确 （5）审核有无长期挂账事项，如有应查明原因，必要时进行调整
原材料	（1）获取或编制原材料明细表，复核其加计数是否正确，并核对其期末合计数与报表数、总账数和明细账合计数是否相符 （2）抽查核对原材料明细账是否与仓库台账、卡片记录相符 （3）实施分析程序，对期末原材料余额与上期期末余额进行比较，如有异常波动，查明原因，判断波动的合理性 （4）现场观察和抽查原材料的盘点，获取账实是否相符的证据 （5）检查原材料收发的计价基础和计价方法是否正确，会计处理是否符合规定 （6）检查有无跨期现象，如有应做出记录，必要时进行调整 （7）审核有无长期挂账事项，如有应查明原因，必要时进行调整

续表

账户名称	实质性程序
包装物	（1）获取或编制包装物明细表，复核其加计数是否正确，并核对其期末合计数与报表数、总期数和明细账合计数是否相符 （2）盘点包装物，确定其是否存在 （3）检查包装物收发的计价基础和计价方法是否正确，会计处理是否符合规定 （4）检查有无跨期现象，如有应做出记录，必要时进行调整 （5）结合包装物的盘点，检查期末有无料到单未到的情况，如有应查明是否已暂估入账，其估价值是否合理 （6）检查出租、出借包装物的会计处理是否正确
低值易耗品	（1）获取或编制低值易耗品明细表，复核其加计数是否正确，并核对其期末合计数与报表数、总账数和明细账合计数是否相符 （2）检查低值易耗品与固定资产的划分是否符合规定 （3）检查低值易耗品的入库和出库的手续是否齐全，会计处理是否正确 （4）检查低值易耗品摊销方法是否正确，前后期是否一致 （5）审核有无长期挂账的低值易耗品，如有应查明原因，必要时进行调整
材料成本差异	（1）获取或编制材料成本差异明细表，复核其加计数是否正确，并核对其期末合计数与报表数、总账数和明细账合计数是否相符 （2）对每月材料成本差异率实施分析程序，注意异常波动情况，检查有无人为调节成本的现象 （3）抽查若干月份发出材料汇总表，检查材料成本差异的分配是否正确，分配方法是否前后期一致
库存商品	（1）获取或编制库存商品明细表，复核其加计数是否正确，并核对其期末合计数与报表数、总账数和明细账合计数是否相符 （2）抽查核对库存商品明细账是否与仓库台账、卡片记录相符 （3）现场观察和抽点库存商品的盘点，获取账实是否相符的证据 （4）检查库存商品的计价方法，看其是否前后期一致 （5）抽查库存商品入库单，核对库存商品的品种、数量与入账记录是否一致，并检查库存商品的实际成本是否与“生产成本”账户的结转额相符 （6）抽查库存商品的发出凭证，核对转出库存商品的品种、数量和实际成本是否与“主营业成本”账户的结转额相符
委托加工物资	（1）获取或编制委托加工物资明细表，复核其加计数是否正确，并核对其期末合计数与报表数、总账数和明细账合计数是否相符 （2）检查若干份委托加工业务合同，抽查有关发料凭证、加工费、运费结算凭证，核对其计费、计价是否正确，会计处理是否正确及时 （3）抽查加工完成物资的验收入库手续是否齐全，会计处理是否正确 （4）现场查看或函证，以核实委托加工物资期末余额 （5）审核有无长期挂账的委托加工物资，如有应查明原因，必要时进行调整
存货跌价准备	（1）获取或编制存货跌价准备明细表，复核其加计数是否正确，并核对其期末合计数与报表数、总账数和明细账合计数是否相符 （2）获取被审计单位本期计提跌价准备的存货的相关技术鉴定资料、市场价格与账面价值的比较资料，以及被审计单位有关计提跌价准备的经权力机构会议确认的相关文件等，看是否符合《企业会计准则》规定的条件，核实存货跌价准备计提的合法性 （3）审计存货跌价准备的期末余额与本期计提计算资料的一致性 （4）如发现被审计单位计提存货跌价准备有不符合计提条件或计提数额有误的事项，应提请被审计单位进行调整 （5）验明存货跌价准备的披露是否恰当

本 章 小 结

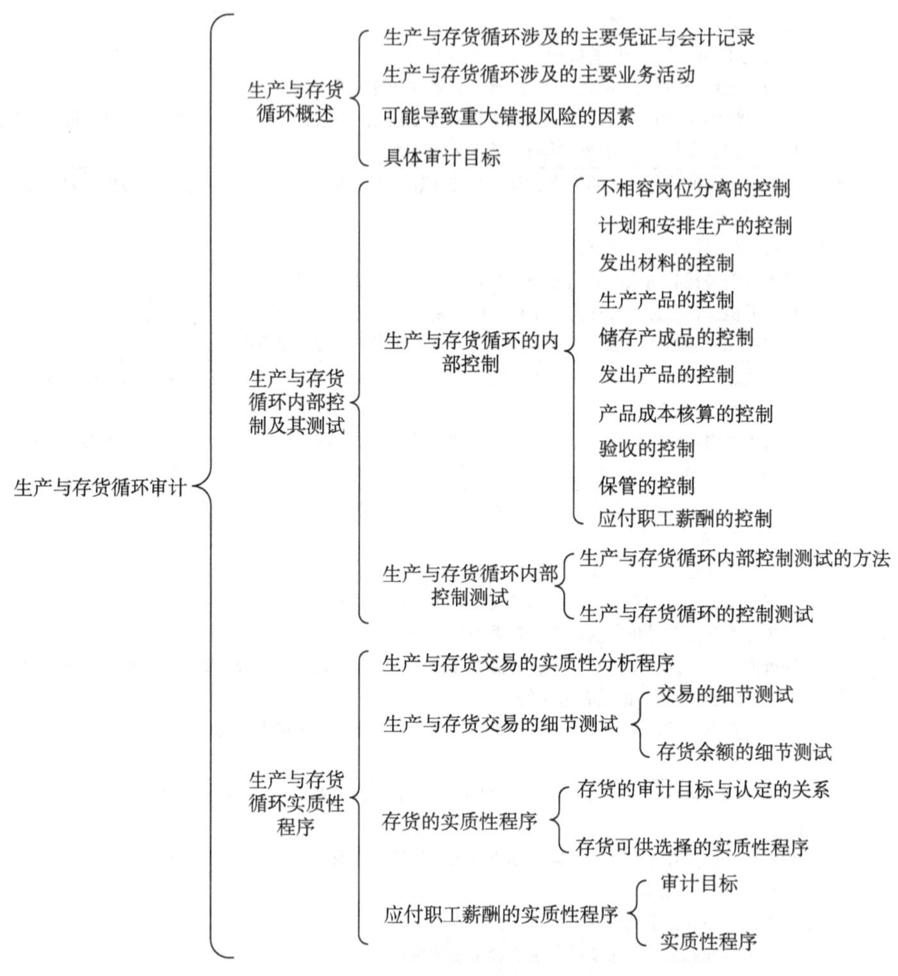

复习思考题

1. 生产与存货循环涉及哪些主要业务活动？对这些业务进行核算时，需要运用哪些会计科目？

2. 生产与存货循环涉及哪些主要凭证和会计分录？

3. 生产与存货循环中常见的可能导致重大错报风险的因素有哪些？审计中应如何关注？

4. 生产与存货循环审计的主要风险和具体审计目标是什么？

5. 生产与存货循环的内部控制关键点有哪些？如何对其进行控制测试？

6. 生产成本的审计目标与主要审计程序是什么?
7. 存货的审计目标与主要审计程序是什么?
8. 制造费用的审计目标与主要审计程序是什么?
9. 应付职工薪酬的审计目标与主要审计程序是什么?
10. 实质性分析程序在生产与存货循环审计中有哪些应用?

第十五章

投资与筹资循环审计

本章重点介绍投资与筹资循环的相关凭证和会计分录、内部控制测试、实质性程序等内容。

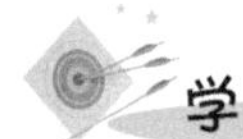

学习目标

- 熟悉投资与筹资循环的相关凭证和会计分录
- 掌握投资与筹资循环内部控制及其测试
- 掌握投资与筹资循环实质性程序

第一节 投资与筹资循环概述

投资与筹资循环由投资活动和筹资活动的交易事项构成。投资活动是指企业为享有被投资单位分配的利润，或为谋求其他利益，将资产让渡给其他单位而获得另一项资产的活动。投资活动主要由权益性投资交易和债权性投资交易组成。筹资活动是指企业为满足生存和发展的需要，通过改变企业资本及债务规模和构成而筹集资金的活动。筹资活动主要由借款交易和股东权益交易组成。

一、投资与筹资循环涉及的主要凭证与会计记录

（一）投资循环涉及的主要凭证与会计记录

投资循环涉及的主要凭证与会计记录主要包括以下方面。

（1）股票。股票是企业签发的证明股东所持股份的凭证。

（2）债券。债券是企业依照法定程序发行、约定在一定期限内还本付息的有价证券。

（3）债券契约。债券契约是指明确债券持有人与发行企业双方各自所拥有的权利与义务的法律性文件。其内容主要包括：债券发行的标准；债券的明确表述；利息（率）；受托管理人证书；抵押债券所担保的财产；债券发生拖欠情况的处理办法；对偿债基金、利息支付、本金偿还等的处理。

（4）经纪人通知书。经纪人通知书是用来明确与投资有关事宜的书面文件。企业的投资活动有时也可以委托经纪人来执行。

（5）被投资企业的章程及投资协议。被投资企业的章程是指被投资企业依法制定的，确定企业名称、住所、经营范围、经营管理制度等重大事项的基本文件。投资协议则是投资企业与被投资企业签订的用以明确各方权利与义务的书面证明。

（6）相关的记账凭证、明细账与总账。

（二）筹资循环涉及的主要凭证与会计记录

筹资循环涉及的主要凭证与会计记录主要包括以下方面。

（1）股票。

（2）债券。

（3）债券契约。

（4）股东名册。它是用来记录企业股东详细情况的书面文件。股东名册对记名和不记名股票记载的内容有所不同。记名股票的股东名册中所记载的内容一般包括股东姓名或者名称及住所、每位股东所持股份数、每位股东所持股票的编号、每位股东取得股份的日期；无记名股票的股东名册中通常记载股票数量、编号及发行日期。

（5）公司债券存根簿。公司债券存根簿是记录企业发行公司债券情况的书面文件，其对记名债券和不记名债券记载的内容也有所不同。在发行记名债券的公司债券存根簿中，应记载的内容包括债券持有人的姓名或名称及住所、债券持有人取得债券的日期及债券的编号、债券总额、债券的票面金额、债券利率、债券还本付息的期限和方式、债券发行日期；在发行无记名债券的公司债券存根簿中，应当记载债券总额、利率、偿还期限和方式、发行日期和债券编号。

（6）承销或包销协议。承销或包销协议是指向社会公开发行股票或债券时，发行企业与证券经营机构签订的用来明确双方权利和义务的书面文件。

（7）借款合同或协议。借款合同或协议是指企业向银行或其他金融机构借入款项时与其签订的合同或协议。

（8）相关的记账凭证、明细账与总账。

投资与筹资活动涉及的凭证与会计记录如表 15-1 所示。

表 15-1　投资与筹资活动涉及的凭证与会计记录

投资或筹资活动	涉及的凭证与会计记录
投资活动	1.债券或股票
	2.债券契约
	3.经纪人通知书
	4.企业合同及章程
	5.投资协议
	6.有关记账凭证
	7.有关会计科目的明细账和总账

续表

投资或筹资活动	涉及的凭证与会计记录
筹资活动	1 债券或股票
	2.债券契约
	3.股东名册
	4.公司债券存根簿
	5.承销或包销协议
	6.借款合同或协议
	7.有关记账凭证
	8.有关会计科目的明细账和总账

二、投资与筹资循环涉及的主要业务活动

投资与筹资循环涉及的主要交易如下：①负债交易，主要包括借款的取得与偿还、债券的发行与收回、利息的计提与支付等；②所有者权益交易，主要有投入资本（实收资本或股本、资本公积）的取得和减少、盈利的分配或亏损的弥补等。

（一）投资与融资涉及的主要业务活动

（1）审批授权。投资业务一般应由企业董事会进行审批，重大的投资业务必须经股东会或股东大会批准。

（2）取得证券或其他投资。企业可以通过购买股票或债券进行投资，也可以通过与其他单位联合形成投资。

（3）取得投资收益。企业可以取得股权投资的股利收入、债券投资的利息收入和其他投资收益。

（4）转让证券或收回其他投资。企业可以通过转让证券实现投资的收回，其投资一经投出，除联营合同期满或由于其他特殊原因联营企业解散外，一般不得抽回投资。

（二）筹资涉及的主要业务活动

（1）审批授权。企业通过借款筹集资金必须经管理层审批，其中债券的发行每次均要由董事会授权；企业发行股票必须依据国家有关法规或企业章程的规定，报经企业最高权力机构（如股东大会）及国家有关管理部门批准。

（2）签订合同或协议。企业向银行或其他金融机构融资必须签订借款合同，发行债券必须签订债券合同和债券承销或包销合同。

（3）取得资金。企业实际取得银行或金融机构划入的款项或发行债券、股票所融入的资金。

（4）计算利息或股利。企业应按有关合同或协议的规定，及时计算利息或股利。

（5）偿还本息或发放股利。企业向银行借款或发行债券应按有关合同或协议的规定偿还本息，融入的股本根据股东大会的决定发放股利。

三、可能导致重大错报风险的因素

（一）投资循环可能导致的重大错报风险

投资循环是企业扩大再生产的重要循环。投资循环的交易数量较少，而每笔交易金额通常较大，对一笔投资业务漏记或进行不恰当的会计处理，将会导致重大错误，从而对企业财务报表的公允反映产生较大影响。因此，投资循环通常采用大样本的调查甚至详查。投资循环中常见的可能导致重大错报风险的主要因素如下。

（1）投资方案未进行可行性研究或可行性研究不充分，可能造成重大损失浪费。

（2）重大投资项目未按照规定的权限或程序实行集体决策或联签，可能导致投资决策失误。

（3）投资项目实施后未进行跟踪管理，可能导致投资合同履行不畅，投资收益受损。

（4）固定资产的计价不合理，手续不完备。

（5）虚报固定资产损毁，私下变卖企业财产。

（6）固定资产变价收入不入账，存入“小金库”。

（7）随意多提或少提折旧，人为调节成本利润。

（8）随意摊销无形资产，人为调节损益。

（9）故意多计提或少计提对外投资、固定资产、在建工程、无形资产的减值准备，蓄意调节损益。

（二）筹资循环可能导致的重大错报风险

筹资循环是企业生存与发展的重要环节，筹资循环中筹措的资金构成了企业资产的主要来源。企业筹资循环的交易不经常发生，业务量少，但一般金额较大，对企业财务报表有重要影响。因此，在审计中通常采用大范围审计测试乃至详查。筹资循环中常见的可能导致重大错报风险的主要因素如下。

（1）未经授权或批准的非法筹资。

（2）投资者抽逃已作为实收资本（股本）的投资。

（3）投资者认缴的注册资本未实际到位，承担验资的注册会计师出具了不实的验资报告。

（4）被审计单位有账外筹资行为。

（5）借款费用的会计处理不恰当，将应计费用化的借款费用资本化，虚减当期费用，虚增资产。

（6）所筹集的资金未按规定用途使用，特别是上市公司募集资金未按承诺的投向和项目使用，或者变更投向或项目未经过规定的审批程序和对外披露，借款的抵押与担保情况未充分披露。

（7）利润（股利）的分配不符合国家法律的规定，超额分配利润（股利）。

四、具体审计目标

（一）投资循环可能导致的重大错报风险

投资循环审计的具体目标如表 15-2 所示。

表 15-2 投资循环审计的具体目标

管理层认定	一般审计目标	具体审计目标
存在或发生	存在或发生	（1）交易性金融资产、可供出售金融资产、持有至到期投资、长期股权投资、固定资产、在建工程、无形资产等账面余额为企业资产负债表日确实存在的资产 （2）投资收益或损失、固定资产处置损益等是被审计期间实际发生的交易和事项引起的 （3）财务报表中所有列报和披露的与投资相关的交易、事项和其他情况均已发生或实际存在，且与被审计单位有关
完整性	完整性	（1）所有与投资相关的资产增减变动及其收益均已入账 （2）所有与投资相关的资产均已在财务报表中恰当列报和披露
权利和义务	权利和义务	交易性金融资产等所有与投资相关的资产账面余额所示投资均为企业在资产负债表日所拥有的权利，除已做抵押说明外，其权利没有受到其他限制
准确性	准确性	（1）所有与投资相关的资产账户入账金额正确、明细账与总账一致 （2）所有与投资相关的资产的相关财务信息和其他信息已在财务报表中公允列报和披露，且金额恰当
截止	截止	所有投资交易业务均已记录在恰当的会计期间
分类	分类	（1）所有金融资产投资均已进行了恰当的分类 （2）固定资产、无形资产已进行了恰当的分类
计价和分摊	计价和分摊	（1）固定资产已按照既定的折旧政策足额计提了折旧费用，无形资产已按照既定的摊销政策足额摊销了本期费用 （2）交易性金融资产、可供出售金融资产、持有至到期投资、长期股权投资、在建工程、无形资产等均按照既定的资产减值政策进行了相应的减值测试，并足额计提了相应的资产减值准备
可理解性	可理解性	金融资产、可供出售金融资产、持有至到期投资、长期股权投资、在建工程、无形资产等在财务报表中的列报和披露表述清楚，易于理解

（二）筹资循环可能导致的重大错报风险

筹资循环审计的具体目标如表 15-3 所示。

表 15-3 筹资循环审计的具体目标

管理层认定	一般审计目标	项目审计目标
—	总体合理性	（1）借款与所有者权益交易总额总体合理，不存在重大错报的迹象 （2）短期借款、长期借款、应付债券、长期应付款、实收资本、资本公积、盈余公积、未分配利润等账户期余额总体合理，不存在重大错报的迹象
存在或发生	存在或发生	（1）已记录的所有与借款和所有者权益有关的交易确实发生，债务和所有者权益余额确实存在 （2）借款利息费用和已支付（应支付）的股利（利润）确系本期发生的交易和事项 （3）所有已列报和披露的与借款和所有者权益相关的交易、事项和其他情况均已发生，且与被审计单位有关

续表

管理层认定	一般审计目标	项目审计目标
完整性	完整性	（1）所有存在的与借款、应付债券和所有者权益有关的交易和余额都已入账 （2）所有与筹资相关的交易、事项或期末余额均已在财务报表中恰当列报和披露
权利和义务	权利和义务	（1）所有借款、应付债券等确系被审计单位所承担的现时义务 （2）全部所有者权益确实被审计单位所有
计价和分摊	计价和分摊	所有借款和应付债券余额（包括恰当地计提了应计利息并对债券溢价或折价进行了恰当摊销），所有者权益余额正确
截止	截止	所有与借款、应付债券和所有者权益有关的交易均已记入恰当的期间
准确性	准确性	所有与借款、应付债券和所有者权益相关的账户记录正确，明细账与总账一致，总账与报表一致，并已在财务报表中恰当列报和披露
分类	分类	所有与借款、应付债券等债务与所有者权益项目恰当区分，各项目又进一步恰当分类
可理解性	可理解性	所有与借款、应付债券和所有者权益类项目等在财务报表中的列报和披露清楚，易于理解

第二节　投资与筹资循环内部控制及其测试

一、投资与筹资循环内部控制

企业投资与筹资循环的内部控制，包括投资循环的内部控制和筹资循环的内部控制。

（一）投资循环的内部控制

通常，企业投资循环的内部控制主要包括以下几方面。

（1）合理的职务分离。投资业务的授权、执行、会计记录及保管应当分离，不得由一人兼任两项以上的工作。例如，投资业务经办人不得兼任记账和保管工作。这种职责的分离，有利于避免或减少投资业务中发生的错误或舞弊。

（2）投资计划的审批。投资计划应当详细说明投资的对象、目的、风险等，并在执行前严格审核，其审核的内容包括：对证券市场的估计是否合理、对投资收益的估算是否正确、投资理由是否恰当、计划买入的证券能否达到投资目的等。这些审批都必须有书面记载。

（3）健全的资产保管制度。企业对所投资的股票和债券等资产，一般采用两种方式保管：一是由企业自身来保管，由两名及以上人员共同控制，不得由一人单独接触证券，存入或取出证券时，由一人清点证券的名称、数量、价值及登记存取的日期、数量等，所有在场人员共同签字；二是交由外部独立的专门机构保管，如委托银行、证券公司、信托投资公司等机构来保管，这有利于降低舞弊的可能性。

（4）详尽的会计核算制度。企业投资的资产发生任何一笔增减业务，都必须有相应的会计记录，即应对每种股票或债券分别设立明细分类账，详细记录其名称、面值证书编号、数量、取得日期、经纪人名称、购入成本、收取的股利或利息等，属于联营投资类的其他投资，也应设置明细分类账，核算其投出、收益及收回业务，并对投资的形式（如现金、实物、无形资产等）、投向（即接受投资单位）、投资的计价及投资收益等做详细的记录。

（5）严格的记名登记制度。除无记名证券外，企业在购入股票或债券时，应在购入的当日尽早登记于企业名下，而不能登记在经办人员名下，以防止其冒名转移并借其他名义牟取私利的行为。

（6）定期的盘点制度。由内审人员或不参与投资业务的其他人员进行定期盘点，检查投资项目是否确实存在，并将盘点记录与账面记录相互核对，以确认账实相符。

（7）投资收益的控制。不同的投资项目，获取的收益也不同。对于企业的短期投资与长期投资，应当关注证券市场行情或相关行情的变化，并加以适时监控；对于其他投资，则应对接受投资方加以监控。

（二）筹资循环的内部控制

企业的筹资活动由借款交易和股东权益交易组成。股东权益增减变动的业务通常较少，但往往金额较大，在审计中一般直接进行实质性审计，企业的借款交易一般涉及短期借款、长期借款、长期债券和长期应付款等交易，这些交易的内部控制基本相似，主要包括适当的职责分离、授权审批、凭证与记录、有关凭证的预先编号及内部稽查等。下面以企业发行债券为例，阐述筹资循环或筹资活动的内部控制，其内容主要包括以下方面。

（1）长期债券的发行需经正式的授权程序，每次均需有董事会的授权。

（2）申请发行债券时，应履行必要的审批手续，向政府相关机构递交申请报告。

（3）发行长期债券，应由受托管理人行使保护发行人和持有人合法权益的权利。

（4）每种债券发行都必须签订债券契约。

（5）债券的承销或包销必须签订有关协议。

（6）参与长期债券账务处理的相关会计人员，不得参与债券的发行。

（7）如果保存有债券持有人的明细分类账，则应将其与总分类账相核对。

（8）未发行的债券需由专人保管。

（9）债券的回购需有正式的审批程序。当然，如果企业应付债券的业务量不大，审计人员可以考虑直接采取实质性方案；如果业务量大，则可考虑采取综合性方案，并进行相应的控制测试。

二、投资与筹资循环控制测试

（一）投资循环的控制测试

投资循环的控制测试主要包括下列内容。

（1）检查控制执行留下的轨迹。审计人员应抽取投资活动的会计记录和原始凭证，复核被审计单位是否执行了相关的内部控制制度。

（2）查阅内部盘点报告。被审计单位应审阅内部审计人员或其他授权人员对投资资产定期盘点的报告。审阅其盘点方法是否恰当、盘点结果与会计记录核对情况，以及出现差异的处理是否合理。若各期盘点结果未发现账实之间存在差异，则说明相关的内部控制是有效的。

（3）分析企业的投资业务管理报告。对企业的长期投资，审计人员应对照有关的投资文件及凭据，分析其投资业务管理报告。在长期投资决策之前，企业董事会需要对投资进行可行性分析；投资项目一经执行，内部审计部门应当及时进行跟踪审计。负责投资业务的财务经理必须定期向企业管理层报告有关投资业务的开展情况，即提交投资业务管理报告，以供最高管理层投资决策和控制。审计人员应当认真分析这些报告，从而判断投资项目的有效性。

（4）投资业务的核算是否符合有关财务制度的规定，投资收益的会计处理是否正确。审计人员可以从各类投资业务的明细账中抽取部分会计分录，采用顺查法核对有关数据和情况，判断其账务处理是否合规、完整。

（5）检查对投资收益的监控是否适当。审计人员可采取查阅分析报告或资料的方法进行测试，检查其收益是否入账、是否存放在外单位或外地分支机构，或是否长期游离于监控之外。

（6）审计人员在完成上述工作后，可以初步评价被审计单位的内部控制是否健全、有效，并在工作底稿中标明投资活动的内部控制的强点与弱点，并对投资业务进行总括评价，确认相关的内部控制制度的可信赖程度，进而确定实质性程序的程序和重点。

（二）筹资循环的控制测试

筹资循环的控制测试主要包括下列内容。

（1）检查企业的筹资活动是否经过授权批准。审计人员可以直接询问企业管理层，并查看相关记录。例如，对于短期借款，可审查企业管理层的决策记录，查明在企业举债决策中是否进行了可行性分析，是否制订了合理的还款计划，并按规定程序报批。

（2）检查筹资活动的授权、执行、记录和实物保管是否严格分离，是否存在由一人同时执行两项以上业务。审计人员可以跟进业务，调查各步骤发生的情况；对收入和偿还款项的控制测试，可以结合货币资金业务的控制测试进行；对实物保管的控制测试，可以通过实地调查进行。

（3）查明筹资活动是否建立了严密的账簿体系和记录制度，并进行定期检查。审计人员可采取账务追索搜集证据的方法进行测试。例如，对短期借款的获得、使用和偿还情况，会计记录是否能够及时、完整地反映，会计人员是否对明细账和总账进行了全面登记，并定期检查和核对其是否相符。

（4）审计人员在完成上述工作后，即可对被审计单位进行评价，以确定其内部控制的强点与弱点，以及对相关内部控制制度的可信赖程度，进而确定实质性程序的性质、时间安排和范围，并针对控制的薄弱环节提出改进意见。

在上述控制测试的基础上，审计人员应明确投资与筹资循环的审计目标，并围绕审计目标收充分、适当的审计证据，实施投资与筹资循环的实质性程序。

第三节　投资与筹资循环实质性程序

审计人员通常实施的实质性程序，与控制目标直接关联，可作为证明具体审计目标的证据，其目的在于确定投资与筹资循环业务中与控制目标有关的金额是否存在错误。当然，审计重要性、以前的审计情况及审计人员的职业判断能力等，都会对确定实质性程序产生影响。

一、金融资产的审计

金融资产的审计就是对与投资相关的金融资产进行的审计。与投资相关的金融资产包括交易性金融资产、可供出售金融资产、持有至到期投资、长期股权投资等。

（一）交易性金融资产的实质性程序

交易性金融资产是企业为了近期出售而持有的金融资产。企业持有的直接指定为以公允价值计量且其变动计入当期损益的金融资产也通过“交易性金融资产”科目核算。交易性金融资产的审计目标一般包括：确定交易性金融资产是否存在、是否为被审计单位所有，交易性金融资产的增减变动及其损益记录是否完整；交易性金融资产的计价是否正确；交易性金融资产的期末余额是否正确，交易性金融资产在财务报表中的披露是否恰当。

交易性金融资产的实质性程序通常包括：①检查交易性金融资产（股票、债券及基金等）交易流水单，并与明细账、总账和报表相核对，检查会计记录是否完整，会计处理是否正确；②向被审计单位核实持有金融资产至期末的目的，了解其真实意图，并检查其核算是否正确；③对期末持有的金融资产进行盘点，并与相应的账户核对，检查是否存在差异，并查明原因；④向有关金融机构函证，查明已发生的交易性金融资产是否真实存在；⑤关注本期发生的交易性金融资产的增减变动，并检查有关凭证及其内容是否合规，账务处理是否正确；⑥核实交易性金融资产盈亏计算是否正确，并与公允价值变动损益及投资收益等相核对；⑦核实交易性金融资产期末公允价值是否合理，会计处理是否正确；⑧检查交易性金融资产在财务报表中的披露是否恰当。

（二）可供出售金融资产的实质性程序

可供出售金融资产是指初始确认时即被指定为可供出售的非衍生金融资产，以及除以下各类资产以外的金融资产：贷款和应收款项、持有至到期投资、以公允价值计量且其变动计入当期损益的金融资产。可供出售金融资产的审计目标一般包括：确定可供出售的金融资产是否存在，可供出售金融资产的增减变动及其损益的记录是否完整；检查可供出售金融资产是否为被审计单位所有；可供出售金融资产的计价是否正确，可供出售金融资产减值的计提是否合理，计提方法与会计处理是否恰当；检查可供出售金融资产及其减值准备的期末余额是否正确、披露是否恰当。

可供出售金融资产的实质性程序通常包括：①检查可供出售金融资产（股票、债券及基金等）对账单，并与明细账、总账和报表数相核对，检查会计记录是否完整，会计处理是否正确；②核实可供出售金融资产，与明细账、总账相核对，并检查其持有目的；③向有关金融机构函证，查明已发生的可供出售金融资产是否真实存在；④关注本期发生的可供出售金融资产的增减变动，并检查有关变动凭证及其内容是否合规、合法，以及账务处理是否正确；⑤核实可供出售金融资产的期末公允价值是否合理，是否需计提减值准备，其账务处理是否正确；⑥核实可供出售金融资产的损益及其账务处理是否正确；⑦复核可供出售金融资产划转为持有至到期投资的依据是否充分，账务处理是否正确；⑧检查可供出售金融资产在财务报表中的披露是否恰当。

（三）持有至到期投资的实质性程序

持有至到期投资是指到期日固定、回收金额固定或可确定，且企业有明确意图和能力持有至到期的非衍生金融资产。以下非衍生金融资产不应划分为持有至到期投资：初始确认时被指定为以公允价值计量且其变动计入当期损益的非衍生金融资产；初始确认时被指定为可供出售的非衍生金融资产；贷款和应收款项。持有至到期投资的审计目标一般包括：确定持有至到期投资是否存在，是否为被审计单位所有，其增减变动及其损益的记录是否完整；持有至到期投资的计价是否正确，其减值准备的增减变动记录是否完整，账务处理是否恰当；持有至到期投资及减值的期末余额是否正确，披露是否恰当。

持有至到期投资的实质性程序通常包括：①编制持有至到期投资明细表，并与明细账、总账及报表核对相符。②审查持有至到期投资，并与账面发生额核对。③向相关金融机构发函，核实被审计单位持有的目的和能力，检查“持有至到期投资”科目核算范围是否符合要求。④检查持有至到期投资本期增加、减少及期末余额，并检查其记账凭证的原始凭证。⑤复核持有至到期投资的投资收益，检查是否都已入账，已计提的减值准备是否同时结转。⑥持有至到期投资划转为可供出售金融资产的会计处理是否正确。⑦当持有至到期投资发生减值时，应当复核相关资产的预计未来现金流量现值，并与其账面价值比较，检查相关减值准备计提是否充分。⑧检查持有至到期投资的披露是否恰当。检查一年内到期的持有至到期投资是否已重分类至一年内到期的非流动资产，了解是否存在已用于债务担保的持有至到期投资；如果有则应取证并做相应的记录，同时提请被审计单位做恰当披露。

（四）长期股权投资的实质性程序

长期期权投资是指企业持有的采用成本法或权益法核算的长期股权投资，具体包括：企业持有的能够对被投资单位实施控制的权益性投资，即对子公司的投资；企业持有的能够与其他合营方一同对被投资单位实施共同控制的权益性投资，即对合营企业的投资；企业持有的能够对被投资单位施加重大影响的权益性投资，即对联营企业的投资。长期股权投资的审计目标一般包括：确定长期股权投资是否存在，是否为被审计单位所有，长期股权投资的增减变动、减值准备及投资损益的记录是否完整；确定长期股权投资的核算方法是否正确，减值准备的计提方法是否恰当；确定长期股权投资及其减值准备的披露是否恰当。

长期股权投资的实质性程序通常包括：①编制长期股权投资明细表，并与明细账、总账及报表核对相符；②根据有关合同和文件，确认长期股权投资的股权比例和持有时间，检查长期股权投资核算方法是否正确；③向被投资单位函证，查明被审计单位的投资额、持股比例，以及被投资单位发放股利等情况；④对于将成本法和权益法相互转换的，检查其投资成本确定是否正确；⑤检查长期股权投资增减变动的记录是否完整，如果需要，也可查阅原始凭证及相关资料，检查其账务处理是否正确；⑥结合对银行存款等的检查，了解长期股权投资是否存在质押、担保情况，是否已做充分披露；⑦检查长期股权投资在资产负债表中的披露是否恰当。

二、负债的审计

负债是企业承担的一项经济义务，主要包括短期借款、长期借款、应付债券、财务费用等。一般来说，被审计单位不会高估或虚构负债，因为这样会损害企业自身的形象，如果企业高估或虚构负债，审计人员实施函证等审计程序也较容易发现。但是，这并不意味着企业会如实提供真实的负债信息。在审计实务中，主要是审查被审计单位是否低估或漏列负债。企业低估或漏列负债，通常是为了低估成本费用，从而达到高估利润的目的。因此，审计人员应当将被审计单位是否低估或漏列负债作为审计重点。

负债的审计目标如下：了解被审计单位有关负债的内部控制是否存在且有效，被审计单位一定期间内的负债是否做了完整记录；发生的负债是否存在，是否应为被审计单位负担；各项负债是否符合国家相关法规规定，被审计单位是否遵守了有关债务契约的规定，借款等账务处理是否正确；负债是否已正确划分，当期偿还的长期负债是否划分为流动负债；被审计单位的负债余额是否在财务报表上得到如实反映。

（一）短期借款的实质性程序

在对短期借款进行审计时，审计人员应根据被审计单位年末短期借款余额的大小、短期借款占整个负债的比重、以前年度的审计情况及相关内部控制测试的结果等，确定实质性程序。具体来说，通常包括下列内容。

（1）审查短期借款明细表。复核其加计数是否正确，并与明细账和总账核对相符。

（2）函证短期借款的发生数。根据借款金额的大小，确定是否需要函证。

（3）审查短期借款的增减数。对增加的短期借款，主要关注其借款金额大小、日期、还款期限、利率等，并与会计记录相核对；对减少的短期借款，应检查相关记录的原始凭证，核实还款数额；检查有无到期而未予偿还的短期借款，查明未能及时归还的原因。

（4）复核短期借款的利息。根据借款合同，检查短期借款利息计算是否正确，查明有无多计或少计利息的情况。

（5）检查短期借款在资产负债表中的披露是否恰当。除一般借款在“短期借款”科目列示外，其他因抵押而取得的借款，应在报表附注中详细说明，注意被审计单位对短期借款项目的反映是否充分。

（二）长期借款的实质性程序

与短期借款一样，长期借款也是企业向银行或其他金融机构借入的款项，其实质性程序与短期借款的基本相似。具体来说，长期借款的实质性程序主要包括下列内容。

（1）审查长期借款明细表。复核其加计数是否正确，并与明细账和总账核对相符。

（2）了解金融机构对被审计单位的授信情况。了解被审计单位是否存在抵押和担保情况，查明有无风险及抵押资产的所有权是否属于企业，其价值是否与抵押契约中的规定一致。

（3）对年度内增加或减少的长期借款应重点关注，检查其会计处理是否正确，特别是一年内即将到期的长期借款是否转为流动负债。

（4）向债权人函证被审计单位大额的长期借款。

（5）复核长期借款的利息支出，检查是否存在高估或低估利息的情况。

（6）检查借款费用的账务处理是否正确。

（7）检查长期借款在资产负债表中的披露是否恰当。长期借款在资产负债表中，应列示于非流动负债项目下，该项目扣除将于一年内到期的长期借款数额后的余额应根据“长期借款”科目的期末余额列示。

（三）应付债券的实质性程序

通常，企业的应付债券业务不是很多，但每笔业务的金额往往较大，因而对应付债券的审计是重要的。应付债券的实质性程序主要包括下列内容。

（1）审查发行证券是否在备查簿中如实登记，检查应付债券的明细账和总账，并与备查簿核对相符。

（2）函证债券的承销（或包销）人，以核实应付债券发生的真实性。

（3）审查被审计单位是否如实计提债券的利息，检查溢价或折价发行债券时的账务处理是否合规，是否正确。

（4）检查应付债券利息在资产负债表中的披露是否恰当。应付债券在资产负债表中列示于非流动负债项目下，该项目应根据“应付债券”科目的期末余额扣除将于年内到期的应付债券后的余额列示。在审计实务中，应注意被审计单位是否在财务报表上进行了充分反映，无法在表内反映的，是否在报表附注或说明中做了披露。

（四）财务费用的实质性程序

财务费用的实质性程序，主要包括下列内容。

（1）获取或编制财务费用明细表，复核加计正确，与报表数、总账数及明细账合计数核对相符。

（2）审查利息支出明细账，检查利息支出是否真实正确，各项期末余额有无预计入账。

（3）运用分析程序，检查上期与本期的利息支出是否出现大的变动，如果有大的变动而没有特殊情况，应当查明原因。

（4）审查下期期初的财务费用明细账，检查是否存在利息费用跨期摊配问题。

（5）审阅从其他企业或非银行金融机构收到的利息收入是否按规定纳税。

（6）检查财务费用在利润表中的披露是否恰当。

三、所有者权益的审计

所有者权益是企业投资者对企业净资产的所有权，包括投资者对企业投入资本（实收资本）及资本公积、盈余公积和未分配利润等。它在数量上等于资产总额减去负债总额后的余额，因而也称为净资产。可见，如果对资产和负债的审计充分，则也可证明所有者权益的期末余额的正确性。所有者权益在一年内通常变动较小，因而审计人员在所有者权益方面投入的审计力量往往不大。

所有者权益的审计目标如下：确定与所有者权益相关的内部控制是否存在，是否发生作用（存在与发生）；确定实收资本（或股本）、资本公积、盈余公积的形成、增减及其他经济业务活动的会计记录是否正确，是否合规、合法，并确定未分配利润的形成和增减变动的合规、合法性，以便为投资者和其他利益相关者了解企业情况提供帮助（计价与分摊）；检查所有者权益的期末余额在财务报表上的反映是否充分、适当，确定所有者权益是否正确区分为实收资本和留存收益并做相应的披露，并了解每股收益的计算及披露，包括充分披露稀释每股收益、基本每股收益和两种数字的调节情况。

（一）实收资本（或股本）的实质性程序

股本是股份有限公司按照公司章程、合同和投资协议的规定向股东募集的资本，代表股东对公司净资产的所有权。它是在企业核定资本总额及股份总额的范围内，通过向股东发行股票方式募集的。一般来说，股本只有在增资、扩股或撤销时才发生变更。股份有限公司的投入资本在“股本”科目核算，其他组织形式的企业，其投入资本在“实收资本”科目核算。实收资本与股本的实质性程序基本相同。下面以股本为例，阐述其主要内容。

（1）审查股本发生、增加或减少时的相关资料，包括股东大会、董事会会议记录，以及公司章程、实施细则、核定股份和已发行股份的份数、股票面值、股票收回、股票分割及认股权证，特别是涉及股本交易的，应当予以特别关注。在审计开始时，审计人员就应向被审计单位索要这些资料。

（2）审查各股东出资方式及出资额，包括是否按照协议规定及时足额出资，各种资产出资比例是否符合国家相关规定。例如，根据我国相关法律，全体股东的货币出资额不得低于有限责任公司注册资本的 30%，有限责任公司全体股东的首次出资额不得低于注册资本的 20%。如果这些比例不符合国家有关规定，应当查明其原因。

（3）检查股票发行与收回等交易活动的原始凭证和记账凭证，查阅已发行在外股票的登记簿、从外界收回的股票、募集股份清单等。

（4）查看股本明细表，股本明细表通常是永久性档案，容易查到，审计人员应当检查股本的每次变动是否合规合法。

（5）函证发行在外的股票，检查已发行的股本是否收到股款或资产。对此，审计人员可向证券交易所和有关金融机构函证。

（6）检查股本在资产负债表中的披露是否恰当。股本应在资产负债表和所有者权益变动表中单项列示，审计人员应核对被审计单位的资产负债表和所有者权益变动表中股本项目数字是否与审定数相符，并检查是否在财务报表附注中披露与股本有关的重要事项，如股本的种类、金额及股票发行的数额、每股股票的面值，本会计期间发行的股票，等等。

（二）资本公积的实质性程序

资本公积是因非经营性因素形成的不能计入实收资本的所有者权益，主要包括投资者实际缴付的出资额超过其资本份额的差额（如股本溢价、资本溢价）、接受捐赠的非现金资产、接受捐赠的现金、股权投资准备、拨款转入、外币资本折算差额、其他资本公积等。其实质性程序主要包括下列内容。

1. 检查资本公积形成的合法性

检查资本公积的内容及其依据，查阅相关会计记录和原始凭证，确认资本公积形成的合法性。对资本公积形成的审计，包括审查股本（或资本）溢价、接受捐赠的非现金资产、接受捐赠的现金、外币资本折算差额及其他资本公积等。

（1）审查股本（或资本）溢价。审计人员对资本溢价的检查主要是查明其是否在企业吸收新的投资时形成的，资本溢价的确定是否按实际出资额扣除其投资比例所占的资本额计算，其投资是否经企业董事会决定，并已报原审批机关批准；对股本溢价应检查发行是否合法，是否经有关部门批准，股票发行价格与其面值的差额是否全部计入资本公积，发行股票支付的手续费或佣金、股票发行价格与其面值的差额是否全部计入资本公积，发行股票支付的手续费或佣金、股票印制成本等减去发行股票冻结期间产生的利息收入后余额是否已从溢价中扣除。

（2）审查接受捐赠的非现金资产。对接受捐赠的非现金资产，审计人员应审查其是否按规定办理移交手续，是否经过验收，资产定价是否符合《企业会计准则》的有关规定，是否存在对捐赠资产不入账等，有关财务处理是否符合国家有关规定。

（3）审查接受捐赠的现金。对接受捐赠的现金，应审查银行对账单、银行存款日记账和资本公积相关明细账，并进行核对，确认是否确实收到有关捐赠款项。

（4）审查外币资本折算差额。对外币资本折算差额，应审查资本账户折算汇率是否正确，是否符合国家有关法规、制度的规定。

（5）审核可供出售金融资产形成的资本公积和同一控制下企业合并形成的资本公积等。

2. 审查资本公积使用的合法性

审计人员应审查资本公积是否被挪作他用；对于资本公积转增资本，审计人员应审查转增资本是否经股东会或股东大会决定，并报经市场监督管理部门批准，依法办理增资手续；获得批准后，资本公积运用的账务处理是否及时。

3. 检查资本公积在资产负债表中的披露是否恰当

审计人员应检查资本公积在资产负债表中是否单独列示，同时还应将资本公积明细账与所有者权益变动表中列示的资本公积期末余额及期初余额核对相符。

（三）盈余公积的实质性程序

盈余公积是企业按照规定从税后利润中提取的资金，是具有特定用途的留存收益，主要用于弥补亏损和转增资本，也可以用于分配股利。其实质性程序主要包括：①审查盈余公积明细账，并与总账核对；②审阅盈余公积的提取，审计人员应主要检查盈余公积提取是否符合规定并经过批准；③审核盈余公积的使用是否按规定经过一定的授权批准手续，并且必须符合国家规定的条件；④检查盈余公积在资产负债表中的披露是否恰当。

（四）未分配利润的实质性程序

未分配利润是指未分配的净利润，即该部分利润没有分配给投资者或转作其他用途。它是企业当年税后利润在弥补以前年度亏损、提取公积金以后加年初未分配利润，再扣除向所有者分配的利润后的结余额，是企业留于以后年度分配的利润。企业的未分配利润通过“利润分配——未分配利润”明细科目核算，其年末余额反映历年积存的未分配利润（或未弥补亏损）。其实质性程序主要包括：①审查利润分配数额及年末未分配数额是否正确；②根据审计结果调整本年损益数，直接增加或减少未分配利润，确定调整后的未分配利润数；③检查未分配利润在财务报表中的披露是否恰当。

四、其他相关账户的审计

除前述项目外，投资与筹资循环审计还包括无形资产审计、应付股利审计等。

（一）无形资产的实质性程序

无形资产是指企业为生产商品或者提供劳务、出租给其他单位，或为管理目的而持有的，没有实物形态的非货币性资产，包括专利权、非专利技术、商标权、著作权、土地使用权、商誉、购入的能够单独计价的计算机软件和支付的土地出让金等。对无形资产实施的实质性程序，通常包括：①编制无形资产明细表，并与明细账、总账、财务报表核对相符；②审阅被审计单位有关协议和董事会会议纪要等文件资料，检查无形资产的性质、构成内容、计价依据，确认其所有权是否为被审计单位所有，摊销政策是否符合规定，是否利用摊销政策人为调整利润；③检查无形资产增加、减少、转让及摊销的账务处理是否正确；④检查无形资产减值准备的计提是否符合规定；⑤检查无形资产在财务报表中的披露是否恰当。

（二）应付股利的实质性程序

应付股利的实质性程序通常包括：①编制应付股利明细表，并将其与明细账、总分类账及财务报表相核对；②审阅公司章程、股东大会和董事会会议纪要中有关股利分配的规定，了解股利分配标准和发放方式是否符合有关规定，有无经过法定程序批准；③审查股利分配方案，检查应付股利的发生额是否从可供分配利润中计算确定，并复核应付股利计算和账务处理的正确性；④检查按股东大会决议调整的应付股利的期初数，查明其账务处理是否正确；⑤检查股利支付的内容和金额是否正确，现金股利是否按公告规定的时间、金额予以发放、结算，股利宣布、结算、转账的账务处理是否正确、适当；⑥检查应付股利在财务报表中的披露是否恰当。

本章小结

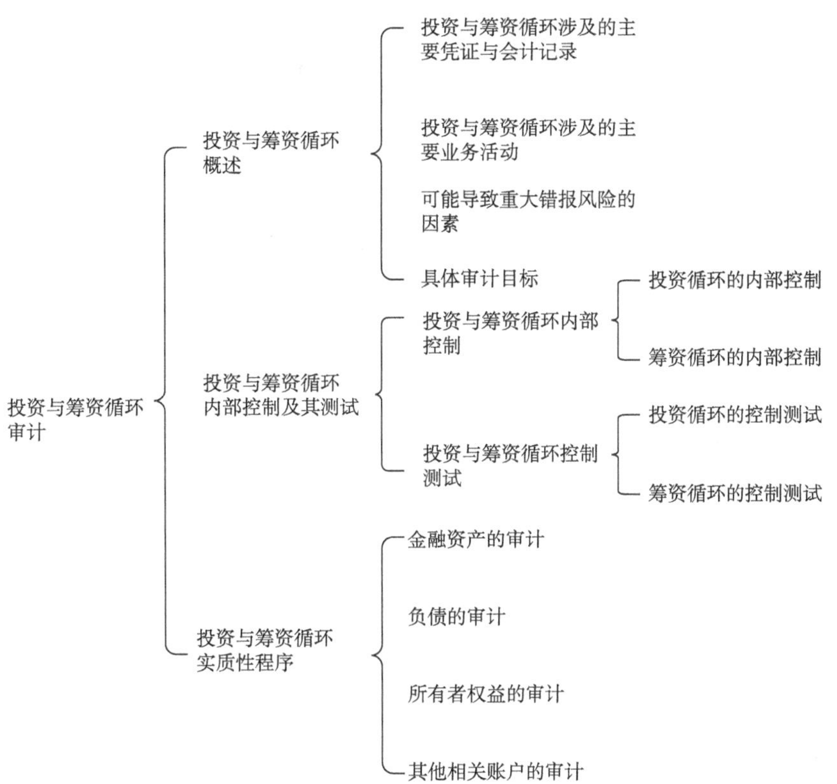

复习思考题

1. 投资与筹资循环涉及哪些主要业务活动？对这些业务进行核算时，需要运用哪些会计科目？

2. 投资与筹资循环涉及哪些主要凭证和会计分录？

3. 投资与筹资循环中常见的可能导致重大错报风险的因素有哪些？审计中应如何关注？

4. 投资与筹资循环审计的主要风险和具体审计目标是什么？

5. 投资与筹资循环的内部控制关键点有哪些？如何对其进行控制测试？

6. 如何对未分配利润进行审计？

7. 实质性程序在投资与筹资循环审计中有哪些应用？

第十六章

货币资金审计

货币资金是流动性最强的资产，是企业进行生产经营必不可少的物质条件。因此，货币资金项目的审计是企业资产负债表审计的重要组成部分，由于货币资金较容易发生舞弊，货币资金审计的风险也相对较高，时间较长，涉及的审计范围也相对较广。

- 了解货币资金内部控制流程及其测试程序
- 掌握库存现金、银行存款、其他货币资金的实质性程序

第一节　货币资金审计概述

货币资金包括库存现金、银行存款及其他货币资金，是企业资产的重要组成部分，其流动性强，易遭袭击，因而企业必须高度重视和确保货币资金的安全。货币资金收支业务与企业的各交易循环有着一定的联系，与之有关的凭证和会计记录很多，包括库存现金盘点表、银行对账单、银行存款余额调节表、相关的记账凭证（现收现付记账凭证、银收银付记账凭证）、相关的会计账簿（现金日记账、银行存款日记账、库存现金总账）等。在审计实务中，货币资金的审计风险较高。如果只审查其本期的发生额及期末余额，就可能难以发现存在的所有问题，因而需结合其他交易循环对其进行审计。

企业应健全和加强内部控制，至少做到以下几点：①职责分工，权限范围和授权审批程序应明确规范，机构设置和人员配备科学合理；②库存现金、银行存款的控制合规、合法，银行账户的设立、审批、使用、核对及清理严格有效，现金盘点和银行对账单的核对严格按规定执行；③货币资金的会计记录应真实、准确、完整、及时；④票据的购买、保管、使用、销毁等应有完整记录，银行预留印鉴和有关印章的管理严格有效。

一、涉及的主要凭证、会计记录和会计账户

现金收支循环是与企业现金收支有关的活动所组成的业务循环。

（一）主要会计凭证和记录

现金收支循环涉及的会计凭证和记录主要包括：①库存现金盘点表；②银行对账单；③银行存款余额调节表；④涉及现金和银行存款收付的会计凭证；⑤现金和银行存款日记账；⑥现金和银行存款总账。

（二）主要会计账户

（1）资产类账户，如库存现金、银行存款、其他应收款等。

（2）负债类账户，如其他应付款、应付职工薪酬、应交税费等。

（3）成本类账户，如制造费用等。

（4）损益类账户，如管理费用、销售费用、营业外收入、营业外支出等。

二、涉及的主要业务活动

现金收支循环涉及的交易主要是现金收支交易，并与其他业务循环相关。在本章中，仅介绍其他业务循环中未重点介绍的现金收支业务内容。

货币资金审计与各交易循环之间的关系如图 16-1 所示。

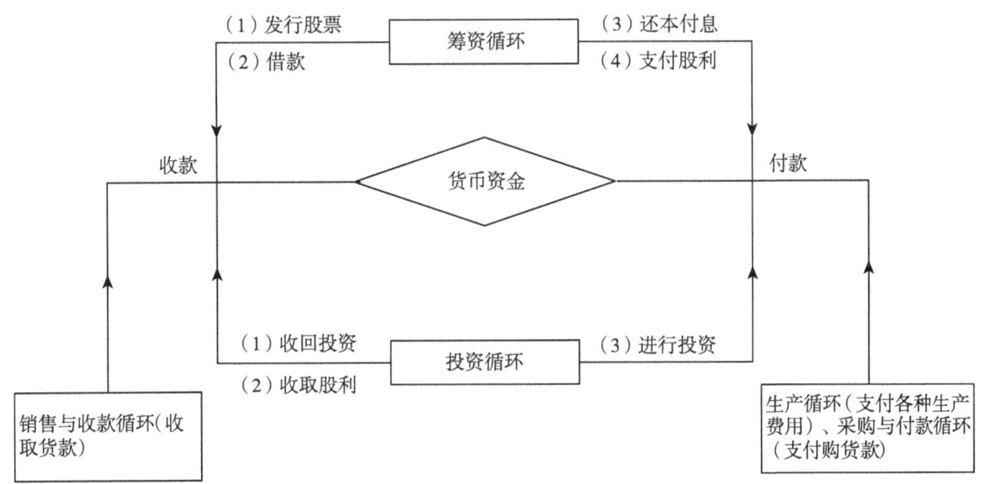

图 16-1　货币资金审计与各交易循环之间的关系

三、可能导致重大错报风险的因素

现金收支循环是企业生产经营活动的重要业务循环，其中的重点项目——货币资金是企业流动性最强的敏感资产，极易被盗窃、贪污或挪用，现金收支循环中常见的可能导致重大错报风险的主要因素包括以下方面。

（1）违反现金管理规定，超限额保管现金、坐支现金、扩大现金开支范围。

（2）现金收入不入账，形成账外账、“小金库”。

（3）贪污、挪用库存现金或银行存款。

（4）从银行提取的现金用途不合法、不合理。

（5）出租、出借银行账户以收取好处费。

（6）多头开立银行账户，对账户缺乏监管，导致资金管理分散、银行记录与企业记录存在不一致等。

（7）虚构银行存款或其他货币资金。

（8）混淆销售费用、管理费用和营业外支出的界限。

（9）混淆资本性支出与收益性支出的界限。

四、具体审计目标

现金收支循环审计的具体目标如表16-1所示。

表16-1 现金收支循环审计的具体目标

管理层认定	一般审计目标	具体审计目标
存在或发生	存在或发生	（1）所有已入账的现金收支确实为企业已经实际收付的现金业务 （2）所有已入账的现金、银行存款、其他应收款、其他应付款、应交税费确实存在 （3）财务报表中列报和披露的所有与现金相关的交易、事项和其他情况为已存在或发生，且与被审计单位有关
完整性	完整性	（1）所有现金收支业务已全部登记入账 （2）所有应交税费、管理费用、销售费用等均已入账 （3）所有与现金收支相关的交易和期末余额均已在财务报表中列报和披露
权利和义务	权利和义务	（1）现金、银行存款和其他应收款是被审计单位在资产负债表日所拥有的权利，除特别说明外，在所有权方面没有受到其他限制 （2）其他应付账款、应交税费等是被审计单位在资产负债表日所应承担的义务
准确性	准确性	（1）销售费用、管理费用、财务费用等发生金额正确 （2）现金、银行存款、其他货币资金、其他应付款、其他应收款、应交税费等列示了正确的金额
计价和分摊	计价和分摊	（1）期末外币现金和银行存款等，已按照恰当汇率折算为本位币金额，相关汇兑损益已恰当进行会计处理 （2）其他应付款、其他应收款列示了正确的欠款金额，其他应收款已足额计提了坏账准备
截止	截止	（1）所有现金收支业务均已记录在恰当的会计期间 （2）所有货币资金、其他应付款、其他应收款、应付职工薪酬、应交税费等均已记录在恰当的会计期间
分类	分类	（1）所有现金收支业务均已进行了恰当的分类 （2）管理费用、销售费用、应付职工薪酬、应交税费等已恰当分类
可理解性	可理解性	现金、银行存款、应交税费、应付职工薪酬、其他应付款、管理费用、销售费用、财务费用等在财务报表中的列报和披露表述清楚，易于理解

第二节 货币资金内部控制及其测试

一、货币资金的内部控制

为了保证货币资金的安全完整，保证货币资金核算与管理的正确性、合规性，企业必须建立健全各项内部控制。良好的货币资金内部控制一般应包括以下内容。

（1）钱、账的分工负责制度。财会部门是主管货币资金的职能部门，应配备专职的出纳人员和有关核算人员，负责货币资金的收支、保管和核算工作。在货币资金核算和管理工作中，企业应贯彻内部牵制的组织原则，实行钱账分管，即管钱的人不管账，管账的人不管钱。负责货币资金收支和保管的出纳人员，除了登记现金和银行存款日记账，不得兼作收入、费用、负债账簿及总账的登记工作。这是企业货币资金内部控制的一项最基本的要求。

（2）货币资金的收付程序。企业收付资金的业务必须经有关经济业务负责人批准，例如，出差人员预借差旅费时，必须经有关负责人签字方可支用；在收付资金前，会计人员对会计凭证应进行审查核实，以便确认资金收付的合法性、计算的正确性等。会计人员在按记账凭证执行收付款项时，还必须对其进行复核，目的在于通过相互牵制防止错误和舞弊行为的发生。

（3）收付款凭证的应用及账簿的登记制度。为了能够汇总反映有关货币资金的相关业务，会计人员应及时根据已完成的现金收付业务及已编号并加盖现金收付戳记的记账凭证登记有关账簿。会计人员应当进行账账、账表、账实的核对，即要求日记账与总账、总账与财务报表、日记账和日报表与库存现金等进行定期核对，检查其是否相符，防止挪用现金。

（4）出纳的工作纪律。企业的库存现金通常由出纳人员专人负责保管，出纳人员是企业货币资金业务的主要经办人员，货币资金业务内部控制的情况如何，在很大程度上与出纳工作纪律的遵守情况密切相关。为确保货币资金的安全完整，出纳人员必须定期盘点库存现金、编制银行存款余额调节表，当日现金超出库存限额部分必须及时送存银行，不准挪用或私自存放，不得随意坐支，支票必须按规定使用，等等。

（5）内部监督制度。为降低货币资金管理的风险，企业的内部审计部门应加强对货币资金收支业务的审计。企业还应当不定期地组织检查小组，对货币资金的收支进行抽查。

二、货币资金内部控制的控制测试

审计人员对货币资金内部控制进行控制测试的主要程序如下。

1. 了解货币资金内部控制

审计人员可以根据实际情况采用不同的方法实现对货币资金内部控制的了解。一般而言，审计人员可以采用编制流程图的方法。编制货币资金内部控制流程图是货币资金控制测试的重要步骤。审计人员在编制之前应通过询问、观察等调查手段收集必要的资料，然后根据所了解的情况编制流程图。对中小企业，也可采用编写货币资金内部控制说明的方法。若年度审计工作底稿中已有以前年度的流程图，审计人员可根据调查结果加以修正，以供本年度审计之用。

2. 抽取并检查收款凭证

如果货币资金收款的内部控制不强，很可能会发生贪污或挪用等情况。例如，在一个小企业中，出纳人员若同时记应收账款明细账，则很有可能发生循环挪用的情况。为测试货币资金收款的内部控制，审计人员应选取一定数量的收款凭证，做如下的检查。

（1）核对收款凭证与存入银行账户的日期和金额是否相符。

（2）核对银行存款日记账的收入金额是否正确。

（3）核对收款凭证与银行对账单是否相符。

（4）核对收款凭证与应收账款等相关明细账的有关记录是否相符。

（5）核对实收金额与销货发票等相关凭据是否一致。

3. 抽取并检查付款凭证

为测试货币资金付款的内部控制，审计人员应选取一定数量的货币资金付款凭证，做如下检查。

（1）检查付款的授权批准手续是否符合规定。

（2）核对银行存款日记账的付出金额是否正确。

（3）核对付款凭证与银行对账单是否相符。

（4）核对付款凭证与应付账款等相关明细账的记录是否一致。

（5）核对实付金额与购货发票等相关凭据是否相符。

第三节 货币资金实质性程序

如果实施了本章第二节所述的控制测试，审计人员根据控制测试的结果（即控制运行是否有效），确定从控制测试中已获得的审计证据及其保证程度，进而确定仍需对实质性程序的性质、时间安排与范围等内容做出怎样的适当调整。例如，如果控制测试的结果表明内部控制未能有效运行，审计人员需要从实质性程序中获取更多的相关审计证据，审计人员可以修改实质性程序的性质，如采用细节测试而非实质性分析程序，获取更多的外部证据等；或修改实质性程序的范围，如扩大样本规模等。

如果根据审计人员的判断，审计人员未实施本章第二节所述的控制测试，而直接对货币资金采取实质性审计方案时，需要确定其实施的实质性程序的性质、时间安排和范围是否能够提供充分、适当的审计证据。

一、库存现金的实质性程序

根据重大错报风险的评估和从控制测试（如实施）中所获取的审计证据和保证程度，审计人员就库存现金实施的实质性程序可能包括以下方面。

1. 核对库存现金日记账与总账的金额是否相符

审计人员测试现金余额的起点，是核对现金日记账与总账的余额是否相符。如果不相符，应查明原因，并建议做出适当调整。

2. 监盘库存现金

对被审计单位现金盘点实施的监盘程序是用作控制测试还是实质性程序，取决于审计人员对风险评估结果、审计方案和实施的特定程序的判断。如果审计人员可能基于风险评估的结果判断无须对现金盘点实施控制测试，仅实施实质性程序。

企业盘点库存现金，通常包括对已收到但未存入银行的现金、零用金、找换金等的盘点。盘点库存现金的时间和人员应视被审计单位的具体情况而定，但现金出纳人员和被审计单位会计主管人员必须参加，并由审计人员进行监盘。监盘库存现金的步骤与方法如下。

（1）查看被审计单位制定的监盘计划，以确定监盘时间。对库存现金的监盘最好实施突击性的检查，时间最好选择在上午上班前或下午下班时，监盘范围一般包括被审计单位各部门经管的所有现金。

（2）查阅库存现金日记账并同时与现金收付凭证相核对。一方面，检查库存现金日记账的记录与凭证的内容和金额是否相符；另一方面，了解凭证日期与库存现金日记账日期是否相符或接近。

（3）检查被审计单位现金实存数，并将该监盘金额与库存现金日记账余额进行核对，如有差异，应要求被审计单位查明原因，必要时应提请被审计单位做出调整；如无法查明原因，应要求被审计单位按管理权限批准后做出调整。若有冲抵库存现金的借条、未提现支票、未报销的原始凭证，应在“库存现金监盘表”中注明，必要时应提请被审计单位做出调整。

（4）在非资产负债表日进行监盘时，应将监盘金额调整至资产负债表日的金额，并对变动情况实施程序。

3. 抽查大额库存现金收支

查看大额现金收支，并检查原始凭证是否齐全、原始凭证内容是否完整、有无授权批准、记账凭证与原始凭证是否相符、账务处理是否正确、是否记录于恰当的会计期间等项内容。

4. 检查库存现金是否在财务报表中做出恰当披露

根据有关规定，库存现金在资产负债表的“货币资金”项目中反映，审计人员应在实施上述审计程序后，确定“库存现金”账户的期末余额是否恰当，进而确定库存现金是否在资产负债表中恰当披露。

【例 16-1】 2017 年 1 月 20 日，注册会计师张某、李某在对某企业 2016 年 12 月 31 日资产负债表的审计中，查得“货币资金”项目中的库存现金为 1 062.10 元，2017 年 1 月 21 日上午 8 时，张某、李某对该企业出纳人员王某经管的现金进行了清点。该企业 2017 年 1 月 20 日现金日记账余额是 832.10 元，清点结果如下。

（1）现金实有数 627.34 元。

（2）在保险柜中有下列单据已收、付款但未入账：

a. 职工刘某 6 月 4 日预借差旅费 200 元，已经领导批准。

b. 职工钱某借据一张，金额 140 元，未经批准，也没有说明用途。

c. 在保险柜中，有已收款但未记账的凭证共 4 张，金额 135.24 元。

（3）银行核定该企业现金限额为 800 元。

（4）经核对 2017 年 1 月 1~20 日的收付款凭证和现金日记账，核实 1 月 1~20 日收入现金数为 2 350 元、支出现金数为 2 580 元正确无误。

要求：根据以上资料，编制库存现金盘点表，核实库存现金实有数，并核实 2016

年 12 月 31 日资产负债表所列数字是否正确，对现金收支、留存管理的合法性提出审计意见。

库存现金盘点表见表 16-2。

表 16-2 库存现金盘点表

<table>
<tr><td>××企业</td><td>编制：张某</td><td>日期：2017 年 1 月 22 日</td><td colspan="2">复核：李某</td><td>日期：2017 年 1 月 22 日</td></tr>
<tr><td>币种：人民币</td><td colspan="2">盘点日期</td><td colspan="2">2017 年 1 月 21 日</td><td>单位：元</td></tr>
<tr><td colspan="3">项目</td><td>工作底稿</td><td>金额</td><td>备注</td></tr>
<tr><td colspan="3">实际盘点库存现金金额</td><td rowspan="6"></td><td>627.34</td><td rowspan="6"></td></tr>
<tr><td colspan="3">加：已付讫未入账的支出凭证 1 份</td><td>200.00</td></tr>
<tr><td colspan="3">加：白条抵库数 1 份</td><td>140.00</td></tr>
<tr><td colspan="3">减：已收讫未入账的收入凭证 4 份</td><td>135.24</td></tr>
<tr><td colspan="3">减：代保管现金情况 份</td><td></td></tr>
<tr><td colspan="3">库存现金实际占用额</td><td>832.10</td></tr>
<tr><td colspan="3">库存现金账面金额（2017 年 1 月 20 日）</td><td rowspan="2"></td><td>832.10</td><td rowspan="2"></td></tr>
<tr><td colspan="3">银行核定库存现金金额</td><td>800.00</td></tr>
<tr><td>现金管理人：王某</td><td colspan="5">会计主管：牟某</td></tr>
</table>

由表 16-2 资料可知：

（1）该企业库存现金没有发生短缺。账面余额应为 767.34 元（832.10+135.24−200）；现金实有数为 627.34，加上白条抵库数（应由出纳人员退回）140 元，与账面余额相符。

（2）2016 年 12 月 31 日库存现金应有数为 997.34 元（767.34−2350+2580），与 2016 年度资产负债表中“货币资金”项目的库存现金数 1 062.10 元不相符，说明该库存现金数 1 062.10 元不正确，建议调整为 997.34 元。

（3）该企业库存现金收支、留存中存在不合法现象：一是有白条抵库数 140 元，违反现金管理制度；二是超现金限额留存金，2016 年 12 月 31 日超限额 197.34 元，违反现金限额的有关规定。

二、银行存款的实质性程序

审计人员对银行存款的实质性程序，一般包括如下几个方面。

1. 核对银行存款日记账余额与总账余额是否相符

审计人员在审查银行存款余额时，首先应做的是核对银行存款日记账余额与总账余额是否相符。如果不相符，应查明原因，将其作为继续审查银行存款余额的基础。

2. 实施分析程序

审计人员应比较银行存款余额的本期实际数与预算数及与上年度账户的差异变动，对本期数字与上期实际数或本期预算数的异常差异或显著波动必须进一步追查原因，确定审计重点。尤其应注意银行存款中定期存款所占的比例，以确定被审计单位是否存在高息资金拆借。如存在高息资金拆借，应进一步分析拆出资金的安全性。

3. 审查银行存款余额调节表

审查结算日银行存款余额调节表是证实资产负表所列货币资金中银行存款是否存在的一个重要方法。审计人员对银行存款余额调节表的审计主要包括以下方面。

（1）核实调节表数据计算的正确性。审计人员对银行存款余额调节表数据计算正确性的核实，主要应从以下几个方面来进行：①核实银行对账单、银行存款余额调节表上的列示是否正确；②将银行对账单记录与银行日记账逐笔核对，核实银行存款余额调节表上各调节项目的列示是否真实完整，任何漏记、多记调节项目的现象都应引起审计人员的高度警惕；③在核对银行存款日记账账面余额和银行对账单余额的基础上，复核上述未达账项及其加减调节情况，并验证调节后两者的余额计算是否正确、是否相符，如不相符，应说明其中一方或双方存在记账差错，并要进一步追查原因，扩大测试范围。

（2）调查未达账项的真实性。未达账项的真实性调查主要包括以下几个方面：①列示未兑现支票清单，注明开票日期和收款人姓名或单位，并调查金额较大的未兑现支票，可提现的未兑现支票及审计人员认为较为重要的未兑现支票；追查截止日银行对账单上的在途存款，并在银行存款余额调节表上注明存款日期；审查至截止日银行已付、被审计单位未付款项的性质及其款项来源。②对于未达账项（包括银行方面和被审计单位方面的），一般应追查至该年初的银行对账单，查明年终的银行对账单，查明年终的未达账项，并从日期上进一步判断业务发生的真实性，注意有无利用未达账项来掩饰某种舞弊行为。

一般而言，银行存款余额调节表应由被审计单位编制并向审计人员提供，但在某些情况下（如被审计单位内部控制比较薄弱），审计人员也可亲自编制银行存款余额调节表。

4. 函证银行存款余额

函证是指审计人员在执行审计业务过程中，需要以被审计单位名义向有关单位发函询证，以验证被审计单位的银行存款是否真实、合法、完整。审计人员在执行审计业务时，可以被审计单位的名义向有关单位发函询证，各商业银行、政策性银行、非银行金融机构要在收到询证函之日起 10 个工作日内，根据函证的具体要求，及时回函并可按照国家的有关规定收取询证费用；各有关企业或单位根据函证的具体要求回函。

函证银行存款余额是证实资产负债表所列银行存款是否存在的重要程序。向往来银行进行函证，审计人员不仅可以了解被审计单位资产的存在，还可以了解其欠银行的债务。函证还可用于发现被审计单位未登记的银行借款。

函证时，审计人员应向被审计单位在本年存过款（含外埠存款、银行汇票存款、银行本票存款、信用证存款）的所有银行发函，其中包括被审计单位存款账户已结清的银行，因为有可能存款账户已结清，但仍有银行借款或其他负债存在。同时，虽然审计人员已直接从某一银行取得了银行对账单和所有已付支票，但仍应向该银行进行函证。

5. 检查一年以上定期存款或限定用途存款

一年以上定期存款或限定用途的银行存款，不属于企业的流动资产，应列于其他资产类下。对此，审计人员应查明情况，做出相应记录。

6. 抽查大额现金和银行存款的收支

审计人员应抽查大额现金收支、银行存款（含外埠存款、银行汇票存款、银行本票存款、信用证存款）收支的原始凭证内容是否完整，有无授权批准，并核对相关账户的进账情况。如有与被审计单位生产经营业务无关的收支事项，审计人员应查明原因并做相应的记录。

7. 检查银行存款收支的正确截止日期

被审计单位资产负债表中的现金数额应以结账日实有数额为准。因此，审计人员必须验证现金收支的截止日期。通常，审计人员可以对结账日前后一段时期内现金收支凭证进行审计，以确定是否存在跨期事项。

企业资产负债表中银行存款数字应当包括当年最后一天收到的所有存放在银行的款项，而不得包括其后收到的款项；同样，企业年终前开出的支票，不得在年后入账。为了确保很行存款收付的正确截止，审计人员应当在清点支票及支票存根时，确定各银行账户最后一张支票的号码，同时查实该号码之前的所有支票均已开出。在结账日未开出的支票及其后开出的支票，均不得作为结账日的存款收付入账。

8. 检查外币银行存款的折算是否正确

对于有外币银行存款的被审计单位，审计人员应检查被审计单位对外币银行存款的收支是否按规定的汇率折合为记账本位币金额；外币银行存款期末余额是否按期末市场汇率折合为记账本位币金额；外币折合差额是否按规定记入相关账户。

9. 检查银行存款是否在资产负债表中恰当披露

根据规定，企业的银行存款在资产负债表中“货币资金”项目下反映。因此，审计人员应在实施上述审计程序后确定银行存款账户的期末余额是否恰当，从而确定资产负债表中“货币资金”项目中的数字是否恰当披露。

【例 16-2】 注册会计师A和注册会计师B对大化公司2016年12月31日的资产负债表进行审计，在审查资产负债表“货币资金”项目时，发现该公司2016年12月31日的银行存款数额为3 500元，银行存款账面余额为35 000元。审计助理人员向开户银行取得对账单一张，2016年12月31日的银行存款余额为42 000元。另外，查有下列未达账款和记账差错。

（1）12月23日，该公司送存转账支票4 800元，银行尚未入账。

（2）12月24日，该公司开出转账支票4 300元，持票人尚未到银行办理转账手续。

（3）12月25日，委托银行收款9 300元，银行已收款入账，但收款通知尚未到达该公司。

（4）12月30日，银行代付水费2 150元，但银行付款通知单尚未到达该公司。

（5）12月15日，收到银行收款通知单金额3 850元，该公司入账时将银行存款增加数错记成 3 500 元。

要求：根据上述资料，编制银行存款余额调节表，核实 2016 年 12 月 31 日资产负债表中“货币资金”项目中银行存款数额的正确性。

解：银行存款余额调节表详见表 16-3。

表 16-3 银行存款余额调节表

单位：大化公司　　2013 年 12 月 31 日　　单位：元

项目	金额	项目	金额
公司银行存款账面余额 加：银行已收，公司未收的款项 减：银行已付，公司未付的款项	35 000 9 300 2 150	开户银行对账单余额 加：公司已收，银行未收的款项 减：单位已付，银行未付的款项	42 000 4 800 4 300
加：企业记账差错数 调节后的存款余额	350 42 500	调节后的存款余额	42 500

审计主管：李×　　审计员：黄××　　会计主管：王××　　会计员：张×

从表 16-3 可以看出，大化公司和银行于 2016 年 12 月 31 日的银行存款数额都为 42 500 元，从而证明该公司银行存款账面余额 35 000 元基本属实。可见，资产负债表上的“货币资金”项目中的银行存款数 33 500 元的真实性程度较差，建议应加以调整。

三、其他货币资金的实质性程序

（一）其他货币资金的范围

其他货币资金包括企业到外地进行临时或零星采购而汇往采购地银行开立采购专户的款项所形成的外埠存款、企业为取得银行汇票按照规定存入银行的款项所形成的银行汇票存款、企业为取得银行本票按照规定存入银行的款项而形成的银行本票存款、在途货币资金和信用证存款等。

（二）审计人员对其他货币资金的实质性程序

审计人员对其他货币资金的实质性程序主要包括以下方面。

（1）核对外埠存款、银行汇票存款、银行本票存款、在途货币资金等各明细账期末合计数与总账数是否相符。

（2）函证外埠存款户、银行汇票存款户、银行本票存款户期末余额。

（3）对于非记账本位币的其他货币资金，检查其折算汇率是否正确。

（4）抽查一定样本量的原始凭证进行测试，检查其经济内容是否完整，有无适当的审批授权，并核对相关账户的进账情况。

（5）抽取资产负债表日后的大额收支凭证进行截止测试，如有跨期收支事项，应做适当调整。

（6）检查其他货币资金在财务报表中的披露是否恰当。

本 章 小 结

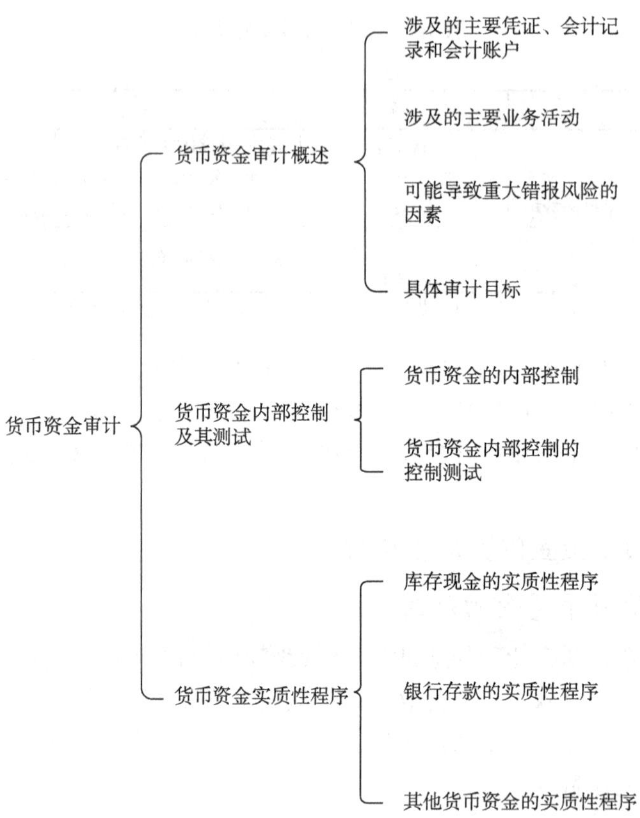

复习思考题

1. 现金收支循环涉及哪些主要业务活动？对这些业务进行核算时，需要运用哪些会计科目？
2. 现金收支循环涉及哪些主要凭证和会计分录？
3. 现金收支循环中常见的可能导致重大错报风险的因素有哪些？审计中应如何关注？
4. 现金收支循环审计的主要风险和具体审计目标是什么？
5. 现金收支循环的内部控制关键点有哪些？如何对其进行控制测试？
6. 库存现金账户的审计目标与主要审计程序是什么？
7. 银行存款账户的审计目标与主要审计程序是什么？
8. 实质性程序在现金收支循环审计中有哪些应用？

第十七章 注册会计师的其他主要业务

注册会计师除了接受委托执行财务报表审计业务外，还可以执行财务报表审阅、内部控制审计、预测性财务信息审核、对财务信息执行商定程序等业务。

学习目标

- 理解财务报表审阅的含义，掌握财务报表审阅的基本程序
- 掌握内部控制审计的程序及不同内部控制审计意见类型的条件
- 掌握预测性财务信息审核的基本程序
- 掌握对财务信息执行商定程序的基本程序

第一节　财务报表审阅

一、财务报表审阅的含义

《中国注册会计师审阅准则第 2101 号——财务报表审阅》规定，财务报表审阅的目标，是注册会计师在实施审阅程序的基础上，说明是否注意到某些事项，使其相信财务报表没有按照适用的会计准则和相关会计制度的规定编制，未能在所有重大方面公允反映被审阅单位的财务状况、经营成果和现金流量。

计划和实施审阅工作时，注册会计师应当遵守相关的职业道德规范，恪守独立、客观、公正的原则，保持专业胜任能力和应有的关注，主要通过询问和分析程序获取充分、适当的证据，将审阅风险降至该业务环境下可接受的水平，对审阅后的财务报表提供低于高水平的保证（即有限保证，以消极方式提出审阅结论）。

二、财务报表审阅的基本程序

由于实施审阅程序不能提供在财务报表审计中要求的所有证据，审阅业务对所审阅的财务报表不存在重大错报只提供有限保证，因此，应当以消极方式提出审阅结论。注册会计师应当保持应有的职业谨慎，合理计划和实施财务报表审阅工作，获取充分、适当的审阅证据，以发现可能存在的导致财务报表发生重大错报的情况。具体实施审阅业

务一般程序如下。

（一）了解被审阅单位基本情况，确定是否接受审阅业务委托

注册会计师应当在了解被审阅单位基本情况的基础上，考虑自身能力和能否保持独立性，初步评估审阅风险，确定是否接受财务报表审阅业务委托。

如果接受委托，会计师事务所应当与委托人就约定事项达成一致意见，并签订业务约定书。业务约定书应当包括以下主要内容：①审阅业务的目标；②审阅范围；③被审阅单位管理层的责任与注册会计师的责任；④签约双方的义务；⑤预定的报告格式；⑥说明不能依赖财务报表审阅揭示所有的重大错误、舞弊和违反法规行为；⑦说明财务报表审阅并非审计，注册会计师不发表审计意见，因此，不能满足法律法规或第三方对财务报表审计的要求。

（二）制订审阅计划，有效安排审阅业务

签订审阅业务约定书后，注册会计师就应计划审阅工作，以有效执行审阅业务。在计划审阅工作时，注册会计师应当了解被审阅单位及其环境，或更新以前了解的内容，包括适用的会计准则和相关会计制度、行业惯例；考虑被审阅单位的组织结构、会计信息系统、经营管理情况及资产、负债、收入和费用的性质等。

在确定审阅程序的性质、时间安排和范围时，应当运用职业判断，并考虑下列因素：①以前期间执行财务报表审计或审阅所了解的情况；②对被审阅单位及其环境的了解，包括适用的会计准则和相关会计制度、行业惯例；③会计信息系统；④管理层的判断对特定项目的影响程度；⑤各类交易和账户余额的重要性。

（三）实施财务报表审阅

实施财务报表审阅程序，主要包括：①了解被审阅单位及其环境；②查询被审阅单位采用的会计准则、会计制度及行业惯例；③查询被审阅单位的会计系统，以了解其对交易和事项的确认、计量、记录和报告程序；④查询财务报表中所有的重要认定；⑤实施分析性程序，以识别异常关系和异常项目；⑥查阅股东大会、董事会及其他重要会议的会议纪要，询问相关人员，了解决定采取的可能对财务报表产生影响的措施；⑦查阅财务报表，以确定其是否遵循了所指明的编制基础；⑧获取其他注册会计师出具的被审阅单位组成部分的审计报告或审阅报告；⑨就执行审阅程序发现的问题询问被审阅单位的相关人员；⑩必要时注册会计师应当获取管理层书面声明。

实施审阅程序作为财务报表审阅的核心过程，是形成审阅结论、出具审阅报告的重要基础。其中，了解被审阅单位及其行业情况、被审阅单位采用的会计准则、会计制度及行业惯例属于进驻被审阅单位前应该了解的信息，这些信息的掌握为财务报表审阅的有效开展奠定信息基础。上述③~⑨的开展，属于注册会计师采用不同审阅方法获取不同审阅证据的关键过程。注册会计师对此需要充分认识，并在实践中运用专业审阅技能获取适当、充分的审阅证据，提供发表审阅意见的基本支持。最后一项获取管理层书面声明，属于处于信息优势的管理层对被审阅信息及其反映事项真实性的有效确认，从法律角度明确了被审阅单位管理层与实施审阅的注册会计师的不同责任。

同时，注册会计师应当进一步向负责财务会计事项的人员询问下列事项：①所有交易是否均已记录；②财务报表是否按照指明的编制基础编制；③被审阅单位业务活动、会计政策和行业惯例的变化及其他重要事项；④实施其他审阅程序发现的问题。

注册会计师还应当询问在资产负债表日后发生的、可能需要在财务报表中调整或披露的期后事项。但注册会计师没有责任实施程序以识别审阅报告日后发生的事项。在利用其他注册会计师或专家的工作时，注册会计师应当考虑其工作是否满足财务报表审阅的需要。

如果有理由相信所审阅的财务报表可能存在重大错报，注册会计师应当实施追加的或更为广泛的程序，以便能够以消极方式提出结论或确定是否出具非无保留结论的报告。

注册会计师应当记录为审阅报告提供证据的重大事项，以及按照会计准则的规定执行审阅业务的证据，从而为发表审阅意见，做出审阅结论提供有效的书面证据。

（四）复核与评价审阅证据，形成审阅结论，出具审阅报告

通过查阅被审阅单位的有关文件资料，查询财务报表中的重要认定与事项，注册会计师基本可以形成初步审阅结论。为确认审阅结论，注册会计师应当复核和评价根据审阅证据得出的结论，以此作为表达有限保证的基础。

根据已实施的工作，注册会计师应当评估在审阅过程中获知的信息是否表明财务报表没有按照适用的会计准则和相关会计制度的规定编制，未能在所有重大方面公允反映被审阅单位的财务状况、经营成果和现金流量。

注册会计师应该进一步核实审阅证据的真实性与正确性，并在核实基础上，出具审阅报告。审阅报告应当清楚地表达有限保证的结论。

三、财务报表审阅与财务报表审计的关系

财务报表审阅与财务报表审计是具有密切联系的两项鉴证业务。二者都是注册会计师接受委托实施的业务活动，并都以被审计单位提供的财务报表为起点，对财务报表的重大方面进行核实查阅，并将发现的疑点作为实施进一步程序的基础。二者的区别主要表现在以下方面。

（一）目标不同

财务报表审阅是在实施审阅程序的基础上，对财务报表的合法性与公允性发表审阅意见，提供的是有限保证的消极结论；财务报表审计是在实施审计工作的基础上，对财务报表的合法性和公允性发表审计意见，提供的是合理保证的积极结论。

（二）业务范围不同

财务报表审阅的主要审阅对象是财务报表的重大方面，包括财务报表编制依据、会计政策选用适当性与一致性、会计估计与判断合理性、重大事项反映的恰当性、报表数字的真实性与准确性等许多方面，但一般只是针对财务报表开展业务；财务报表审计则以财务报表审阅为起点，测试内部控制的有效性、监督盘点存货、函证应收账款、对审

阅中发现的疑点进一步追查至账簿、凭证，其审计范围已大大扩展。

（三）实施程序不同

财务报表审阅程序主要是询问和分析程序。财务报表审计还包括检查书面文件和记录、检查有形资产、观察、函证、重新计算、重新执行等程序。

（四）提供的保证程度不同

由于财务报表审阅仅实施询问和分析程序，收集的审计证据数量有限，结论的风险程度较高，只能对审阅结论提供有限保证，并以消极方式表述；财务报表审计需要实施足够的审计程序，收集充分、恰当的审计证据，将审计风险降低到特定环境下可接受的较低的水平，以对审计意见提供合理保证，并以积极方式表述。

因此，可以说，财务报表审阅是财务报表审计的有机组成过程，财务报表审计借助财务报表审阅发现的疑点，可以确定进一步的审计重点。

四、财务报表审阅报告

（一）财务报表审阅报告的基本内容

注册会计师实施必要的财务报表审阅程序后，应当复核与评价审阅证据，形成审阅结论，出具审阅报告。审阅报告应当包括以下基本内容。

（1）标题。统一规范为“审阅报告”。

（2）收件人。收件人应当为审阅业务的委托人。审阅报告应当载明收件人的全称。

（3）引言段。引言段应当说明所审阅财务报表的名称及管理层的责任和注册会计师的责任。

（4）范围段。范围段应当说明审阅的性质，包括审阅业务所依据的准则；审阅主要限于询问和实施分析程序，提供的保证程度低于审计；没有实施审计，因而不发表审计意见等内容。

（5）结论段。注册会计师应当根据实施审阅程序的情况，在审阅报告的结论段中提出下列之一的结论。

根据注册会计师的审阅，如果没有注意到任何事项使其相信财务报表没有按照适用的会计准则和相关会计制度的规定编制，未能在所有重大方面公允反映被审阅单位的财务状况、经营成果和现金流量，注册会计师应当提出无保留的审阅结论。

如果注意到某些事项使其相信财务报表没有按照适用的会计准则和相关会计制度的规定编制，未能在所有重大方面公允反映被审阅单位的财务状况、经营成果和现金流量，注册会计师应当在审阅报告的结论段前增加说明段，说明这些事项对财务报表的影响，并提出保留意见的审阅结论。

如果这些事项对财务报表的影响非常重大和广泛，以致认为仅提出保留结论不足以揭示财务报表的误导性或不完整性，注册会计师应当对财务报表提出否定意见的审阅结论，即财务报表没有按照适用的会计准则和相关会计制度的规定编制，未能在所有重大方面公允反映被审阅单位的财务状况、经营成果和现金流量。

如果存在重大的范围限制，注册会计师应当在审阅报告中说明，假定范围不受限制，注册会计师可能发现需要调整财务报表的事项，因而提出保留结论。

如果范围限制的影响非常重大和广泛，以致注册会计师认为不能提供任何程度的保证时，不应提供任何保证。

（6）注册会计师的签名和盖章。

（7）会计师事务所的名称、地址及盖章。

（8）报告日期。审阅报告的日期是指注册会计师完成审阅工作的日期，不应早于管理层批准财务报表的日期。

（二）财务报表审阅报告示例

审 阅 报 告

ABC股份有限公司全体股东：

我们审阅了后附的ABC股份有限公司（简称ABC公司）20×4年12月31日的资产负债表和合并资产负债表，20×4年度的利润表和合并利润表、股东权益变动表和合并股东权益变动表、现金流量表和合并现金流量表及财务报表附注。这些财务报表的编制是ABC公司管理层的责任，我们的责任是在实施审阅工作的基础上对这些财务报表出具审阅报告。

我们按照《中国注册会计师审阅准则第2101号——财务报表审阅》的规定执行了审阅业务。该准则要求我们计划和实施审阅工作，以对财务报表是否不存在重大错报获取有限保证。审阅主要限于询问ABC公司有关人员和对财务数据实施分析程序，提供的保证程度低于审计。我们没有实施审计，因而不发表审计意见。

根据我们的审阅，我们没有注意到任何事项使我们相信财务报表没有按照《企业会计准则》的规定编制，未能在所有重大方面公允反映ABC公司的财务状况、经营成果和现金流量。

XYZ会计师事务所（特殊普通合伙）　　中国注册会计师（项目负责人）：×××

中国注册会计师：×××

中国××市　　20×5年3月16日

第二节　内部控制审计

一、内部控制审计概述

《企业内部控制审计指引》规定，“本指引所称内部控制审计，是指会计师事务所接受委托，对特定基准日内部控制设计与运用的有效性进行审计”。

建立健全和有效实施内部控制，评价内部控制的有效性是企业董事会的责任。按照《企业内部控制审计指引》的要求，在实施审计工作的基础上对内部控制的有效性发表审计意见，是注册会计师的责任。《企业内部控制审计指引》规定，“注册会计师可以单独进行内部控制审计，也可将内部控制审计与财务报表审计整合进行（下称整合审计）。在整合审计中，注册会计师应当对内部控制设计与运行的有效性进行测试，以同时实现下列目标：（一）获取充分、适当的证据，支持其在内部控制审计中对内部控制有效性发表的意见；（二）获取充分、适当的证据，支持其在财务报表审计中对控制风险的评估结果”。

注册会计师应当对财务报告内部控制的有效性发表审计意见，并对内部控制审计过程中注意到的非财务报告内部控制的重大缺陷，在内部控制审计报告中增加“非财务报告内部控制重大缺陷描述段”予以披露。

企业内部控制审计报告应当与内部控制评价报告同时对外披露或报送。

二、内部控制审计程序

注册会计师可以单独进行内部控制审计，也可将内部控制审计与财务报表审计整合进行，即整合审计。在整合审计中，注册会计师应当对内部控制设计与运行的有效性进行测试，以同时实现下列目标：①获取充分、适当的证据，支持其在内部控制审计中对内部控制有效性发表的意见；②获取充分、适当的证据，支持其在财务报表审计中对控制风险的评估结果。内部控制审计程序主要包括以下环节。

（一）计划审计工作

注册会计师应当恰当地计划内部控制审计工作，配备具有专业胜任能力的项目组，并对助理人员进行适当的督导。在计划审计工作时，注册会计师应当评价下列事项对内部控制、财务报表及审计工作的影响：①与企业相关的风险；②相关法律法规和行业概况；③企业组织结构、经营特点和资本结构等相关重要事项；④企业内部控制最近发生变化的程度；⑤与企业沟通过的内部控制缺陷；⑥重要性、风险等与确定内部控制重大缺陷相关的因素；⑦对内部控制有效性的初步判断；⑧可获取的、与内部控制有效性相关的证据的类型和范围。

注册会计师应当以风险评估为基础，选择拟测试的控制，确定测试所需收集的证据。内部控制的特定领域存在重大缺陷的风险越高，给予该领域的审计关注就越多。

注册会计师应当对企业内部控制自我评价工作进行评估，判断是否利用企业内部审计人员、内部控制评价人员和其他相关人员的工作及可利用的程度，相应减少可能本应由注册会计师执行的工作。注册会计师利用企业内部审计人员、内部控制评价人员和其他相关人员的工作，应当对其专业胜任能力和客观性进行充分评价。与某项控制相关的风险越高，可利用程度就越低，注册会计师应当更多地对该项控制亲自进行测试。注册会计师应当对发表的审计意见独立承担责任，其责任不因为利用企业内部审计人员、内部控制评价人员和其他相关人员的工作而减轻。

（二）实施审计工作

注册会计师应当按照自上而下的方法实施审计工作。自上而下的方法是注册会计师识别风险、选择拟测试控制的基本思路。注册会计师在实施审计工作时，可以将企业层面控制和业务层面控制的测试结合进行。

注册会计师测试企业层面控制，应当把握重要性原则，至少应当关注：①与内部环境相关的控制；②针对董事会、经理层凌驾于控制之上的风险而设计的控制；③企业的风险评估过程；④对内部信息传递和财务报告流程的控制；⑤对控制有效性的内部监督和自我评价。

注册会计师测试业务层面控制，应当把握重要性原则，结合企业实际、企业内部控制各项应用指引的要求和企业层面控制的测试情况，重点对企业生产经营活动中的重要业务与事项的控制进行测试。注册会计师应当关注信息系统对内部控制及风险评估的影响。注册会计师在测试企业层面控制和业务层面控制时，应当评价内部控制是否足以应对舞弊风险。

注册会计师应当测试内部控制设计与运行的有效性。如果某项控制由拥有必要授权和专业胜任能力的人员按照规定的程序与要求执行，能够实现控制目标，表明该项控制的设计是有效的。如果某项控制正在按照设计运行，执行人员拥有必要授权和专业胜任能力，能够实现控制目标，表明该项控制的运行是有效的。

注册会计师应当根据与内部控制相关的风险，确定拟实施审计程序的性质、时间安排和范围，获取充分、适当的证据。与内部控制相关的风险越高，注册会计师需要获取的证据应越多。注册会计师在测试控制设计与运行的有效性时，应当综合运用询问适当人员、观察经营活动、检查相关文件、穿行测试和重新执行等方法。

注册会计师在确定测试的时间安排时，应当在下列两个因素之间做出平衡，以获取充分、适当的证据：尽量在接近企业内部控制自我评价基准日实施测试；实施的测试需要涵盖足够长的期间。

注册会计师对于内部控制运行偏离设计的情况（即控制偏差），应当确定该偏差对相关风险评估、需要获取的证据及控制运行有效性结论的影响。

在连续审计中，注册会计师在确定测试的性质、时间安排和范围时，应当考虑以前年度执行内部控制审计时了解的情况。

（三）评价控制缺陷

内部控制缺陷按其成因分为设计缺陷和运行缺陷，按其影响程度分为重大缺陷、重要缺陷和一般缺陷。注册会计师应当评价其识别的各项内部控制缺陷的严重程度，以确定这些缺陷单独或组合起来，是否构成重大缺陷。在确定一项内部控制缺陷或多项内部控制缺陷的组合是否构成重大缺陷时，注册会计师应当评价补偿性控制（替代性控制）的影响。企业执行的补偿性控制应当具有同样的效果。

表明内部控制可能存在重大缺陷的迹象，主要包括：①注册会计师发现董事、监事和高级管理人员舞弊；②企业更正已经公布的财务报表；③注册会计师发现当期财务报表存在重大错报，而内部控制在运行过程中未能发现该错报；④企业审计委员会和内部审计机构对内部控制的监督无效。

按照《中国注册会计师审计准则第 1152 号——向治理层和管理层通报内部控制缺陷》的规定，内部控制缺陷，是指在下列任一情况下内部控制存在的缺陷：①某项控制的设计、执行或运行不能及时防止或发现并纠正错误或舞弊行为；②缺少用以及时防止或发现并纠正错误或舞弊的必要控制。

1. 内部控制缺陷的分类

内部控制缺陷按其影响严重程度分为重大缺陷、重要缺陷和一般缺陷。重大缺陷，是指一个或多个控制缺陷的组合，可能导致企业严重偏离控制目标，如财务报告内部控制中存在的、可能导致不能及时防止或发现并纠正财务报表重大错报的一个或多个控制缺陷的组合；重要缺陷，是指一个或多个控制缺陷的组合，其严重程度和经济后果低于重大缺陷，但仍有可能导致企业偏离控制目标，如内部控制中存在的、其严重程度不如重大缺陷、但足以引起企业财务报告监督人员关注的一个或多个控制缺陷的组合；一般缺陷，是指除重大缺陷、重要缺陷之外的其他缺陷。

内部控制缺陷按其成因分为设计缺陷和运行缺陷。设计缺陷是指企业内部控制设计不当，缺少为实现控制目标所需的必要控制，导致其正常执行也难以实现其控制目标；运行缺陷是指内部控制未被恰当执行而导致未能实现其控制目标。设计缺陷影响内部控制设计的有效性；运行缺陷影响内部控制执行的有效性。

2. 内部控制缺陷的认定标准

内部控制重大缺陷、重要缺陷和一般缺陷的具体认定标准，由注册会计师根据被审计单位实际情况讨论确定，通常分为财务报告内部控制缺陷的认定标准和非财务报告内部控制缺陷的认定标准，同时又分为定量标准和定性标准。

1）财务报告内部控制缺陷的认定标准

（1）定量标准，即以内部控制缺陷可能导致财务报告错报的重要程度来衡量。这与财务报表审计中整体层次重要性水平的确定类似，以某个评价基准的百分比来计量，如表 17-1 所示。

表 17-1 财务报告内部控制缺陷的认定标准——定量标准

定量衡量的基准指标	重大缺陷定量标准	重要缺陷定量标准	一般缺陷定量标准
利润总额	错报≥利润总额的 10%	利润总额的 5%≤错报<利润总额的 10%	错报<利润总额的 5%
营业收入总额	错报≥营业收入的 1%	营业收入的 0.5%≤错报<营业收入的 1%	错报<营业收入的 0.5%
资产总额	错报≥资产总额的 1%	资产总额的 0.5%≤错报<资产总额的 1%	错报<资产总额的 0.5%
净资产	错报≥净资产的 2%	净资产的 1%≤错报<净资产的 2%	错报<净资产的 1%

（2）定性标准，即从导致财务报告错报的事件的性质严重程度来区分。下面是一些可能被认为是财务报告内部控制重大缺陷或重要缺陷的事件。

重大缺陷：董事、监事和高级管理人员舞弊；注册会计师发现当期财务报告存在重大错报，而内部控制在运行过程中未能发现该错报；公司审计委员会和内部审计机构对财务报告内部控制监督无效。

重要缺陷：未依照公认会计准则选择和应用会计政策；未建立反舞弊程序和控制措

施；对于非常规或特殊交易的账务处理没有实施相应的控制或补偿性控制；对于期末财务报告过程的控制存在一项或多项缺陷且不能合理保证编制的财务报表达到真实、完整的目标。

2）非财务报告内部控制缺陷的认定标准

（1）定量标准，可以根据导致被审计单位直接财产损失绝对额来确定，也可以根据其直接损失占资产、净资产、营业收入或利润总额的百分比来确定，如表 17-2 所示。当按照不同的基准计算得到不同的损失金额时，通常应当选择较低的金额作为定量标准。

表 17-2　非财务报告内部控制缺陷的认定标准——定量标准

定量衡量的基准指标	重大缺陷定量标准	重要缺陷定量标准	一般缺陷定量标准
直接财产损失金额（按利润总额的百分比计量）	损失金额≥利润总额的 1%	利润总额的 0.5%≤错报<利润总额的 1%	损失金额<利润总额的 0.5%
直接财产损失金额（按营业收入的百分比计量）	损失金额≥营业收入的 0.1%	营业收入的 0.05%≤错报<营业收入的 0.1%	损失金额<营业收入的 0.05%
直接财产损失金额（按资产总额的百分比计量）	损失金额≥资产总额的 0.1%	资产总额的 0.05%≤错报<资产总额的 0.1%	损失金额<资产总额的 0.05%
直接财产损失金额（按利润总额的百分比计量）	损失金额≥净资产的 0.2%	净资产的 0.1%≤错报<净资产的 0.2%	损失金额<净资产的 0.1%
直接财产损失金额（按绝对额计量）	损失金额≥1 000 万元	500 万元≤损失金额<1 000 万元	5 万元≤损失金额<500 万元

（2）定性标准，即涉及业务性质的严重程度，可根据其直接或潜在的负面影响的性质、影响范围等因素来确定。下面是一些可能被认为是非财务报告内部控制重大缺陷或重要缺陷的事件。

重大缺陷：决策程序导致重大失误；违反国家法律法规并受到处罚；中高级管理人员和高级技术人员流失严重；关于安全、环保、职业健康安全、经营状况等事项，被政府或监管机构专项调查，引起公众媒体连续专题报道，并因此出现资产质押、索赔等不利事件；重要业务缺乏制度控制或制度体系失效。

重要缺陷：决策程序导致出现一般失误；违反企业内部规章，造成损失；关键岗位人员缺失或失职；重要业务制度或系统存在缺陷；内部控制重要或一般缺陷未得到整改；内部审计部门对非财务报告内部控制监督无效。

3. 评价内部控制缺陷的严重程度

注册会计师应当根据内部控制缺陷认定标准评价其识别的各项内部控制缺陷的严重程度，以确定这些缺陷单独或组合起来，是否构成重大或重要缺陷。若是，注册会计师还应当评价补偿性控制（替代性控制）的影响。同时，考虑这些缺陷对审计报告的影响。

（四）完成审计工作

注册会计师完成审计工作后，应当取得经企业签署的对内部控制的书面声明。书面声明应当包括下列内容：①企业董事会认可其对建立健全和有效实施内部控制负责；②企业已对内部控制的有效性做出自我评价，并说明评价时采用的标准及得出的结论；③企业没有利用注册会计师执行的审计程序及其结果作为自我评价的基础；④企业已向注册会计师披露识别出的所有内部控制缺陷，并单独披露其中的重大缺陷和重要缺陷；⑤企业对于注册会计师在以前年度审计中识别的重大缺陷和重要缺陷，是否已经采取措施予以解决；⑥企业在内部控制自我评价基准日后，内部控制是否发生重大变化，或者是否存在对内部控制具有重要影响的其他因素。

企业如果拒绝提供或以其他不当理由回避书面声明，注册会计师应当将其视为审计范围受到限制，应解除业务约定或出具无法表示意见的内部控制审计报告。

注册会计师认为审计委员会和内部审计机构对内部控制的监督无效的，应当就此以书面形式直接与董事会和经理层沟通。书面沟通应当在注册会计师出具内部控制审计报告之前进行。

注册会计师应当与企业沟通审计过程中识别的所有控制缺陷。对于其中的重大缺陷和重要缺陷，应当以书面形式与董事会和经理层沟通。注册会计师应当对获取的证据进行评价，形成对内部控制有效性的意见。

注册会计师对在审计过程中注意到的非财务报告内部控制缺陷，应当区别具体情况予以处理。

（1）注册会计师认为非财务报告内部控制缺陷为一般缺陷的，应当以书面形式与企业董事会和经理层沟通，提醒企业加以改进，但无须在内部控制审计报告中说明。

（2）注册会计师认为非财务报告内部控制缺陷为重要缺陷的，应当以书面形式与企业董事会和经理层沟通，提醒企业加以改进，但无须在内部控制审计报告中说明。

（3）注册会计师认为非财务报告内部控制缺陷为重大缺陷的，应当以书面形式与企业董事会和经理层沟通，提醒企业加以改进。同时，应当在内部控制审计报告中增加非财务报告内部控制重大缺陷描述段，对重大缺陷的性质及其对实现相关控制目标的影响程度进行披露，提示内部控制审计报告使用者注意相关风险。

（五）出具审计报告

注册会计师在完成内部控制审计工作后，应当出具内部控制审计报告。标准内部控制审计报告应当包括下列要素。

（1）标题。内部控制审计报告的标题应当统一规范为“内部控制审计报告”。

（2）收件人。内部控制审计报告的收件人是指注册会计师按照业务约定书的要求致送内部控制审计报告的对象，一般是指内部控制审计业务的委托人，内部控制审计报告应当载明收件人的全称。

（3）引言段。内部控制审计报告的引言段应当说明企业的名称和内部控制已经审计，并包括下列内容：①指出内部控制的审计依据；②提及审计财务报告内部控制的有效性；③指明内部控制的评价截止日期。

（4）企业对内部控制的责任段，应当说明，按照《企业内部控制基本规范》《企业内部控制应用指引》《企业内部控制评价指引》的规定，建立健全和有效实施内部控制，并评价其有效性是企业董事会的责任。

（5）注册会计师的责任段。注册会计师的责任段应说明的责任是注册会计师在实施审计工作的基础上，对财务报告内部控制的有效性发表审计意见，并对注意到的非财务报告内部控制的重大缺陷进行披露。

（6）内部控制的固有局限性的说明段。内部控制的固有局限性的说明段应说明内部控制具有固有局限性，存在不能防止和发现错报的可能性。此外，情况的变化可能导致内部控制变得不恰当，或对控制政策和程序遵循的程度降低，根据内部控制审计结果推测未来内部控制的有效性具有一定风险。

（7）财务报告内部控制审计意见段。财务报告内部控制审计意见段应说明按照《企业内部控制基本规范》和相关规定在所有重大方面保持了有效的财务报告内部控制。

（8）非财务报告内部控制重大缺陷描述段。非财务报告内部控制重大缺陷描述段应说明在内部控制审计过程中，注册会计师注意到企业的非财务报告内部控制存在重大缺陷。由于存在上述重大缺陷，注册会计师提醒报告使用者注意相关风险。需要指出的是，注册会计师并不对企业的非财务报告内部控制发表意见或提供保证。

（9）注册会计师的签名和盖章。内部控制审计报告应当由注册会计师签名并盖章。

（10）会计师事务所的名称、地址及盖章。内部控制审计报告应当载明会计师事务所的名称和地址，并加盖会计师事务所公章。

（11）报告日期。内部控制审计报告应当注明报告日期。报告日期不应早于注册会计师获取充分、适当的证据（包括管理层认可对内部控制及评估报告的责任且已批准评估报告的证据），并在此基础上对内部控制形成内部控制审计意见的日期。

（六）关注期后事项

对于企业内部控制自我评价基准日并不存在，但在该基准日之后至审计报告日之前内部控制可能发生变化，或出现其他可能对内部控制产生重要影响的因素，注册会计师应当询问是否存在该类变化或影响因素，并获取企业关于这些情况的书面声明。

注册会计师不能确定期后事项对内部控制有效性的影响程度的，应当出具无法表示意见的内部控制审计报告。

（七）记录审计工作

注册会计师应当编制内部控制审计工作底稿，完整记录内部控制审计工作情况。注册会计师应当在审计工作底稿中记录下列内容：①内部控制审计计划及重大修改情况；②相关风险评估和选择拟测试的内部控制的主要过程及结果；③测试内部控制设计与运行有效性的程序及结果；④对识别的控制缺陷的评价；⑤形成的审计结论和意见；⑥其他重要事项。

三、内部控制审计意见类型

注册会计师应当对获取的审计证据进行评价，形成对内部控制有效性的审计意见。

注册会计师应根据对内部控制有效性的审计结论，出具下列内部控制审计意见的审计报告：①无保留意见；②带强调事项段的无保留意见；③否定意见；④无法表示意见。

不同于财务报表的审计意见，在内部控制审计意见中没有保留意见，主要是保留意见的信息含量较低，且与否定意见的区分度不清晰。因此，在国际上，内部控制审计报告中均没有保留意见。

（一）无保留意见的内部控制审计报告

符合下列所有条件的，注册会计师应当对财务报告内部控制出具无保留意见的内部控制审计报告。

（1）企业按照《企业内部控制基本规范》《企业内部控制应用指引》《企业内部控制评价指引》及企业自身内部控制制度的要求，在所有重大方面保持了有效的内部控制。

（2）注册会计师已经按照《企业内部控制审计指引》的要求计划和实施审计工作，在审计过程中未受到限制。

【例 17-1】

无保留意见的内部控制审计报告

ABC 公司全体股东：

按照《企业内部控制审计指引》及中国注册会计师执业准则的相关要求，我们审计了 ABC 公司（下称贵公司）2018 年 12 月 31 日的财务报告内部控制的有效性。

一、企业对内部控制的责任

按照《企业内部控制基本规范》《企业内部控制应用指引》《企业内部控制评价指引》的规定，建立健全和有效实施内部控制，并评价其有效性是企业董事会的责任。

二、注册会计师的责任

我们的责任是在实施审计工作的基础上，对财务报告内部控制的有效性发表审计意见，并对注意到的非财务报告内部控制的重大缺陷进行披露。

三、内部控制的固有局限性

内部控制具有固有局限性，存在不能防止和发现错报的可能性。此外，情况的变化可能导致内部控制变得不恰当，或对控制政策和程序遵循的程度降低，根据内部控制审计结果推测未来内部控制的有效性具有一定风险。

四、财务报告内部控制审计意见

我们认为，贵公司按照《企业内部控制基本规范》和相关规定在所有重大方面保持了有效的财务报告内部控制。

五、非财务报告内部控制的重大缺陷

在内部控制审计过程中，我们注意到贵公司的非财务报告内部控制存在重大缺陷（描述该缺陷的性质及其对实现相关控制目标的影响程度）。由于存在上述重大缺陷，我们提醒本报告使用者注意相关风险。需要指出的是，我们并不对贵公司的非财务报告内部控制发表意见或提供保证。本段内容不影响对财务报告内部控制有效性发表的审计意见。

××会计师事务所（特殊普通合伙）　　中国注册会计师：××
（公章）　　中国注册会计师：××
中国××市　　2019 年 4 月 26 日

（二）带强调事项段的无保留意见的内部控制审计报告

注册会计师认为财务报告内部控制虽不存在重大缺陷，但仍有一项或者多项重大事项需要提请内部控制审计报告使用者注意的，应当在内部控制审计报告中增加强调事项段予以说明。注册会计师应当在强调事项段中指明，该段内容仅用于提醒内部控制审计报告使用者关注，并不影响对财务报告内部控制发表的审计意见。

【例 17-2】

带强调事项段的无保留意见的内部控制审计报告

ABC 有限公司全体股东：

按照《企业内部控制审计指引》及中国注册会计师执业准则的相关要求，我们审计了 ABC 有限公司 2018 年 12 月 31 日的财务报告内部控制的有效性。

（“一、企业对内部控制的责任”至“五、非财务报告内部控制的重大缺陷”参见【例 17-1】“无保留意见的内部控制审计报告”相关段落表述）

六、强调事项

我们提醒内部控制审计报告使用者关注，公司有 60%的会计人员未经过系统的会计知识学习与培训，未取得会计人员资格证书，这有可能会影响内部控制和会计信息的质量。本段内容不影响已对财务报告内部控制发表的审计意见。

××会计师事务所　　　　中国注册会计师：×××（签名并盖章）
（公章）　　　　中国注册会计师：×××（签名并盖章）
中国××市　　　　2019 年 2 月 28 日

（三）否定意见的内部控制审计报告

注册会计师认为财务报告内部控制存在一项或多项重大缺陷的，除非审计范围受到限制，应当对财务报告内部控制发表否定意见。

注册会计师出具否定意见的内部控制审计报告，还应当包括下列内容。

（1）重大缺陷的定义。

（2）重大缺陷的性质及其对财务报告内部控制的影响程度。

【例 17-3】

否定意见的内部控制审计报告

ABC 有限公司全体股东：

按照《企业内部控制审计指引》及中国注册会计师执业准则的相关要求，我们审计了 ABC 有限公司（下称贵公司）2018 年 12 月 31 日的财务报告内部控制的有效性。

（“一、企业对内部控制的责任”至“三、内部控制的固有局限性”参见例 17-1“无保留意见内部控制审计报告”相关段落表述）

四、导致否定意见的事项

重大缺陷是指一个或多个控制缺陷的组合，可能导致企业严重偏离控制目标。我们在内部控制审计中发现，公司对外投资业务较多，投资金额达到 34 256 万元，但缺乏相关的内部控制，从投资立项到资金投入都由总经理负责实施和审批，未按规定的程序实施。另外，公司产品对外销售的折扣审批缺乏相关的制度，公司总经理、副总经理可以随意审批。这些现象的存在，使公司的投资和销售业务缺乏监督，难以保证内部控制发挥作用。

有效的内部控制能够为财务报告及相关信息的真实完整提供合理保证，而上述重大缺陷使贵公司内部控制失去这一功能。

五、财务报告内部控制审计意见

我们认为，由于存在上述重大缺陷及大方面保持有效的财务报告内部照《企业内部控制基本规范》控制。

××会计师事务所　　　　　　　　中国注册会计师：×××（签名并盖章）
（公章）　　　　　　　　　　　　中国注册会计师：×××（签名并盖章）
中国××市　　　　　　　　　　　　　　2019 年 3 月 15 日

（四）无法表示意见的内部控制审计报告

注册会计师审计范围受到限制的，应当解除业务约定或出具无法表示意见的内部控制审计报告，并就审计范围受到限制的情况，以书面形式与董事会进行沟通。

注册会计师在出具无法表示意见的内部控制审计报告时，应当在内部控制审计报告中指明审计范围受到限制，无法对内部控制的有效性发表意见。

【例 17-4】

无法表示意见的内部控制审计报告

ABC 有限公司全体股东：

我们接受委托，对 ABC 有限公司 2018 年 12 月 31 日的财务报告内部控制进行审计。

（删除注册会计师的责任段，“一、企业对内部控制的责任”和“二、内部控制的固有局限性”参见【例 17-1】“无保留意见内部控制审计报告”相关段落表述）

三、导致无法表示意见的事项

在内部控制审计过程中，公司拒绝提供相关资料，致使我们无法取得公司原材料采购、成本费用计算、采用会计政策与会计估计等方面的制度，也无法取得公司董事会、总经理办公会的会议记录。

四、财务报告内部控制审计意见

由于审计范围受到上述限制，我们未能实施必要的审计程序以获取发表意见所需的充分、适当的证据，因此，我们无法对公司财务报告内部控制的有效性发表审计意见。

××会计师事务所　　　　　　　　中国注册会计师：×××（签名并盖章）
（公章）　　　　　　　　　　　　中国注册会计师：×××（签名并盖章）
中国××市　　　　　　　　　　　　　　2019 年 4 月 8 日

拓展阅读：中国上市公司内部控制审计意见的状况

基于中国注册会计师协会发布的《审计快报》数据，本书选取了2011~2017年的我国上市公司内部控制审计意见类型数据（表17-3），以便了解我国上市公司内部控制审计意见类型数据分布状况。

表17-3　2011~2017年的我国上市公司内部控制审计意见类型数据

年度		无保留意见审计报告			非无保留意见审计报告			总计
		标准审计报告	强调事项段	小计	无法表示意见	否定意见	小计	
2011	数量/份	224	4	228	0	1	1	229
	比例	97.82%	1.75%	99.57%	0	0.44%	0.44%	100%
2012	数量/份	940	21	961	0	3	3	964
	比例	97.51%	2.18%	99.69%	0	0.31%	0.31%	100%
2013	数量/份	1 096	35	1 131	1	9	10	1 141
	比例	96.06%	3.07%	99.13%	0.09%	0.79%	0.88%	100%
2014	数量/份	1 387	54	1 441	4	20	24	1 465
	比例	94.68%	3.69%	98.37%	0.27%	1.37%	1.64%	100%
2015	数量/份	1 444	70	1 514	0	16	16	1 530
	比例	94.38%	4.58%	98.96%	0	1.05%	1.05%	100%
2016	数量/份	1 479	65	1 544	0	22	22	1 566
	比例	94.44%	4.15%	98.59%	0	1.40%	1.40%	100
2017	数量/份	1 685	46	1 731	1	39	40	1 771
	比例	95.14%	2.60%	97.74%	0.06%	2.20%	2.26%	100%

注：由于舍入修约，数据有偏差

表17-3显示，上市公司2017年度非无保留意见审计报告比例为2.26%，与2016年度的1.40%相比，上升61.43%。总体而言，2011~2012年，上市公司非无保留意见审计报告比例呈下降趋势；2012~2016年，趋于平稳，每年均保持在1%左右；2017年非无保留意见审计报告比例再度上升，一定程度上表明，新审计报告准则的全面实施，对提高年报信息质量有促进作用。2011~2017年非标准内部控制审计报告数量变化趋势具体如图17-1所示。

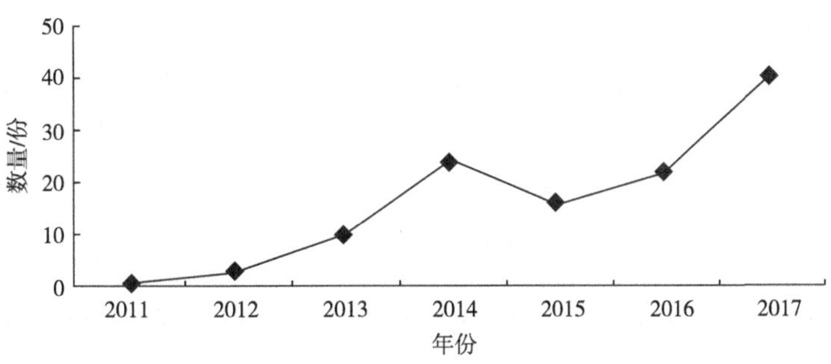

图17-1　2011~2017年非标准内部控制审计报告数量变化趋势

第三节 预测性财务信息审核

一、预测性财务信息审核的含义

预测性财务信息审核是注册会计师对被审核单位编制的预测性财务信息进行审核，并提供有限保证的业务。

企业为了表明自己的投资价值，以获得更多的投资和贷款，需要向外界提供其预测性财务信息。为了增强其预测性财务信息的可靠性，企业需要聘请注册会计师对其进行审核，并发表审核意见。

预测性财务信息是指企业管理层依据对未来可能发生的事项或采取的行动的假设而编制的财务信息。预测性财务信息可以表现为预测、规划或两者的结合；可以是整套财务报表，也可以是财务报表的一项或多项要素。

预测与规划的区别在于所采用的假设不同。预测基于最佳估计假设，规划基于推测性假设或同时基于推测性假设和最佳估计假设。最佳估计假设是指截至预测性财务信息编制日，管理层对预期未来发生的事项和采取的行动做出的假设；推测性假设是指管理层对未来事项和采取的行动做出的假设，该事项或行动预期在未来未必发生。

二、预测性财务信息审核的范围

在执行预测性财务信息审核时，注册会计师应当就下列事项获取充分、适当的证据：①管理层所依据的最佳估计假设并非不合理，推测性假设与信息编制目的是相适应的；②预测性财务信息是在假设的基础上恰当编制的；③预测性财务信息已恰当列报，所有重大假设已充分披露，包括说明采用的是推测性假设还是最佳估计假设；④预测性财务信息的编制基础与历史财务报表一致，并选用了恰当的会计政策。

（一）对编制预测性财务信息的基本假设进行审核

注册会计师对所依据的基本假设进行审核，是为了评价被审核单位是否充分披露了这些基本假设，并且关注有无证据表明这些基本假设是否合理。假设内容主要是与被审核单位有关的经济、商业、市场、金融和其他条件下预期开展经营活动的假设及被审核单位的假定未来经营状况。

注册会计师对某些假设应该予以特别关注：①对财务预测有重大影响的假设。例如，新建项目如果能在下一期投产就将带来效益，问题是一旦不能如期投产，对下一期经营成果将会直接产生巨大影响。②偏离历史趋势的假设。③高度不确定性的假设。

（二）对编制预测性财务信息选用的会计政策进行审核

审核被审核单位选用的会计政策，其目的是判定所选用的会计政策是否与已审计财务报告所采用的会计政策一致。

（三）对历史财务信息的相关审核

注册会计师应当考虑被审核单位依赖历史财务信息的程度是否合理。

首先，了解被审核单位的历史财务信息，以评价预测性财务信息与历史财务信息的编制基础是否一致，并为考虑管理层假设提供历史基准。

其次，应当确定相关历史财务信息是否已经审计或审阅，是否选用了恰当的会计政策。如果对上期历史财务信息出具了非标准审计（审阅）报告，或被审核单位尚处于营业初期，注册会计师应当考虑各项相关的事实及其对预测性财务信息审核的影响。

最后，注册会计师在执行审核时应保持必要的职业谨慎态度。这是因为，财务预测具有固有的不确定性，主观判断较为浓厚，因而注册会计师不应对预测结果的可实现程度发表意见，只能对管理层编制假设做出有限保证。

三、预测性财务信息审核的基本程序

这通常包括了解被审核单位的有关情况，获取财务预测编制的有关资料，对所获取的资料进行研究和评价。

（一）了解有关情况，制定审核程序

在承接预测性财务信息审核业务前，注册会计师应当考虑下列因素：①信息的预定用途；②信息是广为分发还是有限分发；③假设的性质，即是最佳估计假设还是推测性假设；④信息中包含的要素；⑤信息涵盖的期间。随着涵盖期间的延长，假设的主观性将会增加，管理层做出最佳估计假设的能力将会减弱，因而涵盖的期间不应超过管理层可做出合理假设的期间。

如果假设明显不切实际，或认为预测性财务信息并不适合预定用途，注册会计师应当拒绝接受委托，或解除业务约定。

注册会计师在考虑上述因素、评价自身专业胜任能力决定接受业务后，应当与委托人就业务约定条款达成一致意见，签订业务约定书，并及时、充分了解被审核单位情况，以评价管理层是否识别出所要求的全部重要假设。

注册会计师应当通过考虑下列事项，熟悉被审核单位编制过程：①与编制预测性财务信息相关的内部控制，以及负责编制预测性财务信息人员的专业技能和经验；②支持管理层做出假设的文件及其性质；③运用统计、数学方法及计算机辅助技术的程度；④形成和运用假设时使用的方法；⑤以前期间编制预测性财务信息的准确性，以及其与实际情况出现重大差异的原因。

注册会计师还应当了解被审核单位的主要产品，市场竞争能力和市场占有率，营销计划，人、财、物等资源的供应情况和成本水平，以前年度经营成果和未来发展趋势，等等，并给予充分关注。因为这些基本情况对被审核单位的未来经营成果具有重要影响。在此基础上，注册会计师制定适宜的审核程序和方法；编制审核计划，并在执行中进行必要的修改和补充。

（二）获取有关资料，实施预测信息审核

注册会计师收集并评估管理层做出最佳估计假设的证据。这可以从企业内部或外部来源获取证据，包括根据历史财务信息考虑这些假设，以及评价这些假设是否依据被审

核单位有能力实现的计划进行预测。

当使用推测性假设时，注册会计师不需要获取支持性的证据，但应当确定这些假设与编制目的相适应，并且没有理由相信这些假设明显不切合实际。

注册会计师应当通过检查数据计算准确性和内在一致性等，确定预测性财务信息是否依据管理层确定的假设恰当编制。内在一致性是指管理层拟采取的各项行动相互之间不存在矛盾，以及根据共同的变量确定的金额之间不存在不一致。

注册会计师还应当关注对变化特别敏感的领域，并考虑该领域影响预测性财务信息的程度。

另外，注册会计师应当向管理层获取书面声明：①预测性财务信息的预定用途；②管理层做出的重大假设的完整性；③管理层认可对预测性财务信息的责任。

在评价预测性财务信息的列报（包括披露）时，注册会计师除考虑相关法律法规的具体要求外，还应当考虑下列事项：①其列报是否提供了有用信息且不会产生误导；②附注中是否清楚披露了相关会计政策；③附注中是否充分披露所依据的假设，是否明确区分最佳估计假设和推测性假设，对于涉及重大且具有高度不确定性的假设，是否已充分披露该不确定性及由此导致的预测结果的敏感性；④编制日期是否已披露，管理层是否确认截至该日期所依据的各项假设仍然适当；⑤从最近历史财务信息披露以来，会计政策是否发生变更、变更的原因及其对预测性财务信息的影响。

（三）记录与复核审核业务，出具审核报告

注册会计师应当在审核工作中记录审核业务的执行过程及结果，并进行必要复核。

审核工作底稿一般包括预测性财务信息、财务预测编制依据的基本假设、选用的会计政策及编制基础等书面文件、被审计单位管理层声明书、审核计划、审核检查记录、审核工作总结、审核报告及其他相关资料。

根据对审核业务的复核结果，注册会计师应当出具审核报告，对被审核单位预测性财务信息的编制依据、基本假设与会计政策选用的一致性发表书面意见。

四、预测性财务信息的审核报告

注册会计师应当在实施必要的审核程序后，形成审核意见，出具审核报告。审核报告的基本内容如下。

（1）标题。标题统一规范为“预测性财务信息的审核报告”。

（2）收件人。收件人为审核业务委托人，审核报告应当载明收件人全称。

（3）范围段。范围段指出所审核的预测性财务信息；提及审核预测性财务信息时依据的准则；说明管理层对预测性财务信息（包括编制该信息所依据的假设）负责。

（4）意见段。意见段提及预测性财务信息的使用目的和分发限制；以消极方式说明假设是否为预测性财务信息提供合理基础；对预测性财务信息是否依据假设恰当编制，并按照适用的财务报告编制基础的规定进行列报发表意见；对其可实现程度做出适当警示。

（5）签章和会计师事务所地址。

（6）报告日期。报告日期应为完成审核工作的日期。

（7）附件。

审核报告还应当说明：由于预期事项通常并非如预期那样发生，并且变动可能重大，实际结果可能与预测性财务信息存在差异；同样，当预测性财务信息以区间形式表述时，对实际结果是否处于该区间内不提供任何保证。在审核规划的情况下，编制预测性财务信息是为了特定目的（列明具体目的）。在编制过程中运用了一整套假设，包括有关未来事项和管理层行动的推测性假设，而这些事项和行动预期在未来未必发生。因此，提醒信息使用者注意，预测性财务信息审核报告不得用于该特定目的以外的其他目的。

（一）审核意见的决策

如果认为预测性财务信息的列报不恰当，或者其依据的一项或多项重大假设不合理，注册会计师应当对预测性财务信息出具保留或否定意见的审核报告，或解除业务约定。如果审核范围受到限制，导致无法实施必要的审核程序，注册会计师应当解除业务约定，或出具无法表示意见的审核报告，并在报告中说明审核范围受到限制的情况。

（二）预测性财务信息的审核报告示例

预测性财务信息的审核报告

ABC股份有限公司全体股东：

我们审核了后附的ABC股份有限公司（简称ABC公司）20×5年度的财务预测所依据的基本假设、选用的会计政策及编制基础。我们的审核依据是《中国注册会计师其他鉴证业务准则第3111号——预测性财务信息的审核》。ABC公司管理层对该预测及其所依据的各项假设负责。这些假设已在附注×中披露。

……

根据我们对支持这些假设证据的审核，我们没有注意到任何事项使我们认为这些假设没有为预测提供合理基础。而且，我们认为，该预测是在这些假设的基础上恰当编制的，并按照《企业会计准则》的规定进行了列报。

由于预期事项通常并非如预期那样发生，并且变动可能重大，实际结果可能与预测性财务信息存在差异。

XYZ会计师事务所（特殊普通合伙）　　中国注册会计师（项目负责人）：×××

中国注册会计师：×××

中国××市　　20×5年3月16日

第四节　对财务信息执行商定程序

一、对财务信息执行商定程序的含义

对财务信息执行商定程序，是指注册会计师接受委托，对特定财务数据、某一财务报表或整套财务报表等财务信息执行与特定主体商定具有审计性质的程序，并就执行的商定程序及其结果出具报告。这里的特定主体，是指委托人和业务约定书中指明的报告致送对象。

根据《中国注册会计师相关服务准则第4101号——对财务信息执行商定程序》，注

册会计师执行商定程序业务，仅报告执行的商定程序及其结果，并不提出鉴证结论。报告使用者自行对注册会计师执行的商定程序及其结果做出评价，并根据注册会计师的工作得出自己的结论。

商定程序业务报告仅限于参与协商确定程序的特定主体使用，以避免不了解商定程序的人对报告产生误解。

二、对财务信息执行商定程序的基本程序

注册会计师执行商定程序业务时应当遵守职业道德准则，恪守独立、客观、公正的原则，保持应有的职业谨慎。

（一）与特定主体沟通，签订业务约定书

在接受委托前，注册会计师应当与特定主体进行沟通，确保特定主体已明确理解拟执行的商定程序和拟签订的业务约定书的相关条款。如果无法与所有特定主体直接讨论拟执行的商定程序，注册会计师应当考虑采取以下措施：①将拟执行的商定程序与特定主体的书面要求相比较；②与特定主体指派的代表讨论拟执行的商定程序；③查阅特定主体的相关信函和文件；④向特定主体提交预定的报告格式。

如果接受委托，会计师事务所应当与委托人就约定事项达成一致意见，并签订业务约定书。业务约定书的主要内容包括：①业务性质，包括说明执行的商定程序并不构成审计或审阅，不提出鉴证结论；②委托目的；③拟执行商定程序的财务信息；④拟执行的具体程序的性质、时间安排和范围；⑤预期的报告样本；⑥报告分发和使用的限制。

（二）制订工作计划，执行商定程序

注册会计师应当合理制订工作计划，以有效执行商定程序。在执行商定程序时，注册会计师可采用以下方法：①询问和分析；②重新计算、比较和其他核对方法；③观察；④检查；⑤函证。

注册会计师应当记录支持商定程序业务报告的重大事项，并记录已执行商定程序的证据、过程及结果。

（三）按照双方商定，出具商定报告

注册会计师在出具商定报告前，应对工作底稿进行复核，以确认执行了适当的商定程序，并取得了合理的报告证据。

三、对财务信息执行商定程序的报告

执行商定程序报告应详细说明业务的目的和商定的程序，以便使用者了解所执行工作的性质和范围，一般应当包括下列内容：①标题；②收件人；③说明执行商定程序的财务信息；④说明执行的商定程序是与特定主体协商确定；⑤说明已按照中国注册会计师相关服务准则的规定和业务约定书的要求执行了商定程序；⑥当注册会计师不具有独立性时，说明这一事实；⑦说明执行商定程序的目的；⑧列出所执行的具体程序；⑨说明执行商定程序的结果，包括详细说明发现的错误和例外事项；⑩说明所执行的商定程序并不构成审计或审阅，注册会计师不提出鉴证结论；⑪说明如果执行商定程序以外的程序，或执行审

计或审阅，注册会计师可能得出其他应报告的结果；⑫说明报告仅限于特定主体使用；⑬在适用的情况下，说明报告仅与执行商定程序的特定财务数据有关，不得扩展到财务报表整体；⑭注册会计师的签名和盖章；⑮会计师事务所的名称、地址及盖章；⑯报告日期。

以下是一份对应收账款明细表执行商定程序的报告示例。

对应收账款明细表执行商定程序的报告

XYZ 股份有限公司公司董事会：

我们接受委托，对 XYZ 股份有限公司（简称 XYZ 公司）20×1 年 12 月 31 日应收账款明细表执行了与 XYZ 公司商定的程序。这些程序由 XYZ 公司最终确定，其充分性和适当性由 XYZ 公司负责。我们的责任是按照《中国注册会计师相关服务准则第 4101 号——对财务信息执行商定程序》和业务约定书的要求执行商定程序，并报告得出的结果。执行商定程序的目的仅是为了协助 XYZ 公司管理层评价应收账款的正确性。现将执行的程序及得出的结果报告如下。

1. 执行的程序

（1）取得 XYZ 公司编制的 20×1 年 12 月 31 日的应收账款明细表，验算合计数，并与总分类账核对是否相符。

（2）从应收账款明细表中抽出 100 家客户，检查销售发票与主营业务收入明细账是否相符。抽取方法是从第 10 家客户开始，每隔 20 家抽取 1 家。

（3）对应收账款明细表中余额最大的 200 家客户发出询证函，函证余额占应收账款明细表合计数的比例为 80%。

（4）对未回函客户，检查销售发票、发运凭证和订货单是否相符。

（5）对回函金额不符的客户，取得 XYZ 公司编制的差异调节表，并检查调节项目是否适当。

2. 得出结果

（1）执行上述第（1）项程序，我们发现应收账款明细表合计数正确，并与总分类账核对相符。

（2）执行上述第（2）项程序，我们发现销售发票与主营业务收入明细账相符，抽取余额占应收账款明细表合计数的 10.5%。

（3）执行上述第（3）项程序，我们收到 190 家客户的回函，其余 10 家客户未回函。

（4）执行上述第（4）项程序，我们发现未回函的 10 家客户的销售发票、发运凭证和订货单相符。

（5）执行上述第（5）项程序，我们发现除以下回函金额不符外，其他差异通过调节表调节消失（列出回函金额不符的应收账款）。

上述已执行的商定程序并不构成审计或审阅，因此，我们不对上述应收账款明细表发表审计或审阅意见。如果执行商定程序以外的程序，或执行审计或审阅，我们可能得出其他应报告的结果。

本报告仅供 XYZ 公司用于第一段所述目的，不应用于其他目的或分发给其他人士。

本报告仅与上述特定财务数据相关，不应将其扩展到XYZ公司财务报表整体。

××会计师事务所（公章）　　　　　　中国注册会计师：×××（签名并盖章）

中国××市　　　　　　　　　　　　　报告日期：20×2年××月××日

本 章 小 结

- 注册会计师的其他主要业务
  - 财务报表审阅
    - 财务报表审阅的含义
    - 财务报表审阅的基本程序
      - 了解被审阅单位基本情况，确定是否接受审阅业务委托
      - 制订审阅计划，有效安排审阅业务
      - 实施财务报表审阅
      - 复核与评价审阅证据，形成审阅结论，出具审阅报告
    - 财务报表审阅与财务报表审计的关系
      - 目标不同
      - 业务范围不同
      - 实施程序不同
      - 提供的保证程度不同
    - 财务报表审阅报告
      - 基本内容
      - 示例
  - 内部控制审计
    - 内部控制审计概述
    - 内部控制审计程序
      - 计划审计工作
      - 实施审计工作
      - 评价控制缺陷
      - 完成审计工作
      - 出具审计报告
      - 关注期后事项
      - 记录审计工作
    - 内部控制审计意见类型
      - 无保留意见的内部控制审计报告
      - 带强调事项段的无保留意见的内部控制审计报告
      - 否定意见的内部控制审计报告
      - 无法表示意见的内部控制审计报告
  - 预测性财务信息审核
    - 预测性财务信息审核的含义
    - 预测性财务信息审核的范围
      - 对编制预测性财务信息的基本假设进行审核
      - 对编制预测性财务信息选用的会计政策进行审核
      - 对历史财务信息的相关审核
    - 预测性财务信息审核的基本程序
      - 了解有关情况，制定审核程序
      - 获取有关资料，实施预测信息审核
      - 记录与复核审核业务，出具审核报告
    - 预测性财务信息的审核报告
  - 对财务信息执行商定程序
    - 含义
    - 基本程序
      - 与特定主体沟通，签订业务约定书
      - 制订工作计划，执行商定程序
      - 按照双方商定，出具商定报告
    - 报告

复习思考题

1. 什么是财务报表审阅？审阅的主要目的与重点是什么？
2. 如何理解财务报表审阅与财务报表审计的关系？
3. 什么是预测性财务信息的审核？
4. 预测性财务信息审核的目的和主要内容是什么？
5. 如何控制预测性财务信息审核中的风险？
6. 什么是内部控制审计？如何实施内部控制审计？
7. 什么是对财务信息执行商定程序？
8. 如何对财务信息执行商定程序？目的是什么？
9. 对财务信息执行商定程序与财务报表审计的关系是什么？

参 考 文 献

陈汉文，廖义刚，张玲. 2017. 审计[M]. 2 版. 北京：中国人民大学出版社.

付达院，杨静怡. 2019. 互联网背景下审计发展趋势与注册会计师审计风险[J]. 中国注册会计师，（7）：80-82.

付强. 2019-09-06. 大数据助力会计师事务所打造核心竞争力[N]. 中国会计报.

刘明辉，史德刚. 2017. 审计[M]. 6 版. 大连：东北财经大学出版社.

牛艳芳，薛岩，孟祥雨. 2014. 云计算环境下的审计业务模式变革研究[J]. 南京审计大学学报，11（4）：95-103.

秦荣生. 2014. 大数据、云计算技术对审计的影响研究[J]. 审计研究，（6）：23-28.

秦荣生. 2016. “互联网+”时代的审计发展趋势研究[J]. 中国注册会计师，（1）：83-88.

秦荣生，卢春泉. 2017. 审计学[M]. 9 版. 北京：中国人民大学出版社.

宋常. 2018. 审计学[M]. 8 版. 北京：中国人民大学出版社.

涂建明，曹雅琪. 2017-10-13. 前瞻人工智能对会计的深度影响[N]. 中国会计报.

吴勇，曹丹丹，李正西. 2018. 新审计报告中关键审计事项的确定、表达与披露研究[J]. 中国注册会计师，（11）：40-49.

吴勇，陈慧，朱卫东. 2019. 基于大数据分析技术的管理会计系统重构研究[J]. 财会月刊（会计版），（7）：61-68.

吴勇，张律信，何长添，等. 2020. 基于 CRCA 模型的持续性审计与监控系统：模型、技术和架构[J]. 中国注册会计师，（1）：21-26.

吴勇，周才力，何长添，等. 2019. 基于区块链技术的审计模式变革研究——一个整合性分析框架[J]. 中国注册会计师，（3）：85-91.

杨善林，周开乐. 2015. 大数据中的管理问题：基于大数据的资源观[J]. 管理科学学报，18（5）：1-8.

杨志国. 2019-04-28. 创新技术在审计中的运用和影响[N]. 中国会计报.

佚名. 2018. 信息技术对财务报表审计的影响与挑战[J]. 中国注册会计师，（1）：33-35.

朱锦余. 2019. 审计学[M]. 4 版. 北京：高等教育出版社.

Appelbauma D A，Koganb A，Vasarhelyib M A. 2018. Analytical procedures in external auditing：a comprehensive literature survey and framework for external audit analytics[J]. Journal of Accounting Literature，40：83-101.

Bologna G J，Lindquist R J，Wells J T. 1993. The accountant’s handbook of fraud and commercial crime[J]. Managerial Auditing Journal，8（7）：20-31.

附　录

《中国注册会计师审计准则》第1101~第1633号

《中国注册会计师审计准则》第1101~第1633号（共45项），涉及审计业务的一般原则与责任、风险评估与应对、审计证据、利用其他主体的工作、审计结论与报告、特殊领域审计6个方面。

（1）一般原则与责任，涉及的审计准则共有9项，包括：《中国注册会计师审计准则第1101号——注册会计师的总体目标和审计工作的基本要求》《中国注册会计师审计准则第1111号——就审计业务约定条款达成一致意见》《中国注册会计师审计准则第1121号——对财务报表审计实施的质量管理》《中国注册会计师审计准则第1131号——审计工作底稿》《中国注册会计师审计准则第1141号——财务报表审计中与舞弊相关的责任》《中国注册会计师审计准则第1142号——财务报表审计中对法律法规的考虑》《中国注册会计师审计准则第1151号——与治理层的沟通》《中国注册会计师审计准则第1152号——向治理层和管理层通报内部控制缺陷》《中国注册会计师审计准则第1153号——前任注册会计师和后任注册会计师的沟通》。

（2）风险评估与应对，涉及的审计准则共有6项，包括：《中国注册会计师审计准则第1201号——计划审计工作》《中国注册会计师审计准则第1211号——通过了解被审计单位及其环境识别和评估重大错报风险》《中国注册会计师审计准则第1221号——计划和执行审计工作时的重要性》《中国注册会计师审计准则第1231号——针对评估的重大错报风险采取的应对措施》《中国注册会计师审计准则第1241号——对被审计单位使用服务机构的考虑》《中国注册会计师审计准则第1251号——评价审计过程中识别出的错报》。

（3）审计证据，涉及的审计准则共有11项，包括：《中国注册会计师审计准则第1301号——审计证据》《中国注册会计师审计准则第1311号——对存货、诉讼和索赔、分部信息等特定项目获取审计证据的具体考虑》《中国注册会计师审计准则第1312号——函证》《中国注册会计师审计准则第1313号——分析程序》《中国注册会计师审计准则第1314号——审计抽样》《中国注册会计师审计准则第1321号——审计会计估计（包括公允价值会计估计）和相关披露》《中国注册会计师审计准则第1323号——关联方》《中国注册会计师审计准则第1324号——持续经营》《中国注册会计师审计准则第1331号——首次审计业务涉及的期初余额》《中国注册会计师审计准则第1332——期后事项》《中国注册会计师审计准则第1341号——书面声明》。

（4）利用其他主体的工作，涉及的审计准则共有3项，包括：《中国注册会计师审计准则第 1401 号——对集团财务报表审计的特殊考虑》《中国注册会计师审计准则第 1411 号——利用内部审计人员的工作》《中国注册会计师审计准则第 1421 号——利用专家的工作》。

（5）审计结论与报告，涉及的审计准则共有 6 项，包括：《中国注册会计师审计准则第 1501 号——对财务报表形成审计意见和出具审计报告》《中国注册会计师审计准则第 1502 号——在审计报告中发表非无保留意见》《中国注册会计师审计准则第 1503 号——在审计报告中增加强调事项段和其他事项段》《中国注册会计师审计准则第 1504 号——在审计报告中沟通关键审计事项》《中国注册会计师审计准则第 1511 号——比较信息：对应数据和比较财务报表》《中国注册会计师审计准则第 1521 号——注册会计师对其他信息的责任》。

（6）特殊领域审计，涉及的审计准则共 10 项，包括：《中国注册会计师审计准则第 1601 号——对按照特殊目的编制基础编制的财务报表审计的特殊考虑》《中国注册会计师审计准则第 1602 号——验资》《中国注册会计师审计准则第 1603 号——对单一财务报表和财务报表特定要素审计的特殊考虑》《中国注册会计师审计准则第 1604 号——对简要财务报表出具报告的业务》《中国注册会计师审计准则第 1611 号——商业银行财务报表审计》《中国注册会计师审计准则第 1612 号——银行间函证程序》《中国注册会计师审计准则第 1613 号——与银行监管机构的关系》《中国注册会计师审计准则第 1631 号——财务报表审计中对环境事项的考虑》《中国注册会计师审计准则第 1632 号——衍生金融工具的审计》《中国注册会计师审计准则第 1633 号——电子商务对财务报表审计的影响》。

科学出版社

教师教学服务指南

为了更好服务于广大教师的教学工作，科学出版社打造了“科学 EDU”教学服务公众号，教师可通过扫描下方二维码，享受样书、课件、会议信息等服务。

样书、电子课件仅为任课教师获得，并保证只能用于教学，不得复制传播用于商业用途。否则，科学出版社保留诉诸法律的权利。

→
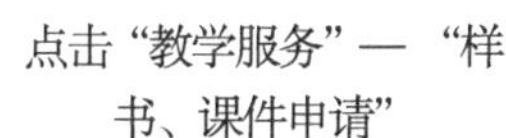

→
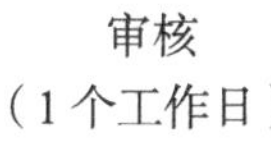

→
样书 7 工作日寄出、课件 3 工作日发送！

科学 EDU

关注科学 EDU，获取教学样书、课件资源

面向高校教师，提供优质教学、会议信息

分享行业动态，关注最新教育、科研资讯

学生学习服务指南

为了更好服务于广大学生的学习，科学出版社打造了“学子参考”公众号，学生可通过扫描下方二维码，了解海量经典教材、教辅信息，轻松面对考试。

学子参考

面向高校学子，提供优秀教材、教辅信息

分享热点资讯，解读专业前景、学科现状

为大家提供海量学习指导，轻松面对考试

教师咨询：010-64033787　QQ：2405112526　yuyuanchun@mail.sciencep.com
学生咨询：010-64014701　QQ：2862000482　zhangjianpeng@mail.sciencep.com